12/06

Schimanski, Kuzorra und andere

Klartext

Wir in Nordrhein-Westfalen
Unsere gesammelten Werke
12

Schimanski, Kuzorra und andere

Polnische Einwanderer im Ruhrgebiet
zwischen der Reichsgründung
und dem Zweiten Weltkrieg

Herausgegeben von
Dittmar Dahlmann, Albert S. Kotowski
und Zbigeniew Karpus

Umschlagbild: dpa

Die erste Ausgabe erschien 2005 im Klartext Verlag.
1. Auflage November 2006
Satz und Gestaltung: Klartext Medienwerkstatt GmbH, Essen
Umschlaggestaltung: Marketing und Kommunikation, WAZ-Mediengruppe
Druck und Bindung: CPI Books, Leck
© Klartext Verlag, Essen 2006
ISBN   3-89861-689-4
ISBN   978-3-89861-689-8
Alle Rechte vorbehalten

www.klartext-verlag.de

Inhalt

Vorwort

Das Ruhrgebiet war bereits seit der Mitte des 19. Jahrhunderts ein Zentrum der Zuwanderung. Etwa 78% der Immigranten kamen aus dem Rheinland und aus Westfalen. Lediglich 1,3% von ihnen stammten aus Schlesien, während die übrigen Ostprovinzen Preußens keine Rolle spielten. Daher zählte die preußische Statistik im Jahre 1861 auch nur 16 Polen in Rheinland und Westfalen.

Erst 1870 kam eine größere Gruppe schlesischer Bergleute ins Rheinland, als sie infolge eines achtwöchigen Streiks im Waldenburger Revier von den Ruhrzechen angeworben wurden. Seit der Gründung des Deutschen Reiches wanderte verstärkt polnischsprachige Bevölkerung ins Rheinland und nach Westfalen ein. Bereits im Jahre 1871 befanden sich hier nach der preußischen Statistik 10.742 und im Jahre 1880 schon 28.857 Personen, die bei der Volkszählung einen Geburtsort in den Provinzen Westpreußen, Posen oder Schlesien angaben.

Die stärkste Einwanderungswelle aus den preußischen Ostprovinzen erfolgte in den 1890er Jahren, allerdings verzeichneten die Statistiken noch bis 1910 einen ständigen Zuwachs polnischsprachiger Bevölkerung. Nach Angaben der letzten Volkszählung vor dem Ersten Weltkrieg im Jahre 1910 lebten im Ruhrgebiet etwa 300.000 Polen. Dazu gehörten auch Masuren und Kaschuben, die in den Volkszählungen gesondert aufgenommen und von den Behörden nicht als Polen angesehen wurden, aber in einigen Städten des Reviers eine zahlenmäßig bedeutende Minderheitengruppe bildeten (Wanne über 28%, Gelsenkirchen 23%, Wattenscheid 21% und Herne 19%).

Die repressive preußische Polenpolitik, eine kulturelle, sprachliche und religiöse Isolation sowie die Einwirkung der nationalgesinnten polnischen Presse, insbesondere aus der Provinz Posen, waren die wichtigsten Faktoren, die das Entstehen einer polnischen Subkultur neben der vorhandenen Gesellschaft im Ruhrgebiet beeinflußten. Auch die Ruhrpolen waren von Ausnahmegesetzen gegenüber der polnischen Bevölkerung des Deutschen Reiches, insbesondere vom Ansiedlungsgesetz des Jahres 1886 und dem sog. Sprachenparagraph vom April 1908 betroffen. Die Bemühungen der örtlichen Behörden zielten darauf, die polnische Bevölkerung von den Einflüssen aus der Heimat abzuschneiden. Durch drastische Einschnitte im sprachlichen und konfessionellen Bereich sowie im Vereinswesen sollte eine Assimilierung und schließlich „Germanisierung" herbeigeführt werden. Das Ergebnis einer solchen Verdrängungs- und Unterdrückungspolitik gipfelte in der nationalen und sozialen Abkapselung und der Schaffung einer nationalen Subkultur der Ruhrpolen.

Politisch standen die Ruhrpolen zunächst unter dem Einfluß der Zentrumspartei, solange diese Partei die Interessen der Polen im Deutschen Reich unterstützte. Um die Jahrhundertwende, als der erste oberschlesische Reichstagsabgeordnete, Wojciech Korfanty, nicht der Zentrumsfraktion, sondern der Polnischen Fraktion beitrat, trennten sich die politischen Wege. Die nationalpolnische Agitation aus den Ostprovinzen griff zunehmend in das Ruhrgebiet über und wurde durch drastische Maßnahmen der deutschen staatlichen und kirchlichen Behörden gegen die polnischsprachige Seelsorge der Ruhrpolen gestärkt. Zudem sah sich das Zentrum, das eine politische Umwandlung von einer oppositionellen in eine regierungsnahe Partei anstrebte, nicht mehr in der Lage, die Interessen der polnischen Bevölkerung weiterhin zu unterstützen. Politisch geschwächt wurde die polnische Minderheit im Ruhrgebiet zusätzlich durch den Streit innerhalb der polnischen Parteien in den Ostprovinzen.

In der umfangreichen Literatur über die Geschichte und die Entwicklung des Ruhrgebietes wurde das Thema der Ruhrpolen eher am Rande behandelt. Es gibt zwar diverse deutsche und polnische Untersuchungen zu verschiedenen Aspekten, wie die Arbeiten von Valentina Maria Stefanski,[1] Ralf Karl Oenning,[2] Hans-Ulrich Wehler,[3] Susanne Peters-Schildgen,[4] Oliver Steinert[5] und Witold Matwiejczyk,[6] doch sind viele Lebensbe-

---

1 Valentina Maria Stefanski, Zum Prozess der Emanzipation und Integration von Außenseitern. Polnische Arbeitsmigranten im Ruhrgebiet, Dortmund 1984; dies., Zuwanderungsbewegungen in das Ruhrgebiet von den „Ruhrpolen" im späten 19. Jahrhundert bis zu den ausländischen Arbeitnehmern unserer Tage, in: Westfälische Forschungen 39, 1989, S. 408–429.

2 R. K. Oenning, „Du da mitti polnischen Farben ..." Sozialisationserfahrungen von Polen im Ruhrgebiet 1918 bis 1939, Münster 1991.

3 Hans-Ulrich Wehler, Die Polen im Ruhrgebiet bis 1918, in: ders. (Hg.), Moderne deutsche Sozialgeschichte, Köln 1966, S. 437–455.

4 Susanne Peters-Schildgen, „Schmelztiegel" Ruhrgebiet. Die Geschichte der Zuwanderung am Beispiel Herne bis 1945, Essen 1997.

5 Oliver Steinert, „Berlin – Polnischer Bahnhof!" Die Berliner Polen. Eine Untersuchung zum Verhältnis von nationaler Selbstbehauptung und sozialem Integrationsbedürfnis einer fremdsprachigen Minderheit in der Hauptstadt des Deutschen Kaiserreichs (1871–1918), Hamburg 2003.

6 Witold Matwiejczyk, Katolickie towarzystwa robotników polskich w Zagłębiu Ruhry. Tom I: Rozwój organizacyjny a świadomość narodowa 1871–1894, Lublin 1999.

reiche und Aktivitäten der polnischen Bevölkerung im Ruhrgebiet kaum oder überhaupt nicht bearbeitet worden. Zwei umfassende Darstellungen aus den 1970er Jahren von Christoph Kleßmann[7] und Krystyna Murzynowska[8] zeigen die immer noch vorhandenen Forschungslücken besonders deutlich.

Die Beiträge des vorliegenden Bandes gehen auf eine Tagung zurück, die vom 6. bis 9. November 2003 im Internationalen Begegnungszentrum der Ruhr-Universität Bochum gemeinsam vom Seminar für Osteuropäische Geschichte der Rheinischen Friedrich-Wilhelms-Universität in Bonn und dem Historischen Institut der Nikolaus-Kopernikus-Universität (Uniwersytet Mikołaja Kopernika) in Thorn (Toruń) veranstaltet wurde. Es war das Hauptziel der Konferenz, eine Übersicht und eine Zusammenfassung der neuesten deutschen und polnischen Forschungen zu diesem wichtigen Thema der deutsch-polnischen Beziehungsgeschichte zu bieten. Dabei sollten die Ergebnisse dieser Forschung eingehend diskutiert und neue Fragestellungen entwickelt werden.

An der Konferenz nahmen deutsche und polnische Historiker, Soziologen und Politikwissenschaftler teil. Die Bedeutung dieser Tagung sehen wir darin, daß deutsche und polnische Forscher, die seit längerer Zeit über verschiedene Aspekte des Themas arbeiten, zum ersten Mal die Möglichkeit erhielten, einen wissenschaftlichen Diskurs über einen wichtigen Fragenkomplex der deutsch-polnischen Beziehungsgeschichte aus der Perspektive der Ergebnisse ihrer Forschungsarbeiten zukunftsorientiert zu führen. Die Konferenzbeiträge werden demnächst auch in einer polnischen Fassung im Verlag Adam Marszałek in Thorn (Toruń) erscheinen.

Unser besonderer Dank gilt an erster Stelle der Staatskanzlei des Landes Nordrhein-Westfalen, der Robert Bosch Stiftung (Stuttgart) und der Zeit-Stiftung Ebelin und Gerd Bucerius (Hamburg), die diese Tagung finanziell gefördert haben. Der Druck der deutschen Ausgabe des Tagungsbandes wurde durch die Staatskanzlei des Landes Nordrhein-Westfalen und die Zeit-Stiftung Ebelin und Gerd Bucerius unterstützt, der der polnischen Ausgabe durch die Universität in Thorn (Toruń) ermöglicht. Zu danken haben wir zudem dem Internationalen Begegnungszentrum

---

7 Christoph Kleßmann, Polnische Bergarbeiter im Ruhrgebiet 1870–1945, Göttingen 1978.

8 K. Murzynowska, Die polnischen Erwerbsauswanderer im Ruhrgebiet während der Jahre 1880–1914, Dortmund 1979.

der Ruhr-Universität Bochum, in dessen angenehmer Atmosphäre wir ertragreich arbeiten konnten, den Simultandolmetscherinnen Antonina Dyjas, Monika Paluch und Magda Podracka-Wißkirchen, die auch einige der Artikel aus dem Polnischen ins Deutsche übersetzt haben, Britta Lenz, Bonn, die nicht nur einen Vortrag hielt, sondern auch für einen reibungslosen Ablauf der Konferenz sorgte, Pascal Trees, M.A., der die Texte redaktionell überarbeitete, und last but not least, der Sekretärin des Bonner Seminars, Iraida Pehl, die als ruhender Pol im Hintergrund wirkte. Schließlich möchten wir uns bei Herrn Staatsminister Wolfram Kuschke ganz herzlich bedanken, der unsere Tagung eröffnete, und bei der Generalkonsulin der Republik Polen in Köln, Frau Elżbieta Sobótka, die die Schirmherrschaft übernahm.

Bonn und Thorn, im Dezember 2004
Dittmar Dahlmann, Albert S. Kotowski und Zbigniew Karpus

Witold Matwiejczyk

Zwischen kirchlicher Integration und gesellschaftlicher Isolation: Polnische Katholiken im Ruhrgebiet von 1871 bis 1914

1. Von der Isolation zur Integration. Die Bedeutung kirchlicher Vereine

Die einzelnen Arbeitergruppen, die seit den 1870er Jahren aus dem Osten in die westlichen Provinzen des neu entstandenen Deutschen Reich wanderten, hatten in der neuen Umgebung kaum Chancen, sich in gesellschaftlicher, religiöser oder kultureller Hinsicht zu entfalten, geschweige denn sich politisch eigenständig zu entwickeln. Der natürliche Lauf der Dinge wäre ihre allmähliche Integration und Assimilation mit der ortsansässigen Bevölkerung gewesen, die ihrerseits stürmische demographische Veränderungsprozesse durchlief.[1] Dies erwarteten auch die deutschen Eliten in Wirtschaft, Politik und Kirche.

Von besonderen Agenten angeworben, kamen polnische Arbeiter in der Hoffnung, rasch Arbeit zu finden, Geld zu verdienen und damit in ihre Heimat zurückzukehren. Von den ihnen gemachten Versprechungen war die Wirklichkeit freilich oft denkbar weit entfernt.[2] Die Ankömm-

---

1   Vgl. K.J. Bade (Hg.), Auswanderer-Wanderarbeiter-Gastarbeiter. Bevölkerung, Arbeitsmarkt und Wanderung in Deutschland seit der Mitte des 19. Jh., Bd. 1–2, Ostfildern 1984, insbesondere Bd. 1, S. 73–95. Für das Beispiel Herne siehe: S. Peters-Schildgen, „Schmelztiegel" Ruhrgebiet. Die Geschichte der Zuwanderung am Beispiel Herne bis 1945, Essen 1997.

2   Bade, Auswanderer, Bd. 2, S. 446ff. W. Matwiejczyk, Katolickie towarzystwa robotników polskich w Zagłębiu Ruhry, Bd. 1: Rozwój organizacyjny a świadomość narodowa 1871–1894, Lublin 1999, S. 32–34. Die Beschreibung der Anwerbung der polnischen Arbeiter aus Schlesien und Großpolen wird in der Chronik der polnischen Migranten aus Bottrop dargestellt. Vgl. Geschichte einer polnischen Kolonie in der Fremde. Jubiläumsschrift des St. Barbara-Vereins in Bottrop, Oberhausen 1911. Siehe auch: Kirche und Religion im Revier, Essen 1968, S. 2f.: „Manch junger Mensch, voll Wanderdrang nach reicheren Ländern, in denen ihm erstmalig die Sonne des Glücks geschienen hatte, noch dazu ein Pole, d.h. ein Ruheloser in der Verbannung, besann sich nicht lange, sondern machte sich auf in das Land seiner Sehnsucht. Lobeshymnen für dieses unbekannte Land flossen aus seinem Munde; jeder Pole in Posen oder Schle-

linge fanden ihre Unterkunft in den ärmsten Vorstädten, Arbeitersiedlungen und einfachen Baracken bzw. Kasernen in der Nähe der Gruben und Eisenhütten; dabei blieben sie von der örtlichen Bevölkerung fast völlig isoliert. Sie waren meist junge Menschen vom Lande, die weder Deutsch konnten, noch eine Vorstellung von den Lebensbedingungen hatten, die sie in der städtischen Industriegesellschaft erwarteten, nachdem sie ihr traditionelles soziales Umfeld mitsamt den ihnen vertrauten Autoritäten verlassen hatten. Häufig waren hier typische soziale Ausfallerscheinungen vom Alkoholismus bis zur Beteiligung an Schlägereien zu beobachten, alles Dinge, die nicht geeignet waren, die Antipathien der einheimischen Bevölkerung gegenüber den Neulingen zu verringern.[3] Die nachfolgend zitierten Äußerungen stammen aus dem Umfeld des Alldeutschen Verbandes und dürfen wohl als repräsentativ für das Polenbild gelten, das sich im Ruhrgebiet bis zur Jahrhundertwende entwickelte:

> *„Aber es bedarf keines weiteren Wortes für jeden, der die Ankömmlinge bei ihrem ersten Erscheinen im Industriebezirke einmal beobachtet hat, oder wer die zahlreichen Trupps polnischer Arbeiter auf der Station Kohlfurt, welche zu Zeiten täglich 1500 ‚Pollacken' passieren sollen, oder auf dem Schlesischen Bahnhof in Berlin zu sehen Gelegenheit gehabt hat, daß alle diese Zuzügler Proletariat sind. Nicht Proletariat im Sinne der roten Internationalen: der großstädtische sozialdemokratische Bauarbeiter, Buchdrucker, Metallarbeiter, der Bergarbeiter des ‚Alten Verbandes' u.a., der sich im Bewußtsein des Genossentums stolz fühlt und gehorsam der Losung: ‚Proletarier aller Länder, vereinigt euch!' für ausländische Streiks Beiträge zahlt [...]. [...] – dieses in seiner Gesamtheit und in der einzelnen Gestalt so sympathische Proletariat steht an Schulbildung und Lebenshaltung hoch über dem Niveau, unter welchem die große Mehrzahl jener armseligen*

sien, der sich in beklagenswerter Lage befand, empfand beim Hören solcher Lobpreisungen große Freude und gleichfalls Verlangen nach diesem glücklichen Land. Und wenn schließlich die hiesigen Bergwerksbesitzer aus Mangel an menschlicher Arbeitskraft Agenten aussandten, um polnische Bergleute für ihre Gruben zu gewinnen, dann war es nicht schwierig, den polnischen Arbeiter zu überreden, sich dem Neuen hinzugeben und ihre Heimat zu verlassen."

3 Vgl. Christoph Kleßmann, Polnische Bergarbeiter im Ruhrgebiet 1870–1945. Soziale Integration und nationale Subkultur einer Minderheit in der deutschen Industriegesellschaft, Göttingen 1978, S. 45–50; Valentina M. Stefanski, Zum Prozeß der Emanzipation und Integration von Außenseitern: Polnische Arbeitsmigranten im Ruhrgebiet. Dortmund 1984, 2. Aufl. 1992, S. 30–76 und 124f.; Matwiejczyk, Towarzystwa katolickie, S. 40–43.

Menschen in der Heimat vegetiert hat. In ihrer schlechten Kleidung, mit ihrem geringen, in einem Sack auf der Schulter oder allenfalls in einem Holzkasten untergebrachten Hab und Gut machen sie häufig einen Mitleid erregenden Eindruck. [...] Der Bildungsgrad aller Zuwanderer ist ein sehr niedriger; ihr Begriffsvermögen ist unentwickelt. In den Gesichtern vieler wird man vergeblich eine Spur regerer Geistesthätigkeit suchen."[4]

Auch war ihre Eigenart nicht von Anfang an ein Faktor, der dazu beigetragen hätte, ein eigenes Umfeld unter den Neulingen zu errichten und zusammenzuhalten. Starke, durch Bräuche, Traditionen und Mundarten gefestigte Regionalismen hielten zwar die gesellschaftlichen Bande innerhalb der lokalen Immigrantenansammlungen zusammen, machten es jedoch unmöglich, eine Einheit um übergeordnete Werte herum zu formen, die allen Emigranten gemeinsam waren.[5] Ihnen fehlte ein gemeinsames nationales und staatliches Bewußtsein, da Polen als Staat nicht existierte. Die deutsche Politik, insbesondere der Kulturkampf, weckte Widerstandsgeist und Feindseligkeit der polnischen Bevölkerung gegenüber dem deutschen Staat. Der wichtigste einigende Faktor für die Polen war das Empfinden für ihre religiöse und sprachliche Eigentümlichkeit, denn obwohl die Zuwanderer sich verschiedener Mundarten bedienten, waren sie allesamt überzeugt, Polnisch zu sprechen. Dagegen war ihr Katholizismus nicht nur ein rational begründetes ethisch-theologisches System, sondern eine spezifisch ganzheitliche Art, die Welt wahrzunehmen und zu erleben, die sich auf Traditionen und Gebräuche einer ländlichen Bevölkerung stützte.

---

4   Die Polen im Rheinisch-westfälischen Steinkohlen-Bezirke. Mit einem statistischen Anhange, einer Sammlung polnischer Lieder und zwei Karten, hg. vom Gau „Ruhr und Lippe" des Alldeutschen Verbandes, München 1901, S. 42f.

5   „Der rückschrittliche Großpole will den Westpreußen nicht kennen, und dieser den Oberschlesier, obwohl sie zusammen arbeiten. Sogar die Menschen aus einem Kreis von Großherzogtum Posen sind den Menschen aus dem anderem Kreis abgeneigt [...]", vgl. Wiarus Polski, Nr. 115, 8.10.1891. Die Streitigkeiten betrafen häufig ganz harmlose Angelegenheiten, wie z.B. unterschiedliche Traditionen und Melodien beim Vortragen der Kirchenlieder. Die Ankunft von Franziskaner Pater Andrzej Bolczyk als Polenseelsorger in Bottrop wurde von Polen selbst so beschrieben: „Da er aus Oberschlesien kam, liebte er den Gesang nach oberschlesischer Melodie. Aus diesem Grunde kam es zu Meinungsverschiedenheiten zwischen einigen Vereinen aus anderen polnischen Gebieten auf der einen und Pater Andreas auf der anderen Seite." Vgl. Geschichte einer polnischen Kolonie, S. 16.

Es handelte sich um eine elementare und emotionale Religiosität, die in spezifischen Praktiken ausgelebt wurde.

Daher war für die Polen, die sich in der sprachlich und kulturell fremden Stadtgesellschaft ansiedelten, der mit den deutschen Katholiken geteilte Glaube ein erster Anknüpfungspunkt im Integrationsprozeß, zumal es für die Teilnahme am religiösen Leben vor Ort keine formalen Hindernisse gab. So wurde der örtliche Pfarrer ihr erster Betreuer. Ein gravierendes Hindernis praktischer Art war freilich das völlige Fehlen polnischsprechender Priester, was sich bei zentralen Elementen des katholischen Ritus wie der Beichte und der heiligen Kommunion besonders bemerkbar machte. Dadurch kam das religiöse Leben gleichsam zum Erliegen.[6] Dementsprechend bildeten die Erfahrungen der Fremdheit in der industriell geprägten neuen Umgebung, der Ablehnung durch die einheimische Gesellschaft sowie die von der lokalen Kirche nicht zu befriedigenden religiösen Bedürfnisse den Nährboden für die ersten kirchlichen Vereinsgründungen.

1877 setzte mit der Dortmunder Gründung der „Jedność" (Einigkeit bzw. Einheit) eine Vereinsbewegung von unten ein, die sich mit dem 1883 und 1885 in Gelsenkirchen bzw. Bochum entstandenen „St. Barbara-Verein" (Towarzystwo Św. Barbary) fortsetzen sollte, bis im Laufe der 1890er Jahre rund 40 Vereine aktiv wurden. Diesen standen Posener Kreise, insbesondere die Redaktion des *Orędownik* (Fürsprecher) mit Rat und Tat zur Seite, und hier und da dürfte auch der örtliche Pfarrer geholfen haben. Im übrigen lehnten sich die Vereine in ihrer Organisation an die Muster deutscher katholischer Arbeitervereine an. Es ist hervorzuheben, daß die Arbeiter selbst die Initiative zur Gründung ergriffen und auch alle mit der notwendigen Genehmigung verbundenen Formalitäten übernahmen.[7] Die Neugründungen paßten ihre den deutschen Vereinen abgeschauten Satzungen nach Belieben eigenen Bedürfnissen an und gestalteten Versammlungen, Tagesordnungen und Feierlichkeiten entsprechend.

Fast alle polnischen Vereine erklärten im ersten Punkt ihrer Satzung „die Unterstützung des Ordnungsgeistes und guter Sitten" unter ihren Mitgliedern sowie den Schutz „vor allen Gefahren und Verstößen gegen

---

6 Weder das den polnischen und deutschen Arbeitern gemeinsame Klassenbewußtsein noch die großindustrielle Arbeitsumgebung war eine Ebene für die ursprüngliche Integration. Vgl. John J. Kulczycki, The Foreign Workers and the German Labor Movement. Xenophobia and Solidarity in the Coal Fields of the Ruhr 1871–1914, Oxford/Providence 1994.

7 Matwiejczyk, Towarzystwa katolickie, S. 113–139.

die Sittlichkeit".[8] Überdies erklärten sie, keine politischen Ziele zu verfolgen und wiesen die Mitglieder an, „fromm und sittsam" beziehungsweise „nüchtern und ehrlich" zu leben. Mitglied konnte „jeder ehrbare Pole katholischer Konfession" aus dem fraglichen Ort beziehungsweise aus seiner Umgebung werden. Alle Vereine wählten einen Heiligen zu ihrem Schutzpatron.

Diese Satzungen wurden auf den Sitzungen mit Leben erfüllt, die anfangs jeden Sonntag nach der heiligen Messe stattfanden. Als aber die Zahl der polnischen Arbeiter allmählich zunahm und auch neue Formen der Freizeitgestaltung hinzutraten, wurde die Sitzungsfrequenz auf zweimal, später auf nur noch einmal im Monat reduziert. Sitzungen begannen mit dem Sonntagsevangelium in polnischer Sprache; dem folgten ein Kirchenlied und eine Rede des Vorsitzenden. Zum Abschluß wurde aus einer polnischsprachigen Posener Kirchenzeitung vorgelesen.

Die Vereine verpflichteten ihre Mitglieder, mindestens ein- bis zweimal im Jahr die Messe zu besuchen und an der gemeinsamen Beichte sowie der heiligen Kommunion teilzunehmen. Dabei bemühten sie sich, einen polnischen Beichtvater zu beschaffen, dem sie dann die Gelder aus der Kirchenkollekte und den Mitgliedsbeiträgen überreichten. Nach Möglichkeit wurden diese Feierlichkeiten mit dem Jahrestag der Vereinsgründung oder dem Fest des Schutzheiligen verbunden, so daß der Verein auch feierlich mit seiner Fahne, eigenen Abzeichen, Hüten und ähnlichen Vereinssymbolen in der Kirche auftreten konnte. Die meist in Posen bestellten Fahnen bildeten auf einer Seite den jeweiligen Schutzpatron ab, auf der anderen die Gottesmutter von Tschenstochau mit der Aufschrift: „Königin Polens", oder „Königin der Polnischen Krone, bitte für uns".[9] Dies zeigt, daß die Vereine seit ihrer Gründung bis zum Ersten Weltkrieg kirchliche Ziele verfolgten, um die fehlende Seelsorge in der Muttersprache zu ersetzen, wobei sie freilich darauf achteten, ihren „polnischen Charakter" nicht zu verlieren. All dies zielte durchaus darauf ab, die Integration in die neue Umgebung voranzutreiben.

Obwohl die Vereine die Basis für die Aktivierung und den Zusammenschluß polnischer Kreise bildeten, weckten sie zunächst weder das Interesse der örtlichen Polizei noch der Kirchen, wenngleich sie bei einigen Pfarrern

8 Satzung des St. Barbara Vereins in Bochum (1885), in: ebd., S. 118f.
9 Ebd., S. 124.

Unterstützung fanden. 1883 meldete der Oberpräsident der Provinz Westfalen an das Innen- und das Kultusministerium:

> *„Das Bestreben der polnischen Arbeiter sich zusammenzuschließen wird zweifellos mitveranlaßt durch die Abneigung, ja Mißachtung, die den ‚Pollaken' [...] seitens der deutschen Arbeiter offen gezeigt wird, und daß es, abgesehen von den streng katholischen Vereinen in denen möglicherweise die Geistlichkeit für die polnischen Glaubensgenossen auftritt, im diesseitigen Industriebezirk kaum deutsche Arbeitervereine geben wird, die Polen in ihrer Mitte aufnehmen wollen."* [10]

Die Haltung der Einheimischen zu den Polen veränderte sich langsam und aus verschiedenen Gründen. Einer davon mag das wohlwollende Urteil der katholischen Presse gewesen sein, wie es zunächst die überregionale *Germania* ausstellte. Diese veröffentlichte schon 1882 einen umfangreichen Artikel über die polnischen Arbeiter im Rheinland und in Westfalen; für deren niedrigen Wissenstand und die mangelnde gesellschaftliche Anpassung an die neuen Bedingungen machte sie die preußische Regierung und den Kulturkampf verantwortlich. Dabei betonte das Blatt, daß angesichts des Priestermangels nur diese Vereine die Seelsorge in polnischer Sprache sicherstellen konnten. Dies gebe vielen Polen Hoffnung auf eine Verbesserung ihrer Situation und verdiene daher volle Unterstützung.[11] Der *Germania* sprangen regionale katholische Zeitungen wie die Dortmunder *Tremonia* bei, die fortlaufend über das Geschehen in der Stadt berichtete und dabei auch den Verein „Jedność" berücksichtigte, der seinerseits in der *Tremonia* auch eigene Anzeigen und Berichte veröffentlichte.

Integrierend wirkte auch die bloße Existenz der polnischen Vereine und ihre Tätigkeit innerhalb eines deutschen Umfeldes. Mit der Gründung, der Verabschiedung der Satzung, dem Kauf und der Segnung der Fahne in der Kirche waren die Vereinsmitglieder nicht länger nur ein Zusammenschluß von Bekannten aus demselben Heimatort, sondern eine rechtlich geschützte Gesellschaft, die juristisch nicht anders gestellt war als die deutschen Vereine. Die an deren Satzungen orientierte regelmäßige Versammlungsgestaltung in denselben Lokalen bewirkte eine Annäherung zumindest auf der Grundlage gegenseitiger Toleranz.

---

10 Ebd., S. 128.
11 Germania, Nr. 442, 27.9.1882.

Der wichtigste Integrationsfaktor war jedoch die Religion. Die feierliche Segnung der Fahne durch den Pfarrer führte den Verein rituell in das religiöse Leben der Gemeinde ein, zu dem feierliche Messen, Fronleichnamsprozessionen, Pilgerfahrten und Kirchenfeiern gehörten, an denen polnische und deutsche Vereine mit ihren jeweils eigenen Symbolen gemeinsam teilnahmen; hier und da begleiteten auch Musikkapellen die polnischen Kirchenlieder.[12]

Dieser Integrationsprozeß nach innen, den verstreute Immigrantengruppen auf der Grundlage gemeinsamer Werte wie Religion, Sprache und spezifischer Tradition durchliefen, ermöglichte einer zum Verein zusammengeschlossenen Gruppe, an der lokalen Gemeinschaft teilzunehmen, mithin die Integration nach außen, nach denselben rechtlichen und gesellschaftlichen Regeln, denen auch die deutschen Organisationen unterworfen waren. Dies wiederum führte zu Beginn zur gegenseitigen Toleranz der verschiedenen Vereine, später sogar zu gegenseitigen Besuchen und gemeinsamen Feiern. Hindernisse sprachlicher, zivilisatorischer und ethnischer Art schwanden zusehends, und die von der Fremdheit herrührende Feindseligkeit machte einer mit Interesse wahrgenommenen Verschiedenheit Platz.

Dieser Prozeß war freilich an verschiedenen Orten und zu verschiedenen Zeiten unterschiedlich stark ausgeprägt. Die Quellen belegen dies für Dortmund, Bochum, Gelsenkirchen, Bottrop und andere Städte, in denen die Vereine am längsten wirkten; er war jedoch beherrschend und dauerte mitunter bis Ende der 1890er Jahre an. Dies bestätigt nicht nur die Teilnahme der Polen am religiösen Leben der Gemeinde, sondern auch am gesellschaftlichen Leben der lokalen Gemeinschaft.[13]

Es ist anzunehmen, daß auch die Mentalität der Neulinge einen Integrationsprozeß durchlief. Fast alle Feierlichkeiten beziehungsweise öffentlichen Auftritte wurden mit dem dreifachen Ruf zu Ehren von Papst und Kaiser eröffnet und beendet. Die Räumlichkeiten wurden während sol-

---

12 Der Wiarus Polski, das Presseorgan der polnischen Vereine, veröffentlichte zwischen 1891 und 1895 mehrfach Berichte von solchen Feierlichkeiten und war voll des Lobes über die Kontakte mit der örtlichen Geistlichkeit und den deutschen Katholiken.

13 1894 nahm z.B. der St. Josephverein (Towarzystwo Św. Józefa) aus Wattenscheid an der Begrüßungsfeier für den neuen Bürgermeister teil; vgl. Wiarus Polski, Nr. 81, 17.7.1894. Im gleichen Jahr stellte man während der Firmungsfeier in Herne 20 Triumphtore auf, von denen die Polen eines mit polnischer, lateinischer und deutscher Schrift anfertigten. Wiarus Polski, Nr. 86, 28.7.1894.

cher Feierlichkeiten besonders geschmückt. So befestigte zum Beispiel der „St. Laurentius-Verein" (Towarzystwo Św. Wawrzyńca) in Castrop an der höchsten Stelle im Saal das Papstportrait Leos XIII., daneben das Bild der Muttergottes, darunter ein Portrait von Kaiser und Kaiserin, und schließlich Darstellungen polnischer Nationalhelden von Jan Sobieski über Tadeusz Kościuszko bis hin zu Poniatowski. 1891 trat sogar der verstorbene Zentrumspolitiker Ludwig Windthorst hinzu.[14]

In diesem Zusammenhang ist zu berücksichtigen, daß die formalkirchliche Zugehörigkeit dieser Gesellschaften zu den Gemeindestrukturen nur in der Diözese Münster geregelt war, in Paderborn dagegen sowie in der Erzdiözese Köln entweder nur gewohnheitsmäßig oder gar nicht.[15] Dagegen gab es in der Diözese Münster, wohl seit Mitte der 1880er Jahre, Bestimmungen, nach denen der örtliche Pfarrer oder Vikar der Vorsitzende eines jeden katholischen Arbeitervereins sein sollte, was auch in die Satzungen aufzunehmen war. Erst nach der Bestätigung durch den Bischof und der Benennung eines geistlichen Vorsitzenden konnte der Verein seine Tätigkeit mit der Segnung der Fahne aufnehmen. So verfuhr etwa der St. Barbara-Verein in Bottrop, indem er den entsprechenden Paragraphen in seine Satzung aufnahm und den örtlichen Vikar zum Vorsitzenden wählte.[16] In den übrigen Diözesen gab es solche Regelungen noch nicht, da die Organisationsformen der deutschen katholischen Arbeiterbewegung erst im Entstehen begriffen waren; die Regel, daß allen Vereinen ein Geistlicher vorsitzen mußte, wurde erst 1884 auf der Tagung der Deutschen Katholiken in Amberg angenommen. In den beiden anderen Diözesen war es bis Mitte der 1890er Jahre wohl so, daß deutsche Geistliche ohne Polnischkenntnisse nicht in den Vorständen polnischer Vereine saßen, mit ihnen aber lockere Kontakte in Form von Besuchen während der Feiertage und anderer Feierlichkeiten unterhielten. Eine symbolische Form der Auf-

---

14 Staatsarchiv Münster (im folgenden STAM), Kreis Dortmund, Landratsamt Nr. 709, unpag.: Polizei-Sergeant Greger und Fuß-Gendarm Kortkamp an das Polizeiamt in Castrop. Bericht über den Ablauf der Feierlichkeiten, 15.9.1891.
15 H.J. Brandt, Schalke 91. Eine katholische Arbeitergemeinde im Ruhrgebiet mit Tradition, Paderborn 1991, S. 387, schreibt über den dortigen St. Barbara-Verein: „Er war, wie die Satzung und die polizeiliche Beurteilung belegen, eindeutig ein katholischer Verein, doch galt er, wenn sich das Schweigen aller Quellen dahin deuten lässt, niemals als kirchlicher Verein der Kapellengemeinde Schalke."
16 Geschichte einer polnischen Kolonie, S. 12ff.

nahme in die Strukturen des Kirchenlebens konnte die erwähnte Fahnenweihe sein.[17]

Diese Zwischenlösung wurde erst mit der Ankunft von Pater Josef Szotowski (1885–1890) abgeschafft,[18] dem die polnischen Vereine Anfang 1886 die Funktion eines Patrons verliehen. Diese war der deutschen Arbeiterbewegung unbekannt, da hier an der Spitze der Diözesenstruktur, und auch dies erst seit den 1890er Jahren, ein vom Bischof ernannter Generalvorsitzender stand. Der Patron erfüllte hier eher eine betreuende und ehrenamtliche Funktion, die darin bestand, alljährlich Tagungen der Vereinsvorsitzenden einzuberufen und Tätigkeitsberichte zu verfassen. Dem kam wohl die Patronsfunktion polnischer Landwirtschaftsvereine nahe, wie sie in Posen Maksymilian Jackowski innehatte.[19]

Die neue Regelung erfüllte jedenfalls die Erwartungen beider Seiten. Die örtliche Geistlichkeit gelangte zu der Überzeugung, daß die polnischen Priester über den Katholizismus der ihnen unterstellten Vereine wachten und ihre Tätigkeit besser kontrollierten, dafür hatten die Vereine eine Betreuung und erhielten die formale Anerkennung ihres Katholizismus. Die polnischen Pfarrer konnten die Vereine für ihre seelsorgerische Tätigkeit nutzen. Ihre Missionsarbeit, die mit ständigen Reisen in die einzelnen Orte des Ruhrgebiets verbunden war, wäre ohne die Hilfe der polnischen Vereine unmöglich gewesen. Sie unterrichteten ihre Landsleute über die Ankunft des polnischen Pfarrers, bereiteten die Gesänge vor und sammelten Spenden für die Reisekosten. Der Polenseelsorger hatte also ein Eigeninteresse an der Gründung neuer Vereine und ermutigte seine Landsleute, in dieser Richtung aktiv zu werden. Es ist kaum verwunderlich, daß so in fünfjähriger Tätigkeit zwanzig neue polnische Arbeiterorganisationen entstanden, was übrigens auch Szotowskis Nachfolger Franz Liss (1890–1894) fortsetzte,[20] der zur Gründung weiterer zwanzig Vereine beitrug.

---

17 Matwiejczyk, Towarzystwa katolickie, S. 172f.
18 Biographische Angaben im Artikel von A. Nadolny in diesem Band.
19 Vgl. Matwiejczyk, Towarzystwa katolickie, S. 172f.
20 Biographische Angaben im Artikel von A. Nadolny in diesem Band.

2. Von der Integration zur Emanzipation

Die Aktivierung der polnischen Organisationstätigkeit setzte auf der religiösen Ebene eine integrative Haltung „nach außen" frei und initiierte zugleich einen parallel verlaufenden Prozeß der „Entmischung"[21] der polnischen katholischen Vereine aus der deutschen lokalen Umgebung, indem sie eigene Ziele betonte, die sich aus der anderen nationalen Identität ergaben, mithin eine Verstärkung der Integration „nach innen". Ein Beispiel dafür war eine gemeinsame Feier von über 50 katholischen Arbeitervereinen aus dem ganzen Ruhrgebiet, an der auch sieben polnische Verbände beteiligt waren, deren Hauptorganisator die „Jedność" war. Den Höhepunkt der Feierlichkeiten bildete ein festlicher Zug der Vereine durch das Stadtgebiet mit Fahnengruppen und musikalischer Begleitung, dem über 15.000 Zuschauer beiwohnten. Symptomatisch jedoch war der Kommentar, den ein Teilnehmer im *Orędownik* nach den Feiern veröffentlichte:

> *„Das war sehr schön, da die polnischen Vereine katholisch sind und sich nicht von solchen Feiern fernhalten sollten, und da die hiesigen deutschen Katholiken sehr anständig mit uns umgehen und uns ihr Wohlwollen auf Schritt und Tritt zeigen. Wir Polen dürfen es jedoch nicht dabei belassen, uns mit den deutschen Katholiken zu amüsieren. Wir müssen auch hier in Westfalen daran denken, daß wir Polen sind. [...] Unsere Vereine sollen sich zusammenschließen, Bildung verbreiten, die Leute an sich ziehen, aber in Eintracht und brüderlicher Liebe. Mögen sie eine starke Festung sein zur Erhaltung polnischer Sitte und Sprache, da ohne dies unsere Kinder zu deutschen Katholiken werden [...] und keine Spur polnischer Nationalität bleiben wird."[22]*

Die Betonung der eigenen Ziele in der Vereinstätigkeit und des „polnischen Charakters" mittels Trachten, Symbolen und Gesängen begann, unter der einheimischen Bevölkerung Widerstand hervorzurufen. Ein typisches Bei-

---

21 Die deutschen Termini „Absonderung", „Abgrenzung" haben eine eher negative Konnotation. Der von Klaus Tenfelde eingeführte Termin „Entmischung" als Bezeichnung für die Abgrenzung von deutschen Arbeitervereinen aus dem riesigen Konglomerat der bürgerlichen Vereine könnte mit einer gewissen Vereinfachung auch für die polnischen Vereine angewendet werden. Vgl. Klaus Tenfelde, Vereinskultur im Ruhrgebiet. Aspekte klassenspezifischer Sozialisation, in: Duisburger Forschungen 33, 1985, S. 26–29.

22 Orędownik, Nr. 127, 7.6.1885.

spiel dafür waren die 1889 von Szotowski und diversen polnischen Vereinen unternommenen Bemühungen, einen zweiten polnischen Priester ins Ruhrgebiet zu holen und in Gelsenkirchen eine Sonntagsmesse mit polnischer Predigt einzuführen. An einer entsprechenden Kundgebung am 24. März 1889 nahmen rund 1.000 Menschen teil und richteten eine entsprechende Petition an den Bischof von Paderborn und den Kirchenvorstand in Gelsenkirchen. Das gleichzeitig berufene Kirchenkomitee der Polen, an dessen Spitze der Vorsitzende eines Gelsenkirchener polnischen Vereins stand, sollte für die Durchsetzung der verabschiedeten Petitionen sorgen. Zum Erstaunen der Polen erteilten jedoch beide Institutionen dem Komitee eine Absage. Der Kirchenvorstand begründete seine Entscheidung mit der Behauptung, die Mehrheit der Polen beherrsche die Sprache gut genug, um einer Predigt in deutscher Sprache zu folgen, außerdem sei die nationale Sprache keine notwendige Bedingung, um der Pflicht des sonntäglichen Messebesuchs nachzukommen. Dem war der Hinweis auf fehlende finanzielle Mittel und den Umstand angefügt, daß fast die Hälfte der Polen keine Kirchensteuer zahlte. Diese Ausführungen „krönte" eine theologische Pointe, wobei die deutsche Seite die Hoffnung äußerte, daß die Polen sich der Einheit der heiligen Kirche bewußt seien und als Mitglieder der einen heiligen, katholischen Kirche sich zur Einheit mit den deutschen Brüdern sowohl im gemeinsamen Glauben als auch in der gemeinsamen heiligen Messe bekennen.[23]

So wird deutlich, daß die ortsansässige katholische Gemeinschaft den Ankömmlingen die Integration nur zu ihren eigenen Bedingungen gestatten wollte und dies nur, soweit die eigene beherrschende Stellung nicht bedroht war. Folgerichtig wurden alle Gesuche verworfen, die ein Beweis der Stärke dieser Minderheit waren oder auch nur als solcher wahrgenommen wurden. Es stellten sich freilich Schwierigkeiten ein, als die polnischen Katholiken sich mit der Rolle des demütigen Bittstellers nicht abfanden und begannen, die Rechte einzufordern, von denen sie annahmen, sie stünden ihnen als Bürgern eines gemeinsamen Staates zu. Nach der Gelsenkirchener Kundgebung organisierte das Kirchenkomitee um die Jahreswende 1889/90 ähnliche Veranstaltungen in acht weiteren Siedlungszentren, wobei immer die gleichen Forderungen vorgetragen wurden,

---

23 STAM, Oberpräsidium (OP), Nr. 2748, Bd. 1, Bl. 167–168: Kirchenvorstand in Gelsenkirchen an J. Karaś, 29.5.1889; vgl. Matwiejczyk, Towarzystwa katolickie, S. 186f.

die jedes Mal mit einigen Hundert Unterschriften versehen waren. Diese wurden jedoch nicht erfüllt; der einzige Erfolg dieser Aktionen bestand darin, daß Szotowski durch den nächsten Polenseelsorger, Pfarrer Franz Liss, ersetzt wurde.

Liss' Ankunft fiel zeitlich mit einer neuen Welle von Erwerbsmigranten zusammen; er selbst schätzte die Zahl praktizierender polnischer Katholiken in beiden Provinzen auf etwa 25.000.[24] Sein Seelsorgeprogramm setzte daher sowohl auf die Zusammenarbeit mit bereits bestehenden Vereinen als auch auf die Gründung neuer Organisationen, deren Zahl bald auf 44 wuchs. Diese wiederum wählten ihn, wie zuvor Szotowski, zu ihrem Patron.

Mit der zahlenmäßigen Entwicklung der polnischen Migration nach Westfalen und ins Rheinland sowie der steigenden Zahl polnischer Vereine gewann Liss' Arbeit eine neue Qualität. Von besonderer Bedeutung war die Gründung der politisch-religiösen Zeitung *Wiarus Polski* (Polnischer Kämpe), deren Verdienst es nicht nur war, den organisatorischen Impuls zu geben,[25] sondern meines Erachtens auch die Idee zu einer Vernetzung der polnischen Vereine. Dem vorhandenen religiösen Bindeglied zwischen den Vereinen fügte der *Wiarus Polski* das der nationalen Gemeinschaft hinzu und gründete dies auf historische, kulturelle und politische Traditionen. Daß die Vereine den *Wiarus Polski* zu ihrem Presseorgan wählten, bestätigte diesen Prozeß nur formal. Dadurch wurden die Vereine zu Kettengliedern einer gemeinsamen Bewegung und ihre Vorsitzenden, bisher nur einfache Arbeiter, zu aktiven Teilnehmern und führenden Persönlichkeiten in den lokalen Gemeinschaften. Ein Symbol dieser Einheit und eine neue Entwicklungsetappe für die polnischen Vereine war ihre Tagung in Bochum im Juli 1891, wobei über eintausend Vertreter der polnischen Vereine nach einer feierlichen Messe mit Fahnengruppen zu einem Festakt in das städtische Theater marschierten. Das organisatorische Können und der wahrhaft polnische Elan sollten dazu beitragen, für die deutschen Betrachter ein besonderes Bild zu schaffen, es „ihnen zu zeigen", daß „die Polen nicht schlechter sind".[26] Diese Demonstration der Stärke und Einigkeit, die der Patron selbst übrigens nicht unterstützte, konnte nicht ohne Echo bleiben. Während deutsche katholische Kreise und ihre Presse das Ereig-

---

24 Ebd., S. 232.
25 So bereits Kleßmann, Polnische Bergarbeiter, S. 105.
26 Matwiejczyk, Towarzystwa katolickie, S. 250–253.

nis nicht ohne Interesse und Bewunderung wahrnahmen, reagierten die staatlichen Stellen beinahe hysterisch und begannen, die Aktivitäten der polnischen Vereine bis zum Beginn des Ersten Weltkrieges systematisch zu überwachen und zu bekämpfen. Da diese Thematik an anderer Stelle in diesem Band behandelt wird, lasse ich sie hier außer acht.

Seit Liss die Arbeit aufgenommen hatte, war in Bochum ein leistungsfähiges polnisches Zentrum mit der Redaktion des *Wiarus Polski* an der Spitze entstanden. Sein Ziel war es, eine starke und nationalbewußte Auswanderergruppe mit einer einheitlichen Weltsicht aufzubauen, die sich auf den „Glauben der Väter" stützte, polnische Traditionen und Sitten bewahrte und weitergab und vor allem die Muttersprache pflegte. Dadurch grenzten sich die Polen zusehends von der einheimischen Gesellschaft ab und verschlossen sich nach innen. Von oben zu lösen war die Frage der Beziehungen zu den deutschen Katholiken und ihren Organisationen; schließlich konnten sie allein mit ihrer Presse und ihrer politischen Vertretung in Gestalt der Zentrumspartei als Verteidiger der Polen im fernen Westen gelten. Andererseits sah es der *Wiarus Polski* nicht gerne, wenn persönliche Kontakte oder gar Mischehen, selbst mit deutschen Katholikinnen, zustande kamen, da mit einem „Germanisierungseffekt" gerechnet wurde. Um diesen Zwiespalt aufzulösen, griff Liss auf die Augustinerregel zurück, nach der „in notwendigen Angelegenheiten Einigkeit" gelten sollte, „in zweifelhaften die Freiheit, in allen jedoch die Liebe". Auf die konkrete Situation angewendet bedeutete dies, daß die Polen sich im Kampf gegen die „Sozialisten" mit den deutschen Katholiken verbünden mußten, in „Laienangelegenheiten" und der Politik im weiteren Sinne frei entscheiden und in religiösen Angelegenheiten bedingungslose Liebe walten lassen sollten.[27] Infolgedessen fanden 1890 und 1891 weitere Kundgebungen der polnischen katholischen Bevölkerung statt, auf denen sich jeweils zwischen 300 und 1.000 Menschen einfanden. Die dort angenommenen Resolutionen verurteilten die sozialistische Bewegung und brachten ihre Unterstützung für die Zentrumspartei, den polnischen Seelsorger und den *Wiarus Polski* zum Ausdruck. Es ist also anzunehmen, daß die polnischen Auswanderer, die nun eine eigene Vertretung besaßen, nicht mehr Protegés des Zentrums sein wollten, sondern politische Partner, so wie auch die Vereine in den Gemeinden eher ein gesellschaftlicher Partner der dortigen deutschen katholischen Organisationen sein wollten.

27 Wiarus Polski, Nr. 56, 21.5.1891.

Dies änderte jedoch nichts an der ablehnenden Haltung des *Wiarus Polski* und des Patrons gegenüber dem Eintritt polnischer Katholiken in deutsche Organisationen, selbst wenn diese von Priestern geführt wurden; gleiches galt für die Gründung polnisch-deutscher Vereine. Der *Wiarus Polski* hielt diese für die „gefährlichste Brutstätte der Germanisierung". Die Erfahrung lehre, daß auch in Anwesenheit von zwanzig Polen ein Deutscher niemals, selbst wenn er es fließend beherrsche, Polnisch spreche, wenn die Polen auch nur etwas Deutsch verstünden.[28] Um dieser häufig wiederkehrenden und mit Beispielen aus Sachsen belegten Aussage Nachdruck zu verleihen, berief sich das Blatt auf die Kirche:

> *„Die Kirche stellte sich über die Parteien und Nationalitäten, und unterstützt keine Nationalität auf Kosten einer anderen, sie bekämpft keine Nationalität, hält die Förderung einer Nationalität auch niemandem als Sünde vor, sondern lobt vielmehr die Bindung an die Nationalität die Liebe zum Vaterland. Wer die Entwicklung des Nationalgefühls im Volke bekämpft, handelt gegen Gottes Willen, und verstößt gegen die Regeln der katholischen Kirche."[29]*

Um möglichst viele der in beiden Provinzen verstreuten Polen zu aktivieren, begann der *Wiarus Polski* zusammen mit dem Patron eine Aktion zur Gründung neuer polnisch-katholischer Vereine. Beteiligt waren die Vorsitzenden bereits existierender Vereine, gelegentlich auch der Redakteur des *Wiarus Polski* persönlich. Gewöhnlich bemühte man sich um Unterstützung durch den Ortsgeistlichen. Um die ganze Aktion zu koordinieren, veröffentlichte der Schutzherr 1893 eigens eine *„Lehre über die Gründung und Führung von polnisch-katholischen Vereinen"*, die Mustersatzungen, Vorlagen für die Korrespondenz mit den Behörden und sogar ein detailliertes Programm für eine Gründungsversammlung enthielt.[30] Typischerweise fiel sogar in diesem Programm die aktive Rolle bei der Vereinsgründung den Arbeitern zu. Freilich war es dem polnischen Patron bei rund 60 im gesamten Ruhrgebiet verstreuten Vereinen unmöglich, diese wirksam zu kontrollieren und zu betreuen. Daher sah die Mustersatzung vor, daß dieser zwar die Satzung eines neuen Vereins annehmen sollte, dann jedoch

---

28 Wiarus Polski, Nr. 87, 29.7.1893.
29 Wiarus Polski, Nr. 90, 5.8.1893, vgl. Matwiejczyk, Towarzystwa katolickie, S. 270f.
30 Nauka o zakładaniu i prowadzeniu towarzystw polsko-katolickich. Sonderbeilage zum Wiarus Polski, Nr. 73, 27.6.1893, S. 1–8.

die Organisation verpflichtet war, diese dem örtlichen Pfarrer vorzulegen und ihn zu bitten, Ehrenvorsitzender und geistlicher Betreuer zu werden. Pater Liss wollte also, daß der deutsche Klerus die Vereine akzeptierte, aber nicht den Anstoß zu ihrer Gründung gab. Der örtliche Pfarrer sollte einen polnisch-katholischen Verein unter moralischen und religiösen Gesichtspunkten beaufsichtigen, ihn aber nicht leiten. Dagegen stand die ihm zugeschriebene Funktion des Ehrenvorsitzenden von Amtswegen zu, da er weder gewählt wurde noch aus dem Verein ausgeschlossen werden konnte. Dies beweist, daß Liss ein gewisses Gleichgewicht zwischen der Integration „nach Innen" auf der nationalen Ebene und der Integration „nach Außen" auf der religiösen Ebene suchte.

Trotz dieser recht eingeschränkten Rolle besuchten die deutschen Priester gerne die polnischen Vereine, nahmen an deren Feierlichkeiten teil, traten als Redner auf und wurden Ehrenvorsitzende. Seit 1892 war in fast jedem zweiten polnischen Verein der örtliche Pfarrer oder Vikar der Ehrenvorsitzende. Nach Liss' Abberufung aus Bochum nahm ihre Bedeutung noch zu, denn die Vereine suchten bei ihnen nun Unterstützung und Autorität bei inneren Streitigkeiten und gegen den Druck der preußischen Behörden. Einer der späteren Seelsorger deutscher Abstammung, der Franziskaner Bertinus Puhl, beschrieb dies folgendermaßen:

„*Wegen des guten gegenseitigen Verhältnisses zwischen den Polenvereinen und den Ortsgeistlichen war man anfangs wohl auch gegenseitig gar nicht eifersüchtig auf die Befugnisse und Interessenssphären. So gab man sich geistlicherseits gern zufrieden mit dem Titel eines ‚Patrons des Polenvereines', und polnischerseits lieh man willig und vertrauensvoll dem Rate des geistlichen Patrons sein Ohr.*"[31]

Eine weitere Etappe der Integration der polnisch-katholischen Vereine wurde ihre Aufnahme in den 1893 neu entstehenden „Diözesanverband der Katholischen Arbeitervereine für die Diözese Paderborn". Diese vom Bischof nach Kölner Vorbild gegründete Organisation sollte alle Arbeitervereine in der Diözese unter einer gemeinsamen – geistlichen – Leitung vereinen. Liss sollte als Schutzherr der polnischen Vereine dem Diöze-

---

31 B. Puhl, OFM, Die polnischen Vereine im rheinisch-westfälischen Industriegebiet und die katholischen Seelsorger, Sonderdruck des Caritasverbandes für das katholische Deutschland, Freiburg/Br. 1918. Ähnlich liest sich die umfangreiche Korrespondenz der Vereinsmitglieder, die der Wiarus Polski zwischen 1891 und 1894 veröffentlichte.

sankomitee angehören, und die Vereine sollten ihre Satzungen deutschen Mustersatzungen der Diözese anpassen. Liss versicherte seinen Untergebenen in dieser Angelegenheit, es sei nicht zu befürchten, daß die polnischen Vereine wegen dieses Verbandes ihren besonderen Charakter verlieren würden, denn es gehe hier um christlich-katholische Grundsätze, die alle Nationalitäten im Kampf gegen Unglauben und Heuchelei verbinden sollten.[32]

Dem ist hinzuzufügen, daß Liss in dem neuen Verband auch einen Schutz gegen die zusehends stärkeren Repressalien der preußischen Behörden gegenüber den polnischen Vereinen sah. Ihm war bewußt, daß die staatlichen Stellen darauf abzielten, ihn von seinem Posten in Westfalen abzuberufen und die polnischen Vereine zu zerschlagen. Er griff daher nach jeder denkbaren Schutzmaßnahme und schrieb im *Wiarus Polski*, daß der Verband die Pflicht habe, die polnisch-katholischen Vereine auf Schritt und Tritt zu beschützen und zu verteidigen, solange diese sich an die Grundsätze und Statuten des Verbandes hielten.[33]

Diese Argumentation kam jedoch bei einem Teil der polnischen Vereine nicht an, die, bestärkt von der Posener Redaktion des *Orędownik*, befürchteten, daß gerade das Gegenteil eintreten werde. Sie glaubten, daß das Aufgehen der Vereine im Diözesanverband dazu führen werde, daß die deutschen Priester, um sich die Arbeit zu erleichtern, polnische und deutsche Vereine in ihren Gemeinden zusammenschließen würden, was nicht nur zum Zerfall der polnischen Organisationen, sondern auch der organisatorischen Basis für die nationale Eigenart der Polen in Westfalen führen würde. Liss entgegnete dem, daß es ganz anders kommen werde; denn die Vereine würden als katholisch angesehen und von den Priestern nicht anders behandelt als die deutschen Vereine. Die Priester würden darauf achten, daß in den Vereinen Einigkeit herrsche, denn vereint könnten die Katholiken vernünftige Arbeitsbedingungen verlangen und Lohnforderungen stellen und sich im Krankheits- oder Todesfall mit Hilfe der Sparkassen und Ersatzkassen gegenseitig unterstützen.[34] Aber auch dies konnte nicht alle Vereine überzeugen, da sie das gerade erst erweckte Gefühl der nationalen Identität für wichtiger hielten als die mit den Deutschen geteilte Glaubens- und Kirchengemeinschaft.

32 Wiarus Polski, Nr. 19, 16.2.1893.
33 Ebd.
34 Wiarus Polski, Nr. 23, 25.2.1893.

Damit wurde der Bruch zwischen den Vereinen unvermeidlich. Rund zehn von 60 Vereinen verweigerten ihrem Schutzherrn nun den Gehorsam und nahmen dabei sogar in Kauf, daß ihre Fahnen aus den örtlichen Kirchen entfernt wurden, was bedeutete, daß sie auch das Recht verloren, sich als katholisch zu bezeichnen. Die örtlichen Pfarrer brachen die Beziehungen zu den „Rebellen" ab und tadelten sie sogar von der Kanzel herab.[35]

Dieses Spannungsverhältnis zwischen religiöser Einigkeit, der Integration nach außen und der nationalen Eigenart, also der Integration nach innen, bedrohte die gesamte polnische Emigration mit Spaltung und Zerfall. Nur eine neue Bedrohung von außen konnte die Polen aufs neue um eine gemeinsame Sache scharen. Diese manifestierte sich 1894 in der Abberufung von Pater Liss. Veranlaßt hatte dies der Paderborner Bischof unter starkem Druck der preußischen Behörden. Nachdem diese zunächst gegen die religiöse Ausrichtung der polnischen Vereine nichts einzuwenden gehabt hatten, versuchten sie nun, alles Polnische aus ihnen zu entfernen und bewirkten damit das Gegenteil des erwünschten Effektes. Die Vereine rückten enger um ihre nationale Symbolik zusammen und unterstrichen damit ihre Sonderstellung. Die Repressalien verliehen der Integration „nach innen" eine nie gekannte Schubkraft.[36] Ihren Abschluß fanden die polnischen Abwehrmaßnahmen, als 1894 der „Bund der Polen in Deutschland" (Związek Polaków w Niemczech) gegründet wurde, eine unabhängige politische Vertretung mit nationaler Ausrichtung und demokratischen Strukturen. Dem sei hinzugefügt, daß zu Beginn fast alle Vorsitzenden, stellvertretenden Vorsitzenden und Schriftführer der polnisch-katholischen Vereine im Verband saßen, wenn auch aus Furcht vor Repressalien als Privatpersonen.[37]

Wenn sich also zwischen 1885 und 1894 auf der Grundlage der polnisch-katholischen Vereine eine nationale politische Vertretung mit leistungsfähigen Strukturen herauskristallisierte und dies als Krönung der „Integration nach innen" angesehen werden kann, so wurde dagegen die „Integration nach außen" mit der örtlichen Umgebung weitgehend aufgehalten und durch emanzipatorische Ziele ersetzt.

Ein typisches Beispiel dafür waren die Resolutionen des polnischen „Katholikentags", der am 3. Juni 1894 in Bochum stattfand. Er war ein

---

35 Vgl. Matwiejczyk, Towarzystwa katolickie, S. 293–297.
36 Ausführlich zu diesem Thema ebd., S. 307–323.
37 Ebd., S. 324–337.

Ausdruck der Einigkeit und Unterstützung für die zur gleichen Zeit in Posen abgehaltene zweite Versammlung der katholischen polnischen Bevölkerung[38] und zugleich eine Erklärung der „moralischen und materiellen Bedürfnisse" des „in der Fremde arbeitenden polnischen Volkes".[39] Diese Beschlüsse brachten in erster Linie die Treue zum „heiligen katholischen Glauben" zum Ausdruck und versprachen den deutschen Bischöfen und Priestern „Gehorsam und bedingungslose Untergebenheit" in Fragen des Glaubens und der Moral, in anderen Angelegenheiten jedoch erklärten sie lediglich (!) die Bereitschaft, ihren Rat einzuholen. Dem preußischen Staat versprach man, alle Pflichten zu erfüllen, die sich aus der Verfassung ergaben, forderte aber zugleich, daß der Staat „uns und alle unsere Landsleute" als völlig gleichberechtigte Bürger anerkenne und seine Hilfe, den Schutz und alle Begünstigungen und Freiheiten zusichere, welche „unsere Mitbürger deutscher Nationalität" genossen. Emanzipationsforderungen wurden aus der politischen auf die lokale Ebene übertragen. Während man in der gleichen Resolution die Bereitschaft zusicherte, mit der lokalen Bevölkerung in Eintracht zu leben, verlangte man von dieser entsprechenden Respekt gegenüber den Polen und dem Polentum. Schließlich wurden die Landsleute in der Heimat angesichts der Abberufung von Pater Liss gebeten, Seelsorger „unseres Blut und unserer Sprache" zu schicken.[40]

3. Von der Emanzipation zur Diskriminierung

Die preußischen Behörden wollten diesen politischen Prozeß aufhalten, einschließlich der separatistischen Tendenzen in der polnischen Emigration in Westfalen und im Rheinland. Dementsprechend gab es nicht nur einzelne Verbote, Schikanen und polizeiliche Repressalien, vielmehr wurde versucht, die Basis der Bewegung zu attackieren und das religiöse Leben der Polen von seinen nationalen Wurzeln abzutrennen. Durchführen soll-

---

38 Die Versammlung war den deutschen Katholikentagen vergleichbar und sollte die Unterstützung der Polen für das gesellschaftliche Programm von Papst Leo XIII., des deutschen Episkopats und Erzbischofs Stablewski manifestieren. Vgl. Pamiętnik II wieca katolickiego dla ludności polskiej pod panowaniem pruskim odbytego w Poznaniu w dn. 3,4,5 i 6 czerwca 1894 roku, Poznań 1894.

39 Wiarus Polski, Nr. 57, 22.5.1884; Nr. 60, 29.5.1894: „Unsere Brüder, vor allem die Geistlichen und die Laienführer der polnischen Gesellschaft sollten wissen, was wir denken, was wir wollen und welche Ziele wir anstreben."

40 Resolutionen in Wiarus Polski, Nr. 63, 5.6.1894.

ten dies die Bischöfe aus Paderborn und Münster unter dem Druck und der „Aufsicht" des Oberpräsidenten der Provinz Westfalen. In der Angst, Liss' Nachfolger aus ethnisch polnischen Diözesen könnten „großpolnische Agitation" betreiben, erklärten sich die Bischöfe damit einverstanden, die Polenseelsorge deutschen, in hiesigen Seminaren ausgebildeten Priestern zu übergeben. Bevor diese Maßnahme greifen konnte, sollten jedoch die Franziskaner und Redemptoristen die seelsorgerische Betreuung der Polen übernehmen, da es in ihren Reihen Pater gab, die des Polnischen mächtig waren.

Dieser Abschnitt ist wichtig, weil er aufzeigt, wie eng die nationale mit der religiösen Identität der Polen verbunden war. Alle Bemühungen, die religiöse Betreuung von der nationalen Ebene zu lösen, um letztere zu schwächen, bewirkten letztlich das Gegenteil des erwünschten Effektes. Als Liss gehen mußte, übernahm der aus Schlesien stammende und Polnisch sprechende Franziskaner-Pater Andreas Bolczyk die Seelsorge der Polen im Erzbistum Köln, später auch in Paderborn und Münster. Eine eindeutige Beurteilung seiner seelsorgerischen Tätigkeit ist ausgesprochen schwierig, wenn man zugrundelegt, daß er sie in gutem Glauben und nicht als „Germanisierer" ausübte. Offenbar wollte er aus Ehrgeiz und in völliger Unkenntnis der Eigentümlichkeit der bisherigen Polenseelsorge, die das religiöse Leben mit Traditionspflege verband, die gleiche Stellung in den polnischen Vereinen erlangen, wie Liss sie innehatte. Da die Vereine ihm aber die Funktion des Schutzherrn nicht verliehen, beschloß er, über die Nominierung durch den Paderborner Bischof Hubert Simar zum Generalvorsitzenden der polnischen Organisationen zu werden. Sein vor dem Generalvikar erklärtes Ziel war es, die polnischen Vereine so zu leiten, „daß auch die Staatsbehörden keinen Grund zur Unzufriedenheit" haben würden.[41]

Dies fand Zustimmung in Paderborn, und Mitte Oktober 1895 erhielt Bolczyk die gewünschte Nominierung.[42] Er plante nun, eine Mustersatzung für die polnischen Vereine auszuarbeiten, die sich zu einem Verband unter seiner Leitung zusammenschließen sollten. Demnach hätte er selbst alle Vorstandsmitglieder bestätigen und unbequeme Mitglieder einzelner

---

41 N. Humberg, Die Franziskaner und die seelsorgliche Betreuung an fremdsprachigen nationalen Minderheiten in den Provinzen Rheinland und Westfalen (1893–1914), in: Das Münster am Hellweg. Mitteilungsblatt des Vereins für die Erhaltung des Essener Münsters 41, 1988, S. 117f.
42 Ebd., S. 118.

Gesellschaften ausschließen können; überdies hätte er das Recht gehabt, die Theateraufführungen und Programme der Feierlichkeiten zu kontrollieren, um sie später in „rein kirchliche Kongregationen" umzuwandeln.[43]

Als er jedoch begann, seine Pläne umzusetzen, stieß er auf verbissenen Widerstand. Die Organisationsstrukturen und Schutzmechanismen der Polen im Ruhrgebiet waren so stark, daß sie dieser versuchten Zwangsintegration standhalten konnten, die die Polen eines Teiles ihrer Identität beraubt hätte. Am 27. Oktober 1895 verabschiedete die Vorsitzendentagung der polnisch-katholischen Vereine in Bochum Resolutionen, die keinen Zweifel an Natur und Zielen der polnischen Organisationen im Ruhrgebiet ließen. Sie stellte fest:

> *„Die bisherige Ordnung in den polnisch katholischen Vereinen, wie sie im Einvernehmen mit der Geistlichkeit eingeführt wurde, halten wir für gut. Wir wünschen daher weder irgendwelche Änderung der Statuten, noch eine Reform der Gebräuche. Wir werden auch keinen Verband unserer Vereine bilden und einen Generalpräses sämtlicher Vereine wollen wir weder wählen noch anerkennen."*

Freilich erklärten die Vorsitzenden schon im nächsten Punkt den Katholizismus ihrer Vereine und versicherten die deutsche Geistlichkeit ihrer Dankbarkeit, „daß sie sich um uns bekümmert und wacht, daß wir auch nicht auf einen Schritt von den katholischen Grundsätzen abweichen". Wie in früheren Resolutionen sicherten sie der Geistlichkeit Gehorsam in Glaubens- und Moralangelegenheiten zu, behielten sich jedoch „volle Freiheit und Unabhängigkeit des Handelns in jeder anderen Beziehung" vor. „Auf diese Freiheit und Unabhängigkeit werden wir für keinen Preis verzichten und Drohungen oder Hindernisse sollen uns auch nicht zur Nachgiebigkeit bewegen. [...] Unsere Vereine sollen für alle Zeiten katholisch und polnisch bleiben."[44]

Tatsächlich hielten die Polen trotz der persönlichen Drohungen Bolczyks und der Ankündigungen der Ortsgeistlichen, die Vereinsfahnen aus den Kirche zu entfernen und die Vereine nicht als katholisch anzusehen, an ihrem Standpunkt fest. Als Bolczyk seine Mustersatzung auf dem Verwal-

---

43 Ebd., S. 120.
44 Der Resolutionstext findet sich in: Die Polen und die Kirche im Ruhrgebiet 1871–1919. Ausgewählte Dokumente zur Pastoral- und kirchlichen Integration sprachlicher Minderheiten im Deutschen Kaiserreich, hg. von H.J. Brandt, Münster 1987, Nr. 72, S. 107f.

tungsweg durchsetzen wollte, die in neun Punkten alle Rechte des Präses detailliert auflistete und unter anderem vorsah, daß alle Beschlüsse des Vereins zu ihrer Gültigkeit der schriftlichen Bestätigung des Präses bedurften, erzwangen die Vereine ihrerseits mit Kundgebungen, Resolutionen und Gesuchen an den Kölner Erzbischof zum 1. März 1897 die Abberufung des ehrgeizigen Franziskaners.[45] Danach mußte der Erzbischof nicht nur die Polenseelsorge im Erzbistum Köln neu regeln, sondern auch den kirchenrechtlichen Status der Vereine. Nach dem Briefwechsel mit dem Generalvikar der Diözese Münster übernahm Köln mit großer Vorsicht und nur teilweise, zunächst für den Verein „Towarzystwo Św. Stanisława Kostki" (St. Stanisław Kostka-Verein) in Katernberg, die in Münster geltenden Vorschriften. Danach stand der örtliche Pfarrer oder Vikar an der Spitze des Vereins, war vom Erzbischof zu ernennen und konnte nicht aus dem Verein ausgeschlossen werden, was auch in den Satzungen festzuhalten war, die wiederum die bischöflichen Behörden bestätigen mußten. Dagegen wurde darauf verzichtet, die polnischen Vereine in die Diözesenstrukturen der deutschen Vereine zu pressen, obwohl ebendies in der Diözese Münster praktiziert wurde, wo es aber nur neun polnische Vereine gab.

Dieses Modell, nach dem deutsche Priester die Vereine leiteten, setzte sich in allen drei Diözesen durch, obwohl es immer Spannungen und Proteste von Seiten des *Wiarus Polski* und polnischer Aktivisten gab. Nach wie vor gab es in der Vereinstätigkeit die beiden Tendenzen einer „Integration nach innen" auf der Ebene der nationalen Identität und einer „Integration nach außen" auf der religiösen Ebene. Unter Szotowski und Liss lagen diese Tendenzen recht nah beieinander, deckten sich möglicherweise sogar: dabei waren die polnische Sprache und Tradition in das Leben und das religiöse Brauchtum der polnischen Emigranten eingeführt worden, indem in den Gemeinden Andachten, Messen und Gottesdienste mit Gesang und Rosenkranzgebeten in polnischer Sprache ermöglicht wurden. Ihre nationale Identität, in den Vereinen durch Symbole, Abzeichen, Fahnen und dergleichen manifestiert, gewann durch die Prozessionen, Pilgerfahrten und Gottesdienste eine öffentliche und feierliche Dimension. Es ist daher kaum erstaunlich, daß die Versuche, diese Einheit von außen zu zerstören,

---

45 Humberg, Die Franziskaner, S. 122ff. Dem Kölner Erzbischof war das Kloster in Neviges unterstellt, dem auch Boczyk angehörte.

auf einen solchen Widerstand stießen und regelmäßig mit einem Mißerfolg endeten.

In diesem Kontext ist nun das Verhalten der preußischen Behörden gegenüber den Polen zu analysieren und die folgenden Verordnungen, Polizeimaßnahmen und Schikanen als Versuche zu interpretieren, diese Einheit von religiöser und nationaler Identität zu zerbrechen. Schon seit den 1890er Jahren wußten die preußischen Behörden von den Polenvereinen und begriffen sie undifferenziert als ein „Element der Polenbewegung" im Westen Deutschlands, wie sie aus dem Posener Raum bekannt war. Bereits 1896 führte Heinrich Konrad Studt,[46] Oberpräsident der Provinz Westfalen, in einem besonderen Memorandum für den Innenminister aus:

> *„Alle Bestätigungen und Requisiten des Vereinslebens, Bibliotheken, Versammlungen, Vorträge, Theateraufführungen u.a.m. atmen nationalen Sinn und bestimmtes Volksbewußtsein. Das letztere sucht sich auch im Äußeren durch Einführung nationaler Trachten und Abzeichen bei Vereinsfestlichkeiten kund zu tun."*

Da an der Spitze der polnischen Vereine meist schon deutsche Priester standen, machte der Oberpräsident sie für diesen Zustand zumindest mitverantwortlich:

> *„All diesen Bestrebungen sieht die katholische Pfarrgeistlichkeit mit verschränkten Armen zu, ja es ist in zahlreichen Fällen vorgekommen, daß dieselbe es nicht verschmäht hat, im Sinne der Vereinstendenzen in den Versammlungen aufzutreten oder sich in der Eigenschaft der Ehrenmitglieder den Vereinsgenossen zuzugesellen."*[47]

Er erörterte im folgenden die Gründe für die Stärke der Polenbewegung und kam zu dem Schluß:

> *„[...] aus der Verbindung der kirchlichen mit der polnischen Leitung [ist] die Größe des Einflusses zu erklären, welchen der Probst Liss in so geschickter Weise ausgenützt hat. Diese Verbindung muß daher fortgesetzt werden.*

---

46 Heinrich Konrad Studt war Oberpräsident der Provinz Westfalen in den Jahren 1889–1899 und von 1899–1907 Minister für geistliche, Unterrichts- und Medizinalangelegenheiten. Er stammte aus dem niederschlesischen Schweidnitz, konnte Polnisch und ihm waren die nationalen Verhältnisse in Preußens Ostprovinzen bekannt. Er war auch der Hauptstratege und Ausführer der antipolnischen preußischen Politik im Ruhrgebiet.

47 Die Polen und die Kirche, S. 122.

Da jede Berührung der Arbeiter mit polnischen Geistlichen, namentlich solchen aus der Heimat der Arbeiter, den nationalen, sich von deutschen Anschauungen abwendenden Sinn von Neuem entfacht und die Germanisierung verlangsamt, so müssen auch die vorübergehenden Besuche polnischer Geistlicher im Kohlengebiet möglichst verhindert werden."[48]

Ein übergeordnetes Ziel der Verwaltungsbehörden war natürlich die Assimilierung beziehungsweise die Germanisierung der Polen. Ein mittelfristiges Ziel auf diesem Wege war dabei ihre Integration auf kirchlicher Ebene durch die Trennung des religiösen vom nationalen Bewußtsein. In diesem Zusammenhang wurde das Seelsorgeproblem genauso zu einem politischen Problem, mit dem sich die Polizei zu beschäftigen hatte, wie es auch die „nationale" Tätigkeit der polnischen Vereine war. Die Meinungen der Beamten zu diesem Thema waren anfangs geteilt. Der Präsident des Regierungsbezirks Arnsberg faßte es 1900 in einem Bericht an den Oberpräsidenten der Provinz so auf:

„Es unterliegt keinem Zweifel, daß gerade in diesen polnischen Ortsvereinen die Neigung zur Betätigung nationalpolnischer Ideen die eifrigste Förderung erfährt. Es ist dies namentlich da der Fall, wo die mit der Leitung oder dem Protektorate betrauten katholischen Ortsgeistlichen sich ihrer Verantwortlichkeit nicht genügend bewußt sind oder wo ihr günstiger Einfluß, der allerdings in neuer Zeit öfters zu bemerken gewesen ist, mehr oder weniger durch die nationalpolnische Gegenströmung lahm gelegt worden ist."[49]

Eine völlig andere Meinung äußerte der Bürgermeister von Herne, der zu einer Gruppe von Beamten gehörte, die im Alltag mit Polen zu tun hatten. Er schrieb fast gleichzeitig an den Oberpräsidenten von Westfalen:

„Hat erst die katholische Geistlichkeit hiesiger Gegend die Polenvereine ganz in ihren Händen, dann bringt man die polnischen Handwerker in die katholischen Gesellenvereine, die polnischen Arbeiter in die katholischen Arbeitervereine, in die Sodalitäten und so fort. Es folgt die Beichte in deutscher Sprache. Die Polenvereine zerbröckeln nach und nach. Die Jugend

---

48 Ebd., S. 124.
49 STAM, OP 2748, Bd. 3, Bl. 122–125, hier zit. Bl. 124: Regierungspräsident Arnsberg an Oberpräsident Münster, 11.1.1900.

wird in deutscher Sprache unterrichtet, lernt nicht mehr polnisch zu lesen und zu schreiben. Das Ende läßt sich absehen."[50]

Dies war jedoch eine Einzelmeinung, die sogleich vom Kreiskommissar der Polizei Dortmund und Polenkenner Fritz Goehrke korrigiert wurde; er äußerte sich über die Stellungnahme aus Herne:

> *„Selbsttäuschung ist es geradezu, wenn man sich derartigen Erwartungen und Illusionen hingibt. Die Geistlichkeit hat und wird nie die Polenvereine ganz in ihre Hand bekommen. Dieselben werden sich jedem Einfluß mehr und mehr entwinden".* Daher hielt er für das Wichtigste, *„daß besonders die Ortsbehörden sich über die Gefahr der Polenbewegung klar werden, daß sie mit der Ansicht brechen, als könnte der Pole durch Nachgiebigkeit und Güte zum Deutschtum erzogen werden."[51]*

Die Behörden waren seit der Amtszeit Studts derselben Meinung. Auf seine Anregung gaben die Präsidenten der Regierungsbezirke Arnsberg und Münster schon im September 1892 entsprechende Verordnungen heraus, die es den polnischen Vereinen verboten, auf „öffentlichen Zügen", zu denen Kirchenprozessionen, Pilgerfahrten und selbst Begräbnisse zählten, polnische Nationalsymbole in Form von Fahnen, Bändern, Abzeichen, Mützen und so weiter zu tragen. Danach waren auch Fahnen mit dem Bild der Gottesmutter aus Tschenstochau und den entsprechenden Aufschriften verboten, wie sie beinahe jeder Verein hatte.[52]

Im Jahre 1900 entsprachen die Behörden auch den Erwartungen des Kreispolizeikommissars. Der Präsident des Regierungsbezirks Arnsberg gab am 15. Februar 1900 eine entsprechende Anordnung an die Bürgermeister und Landräte heraus, die davon ausging, daß der Schwerpunkt der nationalpolnischen Propaganda in den kirchlichen Vereinen lag, obwohl sich diese mit ihren Zielen so harmlos gerierten. Er ordnete daher an, diese systematisch polizeilich zu überwachen und sie den Vorschriften gemäß dem Vereinsgesetz von 1850 zu unterwerfen. Nun sollten unter dem Vor-

---

50 Siehe oben, Bd. 4, Bl. 62–65, Der kgl. Bezirkspolizei-Kommandant Goehrke in Dortmund an den Regierungspräsidenten Arnsberg, 6.11.1900, hier zit. Bl. 64.

51 Siehe oben, Bl. 64. An anderen Stelle meinte Goehrke ausdrücklich: „Die Förderung dieses polnischen Sondervereinswesens war ein schwerer politischer Fehler der deutschen Geistlichkeit und ist nur von parteipolitischem Standpunkte aus erklärlich." Ebd., Bd. 5, Bl. 26–27 (Abschrift), Dortmund 25.7.1902.

52 Vgl. Matwiejczyk, Towarzystwa katolickie, S. 312–315.

wand, Spannungen zwischen Polen und Deutschen zu säen (!), nicht nur nationale Symbole bei öffentlichen Auftritte verboten werden, sondern bereits die Veranstaltung von Umzügen, Prozessionen und öffentlichen Feierlichkeiten, also alles, was integrative Funktionen erfüllte und mit der Teilnahme am Gemeindeleben zusammenhing. Besondere Aufmerksamkeit sollte die Polizei auf Bibliotheken, Theateraufführungen, Gedichtvorträge und Gesänge in polnischen Vereinen richten, die „nur den Zweck verfolgen, den Polen in der Fremde für seine nationale Sache zu begeistern, und darin bei dem leicht erregbaren Sinne der Polen, von besonderer Wirkung zu sein pflegen."[53]

Für so breit angelegte Maßnahmen wäre freilich ein ganzes Heer polnisch sprechender Polizeibeamter erforderlich gewesen, das nicht vorhanden war. Daher wurde 1901, zunächst nur für den Kreis Bochum, eine Polizeiverordnung erlassen, die den polnischen kirchlichen Vereinen – die jetzt als politische angesehen wurden – vorschrieb, ihre Tagungen in deutscher Sprache abzuhalten. Dagegen jedoch wehrten sich die polnischen Vereine erfolgreich vor Gericht, so daß die Behörden es nun damit versuchten, die Vereine unter dem Vorwand der „Einwirkung auf öffentliche Angelegenheiten" als „politische" einzustufen. Damit fanden die Polizeibehörden vor den Gerichten Gehör, die nun die politische Tätigkeit in den Vereinen verboten und dabei ausführten: „Der Verein verfolgt unter dem Deckmantel religiöser Bestrebungen nationalpolnische Zwecke. Sein Ziel ist die Erhaltung der polnischen Sprache und Sitte, ein Getrenntleben der Polen von den Deutschen, unter denen sie leben"[54] und „vom religiösen Charakter des Vereins kann ganz abgesehen werden".[55]

Entscheidungen wie diese führten dazu, daß die Schulbehörden den Kindern und Jugendlichen die Teilnahme an Festlichkeiten der polnischen Vereine verbot, wodurch sie den Kontakt zur polnischen Sprache langsam verloren. So galt alles, was für die Ausbildung der Identität der polnischen Bevölkerung wesentlich war und sie nach innen integrierte, für die preußischen Behörden als Hindernis auf dem Weg zu ihrer Integration nach außen.

---

53 STAM, OP 2748, Bd. 3, Bl. 144–147, hier zit. Bl.146.
54 Siehe oben, Bd. 4, Bl. 260–262: Landgericht Bochum 15.2.1902.
55 Siehe oben, Bd. 6, ohne Pag.: Das Königliche Oberverwaltungsgericht in Berlin, 11.12.1903.

4. Von der Diskriminierung zur (Selbst-)Isolation

Den dargestellten Grundsätzen entsprechend war den preußischen Behörden daran gelegen, auch die deutsche Geistlichkeit in den Kampf gegen die polnischen Vereine mit einzubeziehen, insbesondere die in den betroffenen Bistümern Köln, Münster und Paderborn. Während Hubert Simar, zunächst Bischof von Paderborn (1891–1899), dann Erzbischof von Köln (1899–1902), sogleich großes Verständnis zeigte und bereit war, diese Politik im kirchlichen Bereich zu betreiben, beschränkten sich Philipp Krementz, Simars Vorgänger auf dem Kölner Erzbischofsstuhl (1885–1899), und Hermann Dingelstadt, der Bischof von Münster (1889–1911), darauf, gerade genug zu unternehmen, um korrekte Beziehungen zur Regierung zu erhalten, obwohl auch ihnen die politischen Aktivitäten der Polen durchaus suspekt waren.

Aus den genannten Gründen beschränkte sich die Polenseelsorge zu dieser Zeit auf das absolute Minimum. Einige wenige Franziskaner, seit 1899 auch die Redemptoristen aus Bochum betrieben die seelsorgerische Betreuung eher auf einer gelegentlichen Basis; so nahmen sie die Beichte auf polnisch ab, predigten hier und da in der Sprache der Emigranten, oder hielten Nachmittagsandachten mit entsprechenden Gesängen ab. Besondere Messen oder Gottesdienste mit polnischer Predigt, Gebeten und Gesängen, wie sie unter Franz Liss stattgefunden hatten, gehörten der Vergangenheit an.[56]

Die Konflikte mir den Behörden und das Mißtrauen gegenüber den Absichten der deutschen Bischöfe verschlechterten die Beziehungen in einzelnen Gemeinden. Anfang des 20. Jahrhunderts stieg die Zahl der Polen rapide, mancherorts machten sie schon 30 bis 40% der Einwohnerschaft aus und konnten so in Wahlen zu Kirchenvorständen und Pfarrgemeinderäten eigene Kandidaten durchbringen. Damit wurden sie von einer Randgruppe zu einer Kraft, die das religiöse Leben der lokalen Umgebung mit gestaltete und die ihr zustehenden Rechte mit entsprechendem Nachdruck einforderte. Der Bund der Polen in Deutschland, die Redaktion des *Wiarus Polski* und einzelne Vereine organisierten zwischen 1897 und 1902 eine Reihe von Kundgebungen mit manchmal bis zu 4.000 Teilnehmern, auf

---

56 Vgl. Humberg, Die Franziskaner, S. 132–146: in vielen Orten erschienen die deutschen Mönche drei- bis viermal jährlich, manchmal nur zu Ostern und Weihnachten.

denen Gesuche an die Bischöfe verabschiedet wurden, die Forderungen nach polnischen Priestern enthielten. Auf einer Kundgebung in Wattenscheid am 4. Februar 1900 äußerte ein verzweifelter Redner:

> *„Also wir senden keine Petitionen mehr nach Paderborn, weil wir mit Paderborn nichts zu tun haben, wir zahlen unsere Steuern nach Wattenscheid und werden in Wattenscheid unsere Rechte verlangen. Bekommen wir unseren Geistlichen nicht, so treten wir vom 1. Mai aus der Kirche aus. Katholisch bleiben wir, so wie wir sind. Ein Geistlicher sagte mir, jetzt haben wir es besser, weil überall elektrische Bahnen gebaut sind, so können wir zu unseren polnischen Geistlichen auf der elektrischen Bahn zu jeder Zeit hinkommen und beichten […]. Liebe Brüder, wenn der Geistliche so denkt, so wollen wir das Geld, was wir an Kirchensteuern zahlen, für uns behalten, damit wir es für die elektrische Bahn haben, wenn wir zur Beichte fahren müssen.“* [57]

Die Verzweiflung des Redners rührte auch daher, daß noch 1897 die Polen aus dem Dekanat Wattenscheid eine Petition an den Papst mit der Bitte um einen polnisch sprechenden Seelsorger geschickt hatten, die der päpstliche Staatssekretär jedoch offenbar unverrichteter Dinge nach Paderborn zurücksandte. Trotz großen Aufhebens, diverser Unterschriftenaktionen und Gesuche, von denen eines im Jahr 1900 sogar an Papst Leo XIII.[58] gerichtet wurde, änderte sich die Gesamtsituation nicht. Die Bischöfe entsandten nur notbehelfsartig einige Vikare zur Unterstützung der Mönche, die in Priesterseminaren in Paderborn und Münster Polnischkurse absolviert hatten. Diese Kurse waren von den preußischen Behörden finanziert, die jedoch als Gegenleistung die völlige Loyalität des Klerus und seiner künftigen Seelsorger erwarteten.

Als 1900 Wilhelm Schneider Bischof in Paderborn wurde, erklärte er den aus polnischen Familien stammenden Kandidaten für das Theologiestudium wie selbstverständlich, „daß sie keine Aussicht haben, in das hiesige Priesterseminar aufgenommen, geschweige denn in der hiesigen Diözese verwendet zu werden, falls sie die Neigung hegen sollten, sich später irgendwie an der nationalpolnischen Agitation zu beteiligen.“[59] Darüber

---

57 Polenversammlung in Wattenscheid, 4.2.1900, in: Die Polen und die Kirche, Nr. 104, S. 160.
58 Ebd., Nr. 106, S. 163–165.
59 STAM, OP 2748, Bd. 4, Bl. 240: Der Bischof von Paderborn an Oberpräsidium Münster, 27.2.1902.

hinaus verlangte er von allen Kandidaten eine entsprechende schriftliche Erklärung. Als dies ein Jahr später – auf Liss' Veranlassung – durch die polnische und deutsche Presse bekannt wurde, kam es zum offenen Konflikt zwischen den Polen und der Kirchenhierarchie sowie mit der Zentrumspartei.

Die Polen beantworteten dies, indem sie lokale Kirchenkomitees in den Gemeinden gründeten, die ihre seelsorgerischen Bedürfnisse und die Schikanen der deutschen Geistlichkeit dokumentieren sollten. 1905 schloß sich der Bund der Polen in Deutschland der Aktion an. Dieser plante zu ihrem Abschluß einen allgemeinen Spendenaufruf und wollte eine besondere Delegation an den Heiligen Stuhl schicken. Allerdings bestanden die ganze Zeit erhebliche Zweifel an den Erfolgsaussichten eines solchen Vorgehens, so daß nicht mehr als ein gewisses Aufsehen in der Presse erreicht wurde. Noch 1913 wurde an den Planungen für die Delegation gearbeitet, ohne daß dies zu einem Ergebnis führte.[60]

Trotz des Konfliktes der polnischen Katholiken mit den kirchlichen und staatlichen Stellen versuchten manche Pfarrer, den Bitten ihrer polnischen Gemeindemitglieder wenigstens teilweise zu entsprechen: bei über 140.000 Polen im gesamten Ruhrgebiet wurden seit etwa 1903 in Bruch und Wanne während der Sonntagvormittagsmesse polnische Gesänge und Predigten eingeführt. Andere Gemeinden verlangten ähnliches, woraufhin der Kultusminister sogleich beim Oberpräsidenten von Westfalen intervenierte:

„Wenn auch die Regelung dieser Frage lediglich Sache der kirchlichen Behörden ist, so wäre es im nationalen Interesse doch zu beklagen, wenn etwa deutsche Geistliche, von einer milderen Auffassung ausgehend, den Polen mehr entgegenkämen, als dies seitens der polnischen Geistlichkeit in den Diözesen Gnesen-Posen und Kulm gegenüber den deutschen Katholiken zu geschehen pflegt."[61]

Daher empfahl er dem Oberpräsidenten nicht nur, die Angelegenheit genauer zu untersuchen, sondern persönliche Gespräche mit den Bischöfen zu führen. Diese erklärten sich im Ergebnis einverstanden, „den Polen auf

---

60 Ebd., Bd. 7, ohne Pag.: Der Regierungspräsident Düsseldorf an den Oberpräsidenten Koblenz, 3.5.1905; Die Polen und die Kirche Nr. 129–131, S. 190f.

61 STAM, OP 2104, Bl. 44: Minister für geistliche, Unterrichts- und Medizinalangelegenheiten an den Oberpräsidenten Münster, Berlin, 6.1.1904.

diesem Gebiete nur soviel concedieren zu wollen, als es kirchliche Rücksichten unbedingt erforderlich machen".[62] In weiteren Beratungen legten die angesprochenen Bischöfe einheitliche Regeln für die Seelsorge unter den Polen in allen drei Diözesen fest, die dann auf einer vertraulichen Konferenz am 13. April 1904 in Wanne bestätigt wurden, an der von hundert geladenen Pfarrern und Vikaren fünfzig teilnahmen. Folgende Regelungen wurden getroffen:

> *„Es ist den Polen alles zu gewähren, was das religiöse Bedürfnis erforderlich macht: Beichte, polnische Andacht mit Predigt am Nachmittage.*
> *Zu versagen ist alles, was der politisch-polnischen Agitation dient: Beichte und Kommunionunterricht, Taufen, Trauungen, Begräbnisse in polnischer Sprache [sic!], Sonntagsmesse mit polnischem Gesang. Wenigstens darf durch einen etwa einzulegenden polnischen Morgendienst der für die deutschen herkömmliche Gottesdienst nicht beeinträchtigt werden."*[63]

Dies wurde damit begründet, daß „die Polen aufgestachelt durch einzelne polnische Sozialdemokraten, in ihren Forderungen zu weit gingen, daß deren Erfüllung schließlich zur Bildung einer eigenen polnischen Gemeinde führen würde".[64] Unausgesprochen blieb, daß diese Regeln der kirchlichen Zwangsintegration die Germanisierung (Assimilation) eben durch die religiösen Praktiken begünstigten, wie zum Beispiel die Pflicht, die Sonntagsmesse zu besuchen, die nach Kirchenrecht nur am Vormittag und nur mit deutscher Predigt und Gesang abgehalten wurde. Da das Nichtbesuchen des Vormittagsgottesdienstes als schwere Sünde galt, verzichtete ein großer Teil der Polen dann auf die zusätzliche polnische Nachmittagsandacht. Zusätzliche vertrauliche Regelungen unter den Bischöfen gingen über die oben genannten Regelungen noch hinaus und sahen auch eine stufenweise Rücknahme der den Polen gemachten Zugeständnisse vor.

Als diese Regelungen ihren Weg in die Presse fanden, führten sie zu Massenkundgebungen und Polenprotesten in beiden Provinzen. Die erste Kundgebung fand am 12. Mai in Eickel statt, wobei Forderungen aufgestellt wurden, die im direkten Widerspruch zu den bischöflichen Regelungen standen:

---

62 Hauptstaatsarchiv Düsseldorf (im folgenden HSTAD), Regierungspräsidium Düsseldorf 901, Bl. 69–71: Oberpräsident Münster an den Minister für geistliche, Unterrichts- und Medizinalangelegenheiten, Münster, 18.3.1904.
63 Ebd.; vgl. Die Polen und die Kirche, Nr. 123, S. 185.
64 Ebd.

„*1) In allen Gemeinden, wo die Polen in überwiegender Mehrheit sich
befinden, soll das Hochamt mit polnischem Gesang und polnischer Predigt für die Polen stattfinden;*

2) In allen Gemeinden, wo die Deutschen und die Polen ungefähr in gleicher Zahl wohnen, soll während des Hochamtes abwechselnd, also jeden zweiten Sonntag, deutsche bzw. polnische Predigt und Gesang stattfinden;

3) Da, wo die Zahl der Polen kleiner ist, als die der Deutschen, trotzdem aber eine starke Kolonie bildet, soll der polnische Gottesdienst jeden Sonntagvormittag vor oder nach dem Hochamte stattfinden;

4) In allen Gemeinden, wo ein polnischer Verein besteht, soll der polnische Gottesdienst mindestens einmal im Monate stattfinden;

5) Der Vorbereitungsunterricht zur hl. Beichte und Kommunion soll Kindern polnischer Eltern in polnischer Sprache erteilt werden;

6) Kindtaufen, Trauungen und Begräbnisse sollen in polnischer Sprache stattfinden;

7) Die kleine Zahl der Geistlichen in den deutschen Diözesen, welche die polnische Sprache vollständig beherrscht, soll von der deutschen Seelsorge befreit und ausschließlich für die Polen bestimmt werden. Sie sollen also dort angestellt werden, wo die Polen in größerer Zahl wohnen;

8) Den polnischen Geistlichen aus dem Osten, die mit Zustimmung ihrer Bischöfe bereit wären, nach dem Westen zu kommen, um sich einige Zeit der Seelsorge unter den Polen zu widmen, soll dieses gestattet werden;

9) Die Kosten der polnischen Seelsorge sollen die Kirchenkassen decken."[65]

Dieses Programm verlor bis 1914 nicht an Aktualität; die Polen waren freilich nicht in der Lage, es durchzusetzen. Die Nachgiebigkeit der Kirchenväter angesichts der preußischen Polenpolitik und die selektiv zu Integrationszwecken betriebene seelsorgerische Betreuung führten zu einer Radikalisierung der Forderungen und entfremdeten die Polen von den deutschen Katholiken. Der Integrationszwang von außen bewirkte eine Konsolidierung im Innern und beschleunigte so den Prozeß, dem er eigentlich Einhalt gebieten sollte.

Die Gemeindekomitees schlossen sich zu einem zentralen Komitee für das ganze Ruhrgebiet zusammen, und die nun schon polnisch-katholisch genannten Kirchenvereine, bildeten 1904 einen Zentralverband. Die von den Bischöfen enttäuschten Polen griffen erneut auf den Gedanken

---

65 Ebd., Nr. 126, S. 188.

zurück, direkt eine Delegation zum Papst zu schicken, und die Tagung der Vertreter der Polenvereine, die am 25. November 1906 in Essen stattfand, stellte sogar einen Zeitplan dafür auf. Die politisch aktivsten Polen riefen nach dem Bruch mit der Zentrumspartei dazu auf, die deutschen Sozialdemokraten zu unterstützen; ein Teil von ihnen ging sogar so weit, sich in deren Reihen zu engagieren. Diejenigen hingegen, die nicht politisch aktiv werden wollten, riefen verschiedenerlei „polnische" Organisationen in Form von Frauen-, Gesangs-, Theater-, Abstinenz-, Touristik- oder Hobbyvereinen ins Leben; auch Zweigstellen der „Sokół"-Organisation wurden gegründet.[66]

Der nationale Zusammenhalt und die organisatorische Effizienz gestatteten es wiederum, eigene Kandidaten für die Kirchenvorstände und Pfarrgemeinderäte aufzustellen und durchzusetzen. In einigen erreichten die Polen zwischen 1912 und 1914 sogar die absolute Mehrheit.[67] So endeten die Versuche, die nationale Identität der Polen aus dem religiösen Leben zu verbannen, damit, daß diese sich eben auf der nationalen Ebene zusammenschlossen und mit den Deutschen über das Schicksal der gemeinsamen Pfarrgemeinde entschieden.[68]

Die Verhärtung der Fronten auf beiden Seiten äußerte sich in einer breit angelegten Pressekampagne, die auf polnischer Seite *Wiarus Polski* und der in Herne erscheinende *Narodowiec* (Der Nationalist) anführten, und setzte den Prozeß fort, der die Gemeinschaften polnischer und deutscher Katholiken voneinander isolierte. Dabei wurden selbst die deutschen Priester, die sich bemühten, die religiösen Bedürfnisse der Polen zu befriedigen, zu „Germanisierern in Priesterröcken". Rhetorisch fragte ein polnisches Flugblatt, „Was sind für uns die polnisch sprechenden Geistlichen", und antwortete selbst: „Wölfe im Schafspelz, die uns germanisieren wollen."[69]

---

66 Vgl. B. McCook, Divided Hearts: The Struggle Between National Identity and Confessional Loyalty Among Polish Catholics in the Ruhr, 1904–1914, in: The Polish Review 4, 2002, S. 67–95. Der Autor betont auch, S. 84, daß der offene Konflikt mit der Kirche zu Verringerung der Frequenz der Polen in den hl. Messen und Andachten, die von deutschen Priestern gelesen wurden, führte.

67 Ebd., S. 89–93.

68 Ebd., S. 71, folgt John Kulczycki und spricht von „negativer Integration": „From the evidence examined, I believe that the growing anti-Polish attitude of the Church aided Polish adaptation to the Ruhr. In essence, a form of 'negative' integration occurred, in which the actions of the Church forced Poles to become active in Ruhr society in order to defend their own belief in what the Church should represent".

69 Die Polen und die Kirche, Nr. 184.

So ist wenig verwunderlich, daß die deutschen Priester sich ungern in der Polenseelsorge engagierten, da ihr Dienst nicht nur schwierig und ermüdend war, sondern sie auch noch persönlichen Unannehmlichkeiten ausgesetzt waren. Jede Nachgiebigkeit gegenüber den Polen, auch eine Teilnahme an ihren Vereinen, registrierte die Polizei sofort; unter Umständen erhielt sogar der Bischof ein Schreiben, das den fraglichen Priester der Begünstigung des polnischen Nationalismus verdächtigte. Das gewissenhafte Einhalten der Vorschriften durch die Priester, selbst wenn diese die besten Absichten hatten, ließ die Polen Germanisierungsvorwürfe erheben, die oft mit öffentlicher Brandmarkung in der Presse verbunden waren.[70]

Eine 1906 einberufene Konferenz der deutschen Polenseelsorger im Erzbistum Köln fand keinen Ausweg aus dieser Situation. Nachdrücklich wurde verlangt, von den Regelungen von 1904 abzurücken, das heißt Taufen, Trauungen und Predigt in polnischer Sprache durchzuführen und nur den Kommunionsunterricht auf deutsch zu erteilen, damit die Kinder bessere Deutschkenntnisse erwarben. Betont wurden auch die gesellschaftliche und politische Bedeutung der Polenseelsorge in der Sprache der Einwanderer, um der Sozialdemokratie und dem „Radikalismus" entgegenzuwirken. „Beiden kann man nur entgegenarbeiten durch völlige Befriedigung der berechtigten Forderungen der Polen, besonders was seelsorgerische Behandlung in ihrer Muttersprache anbelangt." Es wurden also Polnischunterricht und die Entsendung deutscher Priester ins Heimatland der Polen gefordert: „Lernen diese Geistlichen dort nicht bloß ein gutes Polnisch, sondern auch die polnischen Sitten und Gebräuche – und den Charakter des polnischen Volkes kennen, dann – aber auch nur dann

70 Der Franziskaner P. Bertinus Puhl wollte den Forderungen der preußischen Behörden und seiner Vorgesetzten nachkommen und die Polenseelsorge getrennt von irgendwelchen nationalen Elementen betreiben. Zu diesem Zwecke gründete er u.a. in Essen eine Kongregation der männlichen Jugend, in der er Feierlichkeiten zu Ehren ihres Schutzpatrons, den hl. Stanislaw Kostka organisieren wollte. Nach Rücksprache mit der Polizei sollten die Feierlichkeiten aus einem Konzert und Theateraufführung bestehen und einen öffentlichen Charakter haben, um den Polen zu zeigen „wie man Feste feiern kann ohne politische Zutaten". Da die Verwendung der polnischen Sprache auf öffentlichen Versammlungen seit 1908 verboten war, wandte sich Puhl, da er seine Autorität bei den Polen stärken wollte, an den Regierungspräsidenten in Düsseldorf mit der Bitte, daß nur er selbst eine Rede halten und die Feierlichkeit auf polnisch leiten könnte. Er versicherte gleichzeitig, daß die Gedichts-, Lieder- und Theaterstücktexte der Polizeizensur vorgelegt werden. Die Antwort fiel jedoch auch in diesem Falle ablehnend aus. Nordrhein-Westfälisches Hauptstaatsarchiv Düsseldorf, Präsidialbüro, Nr. 877, Bl. 395–396, Essen, 9.10.1909.

– werden sie später genügenden Einfluß auf die hier lebenden Polen gewinnen."[71] Dies bedeutete beinahe eine Rückkehr zum ursprünglichen Prozeß der Verschmelzung der religiösen und nationalen Identität, die jedoch aller politischen Elemente entkleidet sein sollte, wofür wiederum die deutschen Seelsorger zu garantieren hatten.

Zur Vorbeugung gegen vermeintlich politische Tätigkeit der polnisch-katholischen Vereine wurde den deutschen Priestern geraten, in ihren Gemeinden speziell für die Polen Rosenkranzbruderschaften, Marienvereinigungen und Jugendsodalitäten zu gründen. An die Seelsorger wurde die Ermahnung ausgesprochen: „Die Herren Pfarrer sollen angewiesen werden, recht freundlich mit den Polen zu verkehren. […] Sie sollen nicht nach dem Grundsatz vorgehen: ‚Wenn die Polen deutsches Geld verdienen, sollen sie auch Deutsch lernen.‘"[72]

Das faktische Abrücken von den strengen Beschlüssen von 1904 machte sich schon nach einigen Jahren bemerkbar und ergab sich nicht nur aus allgemeinen Überzeugungen, sondern wurde durch die tatsächlichen Gegebenheiten erzwungen, zu denen die Präsenz von über 300.000 Polen in Deutschland mit einem entwickelten Netz von Vereinen, Presseorganen und eigenen Vertretern in Pfarrgemeinderäten und Kirchenvorständen gehörten. Unter dem Druck der lokalen Gesellschaft begannen die Pfarrer immer häufiger, in Vormittagsmessen polnische Predigten und Gesänge einzuführen. Die Bischöfe aller drei Diözesen setzten „Bezirkskapläne" ein, die nur für die Polenseelsorge zuständig waren. Die Gründe für diese Bemühungen, jahrelange Versäumnisse wettzumachen, sah der Erzbischof von Köln 1907 darin, daß „die nach hier eingewanderten Polen vielfach dem Irrglauben (Apostolische Gemeinde) und dem Unglauben (Sozialdemokratie) verfallen."[73]

Weitere Mahnschreiben des Oberpräsidenten von Westfalen, die an die Beschlüsse von 1904 erinnerten, beantworteten die Bischöfe schon entschiedener. Bischof Dingelstad stellte fest, daß in manchen Gemeinden des Kreises Recklinghausen die Polen die Hälfte oder sogar drei Viertel der Gläubigen stellten, mithin „ist es aus seelsorgerischen Rücksichten geboten, den Polen an allen Sonn- und Feiertagen Gelegenheit zu bieten, das

---

71 Historisches Archiv des Erzbistums Köln (im folgenden HAEK), Gen. XX, 25, Bd. 1, unpag.
72 Siehe oben Protokoll über die am 21. Juni 1906 zu Köln abgehaltene Konferenz der Polenseelsorger.
73 Ebd., Köln, 21.2.1907.

Wort Gottes in ihrer Muttersprache zu hören."[74] Der Paderborner Bischof dagegen stellte in einem Briefwechsel mit dem Kölner Erzbischof fest: „Es scheint mir ebenso wie Eurer Eminenz durchaus geraten, die Polenpastoration zu fördern. Die Staatsregierung darf m.E. ruhig den Bischöfen das Vertrauen schenken, daß diese es zu verhindern wissen, wenn der polnische Gottesdienst etwa zur Förderung nationalpolnischer Interessen mißbraucht werden sollte."[75] Mit diesem Problem beschäftigte sich die deutsche Episkopatskonferenz in Fulda. Nach einem umfangreichen Vortrag auf der Sitzung am 23. August 1911 wurde „die Erzielung eines persönlichen Kontaktes zwischen dem Pfarrer bzw. Geistlichen und den Pfarrangehörigen" empfohlen.[76]

Trotz der bedeutenden Fortschritte in der Seelsorge selbst – so zählten einige der von deutschen Priestern geführten Bruderschaften einige Hundert Mitglieder – war das Vertrauen der Polen zu den deutschen Kirchenvätern und Seelsorgern in den letzten Jahren vor dem Ersten Weltkrieg nicht zurückzugewinnen. Der für den 1. und 2. November 1913 in das holländische Städtchen Winterswijk einberufene Kongreß der Polen aus dem Rheinland und Westfalen belegt dies eindeutig:

> *„Infolge der wahnsinnigen Germanisierung durch die deutschen Geistlichen verdeutscht zum größten Teil schon das zweite Geschlecht. [...] Alle unsere Bemühungen um polnische Geistliche bei den Kirchenbehörden waren umsonst. Die deutschen Geistlichen, die nur gebrochen polnisch sprechen, haben keinen religiösen Einfluß auf unser Volk."[77]*

Nachdem in einem Vortrag schwere Vorwürfe gegen die deutschen Priester und Bischöfe im seelsorgerischen Bereich erhoben worden waren, wurden Resolutionen verabschiedet, die es verboten, die Leitung polnischer Vereine deutschen Geistlichen zu überlassen; den Polen verwehrten sie den Eintritt in deutsche Organisationen. Jeder erwachsene Pole wurde verpflichtet, in seinem Ort Mitglied wenigstens eines polnischen Vereins zu sein, das „Ausführende Komitee" des Kongresses sollte wiederum alle Probleme und Rückstände im Seelsorgebereich erneut dem Heiligen Stuhl vortragen.[78]

---

74 STAM, OP 2104, Bl. 239: Bischof von Münster an den Oberpräsidenten Münster, 6.7.1909.
75 HAEK, Bischof von Paderborn an Erzbischof von Köln, 24.1.1911.
76 Die Polen und die Kirche, Nr. 189, S. 260.
77 Winterswijk, 1.–2.11.1913, in: Die Polen und die Kirche, Nr. 201, S. 278.
78 Ebd., Nr. 200–202, S. 275–281.

5. Zusammenfassung

Man muß sich bewußt machen, daß sich die gesellschaftlichen Verhältnisse und Beziehungen zwischen polnischen und deutschen Katholiken in den lokalen Gesellschaften sowie die Beziehungen zu kirchlichen und staatlichen Stellen in einem über vierzigjährigen Prozeß veränderten, der sowohl in zeitlicher wie in räumlicher Hinsicht außerordentlich komplex war. Diese Entwicklung als eine lineare zu begreifen wäre eine unzulässige Vereinfachung. Der Verfasser dieser Zeilen ist sich darüber im klaren, doch ging es hier lediglich darum, die wesentlichen Tendenzen in diesem Prozeß darzustellen, ohne dabei auf jede einzelne Pfarrei über den gesamten Untersuchungszeitraum hinweg einzugehen.

Die Analyse zeigt, daß der grundlegende Faktor für die Identitätsbildung der Polen im Ruhrgebiet die untrennbare Verbindung von religiösem und nationalem Bewußtsein war. Damit konnten die Polen aus der ursprünglichen Zerstreuung und Isolation ihrer Siedlungen herausfinden und eine rudimentäre und spontane Integration in lokale Pfarrkreise erreichen. Die Basis für diese Integration waren die polnisch-katholischen Vereine, die es den Polen erlaubten, sich unter Wahrung ihrer nationalen Besonderheiten dem religiösen und organisatorischen Leben der Pfarrgemeinde anzuschließen.

Solange dieser Prozeß in der Anfangszeit spontan und ohne Einmischung der Verwaltungsbehörden verlief, brachte er positive Ergebnisse. Die Einmischung von außen, die mit administrativen Zwängen verbunden war, politisierte diesen Prozeß und trennte die polnischen Katholiken und ihre Organisationen von einheimischen Kreisen, was die Mechanismen stärkte, welche die Gruppe im Inneren einigten.

Das Eingreifen der preußischen Behörden und der Kirchenoberhäupter in die Integrationsmaßnahmen bzw. in die Germanisierung und der durch sie gelenkte, von der nationalen Identität bewußt losgelöste kirchliche Integrationsprozeß zerstörten im Endeffekt endgültig die Einheit und führten zur Bildung einer recht homogenen national-politischen Gemeinschaft, obwohl die Polen ständig ihren Gehorsam in Glaubensangelegenheiten erklärten. Konsequent verfolgten die preußischen Behörden ein Ziel, das sie, von falschen Voraussetzungen ausgehend, nie erreichen konnten. Der Ablauf der ursprünglichen Integration setzte eine harmonische Entwicklung zu einer Integration nach außen und innen voraus, die sich auf die religiöse und nationale Identität stützen würde. Dieser Ablauf wäre zu fördern gewesen, hätte man das gesetzte Endziel erreichen wollen. Dies hätte aber bedeutet, die Polen als gleichberechtigte Bürger anzuerkennen und ihnen minimale Rechte zu gewähren, die ihnen die Wahrung ihrer nationalen Eigentümlichkeit sicherten. Gerade dies war aber mit den Leitlinien der preußischen Politik nicht vereinbar. Deren Versuche, das national-religiöse Band zu zerreißen und die Integration allein auf der religiösen Ebene zu erzwingen, waren zum Scheitern verurteilt.

Aus dem Polnischen übersetzt von Magdalena Podracka-Wißkirchen

Susanne Peters-Schildgen

Das polnische Vereinswesen in der Kaiserzeit und in der Weimarer Republik – Ein Vergleich

Einführung

Mit dem Vereinswesen der polnischen Arbeitsmigranten im Ruhrgebiet hat sich bereits eine Reihe von Untersuchungen befaßt. Sie konzentrieren sich sowohl auf die Ausbildung einzelner Vereinstypen als auch auf die Entstehung und Entwicklung des polnischen Gemeinwesens als eines weit in den Alltag hineinwirkenden weitverzweigten Netzwerks, das als das Ergebnis der speziellen Arbeits- und Lebensbedingungen sowie der politischen Begleitumstände in einer durch die Industrie geprägten Umwelt dargestellt wird. Liegt der Schwerpunkt dabei auf dem Zeitraum von der Reichsgründung 1870/71 bis zum Beginn der Weimarer Republik, ist die weitere Entwicklung der polnischen Vereine in der Zwischenkriegszeit weniger ausführlich dokumentiert.[1] Ziel dieses Beitrages ist es, Unterschiede in Funktion und

---

1   Zum polnischen Vereinswesen im Ruhrgebiet siehe: Joh. Victor Bredt, Die Polenfrage im Ruhrkohlengebiet. Eine wirtschaftspolitische Studie, Leipzig 1909, S. 21ff.; St. Wachowiak, Die Polen in Rheinland-Westfalen, Borna/Leipzig [1916], S. 60ff.; Józef Łazinka, Aus dem Ruhrgebiet. Polen an der Ruhr, 3. Das Vereinswesen, Manuskript zur gleichnamigen Sendereihe, WDR Köln, 2. Programm, 27.12.1971; Christoph Kleßmann, Polnische Bergarbeiter im Ruhrgebiet 1870–1945. Soziale Integration und nationale Subkultur einer Minderheit in der deutschen Industriegesellschaft, Göttingen 1978, S. 94ff.; Krystyna Murzynowska, Die polnischen Erwerbsauswanderer im Ruhrgebiet während der Jahre 1880–1914, Dortmund 1979, S. 90ff.; Diethelm Blecking, Die Geschichte der nationalpolnischen Turnorganisation „Sokół" im Deutschen Reich 1884–1939, Dortmund 1987; ders., Die slawische Sokolbewegung. Beiträge zur Geschichte von Sport und Nationalismus in Osteuropa, Dortmund 1991; Valentina Maria Stefanski, Zum Prozeß der Emanzipation und Integration von Außenseitern. Polnische Arbeitsmigranten im Ruhrgebiet, 2. Aufl., Dortmund 1991; Ralf K. Oenning, „Du da mitti polnischen Farben…". Sozialisationserfahrungen von Polen im Ruhrgebiet 1918 bis 1939, Münster/New York 1991, S. 21ff.; Oliver Steinert, Das polnische Vereinswesen im Ruhrgebiet 1871–1945, in: Instytut Historyczny Uniwersytetu Wrocławskiego i Wrocławskie Towarzystwo Miłośników Historii (Hg.), Migracja i integracja jako doświadczenie europejskie na przykładzie niemieckich metropolii w XIX i XX w. Polacy Zagłębiu Ruhry i Berlinie, Wrocław 1996, S. 104ff.; Jan Molenda, The Role of Women in the Polish Migration to the Rhine-Westfalia Industrial Region at the Beginning of the Twentieth Century, in: The Polish Review

---

Bedeutung des ruhrpolnischen Vereinswesens in sieben Entwicklungsstufen von seinen Anfängen in den 1870er Jahren bis 1933 aufzuzeigen. Im Mittelpunkt stehen die katholischen polnischen Vereine. Im Unterschied zu den Vereinen anderer ethnischer Gruppen im Ruhrgebiet, etwa der überwiegend evangelischen Masuren, sind ihre zahlreichen Gründungen, ihre Vielfalt und ihre spätere polnisch-nationale Ausrichtung wesentlich auf die strenge Observierungs- und Repressionspolitik des preußischen Staates und der Behörden gegenüber den ruhrpolnischen Migranten zurückzuführen.

1871 befanden sich nach der preußischen Statistik 10.742 Zuwanderer aus den östlichen Provinzen im Ruhrgebiet.[2] Bis zum Ersten Weltkrieg stieg ihre Zahl im Rheinisch-Westfälischen Industriebezirk, wie das Gebiet zwischen Rhein, Ruhr und Lippe damals bezeichnet wurde, bis auf rund 350.000. Die statistischen Erhebungen sind ungenau, da jeweils verschiedene Kriterien, zum Beispiel Herkunft und Muttersprache, herangezogen wurden. Nicht mitgerechnet sind die rund 150.000 Masuren aus den ländlichen Gebieten Südostpreußens. Sie sprachen einen altpolnischen Dialekt, waren im Unterschied zu den meisten Polen evangelisch, galten als monarchisch-konservativ und bezeichneten sich selbst als „Altpreußen".

In der fremden, industriell geprägten Umgebung gründeten die polnischen Zuwanderer Vereine und Verbände. Sie entstanden in einer Zeit, die generell als Blütezeit des Vereinswesens charakterisiert wird, boten Möglichkeiten der Freizeitgestaltung und persönliche Sicherheit, Hilfe bei sozialen Fragen, übernahmen Bildungsaufgaben, stärkten den Zusammenhalt innerhalb der ethnischen Gruppe und trugen zur Bewahrung der eigenen ethnischen Identität bei. Schließlich gab es für nahezu jeden Bereich im Leben eines polnischen Zuwanderers einen spezifischen Verein.

42, 1997, S. 317ff.; Susanne Peters-Schildgen, „Schmelztiegel" Ruhrgebiet. Die Geschichte der Zuwanderung am Beispiel Herne bis 1945, Essen 1997, S. 122ff.; Diethelm Blecking, Polish Community before the First World War and Present-Day Turkish Community Formation – Some Thoughts on a Diachronistic Comparison, in: John Belchem/Klaus Tenfelde (Hg.), Irish and Polish Migration in Comparative Perspective, Essen 2003, S. 183ff.; Susanne Peters-Schildgen, Polish Pits and Community Formation in the Northern Ruhr Area until 1939, in: ebd., S. 157ff.; Jerzy Kozłowski, Polish' Migrants Organizations in Germany prior to the First World War, Arbeitspapier zur Konferenz „Irish and Polish Migration in Comparative Perspective", Bochum 6.–10. Oktober 1999.

2   Kleßmann, Polnische Bergarbeiter, S. 37.

1877 bis 1889: Erste Akklimatisierungsversuche; Gründung von katholischen Arbeitervereinen

Als die ersten Zuwanderer aus den bäuerlich-dörflichen Gemeinschaften im preußischen Osten in das Rheinisch-Westfälische Industriegebiet aufbrachen, blickten sie zuversichtlich und erwartungsvoll in eine neue Zukunft. Professionelle Anwerber hatten ihnen Umgebung, Arbeitsplatz, Wohnraum und die landsmannschaftlich enge Verbindung in den Zechenkolonien in den höchsten Tönen angepriesen. Statt dessen mußten sich die Arbeitsmigranten in einer überstürzt industrialisierten Region ohne ausreichende Infrastruktur und kulturelle Einrichtungen als Mittelpunkte des sozialen Lebens zurechtfinden. Die Bergarbeitersiedlungen lagen zumeist außerhalb des Stadtzentrums in der Nähe der Zechen, so daß von vornherein die Gefahr der räumlichen Isolierung und ethnischen Segregation bestand.

Die überwiegend männlichen polnischen Migranten, deren Zahl anfangs noch überschaubar war, versuchten ihre Isolation durch spontan gegründete religiöse Vereine zu überwinden. Diese kirchlichen Arbeitervereine, auch Parochialvereine genannt, stellen erste Akklimatisierungsversuche in der fremden Umgebung dar mit der Funktion, sich selbst und anderen zu helfen, die neu gewonnene Freizeit sinnvoll zu gestalten beziehungsweise das Bedürfnis nach Zerstreuung zu befriedigen als Ausgleich für die schwere körperliche Arbeit im Bergbau. Die Strukturen deutscher Vereine dienten als Vorbild, wurden aber den speziellen Bedürfnissen der polnischen Zuwanderer angepaßt und mit traditionellen, heimatlichen Inhalten gefüllt. So orientierten sich die polnischen Vereine an den im Industrierevier und in der Provinz Posen bestehenden Unterstützungskassen. Bei Krankheit und Arbeitsunfähigkeit gewährten sie ihren Mitgliedern Beihilfe, traten im Todesfalle für die Versorgung der Witwen ein, betreuten Leihbüchereien und bekämpften darüber hinaus die Trunksucht, die im Zuge der zunehmenden Proletarisierung des bergmännischen Berufs nicht nur unter der polnischen Arbeiterschaft ein ernstzunehmendes Problem darstellte.

Muster für alle neu entstehenden Vereine war, was die Kassen betraf, das Kassenstatut, das für den 1877 von Hipolit Szibilski in Dortmund gegründeten ersten polnischen Verein „Jedność" (Einigkeit) aufgestellt worden war. Mit kleinen Änderungen konnte es auf alle neugegründeten

Vereine übertragen werden.[3] In ihren Vereinsstatuten, die sich nur geringfügig voneinander unterscheiden, lauteten die Hauptaufgaben, „unter den Arbeitern polnischer Zunge den Geist der Ordnung und der guten Sitten zu fördern und die Mitglieder vor allen sittlichen Gefahren und Ausschreitungen sicher zu stellen. Politik ist ausgeschlossen und soll es auch nicht Aufgabe des Vereins sein, auf öffentliche Angelegenheiten einzuwirken."[4] Es wurden gesellige Zusammenkünfte organisiert sowie Vorlesungen und Vorträge „sittlichen reinen Inhalts" angeboten. Von dem Geld aus der Vereinskasse kaufte man Bücher, Zeitschriften und Zeitungen zur Erbauung der Vereinsmitglieder. Gewöhnlich übernahm der ortsansässige Priester den geistlichen Vorsitz des Vereins, der dadurch in enge Beziehung zur jeweiligen Kirchengemeinde trat. Die Vorsitzenden der Vereine waren zumeist einfache Arbeiter, von denen ein großer Teil weder lesen noch schreiben konnte.[5]

Die Vereine nahmen an Prozessionen, aber auch an staatlichen Veranstaltungen mit Fahnen und in Nationaltrachten teil und waren zunächst in das kirchliche Leben der deutschen Gemeinden eingebunden. Der Sinn der Vereins- und Stiftungsfeste bestand unter anderem in der Kontaktaufnahme zu anderen Ortsgruppen sowie in der Stärkung des Zusammenhalts der polnischen Zuwanderer im Ruhrgebiet. Indem jeder dieser Vereine für eine Kirchengemeinde in der Heimat die Patenschaft übernahm und dieser den Kelch, die Monstranz, Gewänder und die Kirchenfahne stiftete, standen die ruhrpolnischen Zuwanderer in enger Verbindung zu ihrer Heimat. Ihre Beziehungen zu den nationalen Zentren der polnischen Bewegung in Posen, Westpreußen und Schlesien ließen sich durch Reisen aufrechterhalten, die auf Grund der relativ kurzen Distanz, die beispielsweise zwischen

3 Łazinka, Vereinswesen, S. 1; Peters-Schildgen, „Schmelztiegel" Ruhrgebiet, S. 123; Murzynowska, Die polnischen Erwerbsauswanderer, S. 91f.

4 Peters-Schildgen, „Schmelztiegel" Ruhrgebiet, S. 123, Anm. 82: Staatsarchiv Münster, Regierungsbezirk Arnsberg, Akte 14064: Statuten des St. Stanislaus-Vereins in Herne, 1884; siehe auch: Hans Jürgen Brandt, Die Polen und die Kirche im Ruhrgebiet 1871–1919. Ausgewählte Dokumente zur Pastoral und kirchlichen Integration sprachlicher Minderheiten im Deutschen Kaiserreich, Münster 1987, S. 60ff.: Statuten des 1884 gegründeten oberschlesischen St. Barbara-Vereins in Schalke (heute Gelsenkirchen).

5 Murzynowska, Die polnischen Erwerbsauswanderer, S. 92.

dem Ruhrgebiet und Posen etwa 650 bis 700 km betrug, verhältnismäßig einfach durchzuführen waren.[6]

Als Domvikar Josef Szotowski 1885 als einer der ersten polnischen Seelsorger ins Ruhrgebiet kam, gab es gerade einmal fünf Vereine. Als er das Ruhrgebiet verließ, konnte er auf 20 Neugründungen zurückschauen und trug somit zu einem ersten Schub der kirchlich-religiös orientierten Vereinsgründungen bei.[7]

Die ersten polnischen Vereine im Ruhrgebiet[8]

Gründungsjahr	Vereinsname	Ort / Ortsteil
1877	Jedność	Dortmund
1877	Czytelnia Ludowa	Bochum
1878	Polnisch-katholischer Arbeiterverein	Essen
1883	St. Barbara-Verein	Gelsenkirchen
1884	St. Josefs-Verein	Wattenscheid (heute Bochum)
1885	St. Stanislaus-Vereine	Herne
1885	St. Barbara-Verein	Bochum
1885	St. Adalbert-Verein	Röhlinghausen (heute Herne)
1885	St. Peter-Verein	Horst (heute Gelsenkirchen)
1887	St. Paulus-Verein	Eickel (heute Herne)
1887	St. Kasimir-Verein	Lütgendortmund (heute Dortmund)
1887	St. Johannes-Verein	Ückendorf (heute Gelsenkirchen)
1887	St. Michael-Verein	Bruch (heute Recklinghausen)
1889	St. Kasimir-Verein	Baukau (heute Herne)

Diese ersten polnisch-katholischen Arbeitervereine repräsentieren auf Grund ihrer zahlenmäßig geringen Basis und ihrer engen Verbindung zur Katholischen Kirche ein vornationalistisches Integrationsmodell ohne eigenständige politische Ausrichtung.[9] Die Zuwanderung der Arbeitsmigranten aus bestimmten Provinzen beziehungsweise Regionen im preußischen Osten und ihre gruppenweise Ansiedlung im Ruhrgebiet sowie die Nichtexistenz eines polnischen Staates erklären, daß ihre Identität zunächst nicht national, sondern regional ausgerichtet war, daß sie sich nicht als Polen, sondern als Posener, Westpreußen und Schlesier verstanden. So war

---

6 Brandt, Die Polen und die Kirche, S. 64f.; Łazinka, Vereinswesen, S. 3.; Kozłowski, Polish' Migrants Organizations, S. 3.

7 Murzynowska, Die polnischen Erwerbsauswanderer, S. 91.

8 Zusammengestellt nach: Wachowiak, Die Polen in Rheinland-Westfalen, S. 61; Peters-Schildgen, „Schmelztiegel" Ruhrgebiet, S. 377ff.: Vereinsverzeichnis.

9 Kleßmann, Polnische Bergarbeiter, S. 125; Blecking, Polish Community, S. 187.

es auch nicht ungewöhnlich, daß sich der 1884 als erster polnischer Verein im ehemaligen Amt Herne (heute Stadt Herne) gegründete St. Stanislaus-Verein in den frühen Jahren seines Bestehens alljährlich am Sedansfestzug und an der Kaisergeburtstagsfeier beteiligte. Daß er im Gegensatz zum schlesischen St. Johannes-Verein spätestens ab 1908 nicht mehr an diesen Feierlichkeiten teilnahm, deutet auf seine spätere national-polnische Ausrichtung hin.[10]

1890 bis 1894:
Stürmische Entwicklung des polnischen Vereinswesens;
Phase der Organisation und Nationalisierung
unter dem Einfluß von Franz Liss

Die Zeit von 1890 bis 1894 wird als Periode einer stürmischen Entwicklung des polnischen Organisationswesens im Ruhrgebiet charakterisiert. Sie fällt in die Zeit der Masseneinwanderung im Konjunkturaufschwung in der Hochphase der Industrialisierung des Ruhrgebiets. 1893 gab es bereits über 100 religiös ausgerichtete polnische Vereine. 1894 verzeichneten die polnischen Vereine 30.000 Mitglieder.[11] Die weitere Entwicklung des Vereinswesens wurde durch die Aktivitäten des aus Briesen in der Provinz Westpreußen stammenden polnischen Vikars Franz Liss gefördert, der von 1890 bis 1894 die Seelsorge für die polnischen Zuwanderer im Ruhrgebiet übernahm. Seine Arbeit fiel in die kurze Phase der nach Bismarcks Entlassung zeitweilig entschärften Polenpolitik. Indem er Fahnen und andere Vereinsabzeichen einführte und erlaubte, daß die Polen sich damit an den Prozessionen beteiligten, entwickelte er ein Programm für die polnischen Migranten, das im modernen Sprachgebrauch als „Ethnisierung" bezeichnet werden kann.[12] Liss förderte die Organisation unter den Polen und gründete die polnische Zeitung *Wiarus Polski* (Polnischer Kämpe), das wichtigste Zeitungsorgan für die Polen im Ruhrgebiet, die Stimme polnisch-nationalen Bewußtseins im Westen und Informationsträger kirchlicher Aktivitäten und des Vereinslebens. Der *Wiarus Polski* wurde zum organisatorischen Mittelpunkt der polnischen Einwanderer im

10 Peters-Schildgen, „Schmelztiegel" Ruhrgebiet, S. 153: Stadtarchiv Herne, Akten IV/176, Bl. 89, 176, V/3010, Bl. 79, 202, V/3011, Bl. 27, 39.
11 Bredt, Die Polenfrage, S. 24; Murzynowska, Die polnischen Erwerbsauswanderer, S. 113.
12 Blecking, Polish Community, S. 187; Bredt, Die Polenfrage, S. 24.

Ruhrgebiet, trug zur Festigung ihrer Gemeinschaft bei, nahm Einfluß auf das Vereinsleben und lieferte überdies praktische Anweisungen zur Gründung neuer Vereine.[13]

Unter der strengen Führung von Liss lernten die Arbeitsmigranten aus dem Osten, ihre Zusammenkünfte nach einem bestimmten Schema zu strukturieren. Das Programm einer Versammlung mußte zuvor im *Wiarus Polski* bekanntgegeben werden. Es setzte sich gewöhnlich aus einer Begrüßungsansprache des Vereinsvorsitzenden, einer Besinnung auf das aktuelle Kirchenfest beziehungsweise einem Vortrag über die Geschichte Polens und künstlerischen Darbietungen zusammen. Zumeist endete die Versammlung mit Hochrufen auf Kaiser und Papst und mit der Kollekte für den St. Josafat-Fonds.

> *„Bedenkt man, daß das gesamte Programm von einfachen Arbeitern gestaltet wurde, die zu den Ärmsten der Armen gehört und unlängst erst ihre weltabgeschiedenen Dörfer in der Heimat verlassen hatten, wo niemand auch nur im Traum an öffentliches Auftreten, an die Ausarbeitung von Referaten oder künstlerischer Programmpunkte gedacht hätte, so wird der enorme Fortschritt ersichtlich, der hier während eines knappen Jahrzehnts erzielt worden ist.“*[14]

Gleichzeitig bemühte sich Liss um die Einbeziehung der polnischen Arbeitervereine in den deutschen Verband der katholischen Arbeitervereine.[15] Beispielhaft für die Zentralisierungs- und Organisierungsbestrebungen des ruhrpolnischen Vereinswesens unter Franz Liss ist ein 1891 in Bochum durchgeführter Kongreß, der einen Überblick über die polnischen Organisationen im Ruhrgebiet gewährte. 38 Vereine waren beteiligt. Unter reger Anteilnahme der Bochumer Bevölkerung präsentierten sich die Vereinsmitglieder beim anschließenden festlichen Umzug als selbstbewußte organisierte polnisch-katholische Arbeiter.[16]

Die deutsche katholische Geistlichkeit und die Regierung sahen in der Tätigkeit des polnischen Seelsorgers sowie in seinem Einfluß auf die polnischen Bergarbeiter eine Bedrohung für Kirche und Staat. 1894 mußte Liss das Ruhrgebiet verlassen. Danach gestattete man keinem polnisch-

---

13 Murzynowska, Die polnischen Erwerbsauswanderer, S. 94, 96, 101.
14 Ebd., S. 102f.
15 Kleßmann, Polnische Bergarbeiter, S. 59, 94.
16 Murzynowska, Die polnischen Erwerbsauswanderer, S. 103.

katholischem Pfarrer, sich auf Dauer dort niederzulassen.[17] So wuchs das Mißtrauen der Polen gegenüber den deutschen Priestern in ihren Vereinen. Die Folge war eine unbeabsichtigte Politisierung und Säkularisierung der polnisch-katholischen Vereine im Ruhrgebiet, die „nicht mehr länger als etwas bunter Bestandteil eines übergreifenden katholischen Milieus begriffen werden" konnten.[18] Verstärkt wurde diese Tendenz durch die national-polnisch gesinnten Brüder Brejski, die nach Liss' Weggang den *Wiarus Polski* übernahmen.

1895 bis 1903: Emanzipationsphase; Auf- und Ausbau eines eigenen Organisationswesens

Dieser Zeitraum gilt als Emanzipierungsphase der polnischen Minderheit im Ruhrgebiet. Nach der Abberufung von Franz Liss entstanden neue Vereinstypen mit nicht mehr nur religiöser Ausrichtung als Ergebnis des Bruchs der polnisch-katholischen Vereine mit der Katholischen Kirche an der Schwelle zum 20. Jahrhundert. Der *Wiarus Polski* wurde als Vereinsorgan eingesetzt, wenngleich deutsche Geistliche das Abschaffen dieser Zeitung als Vereinsorgan verlangt hatten. Fortan wurden die deutschen Geistlichen nicht mehr zu den Sitzungen eingeladen. Sie legten den Vereinsvorsitz nieder, erkannten die Vereine nicht mehr als kirchliche an und verboten das Mitbringen von Fahnen in die Kirche.[19]

Aus den Gesangsabteilungen der religiösen Vereine gingen die Gesangvereine als eine der ersten neuen Vereinsformen hervor. Sie bezogen auch Volkslieder in ihr Musikrepertoire ein und besaßen neben den polnisch-katholischen Arbeitervereinen die größte Kontinuität bis in die 1920er Jahre hinein. Als Traditionselement wurden sie auch nach dem Zweiten Weltkrieg bis in die Gegenwart fortgeführt. Leiteten diese Vereine anfangs hauptsächlich deutsche Dirigenten, traten mit der Zeit autodidaktische

17 Peters-Schildgen, „Schmelztiegel" Ruhrgebiet, S. 97; Murzynowska, Die polnischen Erwerbsauswanderer, S. 106.

18 John J. Kulczycki, The Polish Coal Miners' Union and the German Labor Movement in the Ruhr, 1902–1934. National and Social Solidarity, Oxford/New York 1997, S. 13; Karl Rohe, Die polnische Zuwanderung in das Ruhrgebiet und ihre Auswirkungen auf das Parteiengefüge, in: Bistum Essen/Dezernat für gesellschaftliche und weltkirchliche Aufgaben (Hg.), Zuwanderer – Mitbürger – Verfolgte. Beiträge zur Geschichte der Ruhrpolen im 19. Jahrhundert und in der Weimarer Republik und der Zigeuner in der NS-Zeit, Essen 1996, S. 32.

19 Bredt, Die Polenfrage, S. 31.

polnische Musiker an ihre Stelle. Der erste Gesangverein namens „Lutnia" (Laute) wurde 1894 in Gelsenkirchen gegründet. 1906 schlossen sich die polnischen Gesangvereine von Westfalen und Rheinland zu einem Verband zusammen, der seinen Sitz in Gelsenkirchen hatte.[20] Die Gesangvereine spielten eine besondere Rolle, weil sie der nationalen Bewegung einen neuen Inhalt gaben. Sie dienten der Pflege und dem Erhalt des muttersprachlichen polnischen Liedguts. Szczepan Tabaczcka aus Essen-Altenessen, der 1897 im Alter von fünf Jahren mit seiner Mutter und seinen beiden Geschwistern nach Essen kam, bemerkt hierzu folgendes:

> *„Die Gesangvereine hatten die Aufgabe, durch ihr Repertoire das Erlernen der polnischen Sprache zu erleichtern und zur Pflege des polnischen Liedes beizutragen. Die Gesangvereine waren von Anfang an eine patriotische Bewegung."*[21]

Zwischen 1899 und 1902 entstanden im Ruhrgebiet als weitere polnische Vereinsform „Sokół" (Falke) genannte polnische Turnclubs, die in ein Organisationsgefüge eingebunden waren, das die Kommunikation zu den Zentren der Nationalbewegung, besonders nach Posen, institutionalisierte.[22] Der erste polnische „Sokół"-Verein im Ruhrgebiet wurde 1899 in Oberhausen gegründet. Ausbreitung und Zusammenschluß der polnischen Turnvereine durch Gründung von mehreren Bezirksverbänden und intensive Beziehungen zur Posener Zentrale verstärkten die Tendenz, diese Vereine als politische Organisationen zu betrachten. Für die polnische Minderheit im Ruhrgebiet besaßen sie eine identitätsstiftende Funktion

---

20 Johannes Kaczmarek, Die polnischen Arbeiter im Rheinisch-Westfälischen Industriegebiet. Eine Studie zum Problem ihrer sozialen Anpassung, Diss. Köln 1922, S. 35; Kleßmann, Polnische Bergarbeiter, S. 97f.; Peters-Schildgen, „Schmelztiegel" Ruhrgebiet, S. 126ff.; Stadtarchiv Herne, Akte VII/333, Bl. 152R, 154f., 156, 184f.

21 Łazinka, Vereinswesen, S. 4.

22 Zur Entwicklung der „Sokół"-Vereine im Rheinisch-Westfälischen Industriegebiet siehe: Ludwig Bernhard, Die Polenfrage. Das polnische Gemeinwesen im preußischen Staat, 2. bearb. Aufl., Leipzig 1910, S. 202ff.; Wachowiak, Die Polen in Rheinland-Westfalen, S. 62f.; Kleßmann, Polnische Bergarbeiter, S. 63f.; Klaus Füßmann, „Führe uns nicht unter Bismarcks Versuchungen". Die politische Kultur der aufsteigenden Industriestadt Herne im deutschen Kaiserreich (1871–1914), Magisterarbeit, Bochum 1984, S. 101f.; Blecking, Die Geschichte der nationalpolnischen Turnorganisation „Sokół", S. 84ff.; Ralf Klein, Arbeitersport und Arbeiterkultur in Herne und Wanne-Eickel auf dem Hintergrund der gesamtstädtischen Entwicklung, Staatsexamensarbeit, Bochum 1988, S. 46ff.; Blecking, Die slawische Sokolbewegung, S. 167ff.; Peters-Schildgen, „Schmelztiegel" Ruhrgebiet, S. 128ff., 139ff.

– polnische Sprache, polnische Geschichte und polnische Literatur waren die Bezugspunkte in den Versammlungen; Feste und Umzüge sowie die Durchführung gemeinsamer Veranstaltungen mit anderen Vereinen festigten überdies das ruhrpolnische Gemeinwesen.[23] 1904 gab es im Ruhrgebiet 24 „Sokół"-Vereine mit 1.113 Mitgliedern. Bis 1906 war ihre Zahl auf 64 Vereine mit 3.358 Mitgliedern angewachsen. Angesprochen wurden vor allem junge Männer, die zu Beginn der Massenzuwanderung besonders zahlreich vertreten waren, was die hohen Mitgliederzahlen dieser Vereine erklärt.[24]

Die Gründung eigener zentraler, übergeordneter Organisationsformen spiegelt die Bestrebungen der polnischen Bevölkerung nach wirkungsvollerer Bewältigung des Arbeitsalltags im Ruhrgebiet wider und demonstriert deren Fähigkeit zu gemeinschaftlichem Handeln auf der Grundlage gemeinsamer Ziele. So wurde nach der Abberufung von Franz Liss Ende des Jahres 1894 in Bochum der „Związek Polaków w Niemczech" (ZPwN, Bund der Polen in Deutschland) gegründet. Sein Ziel war die Vereinigung aller in den deutschen Provinzen arbeitenden Polen sowie die Sicherung ihrer moralischen und materiellen Rechte unter Ausschluß aller sozialdemokratischen Umtriebe. Weitere Aufgaben bestanden in der Unterstützung öffentlicher Angelegenheiten, der Einberufung öffentlicher Versammlungen, der Einwirkung auf die Presse, der Hebung der Bildung, der Suche nach polnischen Geistlichen wie auch in der Erziehung der polnischen Kinder und Jugend.[25] Entwickelte sich der „Bund der Polen" auch niemals zu einer Massenorganisation, war er dennoch für die Organisation der Polen von Bedeutung und erfaßte – nicht als Zusammenschluß von Vereinen, sondern von Einzelmitgliedern – alle Lebensbereiche der polnischen Bevölkerung. Er gilt als weiterer Meilenstein in der organisatorischen Entwicklung des polnischen Gemeinwesens im Ruhrgebiet und politischen Bewußtseins. Es folgte drei Jahre später die Gründung des „Hauptwahlkomitees für Westfalen, das Rheinland und die Nachbarprovinzen" mit dem Sitz in Bochum, dem die Leitung, Organisation und Agitation für Kommunal-, Kirchen-, Landtags- und Reichstagswahlen oblag.

---

23 Blecking, Die Geschichte der nationalpolnischen Turnorganisation „Sokół", S. 87, 103.
24 Murzynowska, Die polnischen Erwerbsauswanderer, S. 131.
25 Ebd., S. 122; Brandt, Die Polen und die Kirche, S. 89ff.; Wortlaut der Statuten des Verbandes aller Polen in Deutschland ZPwN, Staatsarchiv Koblenz, Akte 403, 7046, Bl. 87–93 (Abschrift), Bochum 12. August 1894.

Es setzte sich aus einem Netzwerk kommunaler Wahlkomitees zusammen, in deren Versammlungen die Teilnehmer auf die nahenden Reichstagswahlen vorbereitet wurden.[26]

Der Auf- und Ausbau eines eigenen Organisationswesens förderte den engeren ethnisch-nationalen Zusammenschluß der Polen im Ruhrgebiet, denen die Organisationsformen der bürgerlichen Gesellschaft weitgehend verschlossen blieben. Diese Entwicklung wurde auch durch die Verschärfung des Nationalitätenkonflikts in den Ostprovinzen und durch zunehmende Germanisierungsbestrebungen des preußischen Staats und der Behörden gegenüber den polnischen Zuwanderern vorangetrieben. Diese identifizierten sich als Reaktion auf Ausbeutung und Repression mehr und mehr mit der polnischen Nation und ihrer langen Geschichte der politischen Unterdrückung.[27] Als Beispiele für die zunehmende Repressions- und Germanisierungspolitik seien die Gründung der Abteilung eines Ostmarken-Vereins in Dortmund 1898 sowie die Bergpolizeiverordnung des Oberbergamtes Dortmund vom 25. Januar 1899 genannt, in der die Einstellung fremdsprachiger Bergarbeiter von der Beherrschung der deutschen Sprache abhängig gemacht wurde.[28] In den Herner Bergarbeiterunruhen von 1899 setzten sich schließlich ruhrpolnische Bergarbeiter gegen die zunehmenden sozialen und politischen Konflikte und die fremdenfeindliche Staats- und Gesellschaftspolitik zur Wehr.[29]

Ein Jahr zuvor hatten, gleichfalls in Herne, polnische Bergleute den polnischen sozialistischen Verein „Przedświt" (Morgenrot) mit enger Anbildung an die Berliner Zentrale der „Polska Partia Socjalistyczna zaboru pruskiego" (PPS; Polnische sozialistische Partei in Preußen) gegründet,

---

26 Siehe hierzu: Murzynowska, Die polnischen Erwerbsauswanderer, S. 135f.; Kulczycki, The Polish Coal Miners' Union, S. 15f.

27 Ebd., S. 19.

28 Ebd., S. 76f.

29 Siehe hierzu insbesondere: Kleßmann, Polnische Bergarbeiter, S. 56, 75ff.; Murzynowska, Die polnischen Erwerbsauswanderer, S. 180; Klaus Tenfelde, „Die Krawalle von Herne" im Jahre 1899, in: Internationale Wissenschaftliche Korrespondenz zur Geschichte der Arbeiterbewegung 15, 1979, S. 71ff.; Franz-Josef Brüggemeier, Leben vor Ort. Ruhrbergleute und Ruhrbergbau 1889–1919, München 1983, S. 202ff.; Stefanski, Polnische Arbeitsmigranten im Ruhrgebiet, S. 131ff.; John J. Kulczycki, The Herne „Polish Revolt" of 1899: Social and National Consciousness among Polish Coal Miners in the Ruhr, in: Canadian Slavonic Papers 31, 1989, S. 146ff.; ders., The Foreign Worker and the German Labor Movement. Xenophobia and Solidarity in the Coal Fields of the Ruhr 1871–1914, Oxford/Providence 1994, S. 105ff.; Peters-Schildgen, „Schmelztiegel" Ruhrgebiet, S. 76ff.

nachdem die Einrichtung eines solchen Vereins in Bochum am Widerstand des *Wiarus Polski* gescheitert war.[30] Die Vereinsgründung, mit der die Mitglieder die Förderung ihrer allseitigen Bildung sowie die Veranstaltung von „Lustbarkeiten" bezweckten, zeigt das wachsende Interesse der polnischen Immigranten an der politischen Einflußnahme und damit einhergehend ihre Unzufriedenheit mit dem katholischen Zentrum, welches die Belange der Polen, insbesondere deren Wunsch nach eigenen Landsleuten für die seelsorgerische Betreuung, nicht hinreichend berücksichtigte. Für die SPD bot sich dadurch die Gelegenheit, die polnischen Bergarbeiter für ihre Partei zu gewinnen. Die dem Verein unterstellte Einflußnahme auf politische Angelegenheiten, insbesondere auf den Verlauf der Herner Bergarbeiterunruhen von 1899, führte zu Strafprozessen und Verhaftungen mehrerer Vereinsmitglieder. Unmittelbar nach dem Ende der Herner Bergarbeiterunruhen wurde der Verein „Przedświt" aufgelöst. Daraus ging ein neuer sozialistischer Verein mit dem Namen „Oświata" (Aufklärung) hervor, der 1907 in eine Parteiorganisation für ganz Westfalen und das Rheinland umgewandelt wurde.

Die am 11. November 1902 als gewerkschaftliche Gruppe des Polenbundes gegründete „Zjednoczenie Zawodowe Polskie" (ZZP; Polnische Berufsvereinigung) vervollständigte das Organisationssystem der polnischen Gemeinschaft im Ruhrgebiet und bestärkte deren klare ethnischnationale Ausrichtung. Ziel der polnischen Gewerkschaft war die Verbesserung der wirtschaftlichen Lage der polnischen Bergarbeiter sowie die Gewährung von Unterstützung bei Streik, Krankheit, Sterbefällen und Arbeitslosigkeit.[31] Mangelndes Entgegenkommen der deutschen Gewerkschaften in den für die Polen zentralen Fragen, Verweigerung der Gleichberechtigung und Anerkennung der polnischen Bergleute innerhalb der deutschen Gewerkschaften gelten als Hauptursachen für die Gründung des ZZP, den Wehler als „bedeutendste organisatorische Leistung des westdeutschen Polentums" und Kulczycki als einen „integrativen Teil der Arbeiterbewegung im Ruhrgebiet" bezeichnet.[32] Die Wurzeln für dessen

---

30 Zur Geschichte dieses Vereins siehe: Murzynowska, Die polnischen Erwerbsauswanderer, S. 161ff.; Peters-Schildgen, „Schmelztiegel" Ruhrgebiet, S. 131ff.

31 Siehe hierzu: Kleßmann, Polnische Bergarbeiter, S. 110ff.; Murzynowska, Die polnischen Erwerbsauswanderer, S. 171ff.; Kulczycki, The Polish Coal Miners' Union, S. 12ff.; Peters-Schildgen, „Schmelztiegel" Ruhrgebiet, S. 87, 134.

32 Hans-Ulrich Wehler, Moderne deutsche Sozialgeschichte, Köln 1966, S. 447; Oenning, „Du da mitti polnischen Farben ...", S. 22ff.; John J. Kulczycki, The Foreign

Entstehung liegen in den damals schon gut ausgebauten Organisations- und Vereinsstrukturen der ruhrpolnischen Bevölkerung. Sämtliche führenden Köpfe des ZZP waren Mitglieder in einem oder sogar mehreren der zahlreichen polnischen Vereine, wo sie erste Anleitungen zur Organisation und Durchsetzung gemeinsamer Interessen erhielten.[33] Daß die „Polnische Berufsvereinigung" nach dem Streik von 1905 mehr Mitglieder gewinnen konnte als die beiden anderen großen Gewerkschaften – der „Alte Verband" und der „Christliche Gewerkverein" – macht deutlich, wie durchsetzungsfähig sie war und wie sehr sie die Bedürfnisse der polnischen Minderheit berücksichtigte.

1904 bis 1914: Weitere Entfaltung des polnischen Vereinswesens; Entstehung einer polnischen Subkultur unter zunehmendem gesellschaftlichen, behördlichen und staatlichen Druck

Die Zeit von 1904 bis zum Ersten Weltkrieg ist durch eine ununterbrochene Entfaltung des polnischen Vereinswesens sowie durch ein weiteres Anwachsen politisch-organisatorischer Kräfte und des polnischen Mittelstandes gekennzeichnet. Der Entschluß vieler polnischer Migranten, sich dauerhaft im Ruhrgebiet niederzulassen, wurde durch eine Novelle zum Ansiedlungsgesetz von 1904 bestärkt, die den Hausverkauf und Landerwerb in den Ostprovinzen unmöglich machte und somit ihre Rückkehr in die Heimat erschwerte.

1904 wurde in Essen der „Związek Wzajemnej Pomocy Polskich Katolickich Związków" (Verband für gegenseitige Hilfe der polnischen katholischen Vereine) als Dachorganisation für die polnischen Vereine im Ruhrgebiet gegründet. Er sollte die Interessen der dem Verband angeschlossenen Vereine im Ruhrgebiet vertreten, was bis dahin zu den Aufgaben des Polenbundes gehört hatte. 1905 hatten sich dem Verband gerade einmal 15 Vereine angeschlossen.[34] 1909 entstand der „Bund der polnischen Jugendvereine" mit den Zentren in Bochum, Herten, Gelsenkirchen, Oberhausen, Wanne-Eickel, Hamburg und Hannover. 1910 wurde der „Bund der Polen" aufgelöst. An seine Stelle trat die „Straż" (Wacht) aus

Worker and the German Labor Movement, S. 260.

33 Ders., The Polish Coal Miners' Union, S. 20.

34 Kleßmann, Polnische Bergarbeiter, S. 96–97; Murzynowska, Die polnischen Erwerbsauswanderer, S. 133f.

Posen, die bereits in den Jahren zuvor in den Revierstädten Organisationen aufgebaut hatte.

Die Teilnahme an den Vereinsversammlungen entwickelte sich in den folgenden Jahren zu einem bedeutenden Aspekt im gesellschaftlichen Leben der polnischen Einwanderer, den Ludwig Bernhard folgendermaßen beschreibt:

> „Die ‚Versammlung' ist geradezu die Signatur des polnischen Lebens in Rheinland-Westfalen. Nirgends, weder in Posen-Westpreußen noch in Schlesien, findet man die Polen so in Gesangvereinen, Turnvereinen, Arbeitervereinen, Bildungsvereinen lebend wie dort. Die Versammlung ersetzt ihnen anscheinend den Mangel an Familienverkehr und bequemer Geselligkeit. Die Versammlung ist ihre Pflicht und ihr Vergnügen. In diesem Sinne sind die rheinisch-westfälischen Polen sicherlich gut organisiert."[35]

Kennzeichen der organisatorischen Weiterentwicklung der Vereine war zu dieser Zeit die Übernahme zusätzlicher Aufgaben in der kulturellen Bildungsarbeit und die Anleitung zum Selbststudium; allgemein wurden die Arbeitsmethoden und das bestehende Organisationsnetz den veränderten Bedingungen, insbesondere den staatlichen und behördlichen Überwachungsmechanismen, angepaßt.[36]

1912 war das polnische Netzwerk in den drei Regierungsbezirken des Ruhrgebietes auf 875 Vereine mit 81.532 Mitgliedern, davon zahlreiche Mehrfachmitgliedschaften, angewachsen.[37] Das weite Spektrum der Polenvereine umfaßte kirchliche Arbeitervereine, Rosenkranz- und Gesangvereine, politische Vereinigungen und Organisationen, Bildungsvereine, Frauenvereine, Filialen der „Polnischen Berufsvereinigung", Wahlkomitees, Konsumgenossenschaften, Vereine polnischer Kaufleute, Lotterieclubs, Schützenvereine, Jugendvergnügungsvereine, Mäßigkeits- und Abstinenzvereine sowie polnische Turnvereine. Kirchliche Arbeitervereine waren am häufigsten vertreten, gefolgt von Gesang-, Sokół-, Wahl-, Lotterievereinen, Rosenkranzbruderschaften, Theater- und Musikvereinen, Bildungsvereinen und politischen Vereinen. Einige Vereine wurden nur gegründet, um Feste zu feiern, wie Kegel- und Lotterievereine. Im Gegensatz dazu standen die durch Geistliche aus der Provinz Posen zu den polnischen Zuwanderern

---

35 Bernhard, Die Polenfrage, S. 187f.
36 Murzynowska, Die polnischen Erwerbsauswanderer, S. 237.
37 Kleßmann, Polnische Bergarbeiter, S. 102, Tab. S. 102.

gebrachten Mäßigkeitsvereine, für die 1911 ein eigener Verband gegründet wurde, der sich dem Posener Zentralverband anschloß.[38] Starken Zuwachs erhielt auch der „Verband der gegenseitigen Hilfe", dem 1912 139 Vereine mit 12.814 Mitgliedern und 1914 174 Vereine mit 18.684 Mitgliedern – mehr als die Hälfte aller polnisch-katholischen Vereine im Ruhrgebiet – angehörten. Unmittelbar vor dem Ersten Weltkrieg gab es im Ruhrgebiet mehr Polenvereine als im übrigen Deutschland, mehr „Sokół"-Vereine als in Posen, Westpreußen und Oberschlesien. Nahezu jeder zweite Pole war – die Kinder und die masurische Minderheit nicht mitgerechnet – Mitglied in einem Verein.[39]

Von großer Bedeutung für die Weiterentwicklung des polnischen Vereinswesens war der Kongreß polnischer Vereine und Verbände im holländischen Winterswijk am 1. und 2. November 1913. Danach nahm ihre Zahl sprunghaft zu. Unter dem Namen „Ausführendes Komitee" wurde ein polnischer Nationalrat im Westen gegründet. Er bildete das Pendant zu dem 1913 gleichfalls in Posen ins Leben gerufenen „Nationalrat", dem bis 1921 nahezu alle polnischen Vereine angeschlossen waren. Die auf dem Kongreß verabschiedeten Resolutionen legten besonderen Nachdruck auf die Rolle der Familie und „polnischer Mütter" im Hinblick auf die Erziehung der Kinder im polnischen Geiste. Die polnischen Organisationen wurden aufgefordert, mit der Familie in der Kindererziehung zusammenzuarbeiten.[40] Die polnischen Frauenvereine hatten schon zu einem früheren Zeitpunkt das Problem erkannt, daß die Kinder im Ruhrgebiet kaum noch die Muttersprache beherrschten. Seit dem ersten Jahrzehnt des letzten Jahrhunderts machten sie es sich zur Aufgabe, den Kindern die polnische Sprache nahezubringen und sie moralisch zu erziehen. So besaßen die Frauenvereine maßgeblichen Anteil an der Gründung polnischer Privatschulen und der Pflege des Kleinkinderschulwesens. Sie gründeten darüber hinaus Selbsthilfegruppen für Frauen und widmeten sich der gemeinschaftlichen Belehrung durch Vorlesungen, Vorträge und Deklamationen. Nach ihrer Reorganisation im Jahr 1913 schlossen sie sich im Mai 1914 zu

---

38 Ebd., S. 103 Tab.; Brüggemeier, Leben vor Ort, S. 151; Wachowiak, Die Polen in Rheinland-Westfalen, S. 63.
39 Murzynowska, Die polnischen Erwerbsauswanderer, S. 230; Bredt, Die Polenfrage, S. 132.
40 Molenda, The Role of Women, S. 326, 329; Kleßmann, Polnische Bergarbeiter, S. 103f.

einem Verband zusammen. Zu diesem Zeitpunkt gab es 110 Frauenvereine mit 8.000 Mitgliedern.[41]

Parallel zum Auf- und Ausbau des polnischen Gemeinwesens entwikkelten die staatlichen Behörden ihren Überwachungsapparat, in dessen Blickpunkt vor allem die Vereine rückten. In der Folgezeit waren sie permanenter sozialer Diskriminierung und politischer Verfolgung ausgesetzt. Dahinter stand der Gedanke, daß die Vereine in besonderem Maße den Nährboden für eine großpolnische Agitation bereiteten mit dem Ziel der Wiederherstellung des Königreiches Polen beziehungsweise der „Polonisierung" des Westens. Polizeisergeanten mit polnischen Sprachkenntnissen überwachten die Vereinsversammlungen und erstellten detaillierte Dossiers über jedwede polnischen Aktivitäten, die uns heute als umfangreiches Aktenmaterial zur Verfügung stehen.

Das Mißtrauen des Staates und der Behörden richtete sich auch gegen Vereinsfahnen, Abzeichen, Trachten und Symbole, deren Verbreitung, Ausstellen und Aushängen nach den Bestimmungen des preußischen Vereinsgesetzes bei Strafe verboten war, sofern sie nicht die Landesfarben Schwarz und Weiß trugen. So beschlagnahmte – um nur ein Beispiel herauszugreifen – 1904 die Polizei die Bilder, die der polnische Verein „Fiołek" (Veilchen) aus Recklinghausen bei einem Gesangwettbewerb gewonnen hatte, weil diese Gemälde zur „nationalpolnischen Propaganda" beitragen würden – so lautete die amtliche Begründung. Nach einem Gerichtsbeschluß wurden sie unter der Bedingung zurückgegeben, daß sie nicht im Vereinslokal hängen dürften.[42]

Einer besonders strengen behördlichen und staatlichen Kontrolle unterlagen die polnischen „Sokół"-Vereine. Da sie außer den Turnstunden auch

---

41 Deren verhältnismäßig späte Gründungen – der erste polnische Frauenverein in Herne namens „Wanda" wurde am 17. Februar 1907 ins Leben gerufen – haben migrationsgeschichtliche Ursachen. Die Aussicht auf bessere Verdienstmöglichkeiten führte zuerst hauptsächlich junge polnische Männer ins Revier, die sich in der neuen Heimat eine Existenz aufbauten und ihre Frauen später aus Polen nachkommen ließen. Darüber hinaus war bis 1908 für Frauen die Mitgliedschaft in Vereinen verboten. Dies änderte sich durch das neue Reichsvereinsgesetz von 1908, das die Frauenvereine jedoch für politisch erklärte. Fortan waren sie allen möglichen Schikanen ausgesetzt, wodurch ihre Tätigkeit weitgehend zum Erliegen kam. Siehe hierzu: Wachowiak, Die Polen in Rheinland-Westfalen, S. 65; Kleßmann, Polnische Bergarbeiter, S. 99; Molenda, The Role of Women, S. 317ff.; Peters-Schildgen, „Schmelztiegel" Ruhrgebiet, S. 135f.; dies., Polish Pits, S. 163.

42 Łazinka, Vereinswesen, S. 4.

nationalpolnische Feierlichkeiten veranstalteten, wurden sie als militärisch eingestuft und als „Rückgrat der polnischen Armee und des großpolnischen Gedankens" betrachtet.[43] Das Zurschaustellen nationaler Symbolik und das Tragen von Mützen galten als Uniformierung. Durch die enge Beziehung des Verbandes der polnischen „Sokół"-Vereine zur Posener Zentrale nahmen sie seit ihrer Gründung an der polnischen Nationalbewegung teil und trugen zur Unterstützung der polnischen Subkultur im Ruhrgebiet bei.[44] Anläßlich des Delegiertentages der „Sokół"-Vereine im Deutschen Reich in Posen am 26. März 1905 wurde die „Sokół"-Bewegung auf eigene Entscheidung als politische Bewegung erklärt. Da die Turnvereine anschließend mit dem Verbot ihrer Verbandstage rechnen mußten, wichen der 7., 9. und 10. „Sokół"-Bezirk, wie bereits zuvor die schlesischen „Sokół"-Vereine, auf die holländische Stadt Winterswijk aus, wo am 24. April 1905 ihr Turntag stattfand.

Die legale Grundlage für die polizeiliche Überwachung der Vereinsversammlungen bot das Reichsvereinsgesetz von 1908, das mit dem Ziel entwickelt worden war, den nationalpolnischen Bestrebungen wirkungsvoll entgegenzutreten. Darauf zielte insbesondere § 12 des Reichsvereinsgesetzes ab, im Volksmund auch „Maulkorbgesetz" genannt, demzufolge Verhandlungen in öffentlichen Versammlungen in deutscher Sprache zu führen waren. Polnische Vereinsmitglieder reagierten darauf zunächst mit sogenannten „stummen Versammlungen", in denen man sich nur per Handzeichen untereinander verständigte. Um das Reichsvereinsgesetz zu umgehen, wurden Wahlvereine gegründet. Der monatlich zu entrichtende geringe Beitrag von zehn Pfennig bescherte den ruhrpolnischen Migranten zahlreiche Mitglieder. Die Mitgliederversammlungen der Wahlvereine galten juristisch als geschlossene Versammlungen, zu denen die Polizei keinen Zutritt hatte.[45]

Als weitere Repressionsmaßnahme gegen die polnische Minderheit im Ruhrrevier wurde 1909 beim Polizeipräsidenten in Bochum eine „Zentralstelle für Überwachung der Polenbewegung im Rheinisch-Westfälischen Industriegebiet" eingerichtet. Dort wurden die Daten über jegliche polnische Aktivitäten, insbesondere aber über Vereine und die Polnische Presse,

---

43 Peters-Schildgen, „Schmelztiegel" Ruhrgebiet, S. 139f.
44 Siehe hierzu: Blecking, Die Geschichte der nationalpolnischen Turnorganisation „Sokół", S. 104ff.; Blecking, Die slawische Sokolbewegung, S. 167f., 170.
45 Wachowiak, Die Polen in Rheinland-Westfalen, S. 65; Peters-Schildgen, „Schmelztiegel" Ruhrgebiet, S. 142f.; dies., Polish Pits, S. 164.

gesammelt und akribisch ausgewertet. Doch statt der erhofften Assimilierung der ruhrpolnischen Einwanderer förderten Staat und Behörden mit diesen Instrumenten die Verbreitung einer polnischen Subkultur im Ruhrgebiet, bei der den Vereinen als Hauptstützpunkten der Zuwanderung sowie als Zentren des öffentlichen Lebens und der Pflege nationalpolnischer Ideale eine entscheidende Rolle zukam.

1914 bis 1919: Politisierung der polnischen Vereine

Kam das polnische Vereinswesen während des Ersten Weltkrieges nahezu zum Erliegen – führende Köpfe der polnischen Bewegung wurden in Schutzhaft genommen –, ist die Zeit unmittelbar nach Kriegsende durch eine zunehmende Politisierung der Vereine gekennzeichnet. Deren wesentliches Ziel bestand in der Mitgestaltung des neugegründeten polnischen Staats vom Ruhrgebiet aus sowie in einer stärkeren Einflußnahme auf lokalpolitischer Ebene. Vorstadien eines Auflösungsprozesses resultieren aus der beginnenden Abwanderung ruhrpolnischer Bevölkerungsteile in den neugegründeten polnischen Staat.[46]

In den ersten Kriegsjahren waren die staatlichen Überwachungsorgane weiterhin wirksam. So wurde die von den „Vereinigten polnischen Vereinen von Börnig und Sodingen" am 15. November 1915 beantragte Erlaubnis zur Durchführung eines „Instrumental-Konzerts" in der Gastwirtschaft Borgmann in Sodingen (heute Herne), verbunden mit Theater- und Gesangvorführungen, vom Sodinger Amtmann Max Wiethoff mit der Begründung abgewiesen, daß durch „die Teilnahme von vier polnischen Vereinen, darunter der bekannte ‚Socol-Verein'", die Veranstaltung „zu einem rohen Treiben und zu einer geräuschvollen Lustbarkeit" auszuarten drohe. „Die vorgeschobene Wohltätigkeit" – der Erlös der Veranstaltung war für Obdachlose im Osten vorgesehen – sei „lediglich ein Vorwand für eine in Wirklichkeit zu veranstaltende nationalpolnische Versammlung".[47] Zeitweise verbot die Militärverwaltung in Münster grundsätzlich den Gebrauch der polnischen Sprache in den Vereinsversammlungen, da zur Versammlungsüberwachung nicht genügend polnisch sprechende Polizeibeamte zur Verfügung standen. Welchen Stellenwert die Polen dem

---

46 Kleßmann, Polnische Bergarbeiter, S. 18.
47 Peters-Schildgen, „Schmelztiegel" Ruhrgebiet, S. 143f., Anm. 142: Stadtarchiv Herne, Akte V/332, 3, Bl. 28ff.

Gebrauch ihrer Muttersprache in den Vereinsversammlungen beimaßen, verdeutlicht die Tatsache, daß einige Vereine sogar anboten, die Kosten zur Heranziehung auswärtiger Überwachungsbeamter zu übernehmen.[48]

Nach Kriegsausbruch kam es zur verstärkten Zusammenarbeit des ZZP mit den deutschen Gewerkschaften, damit zumindest die wichtigsten sozialen Forderungen durchgesetzt werden konnten. Dabei profitierte die polnische Gewerkschaft auf Grund ihrer hohen Mitgliederzahlen von dem 1915 verabschiedeten „Vaterländischen Hilfsdienstgesetz", das den Gewerkschaften eine stärkere Stellung gegenüber den Unternehmern eintrug und sie als kriegswichtige Organisation billigte.[49]

Angesichts der sich abzeichnenden Niederlage und zur Sicherung der polnischen Loyalität proklamierte das Deutsche Reich am 5. November 1916 das Königreich Polen als „eigenständigen" Staat mit Erbmonarchie. Durch einen Erlaß des Innenministers vom 9. Februar 1917 gewährte die deutsche Reichsführung „im Interesse des Burgfriedens den Polen im Deutschen Reich" mehr Freiheiten. Dies bedeutete den Wegfall der zahlreichen Beschränkungen des polnischen Organisationswesens sowie der polizeilichen und behördlichen Überwachungen, was eine merkliche Ausweitung des polnischen Organisationswesens zur Folge hatte.[50]

Am 11. November 1918, dem Tag des Waffenstillstands von Compiègne, wurde der polnische Staat neu gegründet. Die Wiedererrichtung Polens nach nahezu 150 Jahren löste unter den Ruhrpolen eine Welle der nationalen Begeisterung aus. In ihrem Enthusiasmus entschlossen sich viele spontan – sowohl mit Hilfe der Behörden als auch illegal – zur Rückkehr in die Heimat beziehungsweise in das Land ihrer Eltern. Der Nationalstolz überragte das Klassenbewußtsein auch bei jenen polnischen Bevölkerungsteilen, die zunächst in Westfalen blieben, um die politische Entwicklung des jungen Staates aus der Distanz zu verfolgen. Innerhalb der ruhrpolnischen Bevölkerung trat der schon lange schwelende Konflikt zwischen Separation und Integration mehr und mehr an die Oberfläche.[51]

---

48 Ebd., S. 144, Anm. 143: Stadtarchiv Herne, Akte V/332, 3, B. 33.
49 Steinert, Das polnische Vereinswesen, S. 111.
50 Oenning, „Du da mitti polnischen Farben ...", S. 28f.
51 Steinert, Das polnische Vereinswesen, S. 112.

1919 bis 1924:
Erste Auflösungserscheinungen und Gegenmaßnahmen

Durch die Rückwanderung führender ruhrpolnischer Persönlichkeiten nach Polen, ausgelöst durch die Neugründung des polnischen Staats (1918), das Optionsverfahren (1921/22), die Oberschlesienabstimmung (1921), die Ruhrbesetzung (1923–1925) und die Rationalisierungskrise im Bergbau gegen Ende der 1920er Jahre, ging ein wichtiger Impuls für die Aufrechterhaltung der nationalpolnischen Subkultur verloren. Abrupt stoppte der Zufluß der polnischen Zuwanderer, der bis zum Ersten Weltkrieg kontinuierlich für neue Vereinsmitglieder gesorgt hatte. Infolgedessen lösten sich seit den 1920er Jahren die kompakten Siedlungsstrukturen der Ruhrpolen allmählich auf. Auch das Vereinswesen zeigte erste Zeichen des Niedergangs. Dies erscheint besonders tragisch, da durch die Lockerung der deutschen Polenpolitik gegen Ende des Krieges sowie durch die Anerkennung der Minderheitenschutzbestimmungen in der Reichs- und Landesverfassung der Weimarer Republik die annähernd 100.000 im Ruhrgebiet verbliebenen Polen ihre Zugehörigkeit zur polnischen Minderheit erstmals frei und legal zum Ausdruck bringen konnten.[52] So erteilte 1920 beispielsweise die bischöfliche Behörde in Paderborn auf Verlangen des Ortskomitees der polnischen Vereine in Wanne (heute Herne) die Genehmigung zu einer polnischen Erstkommunionfeier, die erstmals am 17. April 1921 in der St. Laurentius- und St. Michael-Gemeinde durchgeführt wurde. In St. Michael nahmen von insgesamt 180 Erstkommunikanten 41 an der polnischen Kommunionfeier teil.[53]

Ungeachtet dessen nahm der Germanisierungsdruck auf die ruhrpolnische Minderheit zu, auf den viele mit stärkerer Anpassungsbereitschaft reagierten. Durch den verlorenen Krieg und die damit verbundenen Gebietsabtretungen im Osten, insbesondere aber durch die Abstimmung in Oberschlesien über die Zugehörigkeit dieses Gebiets zu Deutschland oder zu Polen am 20. März 1921, hatte sich das Verhältnis zwischen deutscher und polnischer Bevölkerung verschlechtert. Schon im Vorfeld der Abstimmung kam es zu Übergriffen heimattreuer Oberschlesier auf die polnische Minderheit, speziell auf Mitglieder der „Sokół"-Vereine.[54] Polnische Frau-

---

52 Peters-Schildgen, Polish Pits, S. 165.
53 Peters-Schildgen, „Schmelztiegel" Ruhrgebiet, S. 109.
54 Ebd., S. 144, 264.

envereine übernahmen in dieser Zeit neben der Wahlorganisation zugunsten Polens auch die Betreuung von Kindern ruhrpolnischer Einwanderer, die zur Abstimmung nach Oberschlesien fuhren.[55] So wundert es nicht, daß die Mitgliederzahl des „Verbandes der polnischen Frauenvereine", der sich aus 146 aktiven und zwölf passiven Vereinen zusammensetzte, von 15.207 im Jahr 1919 auf 20.104 anstieg.

Hatte sich das „Ausführende Komitee" bereits bei Kriegsausbruch zum zentralen aktiven Organ der ruhrpolnischen Minderheit ausgebildet, avancierte es nach dem Krieg zum obersten Vertretungsorgan der Polen im Westen und zu einem gleichberechtigten Partner für Behörden und Politiker. Dessen wichtigste Kommission war die Rückwanderungskommission, die zusammen mit dem polnischen Konsulat in Essen die Rückwanderung der Polen organisierte. 1.513 Vereine mit 130.000 Mitgliedern gehörten zu diesem Komitee. Davon waren 246 Zahlstellen der „Polnischen Berufsvereinigung".[56]

Überblick über die dem „Ausführenden Komitee" im Jahr 1920 angegliederten polnischen Vereine[57]

246	Ortsgruppen des ZZP
239	Polnisch-katholische Vereine
216	Ortsvereine der Arbeiterpartei
181	Polnische Frauenvereine
176	„Sokół"-Vereine
140	Gesangvereine
94	Rosenkranzbruderschaften
55	Jugendvereine
53	Volkslese- und Bibliotheksvereine
31	Theatervereine
15	Gewerbevereine
5	Abstinenzvereine
1.451	Summe

55 Oenning, „Du da mitti polnischen Farben …", S. 35; Staatsarchiv Münster, Regierung Münster, Akte VII/31, Bl. 44.
56 Kleßmann, Polnische Bergarbeiter, S. 104f.
57 Ebd., S. 104.

1921 entstand aus einer Abspaltung von der polnischen Gewerkschaft der „Polnische Arbeiterverband", dessen Ziel der „Bekämpfung der chauvinistischen Haltung" des ZZP galt.[58] Ein Jahr später vereinigten sich – als Gegenmaßnahme zu den Auflösungserscheinungen innerhalb der polnischen Subkultur und als Mittel zur Zusammenfassung der zahlreichen kulturellen und gesellschaftlichen Vereine der polnischen Minderheit im Deutschen Reich – der „Bund der Polen in Ostpreußen", das „Ausführende Komitee in Bochum", das „Nationalkomitee der Polen in Berlin" und das „Politische Komitee für Oberschlesien" – zum „Bund der Polen in Deutschland", der nun seinen Sitz in Berlin hatte. Er strebte die Erlangung der vollen Rechte einer nationalen Minderheit für die polnische Bevölkerung in Deutschland sowie den Schutz ihrer Interessen auf allen Gebieten an. Mit den „Bund der Polen in Deutschland" waren zahlreiche andere Minderheitenorganisationen verbunden, wie der 1924 ins Leben gerufene „Verband der Polnischen Schulvereine in Deutschland", mit dessen Gründung die polnische Minderheit ihre Bestrebungen zum Ausdruck brachte, dem sprachlichen Assimilationsdruck Widerstand entgegenzusetzen.[59] War der „Bund der Polen in Deutschland" auch nur noch mit einer Zweigstelle in Bochum, dem ehemaligen Zentrum der ruhrpolnischen Einwanderung, vertreten, besaß diese Institution für viele Angehörige der polnischen Minderheit im Ruhrgebiet in der Zwischenkriegszeit dennoch einen hohen Stellenwert. So berichtet Alexandra Kobus, geboren und aufgewachsen in Herne-Horsthausen, nicht ohne Stolz, daß ihre 1896 in Kempen in der Provinz Posen geborene Großmutter zeitweise Vorsitzende der Herner Ortsgruppe des Polenbundes war. Auch Alexandra Kobus trat nach Beendigung der Schule in die Jugendgruppe des Polenbundes ein, der von Frau Stepaniak geleitet wurde. Deren Schwester war mit Marjan Kwiatkowski, dem Redakteur der in Herne gedruckten polnischen Tageszeitung *Naród* (Nation), verheiratet.[60]

Unmittelbar nach dem Ersten Weltkrieg nahmen die „Sokół"-Vereine im Ruhrgebiet noch einen leichten Aufschwung und gründeten 1920 einen eigenen Verband im Westen Deutschlands mit Sitz in Herne. Die Polnische Sportbewegung trat dem seit 1922 bestehenden „Bund der Polen in Deutschland" bei. Durch die Gründung von Fußballabteilungen soll-

---

58 Steinert, Das polnische Vereinswesen, S. 112.
59 Kleßmann, Polnische Bergarbeiter, S. 168f.
60 Interview mit Alexandra Kobus, Herne, 26.1.1995. Alexandra Kobus verstarb 1997.

ten Jugendliche für die polnischen „Sokół"-Vereine gewonnen werden. Jedoch stand der Wettkampfgedanke der Abschließung und der Bewahrung ethnischer Identität in den „Sokół"-Vereinen entgegen. Deshalb war man bestrebt – so formulierte es zumindest die Pressestelle –, daß deutsche Sportvertreter mit der polnischen Minderheit – deutschen Staatsangehörigen polnischer Zunge – bei deutschen staatlichen Wettkämpfen einmal gemeinsam um den Sieg kämpfen würden. „Damit war das Ende der ethnischen Vergemeinschaftung im Sport für die Ruhrpolen erklärt und der Weg zur Assimilation vorgezeichnet."[61]

Unter der französischen Besatzungsmacht verschärften sich die Spannungen zwischen Deutschen und Polen im Ruhrgebiet nachhaltig. Regierung und Bevölkerung betrachteten jeglichen Kontakt zwischen Franzosen und Polen besonders argwöhnisch, war doch der „Erzfeind" Frankreich nach dem Ersten Weltkrieg als Bündnispartner Polens für ein polnisches Oberschlesien eingetreten. Dies bekam auch der polnisch-katholische Jugendverein in Wanne-Eickel (heute Herne) zu spüren, der sich im November 1927 in einem Gesuch um Benutzungszeiten für einen öffentlichen Sportplatz bewarb. Der Wanne-Eickeler Oberbürgermeister Wilhelm Kiwit machte die Platzvergabe vom Verzicht auf das Tragen polnischer Farben und Abzeichen und vom Verzicht auf den Gebrauch der polnischen Sprache abhängig. Als Begründung für die Auflagen führte er die Beschwerden zweier deutscher Vereine an, die „um die Entfernung der polnischen Turnvereine von städtischen Sportplätzen" nachgesucht hätten.[62]

1925 bis 1933: Verlagerung des Vereinslebens von einer öffentlich-politischen auf eine private geselligere Ebene unter zunehmendem Anpassungsdruck und voranschreitender Auflösung des polnischen Organisationssystems

Nach der großen Rückwanderungswelle stabilisierte sich das ruhrpolnische Organisationssystem auf einem zahlenmäßig niedrigeren Niveau.[63] Der politische Einfluß der im Ruhrgebiet verbliebenen Polen verringerte sich jedoch erheblich. 1926 gab es noch 700 offiziell registrierte Vereine im Ruhrgebiet. Dem „Verband der gegenseitigen Hilfe polnisch-katholischer

---

61 Blecking, Die slawische Sokolbewegung, S. 171.
62 Oenning, „Du da mitti polnischen Farben …", S. 67.
63 Kleßmann, Polnische Bergarbeiter, S. 18, 171, 174.

Vereine" gehörten 1925 170 Vereine mit rund 8.000 und Ende der 1920er Jahre mit rund 11.000 Mitgliedern an. Die 37 Gesangvereine führten 1925 1.332 Mitglieder, und die Mitgliederentwicklung des Polenbundes verzeichnete bis zum Ende der 1920er Jahre eine steigende Tendenz.[64]

In den folgenden Jahren verlagerte sich das Vereinsleben der polnischen Minderheit im Ruhrgebiet von der religiösen und öffentlich-politischen stärker auf eine private geselligere Ebene, wenngleich nationale Traditionen und nationales Bewußtsein weiterhin gepflegt wurden.[65] Versprach die Mitgliedschaft in einem polnischen Verein in der frühen Phase der polnischen Zuwanderung ins Ruhrgebiet vor allem eine Verbesserung der Lebenssituation, mangelte es der polnischen Selbstorganisation vor dem Hintergrund der sich auflösenden Subkultur an Ressourcen zur Durchsetzung gesellschaftlicher, politischer und sozialer Forderungen.[66]

Immer noch engagierten sich viele Familien in den polnischen Vereinen, so daß auch ihre Kinder dort hineinwuchsen, wie die Lebensgeschichte von Marianne Kowziel veranschaulicht. Sie wurde als Enkelin polnischer Einwanderer aus der Umgebung von Thorn in Westpreußen 1935 in Wanne (heute Herne) geboren. Die Familie legte auch in der neuen Umgebung großen Wert auf die Pflege der polnischen Sprache und polnischen Brauchtums. Der Großvater gehörte dem polnischen „St. Valentin-Verein" (Männerverein) an. Die Großmutter war Mitglied im polnischen Rosenkranzverein. Großmutter, Mutter und sämtliche Tanten von Marianne Kowziel sangen im Gesangverein „Harfa". Zwei Tanten arbeiteten überdies beim „Bund der Polen" in Bochum. Eine von ihnen lernte dort ihren Mann, Peter Orpel, kennen, der sich in mehreren polnischen Vereinen in Sodingen (heute Herne) engagierte. Marianne Kowziel war zum Zeitpunkt des Interviews (1994) Mitglied im Gesangverein „Fiołek" (Veilchen) in Recklinghausen. Ihr Sohn leitete eine polnische Folkloregruppe in Herne.[67]

Nach der Auflösung der „Sokół"-Vereine, die 1927 in den „Verband der Turn- und Sportvereine in Westfalen und im Rheinlande" aufgingen, sollte die polnische Jugend mit Angeboten wie Tischtennis, Gruppenabenden und Ausflügen für die polnischen Belange sensibilisiert werden. Diese Versuche waren wenig erfolgreich: Nur etwa 12% der polnischen Jugendlichen

64 Ebd., S. 174.
65 Peters-Schildgen, Polish Pits, S. 166.
66 Oenning, „Du da mitti polnischen Farben …", S. 50.
67 Interview mit Marianne Kowziel, Herne (Wanne-Eickel), 30.11.1994; siehe auch: Peters-Schildgen, „Schmelztiegel" Ruhrgebiet, S. 217.

war in Jugendvereinen organisiert.[68] Für die zweite und dritte Generation der Ruhrpolen war die Mitgliedschaft in einem polnischen Verein nicht mit der nationalen Verbindung zu Polen gleichzusetzen. Anton Hanusek, 1906 in Röhlinghausen (heute Herne) als Sohn des aus dem Dorf Grotnik, Kreis Fraustadt in der Provinz Posen, stammenden Bergmanns Anton Hanusek geboren, schloß sich in seiner Jugendzeit der polnischen Jugend in Röhlinghausen an. Um 1927/28 war er Mitglied und Kassierer des polnischen Jünglingsvereins. Unmittelbar vor den Wahlen, erinnert sich Anton Hanusek, habe der Vorsitzende unter den Vereinsmitgliedern für die Polenpartei geworben:

„Jetzt ist Wahl, und wir sind hier eine Minderheit. Und unsere Minderheit muß gestärkt werden", habe er den Vereinsmitgliedern erklärt. *„Ja und da sollten wir polnisch wählen. Wir haben alle eine andere Partei gewählt, eine deutsche Partei. Ich war ja damals noch in Röhlinghausen, wie wir gewählt haben."*[69]

Der Prozeß der sozialen Integration der etwa 100.000 im Ruhrgebiet verbliebenen Polen war zu diesem Zeitpunkt vorangeschritten, aber keinesfalls abgeschlossen. Die ethnische Grenze verlief längsseits der gesellschaftlichen Grenze.[70] So wurde beispielsweise der Entschluß von Cäcilie Hanusek, einer Nachfahrin polnischer Einwanderer, einem polnischen Gesangverein, später weiteren polnischen Vereinen in Wanne-Eickel (heute Herne) beizutreten, durch Erfahrungen von Diskriminierung in einem deutschen Kirchenchor motiviert. Dort hatte man sie als „Pollack" beschimpft.

Ehemaligen Vereinsmitgliedern haben sich in erster Linie gesellige und soziale Aspekte des Vereinslebens, zum Beispiel Ausflüge und Picknicks in den Naherholungsgebieten des Ruhrgebiets, Gesangwettbewerbe, Tanzveranstaltungen und Aufführungen, ins Gedächtnis eingeprägt. Polnische Vereinslokale, die sich vorwiegend in den Zentren städtischen Lebens befanden, galten als bevorzugte Treffpunkte für die polnische Minderheit. Dort fanden Tanzveranstaltungen statt, die sich auch unter der deutschen Arbeiterbevölkerung zunehmender Beliebtheit erfreuten, da die polnische

---

68 Kleßmann, Polnische Bergarbeiter, S. 174.
69 Interview mit Anton und Cäcilie Hanusek, Herne (Wanne-Eickel), 3.6.1994. Auch die nachfolgenden Zitate von Cäcilie und Anton Hanusek stammen aus diesem Interview. Siehe auch: Peters-Schildgen, „Schmelztiegel" Ruhrgebiet, S. 36, 148f.
70 Oenning, „Du da mitti polnischen Farben …", S. 121; Peters-Schildgen, „Schmelztiegel" Ruhrgebiet, S. 147ff.

Bevölkerung etwas vom Feiern verstand. So traf sich bei Schübbe, einer Gaststätte in Röhlinghausen (heute Herne), deren Besitzer selbst polnischer Herkunft war, die polnische Jugend zum gemeinsamen Singen und Tanzen. Die Polen seien besonders gute Tänzer gewesen, erzählt Maria S., deren Vater in der Provinz Posen geboren wurde:

> *„Mein Vater kam immer nach Hause, der hatte drei Hemden naß, so haben die getanzt. Und überhaupt, wenn der Krakowiak losging, mein lieber Scholli, den kann ich heute noch. Das ist der Nationaltanz. Der Krakowiak wird kreuz und quer getanzt. [...] Die Deutschen haben anders gefeiert. Bloß wollten die bei uns gerne mitmachen, weil wir viel Trubel machten."*[71]

Cäcilie Hanusek erinnert sich an einen Gesangwettbewerb anläßlich des 25-jährigen Jubiläums des „Verbandes der polnischen Gesangvereine" im Jahr 1931, der im Bochumer Schützenhof stattfand und zwei Tage dauerte. Insgesamt 51 Vereine nahmen an diesem Sängerwettstreit teil, aus dem der Gesangverein „Harfa" aus Wanne-Eickel als Sieger hervorging. Danach wurde gefeiert und in polnischer Sprache gesungen.[72] Gegen Ende der 1920er Jahre war Cäcilie Hanusek Mitglied des polnischen Frauenturnvereins in Wanne. Sie berichtet über ihre Jugendzeit in diesem Verein:

> *„Und da hatten wir schöne Mützen wie die „Sokóls". Ja und dann haben wir getanzt, haben Übungen gemacht. Und dann sind wir auch aufgetreten bei den nächstliegenden Vereinen. Der eine und der andere hat uns mal eingeladen. [...] Das war sehr schön. Wir hatten so einen blauen Rock, einen Faltenrock, und eine weiße Bluse und einen blauen Schlips. Dann hatten wir eine weiße Kappe mit einem grünen Schild vorne und so einem grünen Bändchen."*

71 Interview mit Maria S., Herne (Wanne-Eickel), 1.7.1994.
72 Viele Vereine feierten – von den deutschen Behörden weitgehend unbehelligt – in dieser Zeit mit großem Aufwand und unter Teilnahme zahlreicher polnischer Vereine ihr 25-jähriges Jubiläum, so auch der Gesangverein „Zofja" Sodingen-Börnig: 1902–1927 Cześć Polskiej Pieśni! Pamiętnik 25-letniej działalności Koła śpiewu „Zofja" Sodingen-Börnig, Beuthen 1927. In dieser Jubiläumsschrift finden sich neben zahlreichen Anzeigen polnischer Kaufleute auch ins Polnische übersetzte Anzeigen alteingesessener deutscher Geschäfte. Der Verein hatte sich nach 25 Jahren seines Bestehens in der Gemeinde Börnig (heute Herne) offensichtlich etabliert. Jubiläumsschrift des „Verbandes der polnischen Gesangvereine von Westfalen und Rheinland": Związku Polskich Kół Śpiewaczych na Westfalię i Nadrenię (Hg.), 25-Lecie Związku Polskich Kół śpiewaczych na Westfalię i Nadrenię, Herne [1931].

Die Gastwirtschaft Grothoff galt als bevorzugtes Vereinslokal und beliebter Treffpunkt der Polen im Raum Wanne, da es dort polnisch sprechende Bedienung gab. Regelmäßig fanden Feiern und Tanzveranstaltungen statt, an denen auch die Nachbarvereine teilnahmen. Anläßlich einer Karnevalsveranstaltung bei Grothoff im Februar 1933 begegnete Cäcilie ihrem späteren Mann Anton Hanusek, der zu jener Zeit Kassierer im polnischen Gesangverein „Lutnia Kościelna" (Kirchliche Laute) in Röhlinghausen war.

Noch bis um die Mitte der 1930er Jahre unternahmen die polnischen Vereine der Pfarrgemeinde St. Marien in Herne-Baukau, darunter auch der St. Barbara-Knappenverein, Ausflüge mit dem Schiff auf dem Rhein-Herne-Kanal nach Henrichenburg, an denen sich bis zu 400 Personen beteiligten.[73] NS-Regime und Zweiter Weltkrieg bereiteten den Integrations- und Emanzipationsbestrebungen der ruhrpolnischen Minderheit ein gewaltsames und grausames Ende.

Resümee

Für die polnischen Zuwanderer im Ruhrgebiet, die sich in einer überstürzt industrialisierten, durch mangelnde kulturelle und soziale Einrichtungen gekennzeichneten Region zurechtfinden mußten, erfüllten die ersten, eng an die katholischen Kirchengemeinden angeschlossenen polnischen Vereine die Funktion der Akklimatisierung, Kontaktaufnahme, Selbsthilfe und Freizeitgestaltung. Ein weiterer wichtiger Aspekt war die Pflege der Muttersprache und der heimatlichen Gebräuche. Diese frühen kirchlichen Arbeitervereine repräsentieren ein vornationalistisches Integrationsmodell, insofern sie den Prozeß der sozialen Integration der polnischen Zuwan-

---

73 Interview mit Pfarrer Christoph Allroggen, Bochum, 12.9.1994. Christoph Allroggen war von 1934 bis 1935 als Vikar der St. Mariengemeinde in Herne-Baukau für die Seelsorge der polnischen Gemeindemitglieder zuständig. Im Herbst 1935 wurde er nach Herne-Horsthausen versetzt. Als Polenseelsorger in Baukau übernahm Vikar Allroggen den geistlichen Vorsitz des polnischen St. Barbara- und St. Kasimir-Vereins sowie der polnischen Rosenkranzbruderschaft. Vikar Allroggen unterstützte außerdem die polnischen Pfarrangehörigen bei den während der nationalsozialistischen Herrschaft vermehrt beantragten Namenseindeutschungen. Zu seinen Aufgaben gehörten neben der Polenpastoration auch die Betreuung der gesamten männlichen Jugend der Pfarrei, die Vorbereitung der Kommunionkinder und Firmlinge. Ostern 1937 wurde Christoph Allroggen zum Jugendhaus nach Düsseldorf berufen. Siehe auch: Peters-Schildgen, „Schmelztiegel" Ruhrgebiet, S. 103ff., S. 149.

derer innerhalb ihrer ethnischen Gruppe förderten, bei Prozessionen und Vereinsfesten aber auch an die Öffentlichkeit traten.

Die weitere Entwicklung und Entfaltung des polnischen Vereinswesens in der Kaiserzeit ist geprägt durch die Einflußnahme des polnischen Seelsorgers Franz Liss und den Streit der polnischen Zuwanderer mit der Katholischen Kirche um muttersprachliche Seelsorger. So kam es im Zuge der Masseneinwanderung ins Ruhrgebiet nicht nur zu zahlreichen neuen Vereinsgründungen, sondern auch zur Ausbildung neuer, weltlicher Vereinstypen, so daß schließlich nahezu jeder Lebensbereich der Zuwanderer aus dem preußischen Osten durch einen entsprechenden Verein abgedeckt werden konnte.

Seit den 1890er Jahren wurden Staat und Behörden auf die polnische Bevölkerung im Ruhrgebiet aufmerksam. Aus Angst vor der Neugründung Polens im Westen des Deutschen Reiches wurde der preußische Überwachungsapparat aufgebaut. Unter zunehmendem politischen und gesellschaftlichen Druck wuchs die Loyalität innerhalb der ethnischen Gruppe. In den zahlreichen Vereinsversammlungen lernten die Mitglieder, ihre Interessen zu formulieren, im Kollektiv vorzutragen und durchzusetzen. So spielten die Vereine hinsichtlich der Ausbildung eines ethnisch-nationalen Bewußtseins der polnischen Minderheit eine wichtige Rolle. Um diese Werte für die nachfolgende, im Ruhrgebiet heranwachsende Generation sicherzustellen, widmeten sie sich auch der Erziehung der Kinder und Jugendlichen, der Vermittlung der polnischen Sprache sowie polnischen Kultur- und Bildungsguts.

Bis zum Ersten Weltkrieg vervollständigten die polnischen Zuwanderer ihr organisatorisches Netzwerk, entwickelten zentrale, übergeordnete Einrichtungen, da ihnen der Zugang zu deutschen Vereinen, auch zu den deutschen Gewerkschaften, weitgehend verwehrt blieb. Ihre zunehmende Politisierung gegen Kriegsende steht in engem Zusammenhang mit der Neugründung des polnischen Staats, dessen Mitgestaltung vom Ruhrgebiet aus vielen polnischen Vereinsmitgliedern ein besonderes Anliegen war. Zunächst wurden die mit der Abwanderung eines großen Teils der ruhrpolnischen Bevölkerung einhergehenden Auflösungserscheinungen der Vereine durch die organisatorische Bewältigung der Rück- beziehungsweise Abwanderung ruhrpolnischer Bevölkerungsteile gemildert. Boten die Minderheitenschutzbestimmungen augenscheinlich günstige politische Bedingungen für die im Ruhrgebiet verbliebene ruhrpolnische Minderheit, nahm der Assimilierungsdruck als Folge des für Deutschland verlorenen Krieges, der Oberschlesienabstimmung und der Ruhrbesetzung zu. Die im Ruhrgebiet verbliebene polnische Minderheit reagierte auf den zunehmenden Anpassungsdruck mit verstärkter Anpassungsbereitschaft, hatte sie doch für die deutsche Staatsbürgerschaft optiert, was ihr trotz ihres langen Aufenthaltes im Ruhrgebiet keineswegs den Zugang zu allen gesellschaftlichen Einrichtungen sicherstellte. In den Vereinsversammlungen standen nun gesellige Aspekte im Vordergrund, wenngleich polnische Traditionen weiterhin gepflegt wurden. Gesellschaftliche und soziale Forderungen waren von dem in Auflösung begriffenen polnischen Organisationswesen nicht mehr durchzusetzen.

Oliver Steinert

Schmelztiegel versus Subkultur. Die Integration polnischer Zuwanderer in Berlin und im Ruhrgebiet von 1871 bis 1918

Einführung

In der Stadtgeschichte Berlins spielte die im Kaiserreich mit Abstand größte Zuwanderergruppe der Metropole bis in die jüngste Zeit eine untergeordnete Rolle.[1] Lediglich Gottfried Hartmann setzte sich in seinem Beitrag für den Sammelband „Von Zuwanderern zu Einheimischen"[2] umfassender mit der Integration der polnischen Migranten auseinander. In Polen erschienen zu diesem Themengebiet einige Aufsätze, die sich jedoch in erster Linie dem polnischen Vereinswesen und dem Nationalitätenkampf widmeten. Die Eingliederungsverläufe der Berliner Polen wurden in diesen Arbeiten nicht eingehender untersucht.

Im Gegensatz dazu setzt sich die Forschung in Deutschland und Polen bis heute ausführlich mit den Migrations- und Integrationsprozessen der Ruhrpolen auseinander. Die Geschichte der Ruhrpolen dient in den folgenden Ausführungen als Bezugspunkt, um die Besonderheiten im Integrationsverhalten der Berliner Polen hervorzuheben. Dabei offenbaren sich wesentliche Unterschiede, die sich nicht zuletzt im national-kulturellen Leben der polnischen Kolonie in Berlin widerspiegeln und die eine neue Sicht auf die Integrationsverläufe der ruhrpolnischen Bevölkerung zwischen 1871 und 1918 ermöglichen.

---

1   Vgl. dazu den Literaturbericht in meiner 2003 erschienenen Dissertation: Oliver Steinert, „Berlin – Polnischer Bahnhof!" Die Berliner Polen. Eine Untersuchung zum Verhältnis von nationaler Selbstbehauptung und sozialem Integrationsbedürfnis einer fremdsprachigen Minderheit in der Hauptstadt des Deutschen Kaiserreichs (1871–1918), Hamburg 2003, S. 15ff. Die vorliegenden Ausführungen basieren auf dieser Arbeit. Aus diesem Grund habe ich im nachfolgenden Text auf einen ausführlicheren Anmerkungsapparat verzichtet.

2   Gottfried Hartmann, Polen in Berlin, in: Stefi Jersch-Wenzel/Barbara John (Hg.), Von Zuwanderern zu Einheimischen. Hugenotten, Juden, Böhmen und Polen in Berlin, Berlin 1990, S. 593–800.

I. Merkmale einer heterogenen Migrantengruppe

In den 1880er Jahren setzte eine verstärkte Zuwanderung polnischer Migranten nach Berlin ein. Diese polnischen Zuwanderer stammten überwiegend aus den preußischen Ostprovinzen. Die polnische Migration in die Reichshauptstadt war somit Teil der in dieser Zeit einsetzenden Binnenwanderungsprozesse. Nur eine kleine Gruppe stammte aus den beiden anderen polnischen Teilungsgebieten, dem russischen Kongreßpolen und dem zu Österreich gehörenden Galizien. Eine präzise Unterscheidung der Berliner Polen nach den preußischen Herkunftsprovinzen ist auf Grund fehlender statistischer Überlieferung nicht möglich. Lediglich über die gesamte aus den preußischen Ostprovinzen stammende Bevölkerung lassen sich Aussagen treffen: Von ihr wurden rund 34% in der Provinz Schlesien, 24% in der Provinz Posen, 23% in Ost- und rund 19% in Westpreußen geboren.

Die Zahl der in der kaiserlichen Metropole lebenden Polen ist nicht präzise zu benennen. In den preußischen Statistiken wurde die polnischstämmige Bevölkerung aus den genannten Gebieten als polnisch- beziehungsweise deutsch- und polnischsprechende Preußen geführt. Entsprechendes gilt für die polnische Bevölkerung aus den österreichischen und russischen Teilungsgebieten. Aus den zeitgenössischen Statistiken lassen sich demnach nur mit Vorsicht Informationen über das nationale Zugehörigkeitsgefühl der Betroffenen ableiten.[3] Nach der Volkszählung von 1910 lebten offiziell rund 38.000 Polen in Berlin. Behördenakten und zeitgenössische Berichte lassen jedoch vermuten, daß die Zahl der im Großraum Berlin lebenden polnischstämmigen Bevölkerung am Vorabend des Ersten Weltkriegs rund 100.000 betrug. Sicher ist, daß die Polen die mit Abstand größte fremdsprachige Minderheit in der Reichshauptstadt stellten: gemäß der preußischen Statistik sprachen 1910 knapp über 60% der fremdsprachigen Einwohner Polnisch; Ungarn und Russen kamen mit fünf beziehungsweise vier Prozent erst weit dahinter.

Der Migrationsprozeß der Berliner Polen verlief individuell unterschiedlich. Sie wanderten sowohl in Etappen als auch direkt nach Berlin. Die Reichshauptstadt konnte sowohl End- als auch Zwischenstation des

---

3   In der Forschung ist diese Problematik bereits breit erörtert worden, so daß hier nicht weiter darauf eingegangen wird. Vgl. dazu Steinert, „Berlin – Polnischer Bahnhof!", S. 80ff.

Migrationsprozesses sein. Niederlassung und Eingliederung wurden zum Teil durch zeitlich befristete Rückwanderungen in die Heimat beziehungsweise von Aufenthalten in anderen Migrationsgebieten unterbrochen oder Arbeit und Leben in Berlin selbst waren zeitlich befristet (Saisonarbeit). Ein Beispiel für die verschlungenen Wege nach Berlin ist der Migrationsprozess von Władysław Berkan.[4] Als Schneidergeselle verließ er sein westpreußisches Heimatdorf, versuchte sein Glück zunächst in der nahegelegenen Stadt Löbau, dann in der Provinzhauptstadt Posen. Schließlich kam er in die Reichshauptstadt. 1884 zog er von dort mit einem Bekannten aus Löbau nach Warschau. Beide planten, sich in Warschau selbständig zu machen. Als dieser Versuch scheiterte, kehrte Berkan nach Berlin zurück, wo er sich als Schneider einen Namen machte und seinen Kundenstamm ausdehnen konnte. Er beschloß, sich für längere Zeit niederzulassen. Den Kontakt zu seiner Heimat hielt er jedoch stets aufrecht. Wiederholt reiste er für kurze Zeit zu seiner Familie in die Provinz Westpreußen.

Die Wohnsituation der Berliner Polen war geprägt durch Streusiedlung, d.h. die Migranten wohnten nicht konzentriert in bestimmten Stadtteilen, sondern lebten inmitten der ansässigen Bevölkerung. Der Wohnort richtete sich nach der sozialen Position der Zuwanderer. Da die Mehrzahl der polnischen Erwerbstätigen zur Gruppe der un- und angelernten Arbeiter (rund 80%) gehörte, waren polnischstämmige Bewohner vor allem in den Arbeiter- und Mietskasernenvierteln der Reichshauptstadt anzutreffen. Die Wohnverhältnisse der polnischen Migranten unterschieden sich allenfalls in der Zeit unmittelbar nach Ankunft in Berlin von denen der einheimischen Bevölkerung. Sofern die Zuwanderer nicht bei bereits dort ansässigen Landsleuten unterkamen, fanden sie – wie deutsche Migranten – erste Übernachtungsmöglichkeiten in Obdachlosenasylen oder als „Schlafgänger" in den Wohnungen von einheimischen Familien, die mit der Untervermietung ihr Einkommen aufbesserten.

Betrachtet man weiter das soziale Profil der Berliner Polen, so fällt der relativ hohe Anteil polnischer Selbständiger (15,5% der polnischen Erwerbstätigen) auf, vor allem in den Bereichen Handwerk und Handel. Dieser Personenkreis besaß für das national-kulturelle Leben der Migranten eine gewisse Bedeutung, da sich aus ihm das Führungspersonal der polnischen Vereine rekrutierte. Lediglich 5,5% der polnischen Zuwanderer waren in einer Position auf der mittleren beruflichen Ebene tätig, beispielsweise als

---

4   Vgl. dazu die Autobiographie: Władysław Berkan, życiorys własny, Poznań 1924.

einfache Beamte bei Post und Bahn. Berlin war jedoch nicht allein für polnische Arbeitsmigranten interessant. Auch Adlige, Künstler, Intellektuelle, Studenten, Geistliche und Politiker polnischer Nationalität zog es in die Reichshauptstadt. Sie gaben dem Profil der polnischen Bevölkerungsgruppe in Berlin eine besondere Prägung.[5] Angehörige des polnischen Adels und des Bürgertums standen in Kontakt mit den obersten Gesellschaftskreisen der Metropole, vereinzelt sogar zu dem Haus Hohenzollern, und bewegten sich im kulturell-intellektuellen Milieu der Stadt. Hier gelang es ihnen, den sich im Kaiserreich verstärkenden deutsch-polnischen Nationalitätenkonflikt zu durchbrechen. Als Beispiele können etwa die beiden Maler Julian Fałat und Wojciech Kossak angeführt werden, die beide im Auftrag Wilhelms II. am Hofe des Kaisers arbeiteten. Zu den schillernden Figuren der Berliner Boheme gehörte vor 1900 zweifellos der polnische Schriftsteller Stanisław Przybyszewski, der einen starken Einfluß auf das literarische Berlin ausübte. An der Berliner Universität lehrte seit 1881 der polnische Slavist Aleksander Brückner, der selbst zu deutschnational denkenden Fachkollegen einen engen Kontakt pflegte. Diese Persönlichkeiten stehen exemplarisch für das differenzierte Sozialprofil der Berliner Polen.

So vielseitig die soziale Struktur der polnischen Kolonie war, so differenziert stellten sich auch die Migrationsmotive dar. Für das Gros der einfachen polnischen Arbeitsmigranten bildeten Arbeits- und Perspektivenlosigkeit in den von Modernisierungs- und Rationalisierungsprozessen betroffenen und stark landwirtschaftlich geprägten preußischen Ostprovinzen die wichtigsten Abwanderungsgründe. Sie erhofften sich durch Lohnarbeit in der wachsenden Industriemetropole Berlin eine eigene, von der hierarchischen ostelbischen Gesellschaftsstruktur unabhängige Existenz aufbauen zu können. Der Wunsch nach persönlicher Freiheit bildete somit ein mit dem Arbeitsplatzmangel in der Landwirtschaft zusammenhängendes Migrationsmotiv. Dagegen hofften polnische Handwerker, vor allem Schneider und Schuhmacher, sich in Berlin in ihrem Gewerbe fortbilden und selbständig machen zu können. Intellektuelle, Künstler und Studenten wurden insbesondere von der kulturellen Atmosphäre der Reichshauptstadt angezogen. Polnische Politiker wiederum suchten hier die Nähe zu den politischen Entscheidungszentren von preußischer und

---

5 Allerdings geben die Quellen kaum Auskunft über gesellschaftliche Kontakte zwischen polnischen Arbeitsmigranten und Polen aus den adeligen und bürgerlichen Schichten.

Reichsmonarchie und vertraten als Abgeordnete in Land- und Reichstag die Interessen der preußischen Polen.

II. Rahmenbedingungen des Integrationsprozesses

1. Polenpolitik als Integrationspolitik – Maßnahmen und Ziele der preußischen Regierung

Die Politik der preußischen Regierung und ihrer Behörden gegenüber den Berliner Polen unterschied sich im Grundsatz kaum von der allgemeinen preußisch-deutschen Polenpolitik in den Ostprovinzen. Im Vordergrund stand das Ziel, die Zuwanderer rasch zur Assimilierung an die aufnehmende deutsche Gesellschaft zu bewegen, das heißt sie von den nationalen Bestrebungen der „Polonia"[6] abzuhalten und den Ausbau des polnischen Vereinsnetzwerkes in der Reichshauptstadt zu erschweren. Diesem Zweck diente der Regierung zunächst die offene und verdeckte (durch Agenten) Überwachung von Personen, Organisationen, Versammlungen und polnischen Publikationen. Vereine und Veröffentlichungen, welche die Behörden als reichsfeindlich einstuften, wurden verboten. Darunter fielen zum Teil auch nationalpolnische Kirchenlieder. Es fällt auf, daß die Polizei vor Ort, die als ausführendes Organ der Regierung unmittelbaren Kontakt zu Vertretern polnischer Organisationen hatte, die nationalpolnische Bewegung der Reichshauptstadt als politisch bedeutungslos einstufte. In ihren Berichten an die übergeordneten Regierungsstellen begründeten die Polizeibeamten diese Einschätzung mit der fehlenden politischen Unterstützung der Berliner „Polonia" durch die katholische Geistlichkeit, den ausbleibenden Finanzhilfen durch polnischen Adel und Bürgertum, der mangelnden politischen Erfahrung der „Polonia"-Vertreter, dem geringen Interesse der Migranten an den landsmännischen Vereinen sowie dem integrierenden Einfluß der sozialdemokratischen Arbeiterbewegung. Selbst von polnischer Seite wird das Verhältnis zur Berliner Polizei relativ positiv beschrieben. Władysław Berkan, einer der führenden Köpfe der nationalkonservativen Berliner Polen, spricht in seinen Memoiren von einem zuweilen vertrauensvollen Verhältnis zur Polizei.[7] Bis zur Jahrhundertwende besaß

---

6 Unter dem Begriff „Polonia" verstehe ich Anhänger und Mitglieder von Organisationen der polnischen Nationalbewegung in den Migrationsgebieten. Vgl. die Begriffsdefinitionen in: Steinert, „Berlin – Polnischer Bahnhof!", S. 31ff.

7 Vgl. Berkan, życiorys własny, S. 152. Ausführlicher dazu: Steinert, „Berlin – Polnischer Bahnhof!", S. 121f.

das Polizeipräsidium die Freiheit zu einer Laissez-faire-Politik gegenüber den Zuwanderern und ihren Organisationen. Dies änderte sich nach 1900 mit der Verschärfung der preußischen Polenpolitik unter dem preußischen Ministerpräsidenten und Reichskanzler Bernhard von Bülow sowie der gleichzeitig immer aggressiver auftretenden polnischen Nationalbewegung. Die Regierung, allen voran der preußische Innenminister, versuchte nun kompromißlos nationalpolnische Bestrebungen zu unterdrücken. Das Berliner Polizeipräsidium hatte diese strikte Politik, ungeachtet seiner vor allem vor 1900 abweichenden und relativierenden Bewertungen, auszuführen. Vor allem Veranstaltungen, hinter denen die preußische Regierung staatsfeindliche Absichten und nationalpolnische Propaganda vermutete, wurden – sofern dies nach dem Reichsvereinsgesetz rechtlich möglich war – von der Polizei verboten beziehungsweise aufgelöst.[8] In Regierungskreisen war man überzeugt, dadurch die polnische Bewegung in Preußen insgesamt schwächen zu können. Die polnischstämmigen Migranten sollten im Falle einer Rückkehr in ihre Heimatgebiete gegenüber der nationalpolnischen Propaganda immun sein.

Neben der reinen Observierung gehörte die Sprachenpolitik zu den wichtigsten Maßnahmen der preußischen Regierung. Spätestens seit dem Kulturkampf war allgemein bekannt, daß die Muttersprache zusammen mit der katholischen Konfession das Fundament des polnischen Nationalbewußtseins bildete. An diesen beiden Stellen versuchten die Behörden anzusetzen, um einer stärkeren Rückbesinnung der Zuwanderer auf ihre polnische Nationalität entgegenzuwirken. Den Migranten wurde prinzipiell der Anspruch und das Bedürfnis abgesprochen, in der aufnehmenden Gesellschaft öffentlich in ihrer Muttersprache zu kommunizieren. Die Regierung unterstellte, daß die meisten Polen über ausreichende deutsche Sprachkenntnisse verfügten. So verwies der preußische Kultusminister in einem Schreiben an den für Berlin zuständigen Breslauer Fürstbischof Kardinal Georg Kopp im Jahr 1902 auf die zu Preußen gehörenden Herkunftsgebieten der Polen.[9] Der Potsdamer Regierungspräsident hatte bereits 1895 gegenüber dem Kultusminister betont, daß die polnischen Migranten freiwillig in ein rein deutsches Gebiet gewandert seien. Man könne deshalb erwarten, daß sie sich sprachlich anpaßten und sich in der

---

8 Vgl. dazu ebd., S. 115ff.
9 Vgl. zum genauen Wortlaut und zur Quellenangabe: ebd., S. 113f.

Sprache der Mehrheitsgesellschaft verständigten.[10] Kaiser Wilhelm II. spitzte diese Regierungsposition in einer Randbemerkung zu einem Zeitungsartikel zu: „Man darf den Polen, die nach dem Westen gehen keine polnischsprechenden Geistlichen und keinen polnischen Schulunterricht zugestehen."[11] Getreu dieser Linie ging die Regierung in drei Bereichen gegen den Gebrauch der polnischen Sprache vor:

1) Sie zerschlug seit den achtziger Jahren alle Versuche, in der Reichshauptstadt offiziellen polnischen Privatunterricht zu etablieren.

2) Sie bemühte sich, die deutsche Sprache als Versammlungssprache der polnischen Vereine durchzusetzen, was mit Hilfe des novellierten Reichsvereinsgesetzes von 1908 zumindest bei öffentlichen Veranstaltungen gelang.

3) Sie drängte die katholische Kirche, die Zugeständnisse im Bereich der muttersprachlichen Seelsorge in engen Grenzen zu halten. Der Berliner Klerus fügte sich dem staatlichen Druck allerdings nur eingeschränkt, vornehmlich beim Kommunionunterricht für polnische Kinder.

Vor allem auf letztere zielten die genannten Maßnahmen. Die Migrantenkinder sollten dem polnischen Kulturkreis entfremdet und deutsch sozialisiert werden. Vermittlung und Gebrauch der polnischen Sprache störten in den Augen der Behörden diesen Sozialisierungsprozeß.

2. „Zuckerbrot und Peitsche" –
Die Integrationspolitik der katholischen Kirche

Eine spezifische Politik gegenüber den polnischen Migranten betrieb nicht allein die preußische Regierung, sondern auch die katholische Kirche. Ihre Gemeinden in der Reichshauptstadt waren in besonderer Weise von der polnischen Zuwanderung betroffen, da sie für die zum weit überwiegenden Teil (rund 90%) streng katholischen Polen schnell zu einem wichtigen Anlauf- und Treffpunkt wurden. Zwischen 1871 und 1910 stieg der Anteil der katholischen Bevölkerung im protestantischen Berlin von rund sechs auf gut zwölf Prozent. Dieser Zuwachs ist nicht zuletzt auf die polnische

---

10 Vgl. ebd., S. 112.
11 Randnotiz Kaiser Wilhelms II. zu einem Artikel der Zeitung Die Post, o. Nr.,
    11.2.1898, in: Geheimes Staatsarchiv Preußischer Kulturbesitz Berlin-Dahlem (im
    folgenden GStAPK), I. HA Rep. 77, Tit. 871, Nr. 2, Adh. IV, Bl. 4: Handakten des
    Geh. Reg.-Rates v. Falkenhayn betr. Die Polenfrage (1897–1900) mit einem Marginal
    des Kaisers.

Zuwanderung zurückzuführen. In manchen Gemeinden stellten die Polen bald die Hälfte der Gläubigen. Im Durchschnitt betrug der Anteil der polnischstämmigen Katholiken in den Berliner Pfarreien 15%.[12] Die auf Grund ihrer Diasporasituation schwierige Situation der Berliner Kirche wurde dadurch zusätzlich verschärft, vor allem mit Blick auf den Mangel an zur Verfügung stehenden Geistlichen. Der Klerus mußte um Polenseelsorger ergänzt werden, damit Zuwanderer mit geringen Deutschkenntnissen eine begrenzte religiöse Versorgung in polnischer Sprache erhalten konnten. Die Kirche hatte hier ihrem universalen Anspruch zu genügen. Diese Position kollidierte allerdings mit den Interessen der preußischen Regierung, die, wie geschildert, muttersprachliche Angebote für die nach Berlin zuwandernden Polen unterbinden wollte. Mit der zunehmenden polnischen Zuwanderung seit den 1890er Jahren fürchtete die katholische Kirche in Berlin die Stigmatisierung mit einer quasi doppelten Reichsfeindlichkeit: zum einen auf Grund ihrer lange Zeit kritischen bis oppositionellen Haltung gegenüber der protestantischen Hohenzollernmonarchie; zum anderen wegen ihrer konfessionellen Solidarität mit der polnischen Minderheit. Dieser Situation war sie bereits in den preußischen Ostprovinzen ausgesetzt, wo die Attribute polnisch und katholisch von der preußischen Regierung in einem engen politischen Zusammenhang betrachtet wurden. Seit dem Ende des Kulturkampfes bemühte sich die katholische Kirche um eine Annäherung an die preußische Regierung und die Reichsführung. Ziel war es, die Katholiken in die nationale Gesellschaft des Kaiserreichs zu integrieren. Um diese scheinbar widersprüchliche Interessenlage – universeller Auftrag und Polenseelsorge auf der einen Seite sowie der Wunsch nach Integration in die deutschnationale Gemeinschaft auf der anderen Seite – zu bewältigen, entwickelte der Berliner Klerus unter Führung des Breslauer Fürstbischofs Kardinal Kopp eine spezifische Polenpolitik. Diese Politik bestand im wesentlichen aus vier Eckpunkten:

1) Eine gezielte Personalpolitik, mit deren Hilfe die Polenseelsorge allein in den Händen national loyaler Geistlicher gehalten und nationalpolnisch ausgerichtete Priester von der Gemeindearbeit in Berlin ausgeschlossen werden sollten.

2) Der Bedürfnisgrundsatz, der eine umfassende muttersprachliche Seelsorge auf die Gemeinden beschränkte, in denen nachweislich ein hoher

---

12 Vgl. zu diesen Zahlen Steinert, „Berlin – Polnischer Bahnhof!", S. 127.

Anteil polnischer Zuwanderer mit ungenügenden Deutschkenntnissen lebte.

3) Die gezielte Ausgrenzung der „Polonia" aus dem katholischen Gemeindeleben, vor allem aus den Gremien der kirchlichen Selbstverwaltung (Gemeindevorstand und Gemeinderat).

4) Versuche, die Migranten durch individuelle Ansprache zur Inanspruchnahme des deutschsprachigen Seelsorgeangebots zu bewegen.

Diese Grundprinzipien kirchlicher Politik führten nach der Jahrhundertwende zu Konflikten zwischen „Polonia"-Vertretern und dem örtlichen Klerus. Die polnische Nationalbewegung nutzte in einigen Gemeinden vor allem die Kirchenwahlen, um mit eigenen Kandidatenlisten ihren Forderungen, beispielsweise nach Vermehrung polnischsprachiger Gottesdienste und Einrichtung polnischen Kommunionunterrichts, Nachdruck zu verleihen. Um den Einzug von „Polonia"-Abgeordneten in Gemeinderat und Kirchenvorstand zu verhindern, schreckten einige Pfarrer auch vor Wahlmanipulation nicht zurück. Gelang zu vielen Kandidaten der polnischen Liste der Einzug in die genannten Gremien, erklärten manche Geistliche die Wahlen für ungültig und ließen sie zu einem späteren Zeitpunkt wiederholen.[13] „Polonia"-Vertretern sollte unter allen Umständen der Einfluß auf die Gemeindepolitik und die Gemeindefinanzen verwehrt bleiben. In einigen Fällen waren zudem nicht alle polnischen Katholiken in den Wählerverzeichnissen registriert, so daß sie ihre Stimme nicht abgeben konnten. Auch dies verhinderte zuweilen den Wahlerfolg polnischer Listen. Ähnlich kompromißlos verhielt sich der katholische Klerus während des polnischen Kirchenstreiks in der Kreuzberger St. Mariengemeinde 1906/07.[14] Mit dem Boykott des Gottesdienstes versuchten die Aktivisten der Berliner „Polonia" ihre Forderungen nach Einführung regelmäßiger polnischer Gottesdienste durchzusetzen. Im April 1907 gaben die Streikenden auf, ohne daß sie ihre Ziele erreicht hatten. Der örtliche Pfarrer, Philipp Jeder, beantragte beim Berliner Polizeipräsidenten ein Amtsenthebungsverfahren gegen die am Streik beteiligten polnischen Kirchenvorstands- und Gemeinderatsmitglieder. Ungeachtet dieser Vorkommnisse setzte sich Jeder bei Fürstbischof Kopp für die Ausweitung der Polenseelsorge in seiner Gemeinde ein. Erst 1909 erkannte Kopp die Bedürfnisse der Kreuzberger Polen an und genehmigte regelmäßige polnische Gottesdienste in der St. Mariengemeinde.

---

13 Vgl. die entsprechenden Beispiele ebd., S. 146f.
14 Vgl. ebd., S. 140.

Trotz der hier exemplarisch aufgezeigten Konflikte, entwickelte die katholische Kirche im Rahmen der genannten vier politischen Grundsätze seit den 1880er Jahren ein umfassendes polnisches Seelsorgeangebot. Es bot den polnischen Katholiken Berlins die Möglichkeit, in ihrer Muttersprache zu beichten sowie Hochzeiten, Taufen und Beerdigungen in polnischen Gottesdiensten zu begehen. In Gemeinden mit starkem polnischem Zuwandereranteil, wie etwa in St. Pius (Friedrichshain) und St. Paulus (Moabit), wurden darüber hinaus wöchentliche polnische Gottesdienste abgehalten. Die Berliner Polenseelsorge deckte nahezu alle religiösen Bedürfnisse ab, wenn auch nicht gleichmäßig in jeder Pfarrei. Eine Ausnahme bildete der polnischsprachige Kommunionunterricht, den der Klerus Zuwandererkindern äußerst selten gewährte. Nach Meinung der Kirche verfügten die polnischstämmigen Kinder, die in Berlin nur deutsche Schulen besuchen konnten, rasch über genügend Deutschkenntnisse, um dem deutschen Kommunionunterricht folgen zu können. Forderungen der „Polonia" nach separatem polnischen Kommunionunterricht wurden darüber hinaus häufig mit dem Argument zurückgewiesen, daß die meisten Zuwandererkinder ihre Muttersprache kaum beherrschten und sich durch den Schulunterricht schriftlich wie mündlich besser in der deutschen Sprache verständigen könnten. Nach dem staatlichen Verbot polnischer Privatschulen wurde der „Polonia" auch im kirchlichen Bereich ein wichtiges Instrument genommen, um einem größeren Teil ihrer Nachkommen eine rein polnische Erziehung zu gewähren. Ungeachtet dessen ermöglichte das vorhandene polnische Seelsorgeangebot den Zuwanderern zentrale Elemente ihrer kirchlichen Traditionen zu pflegen und den Kontakt zu Landsleuten aufrechtzuerhalten. Die Begrenzung der muttersprachlichen Seelsorge verhinderte letztlich die damals durchaus mögliche Ausbildung rein polnischer Gemeinden. Die Migranten waren dadurch genötigt, sich in die Pfarreien der Aufnahmegesellschaft zu integrieren.

3. Erwartungen und Reaktionen der Berliner Gesellschaft

Lassen sich Regierungs- und Kirchenpolitik noch verhältnismäßig gut nachvollziehen, so stoßen Versuche, das alltägliche Verhältnis zwischen Migranten und Berliner Bevölkerung zu rekonstruieren, schnell an die durch fehlende Überlieferungen gesetzten Grenzen. Es finden sich nur vereinzelte Quellen, die über die Diskriminierung polnischer Migranten im Alltag berichten. So wurden Polen beispielsweise in der Straßenbahn, in Obdachlosenasylen oder an der Berliner Universität als „Pollacken" beschimpft und verunglimpft. Besonders polnische Dienstmädchen hatten unter entwürdigenden Arbeitsbedingungen, Diskriminierung und zum Teil körperlicher Gewalt seitens ihrer Arbeitgeber zu leiden. Von Teilen der Berliner Presse wurde die Diskriminierung polnischer Migranten gefördert. Blätter wie die *Deutsche Ostmark*, das Verbandsblatt des Deutschen Ostmarkenvereins, die *Deutsche Zeitung* und die *Berliner Politischen Nachrichten* schürten in der Reichshauptstadt mit ihren Artikeln die Angst vor einer „geheimen polnischen Propaganda" oder einer „herandrängenden slawischen Flut".[15] Diese Art der Berichterstattung vermittelte ein ausschließlich negatives Polenbild und gab nationalistischen Positionen auf deutscher wie auf polnischer Seite neue Nahrung.

Jenseits direkter Diskriminierung herrschte in der Berliner Gesellschaft eine allgemeine Erwartungshaltung vor, nach der sich die polnischen Zuwanderer möglichst schnell an ihre neue Heimat anzupassen hatten. Darauf läßt zumindest die gemäßigte Berichterstattung in der Berliner Presse schließen. Auf die Gründung polnischer Organisationen, wie beispielsweise Turnvereine, reagierte man in der Öffentlichkeit mit Unverständnis. So fragte das *Berliner Tageblatt* in seiner Ausgabe vom 21. August 1897, ob denn „die Übungen am Barren, am Reck, am Pferd für polnische Organismen anders zu machen sind als für deutsche". Statt sich in eigenen Vereinen zu separieren, hätten die Polen in der „staatsbürgerlichen Gesamtheit aller Preußen aufzugehen".[16] Die *Märkische Volkszeitung* hielt die Verschmelzung der Polen mit den Deutschen für einen „selbstverständlichen, naturgemäßen Entwicklungsgang".[17] Die Vertreter solcher gemäßigter Positionen gestanden den polnischen Zuwanderern durchaus eigene Organisationen zu. Separierende Parallelangebote zu den etablierten deutschen Vereinen lehnten sie jedoch ebenso ab wie auf der anderen Seite eine übertriebene Überwachung der Migranten durch die Regierungsbehörden.

---

15 Berliner Politische Nachrichten, Nr. 172, 29.7.1901 und Deutsche Zeitung, o. Nr., 18.12.1897.
16 Berliner Tageblatt, Nr. 417, 18.8.1897.
17 Märkische Volkszeitung, Nr. 20, 26.1.1898.

III. Zwischen nationaler Selbstbehauptung und sozialer Integration – das Eingliederungsverhalten der Berliner Polen

Die polnische Bevölkerung in Berlin läßt sich grob in zwei Gruppen eintei-
len: Eine kleinere, die durch Mitgliedschaft in polnischen Organisationen
nach außen ihr Nationalbewußtsein dokumentierte und sich damit den
Assimilierungsforderungen der aufnehmenden Gesellschaft – zumindest
förmlich – entgegenstellte; sowie eine größere Zuwanderergruppe, die zu
den polnischen Vereinen eher Distanz hielt und statt dessen vornehmlich
am gesellschaftlichen Leben der aufnehmenden Gesellschaft teilnahm.
Obwohl in Berlin um 1900 mehr polnische Organisationen polizeilich
gemeldet waren als im Zentrum der polnischen Nationalbewegung in
Preußen, in der Provinzhauptstadt Posen, erfaßte das polnische Vereinswesen nur einen kleinen Teil der in der Metropole lebenden polnischen
Bevölkerung. Eine dem Ruhrgebiet vergleichbare polnische Subkultur, die
auf einem engmaschigen Vereinswesen beruhte, entwickelte sich im kaiserlichen Berlin nicht.[18] Indikator dafür ist die Mitglieder- und Finanzschwä-
che der Organisationen, über die in den Quellen immer wieder berichtet
wird.

Es stellt sich in diesem Zusammenhang die Frage, worauf diese
Schwächen zurückzuführen sind. Die „Polonia" in der Reichshauptstadt
krankte vor allem an der Realitätsferne und Radikalität ihres politischen
Programms. Forderungen nach einem auf ein rein polnisches Umfeld
beschränktes gesellschaftliches Leben widersprachen der Lebensrealität
und den sozialen Bedürfnissen der Migranten. Im Vordergrund stand
für viele die Existenzsicherung, derentwegen sie auch zumeist ihre Heimat in Richtung Berlin verlassen hatten. Mögliche Repressalien der
Regierungsbehörden und der aufnehmenden Gesellschaft, die diese Zielsetzung gefährdeten, ließen die Zuwanderer vor einem Engagement in
landsmännischen Vereinen zurückschrecken. Diese Zurückhaltung wurde
durch Maßnahmen der „Polonia" gegen politisch Andersdenkende und
Abweichler vom harten nationalpolnischen Kurs noch verstärkt. Vor allem
nach der Jahrhundertwende sanktionierte die nationalpolnische Bewe-

18 Vgl. dazu die wegweisende Studie von Christoph Kleßmann, Polnische Bergarbeiter
   im Ruhrgebiet 1870–1945. Soziale Integration und nationale Subkultur einer Minderheit in der deutschen Industriegesellschaft, Göttingen 1978. Vgl. zum Begriff
   „Subkultur" die Ausführungen in Kapitel IV. des vorliegenden Aufsatzes.

gung in Berlin politisch und gesellschaftlich abweichendes Verhalten mit öffentlicher Denunziation, vornehmlich im *Dziennik Berliński* (Berliner Tageblatt). Die Redaktion dieser Tageszeitung veröffentlichte beispielsweise die Namen polnischer Eltern, die mit ihren Kindern an deutschen Kommunionfeiern teilnahmen. Auch Polen, die sich nicht an dem oben angeführten Kirchenboykott polnischer Gemeindemitglieder in Kreuzberg beteiligten, wurden im *Dziennik Berliński* denunziert.[19] Diese harte Linie schreckte um so mehr ab und führte zusammen mit dem auf die Migranten wirkenden Integrationsdruck zu einem national indifferenten Verhalten. Hinzu kamen die internen politischen Auseinandersetzungen und persönlichen Rivalitäten einzelner Aktivisten, welche die „Polonia" in ihrem äußeren Erscheinungsbild schwächten und sie zu keinem Zeitpunkt gegenüber dem attraktiven deutschen Vereinswesen zu einer ernst zu nehmenden polnischen Alternative werden ließen. So finden sich in polnischen Quellen immer wieder Klagen darüber, daß sich viele Migranten mehr für deutsche als für polnische Vereine interessierten.[20] Dies hatte auch materielle Gründe: Deutsche Gewerkschaften und deutsch-katholische Arbeitervereine konnten auf Grund ihrer Organisationsstärke und ihrer festen Verankerung in der aufnehmenden Gesellschaft den sozialen Bedürfnissen (zum Beispiel im Hinblick auf Streik- und Sterbekassen) der Zuwanderer viel eher entsprechen als ihre polnischen Pendants. Letztere rückten dagegen nationalpolitische Ziele stark in den Mittelpunkt ihrer Aktivitäten.

Im Kern ging es der unter dem Einfluß verschiedener politischer Strömungen stehenden „Polonia" darum, unter den Migranten das polnische Nationalbewußtsein zu entwickeln und zu stärken, auf diesem Wege ihre Integration in die Berliner Gesellschaft zu verhindern und die Perspektive einer späteren Rückwanderung in die Heimat offen zu halten. Ein in diese Richtung weisendes politisches Programm ist auf den Gebieten Erziehung, Kirche, Gesellschaft und Kultur sowie Wirtschaft zu erkennen. In diesen Lebensbereichen versuchte die Berliner „Polonia" ihre Landsleute vor allem mit Hilfe spezieller Organisationen wie Jugend- und Bildungsvereinen, religiösen Organisationen, Gesangvereinen, Sportvereinen, Berufsverbänden sowie mittels politischer Artikel und Aufrufe in der Tageszeitung *Dziennik Berliński* von der aufnehmenden Gesellschaft zu separieren. Der *Dziennik*

19 Vgl. Steinert, „Berlin – Polnischer Bahnhof!", S. 207ff.
20 Konkrete Zahlen zur Mitgliedschaft polnischer Zuwanderer in deutschen und polnischen Organisationen sind nicht überliefert.

Berliński war also nicht nur ein Instrument nationaler Disziplinierung, sondern er leistete in erster Linie nationalpolitische Aufklärungsarbeit.

In diesem Zusammenhang spielten die politischen Organisationen der Berliner Polen eine besondere Rolle. Nach der Jahrhundertwende konkurrierten die nicht in Parteistrukturen organisierte nationalkonservative Strömung und die Nationaldemokratische Partei um die politische Führung der „Polonia". Die „Partei der polnischen Sozialisten" (PPS; Polska Partia Socjalistyczna), deren preußische Parteizentrale bis 1905 in Berlin angesiedelt war, besaß kaum Einfluß unter den Migranten. Die kleine polnische Partei hatte dem Sog der SPD und der Integrationskraft der deutschen Arbeiterbewegung nichts entgegenzusetzten. Finanziell und organisatorisch war die PPS von den deutschen Sozialdemokraten abhängig und wurde in internen Konflikten um die nationale Frage aufgerieben.

Gründung und Aufbau der Berliner Vereine gingen in erster Linie auf nationalkonservative Aktivisten zurück. Sie schufen mit dem polnischen Wahlkomitee, später in Politisches Komitee umbenannt, die politischen Strukturen der Berliner „Polonia". Zu den wichtigsten Persönlichkeiten dieser Richtung gehörten der wirtschaftlich erfolgreiche Schneidermeister Władysław Berkan und der polnische Geistliche und Landtagsabgeordnete Piotr Wawrzyniak. Politisch orientierten sich die Nationalkonservativen an der Ideenwelt des polnischen Adels und des Klerus. Im Reichstag verfolgten Vertreter dieser Gruppierung das Prinzip der „legalen Opposition".[21] Sie unterstützten die sogenannte Versöhnungspolitik des Reichskanzlers Leo von Caprivi (1890–1894). Auch innerhalb der Berliner „Polonia" vertraten die Nationalkonservativen gemäßigte Position. So forderten sie statt polnischstämmiger „nur" polnischsprechende Geistliche für die Berliner Gemeinden. Damit wollten sie die Diskussion um die Polenseelsorge nicht unnötig politisieren.

Im Gegensatz dazu vertraten die Nationaldemokraten einen populistisch-aggressiven polnischen Nationalismus. Der 1901 formierte „Nationaldemokratische Verein" in Berlin war ein Ableger der 1897 in Kongreßpolen gegründeten „Nationaldemokratischen Partei" um Roman Dmowski. Anhänger dieser Partei betrachteten nationale Auseinandersetzungen unter sozialdarwinistischen Gesichtspunkten. Die Konflikte mit

---

21 Vgl. dazu Andreas Lawaty, Das Ende Preußens in polnischer Sicht. Zur Kontinuität negativer Wirkungen der preußischen Geschichte auf die deutsch-polnischen Beziehungen, Berlin/New York 1986, S. 44f.

Preußen-Deutschland sahen sie als Rassenkampf an. Bedeutendste Vertreter des Berliner Vereins waren Ludwik Wróbel und Karol Rose. Beide waren nacheinander Herausgeber des *Dziennik Berliński*. Nach 1900 gelang es den Nationaldemokraten zunehmend, die politische Führung der „Polonia" zu übernehmen und die Nationalkonservativen in den Hintergrund zu drängen. Sie brachten sowohl das Politische Komitee als auch den *Dziennik Berliński* unter ihre Kontrolle.

Keine der drei genannten politischen Strömungen richtete ihre Politik an den tatsächlichen Bedürfnissen der Migranten aus. Im Mittelpunkt standen bei allen dreien übergeordnete politische Probleme, wie der Klassenkampf (PPS) und die nationale Frage (Nationalkonservative, Nationaldemokraten). Aus diesem Grund ist es ihnen nicht gelungen, einen größeren Teil der polnischen Zuwanderer an sich zu binden und für die national-polnische Bewegung in Berlin zu gewinnen. Die Zukunftsvorstellungen der meisten Migranten sahen anders aus als die politischen Visionen der „Polonia"-Vertreter. Für die Zuwanderer hatte die Sicherung der eigenen Existenz Priorität. Die Lebensbedingungen in ihren Herkunftsgebieten schienen ihnen dies nicht in ausreichendem Maße zu gewährleisten. Als Lohnarbeiter und Gewerbetreibende waren die Migranten von ihrer neuen Umgebung wirtschaftlich abhängig. Sie scheuten vor einem Engagement in polnischen Organisationen zurück, um sich bei ihren Arbeit- und Auftraggebern nicht dem Verdacht auszusetzen, eine deutsch- beziehungsweise staatsfeindliche Gesinnung zu besitzen. Diese Umstände verlangten von der ersten Zuwanderergeneration eine zumindest partielle Eingliederung in die Zielgesellschaft. Die sozialdemokratischen und katholischen Arbeiterorganisationen in Berlin boten hier vielfältige soziale Anknüpfungspunkte und erleichterten den Einstieg in den Integrationsprozeß.

Das mangelnde Interesse der Berliner Polen an den Organisationen der „Polonia" hängt auch mit dem bei vielen Migranten lediglich diffus ausgeprägten polnischen Nationalbewußtsein zusammen. Die Vorstellungen von den Begriffen „Polen" beziehungsweise „polnisch" variierten stark. In einem Artikel des in Berlin erscheinenden polnischen Wochenblatts *Tygodnik Berliński* (Berliner Wochenblatt) hieß es dazu:

> *„Die einen denken, Polen sei nur irgend ein Land, welches außerhalb der preußisch-russischen Grenze um Warschau herum gelegen ist, woher das verarmte Volk* [gemeint sind die polnischen Saisonarbeiter aus dem russischen Teilungsgebiet Polens, O.S.], *zu uns kommt, das wie wir bei den*

Deutschen sein Brot sucht; andere denken, Polen sei irgend ein Land bei
Krakau, woselbst der Wawel mit den Gräbern der polnischen Könige zu
finden ist. [...] Und anderen schließlich scheint es, Polen sei alles das, was
früher einmal gewesen ist, worüber in alten Büchern geschrieben wird [...].
Weil dies alles aber nicht mehr vorhanden ist, so glauben sie, Polen existiert
auch nicht mehr."[22]

Hier kommt die Distanz der Migranten zur polnischen Nationalität und
zu den Landsleuten in den beiden anderen Teilungsgebieten zum Ausdruck. Es fehlte ein polnischer Nationalstaat, auf den die Zuwanderer ihr
Nationalbewußtsein hätten beziehen können.

Dieses Phänomen korrespondierte mit einem schleichenden Verlust
der polnischen Muttersprache unter den Migranten. Da es im kaiserlichen Berlin keine geschlossenen polnischen Siedlungsgebiete gab, sondern
die Polen in Streusiedlung unter Deutschen lebten, waren sie im Alltag
gezwungen, die Sprache der Mehrheitsgesellschaft zu sprechen. Sofern die
Migranten nicht nationalpolnischen Vereinen angehörten,[23] sprachen sie
ihre Muttersprache allenfalls noch familienintern. Aber auch hier ging die
polnische Sprachkompetenz zurück. Die Migrantenkinder lernten in der
Schule und unter ihren deutschen Altersgenossen sehr schnell Deutsch.
Für polnische Eltern war es im harten Arbeitsalltag kaum möglich, den
Nachkommen erfolgreich die polnische Sprache zu vermitteln. Die damit
verbundene Abkehr vom Polnischen wurde durch deutsch-polnische
Mischehen zusätzlich gefördert. Ihr Anteil an den von Berliner Polen
geschlossenen Ehen betrug schon vor 1900 rund 37%. Die Tendenz zum
Deutschen als Alltagssprache fand in den zeitgenössischen Volkszählungen
ihren Niederschlag. Die Erhebung von 1905 weist für Berlin immerhin
einen Wert von rund 80% mehr oder weniger deutschsprechenden polnischen Einwohnern aus.[24]

Diese – hier lediglich skizzierten – Faktoren erschwerten der „Polonia" bis
1914 den Zugang zu den zuwandernden Landsleuten und letztlich die Sepa-

---

22 Tygodnik Berliński, Nr. 38, 24. September 1905, übersetzt im Gesamtüberblick über
    die polnische Tagesliteratur, 14. Jg., Nr. 39, 22.–28. September 1905, Posen, S. 1038f.
23 Selbst in polnischen Vereinen wurde zuweilen Deutsch gesprochen, was die These von
    der abnehmenden Bedeutung der polnischen Muttersprache unterstreicht. Vgl. dazu:
    Steinert, „Berlin – Polnischer Bahnhof!", S. 189.
24 Vgl. die diesem Wert zu Grunde liegenden Berechnungen ebd., S. 190ff. und S. 227f.
    sowie die Tabellen 28 und 29 auf S. 306f.

rierung der Migranten in einer polnischen Parallelgesellschaft. Umgekehrt erleichterten sie die Eingliederung der Polen in die Berliner Gesellschaft.

Mit Beginn des Ersten Weltkrieges veränderte sich die Situation sowohl für die „Polonia" als auch für die den landsmännischen Vereinen fernstehenden Berliner Polen. Zunächst schwächten sich die Konflikte zwischen den preußischen Behörden und der polnischen Nationalbewegung ab. Erst in Folge der deutsch-österreichischen Proklamation eines Königreichs Polen am 5. November 1916 trat die Berliner „Polonia" wieder verstärkt öffentlich in Erscheinung und begann die Rückkehr der Migranten in die Heimat vorzubereiten. Die Berliner Polen sollten ihren Beitrag zur Neugründung und Sicherung eines selbständigen polnischen Staates leisten. Die Remigration in die schließlich im November 1918 neu gegründete Republik Polen wurde jedoch aus verschiedenen Gründen behindert: Angesichts sozialer und wirtschaftlicher Schwierigkeiten versuchten die polnischen Behörden eine Massenrückwanderung polnischer Migranten mit Aufrufen zum Verbleib im Ausland und hohen bürokratischen Hürden bei der Einreise zu verhindern. Die erst im Aufbau befindliche Republik Polen konnte nicht genügend Arbeitsplätze und Wohnungen für die Rückkehrer aus dem Ausland zur Verfügung stellen. Die angestammte Bevölkerung betrachtete die Remigranten als unerwünschte Konkurrenz auf dem Arbeits- und Wohnungsmarkt – ein gefährliches gesellschaftliches Konfliktpotential für die junge Republik. In Anbetracht dieser Schwierigkeiten sahen viele Berliner Migranten von einer schnellen Rückkehr in ihre Herkunftsgebiete ab. Ferner erschien ihnen dort der inzwischen erreichte Lebensstandard gefährdet. Gerade die in Berlin geborene Generation betrachtete eher die deutsche Hauptstadt und nicht die nun zu Polen gehörenden Geburtsorte ihrer Eltern als Heimat. In der Konsequenz zogen es viele Berliner Polen vor, sich während des Optionsverfahrens in den Jahren 1921/22 für die deutsche und gegen die polnische Staatsbürgerschaft zu entscheiden. Für einige Angehörige der ersten Zuwanderergeneration war diese Entscheidung dennoch die Wahl des „geringeren Übels". Trotz des Systemwechsels nach 1918 lief man auch im demokratisch verfaßten Deutschland Gefahr, mit dem offenen Bekenntnis zur polnischen Abstammung öffentlich diskriminiert zu werden. Ursache war in erster Linie der von vielen Deutschen als Schmach empfundene Versailler Vertrag und die mit ihm verbundenen Gebietsabtretungen an die junge Republik Polen. Ungeachtet der auch im demokratisierten Deutschland bestehenden und sich zum Teil noch verstärkenden Vorbehalte gegenüber polnischstämmiger Bevölkerung, bedeutete die Entscheidung in Berlin zu bleiben, langfristig für viele Migranten die endgültige Eingliederung in die deutsche Gesellschaft.

IV. Integrationsverläufe in Berlin und im Ruhrgebiet im Vergleich

Die Erkenntnisse über die Eingliederung der polnischen Migranten im kaiserlichen Berlin gewinnen an Schärfe, wenn man sie mit den entsprechenden Ergebnissen der umfangreichen Ruhrpolenforschung vergleicht. Dabei treten zwar Gemeinsamkeiten dieser beiden polnischen Zuwanderergruppen hervor; deutlicher noch kristallisieren sich jedoch die Unterschiede bezüglich ihrer Integrationsverläufe heraus.

Zunächst ist festzuhalten, daß die polnischen Wanderungsbewegungen nach Berlin und ins Ruhrgebiet Teil der Ost-West-Binnenwanderung im Deutschen Kaiserreich waren. In beiden Fällen handelte es sich um Migranten mit vornehmlich preußischer Staatsangehörigkeit und katholischer Konfession. In beiden Zielregionen versuchten die preußischen Behörden durch Überwachung der „Polonia" und Begrenzung der Polenseelsorge die Zuwanderer möglichst schnell zur Assimilierung an die aufnehmende Gesellschaft zu bewegen beziehungsweise eine mögliche Übertragung des Nationalitätenkampfes von den preußischen Ostprovinzen auf die Mitte und den Westen Deutschlands zu verhindern. Auch hinsichtlich der alltäglichen Diskriminierung der polnischen Zuwanderer und der Integrationserwartung der einheimischen Bevölkerung gab es keine bedeutenden Unterschiede zwischen beiden Regionen. Hier wie dort war die Bezeichnung „Pollacke" Inbegriff für die Geringschätzung und Diskriminierung polnischstämmiger Bevölkerung und zwar auf allen gesellschaftlichen Ebenen des kaiserlichen Deutschlands. Diesbezüglich lag der einzige Unterschied darin, daß die Ruhrpolen auf Grund ihrer konzentrierten Siedlungsweise, auf die unten näher eingegangen wird, in der einheimischen Bevölkerung größeres Mißtrauen erregten und damit auch einer stärkeren kollektiven Vorverurteilung ausgesetzt waren als die unauffällig in Streusiedlung lebenden Berliner Polen.[25]

---

25 Vgl. dazu Christoph Kleßmann, Einwanderungsprobleme im Auswanderungsland: das Beispiel der „Ruhrpolen", in: Klaus J. Bade (Hg.), Deutsche im Ausland – Fremde

Bezüglich Gründung und Zielsetzung der polnischen Vereine lassen sich keine bedeutenden Unterschiede feststellen. In beiden Regionen hatten katholische Geistliche großen Anteil an der Entstehung des polnischen Organisationswesens. Ähnlich war auch das hohe Konfliktpotential unter Aktivisten und Vereinen. Wie in Berlin sind im Ruhrgebiet persönliche Rivalitäten sowie politische Konkurrenz- und Machtkämpfe zwischen den Vertretern verschiedener politischer Richtungen auszumachen. Allerdings gab es Unterschiede hinsichtlich der daran beteiligten politischen Formationen: Die polnischen Sozialisten spielten im Ruhrgebiet eine noch geringere Rolle als in der Reichshauptstadt. Auch die nationalkonservativen Kräfte verloren nach 1900 entscheidend an Bedeutung. Nach der Jahrhundertwende verliefen die größten politischen Auseinandersetzungen zwischen den Nationaldemokraten und den so genannten „Brejskisten", einer ebenfalls national-populistischen Gruppierung. Die Brejskisten sind benannt nach ihrem politischen Kopf Johann Brejski. Sie verfügten über den wohl größten politischen Einfluß unter den Ruhrpolen. Anders als die konkurrierenden nationalpolnischen Strömungen scheuten sie nicht davor zurück, zumindest partiell mit dem deutschen sozialdemokratischen „Alten Verband" zusammenzuarbeiten.

Eine letzte hier anzuführende Gemeinsamkeit der größten polnischen Zuwanderergruppen im Deutschen Reich liegt in der inneren Zerreißprobe, vor die sich beide nach dem Ersten Weltkrieg gestellt sahen. Die Wahl zwischen Remigration und deutscher Staatsbürgerschaft war für die Ruhrpolen mit den gleichen Problemen verbunden. Allerdings besaßen speziell die im Bergbau tätigen polnischen Arbeiter zusätzlich eine dritte Möglichkeit: die Fortsetzung der Migration in die nordfranzösischen Kohlereviere. Schätzungsweise ein Drittel der vor 1914 im Ruhrgebiet lebenden Polen entschied sich für die Weiterwanderung nach Frankreich.

Aufschlußreicher als die aufgezeigten Parallelen sind mit Blick auf die Integrationsverläufe die zentralen Unterschiede zwischen den polnischen Migrantenkolonien. Zunächst fällt auf, daß im Ruhrgebiet kurz vor dem Ersten Weltkrieg gut dreieinhalbmal so viele Polen lebten wie in Berlin. Kleßmann schätzt die Zahl der Ruhrpolen auf rund 350.000.[26] Die mei-

---

in Deutschland. Migration in Geschichte und Gegenwart, 2., unveränd. Aufl., München 1992, S. 306.

26 Vgl. ebd., S. 305. Die masurischen Zuwanderer im Ruhrgebiet sind in dieser Schätzung nicht enthalten. Ihre Zahl beläuft sich laut Kleßmann auf rund 150.000 Personen. Vgl. dazu auch den Beitrag von Andreas Kossert in diesem Band.

sten von ihnen fanden im Bergbau Beschäftigung; nur wenige betrieben ein Gewerbe. Der Anteil der im Bergbau und in der Eisen- beziehungsweise Stahlindustrie tätigen Polen betrug in Rheinland-Westfalen zwischen 80 und 90%.[27] Angehörige des polnischen Adels und des Bürgertums fanden sich unter den Ruhrpolen kaum. Im Vergleich zu Berlin stellte sich die soziale Struktur der ruhrpolnischen Bevölkerung demnach wesentlich homogener dar.

Wie bereits angesprochen, unterschieden sich die Migrantengruppen auch bezüglich der Siedlungsform. Im Ruhrgebiet lebten viele polnische Zuwanderer abgeschottet von der einheimischen Bevölkerung in bergwerkseigenen Zechenkolonien. Dadurch wurde der Kontakt untereinander gefördert und Eingliederungsschwierigkeiten kurzfristig gemildert. Die Zuwanderer konnten sich in diesem Umfeld vornehmlich in ihrer Muttersprache unterhalten. Ihre Landsleute in der Reichshauptstadt waren dagegen von Beginn an gezwungen, die deutsche Sprache zu verwenden und sich engagierter mit der neuen Umgebung auseinanderzusetzen. Im Unterschied zu den Mietskasernenvierteln der Reichshauptstadt bestand in den Zechenkolonien die Möglichkeit, ein Stück der gewohnten ländlichen Lebensweise in die neuen Verhältnisse herüberzuretten. Oft boten sich dort Gelegenheiten zu Gartenbau und Kleinviehhaltung. Problematisch war jedoch, daß sich die Siedlungsweise der Ruhrpolen mittelfristig als schwerwiegendes Integrationshindernis herausstellte. Die konzentrierte Siedlung verleitete die Migranten dazu, unter sich zu bleiben. Dadurch verstärkten sich auch die Abwehrreaktionen der Aufnahmegesellschaft. Die Unternehmer im Ruhrgebiet profitierten von der ethnischen Isolierung der polnischen Arbeiter; schließlich erschwerte dies den Kontakt mit den deutschen Gewerkschaften und erleichterte den Einsatz der Polen als Streikbrecher – zumindest bis zur Gründung der polnischen Gewerkschaft „Zjednoczenie Zawodowe Polskie" (ZZP; Polnische Berufsvereinigung) nach der Jahrhundertwende.

Auf Grund ihrer sozialen Homogenität und der ethnisch konzentrierten Siedlungsweise erfuhren die Ruhrpolen die alltägliche Diskriminierung und die sozialen Folgen der industriellen Arbeitswelt weitgehend als

---

27 Ders., Long-Distance Migration, Integration and Segregation of an Ethnic Minority in Industrial Germany: The Case of the „Ruhr Poles", in: Klaus J. Bade (Hg.): Population, Labour, and Migration in 19th- and 20th-Century Germany, Leamington/Spa u.a. 1987, S. 106f.

Gruppe. Diese gemeinsamen Erfahrungen bildeten die Grundlage für die Ausbildung der von Kleßmann beschriebenen polnischen Subkultur in Rheinland-Westfalen. Unter Subkultur ist hier ein „vielfältiges Netzwerk ethnischer Beziehungen und Organisationen zu verstehen, das es einer Zuwanderergruppe ermöglicht, sich im Alltag fast ausschließlich innerhalb ihres gewohnten ethnischen Umfeldes zu bewegen".[28] Erkennbar ist die polnische Subkultur im Ruhrgebiet am hohen Mobilisierungsgrad der Organisationen. So entwickelte sich die polnische Berufsvereinigung ZZP bis 1914 hinter den vergleichbaren sozialdemokratischen und katholischen Organisationen zur drittstärksten Gewerkschaft im Ruhrgebiet. Allein in der ZZP waren 1912 rund 30.000 polnische Arbeiter organisiert. In der Reichshauptstadt kam die polnische Gewerkschaft gerade einmal auf 2.200 Mitglieder.[29] Das polnische Vereinswesen im Ruhrgebiet umfaßte auf seinem Höhepunkt zwei Jahre vor Beginn des Ersten Weltkrieges rund 81.000 Mitglieder, die sich auf 875 Organisationen verteilten.[30]

Mit Hilfe des subkulturellen Netzwerkes gelang es der „Polonia" im Ruhrgebiet bedeutend besser als ihrem Berliner Pendant, unter den Migranten das polnische Nationalbewußtsein zu wecken, ihre ethnische Isolierung zu fördern und so eine schnelle Integration der Zuwanderer in die deutsche Aufnahmegesellschaft zu verhindern. Langfristig betrachtet wird der polnischen Subkultur im Ruhrgebiet von der Forschung allerdings auch eine eingliedernde Funktion zugesprochen. Über ihr Engagement in den polnischen Organisationen haben sich die Migranten letztlich auch mit der neuen Umgebung auseinandergesetzt. Die Subkultur wirkte sozusagen als Anpassungsschleuse, als Vermittler zum neuen Lebensumfeld. Das führte zunächst zu einer Reihe von ethnischen Konflikten. Am Ende wirkten sich diese jedoch eingliederungsfördernd aus, da auch die Konfrontation mit den Einheimischen eine zumindest partielle Beschäftigung mit den neuen Verhältnissen, das heißt ein bestimmtes Maß an Eingliederung, voraussetzte. Integration und Subkultur sind demnach nicht ausschließlich als Gegensätze zu betrachten. Der wesentliche Unterschied der beiden hier behandelten Migrantengruppen besteht somit in der zeitlichen Dimension der Integration. Während sich das Gros der Berliner Polen direkt in die auf-

---

28 Steinert, „Berlin – Polnischer Bahnhof!", S. 279.
29 Ebd., S. 279f.
30 Ebd., S. 280. Bei dieser Zahl müssen mögliche Mehrfachmitgliedschaften einkalkuliert werden, die sich nachträglich nicht herausrechnen lassen.

nehmende Gesellschaft integrierte, beispielsweise über die Mitgliedschaft in deutschen Vereinen, vollzog sich die Eingliederung vieler Ruhrpolen erst in langfristiger Perspektive über die sich ausbildende polnische Subkultur. Eine spürbare Lösung von der polnischen Abstammung setzte erst nach dem Umsturz der innen- wie außenpolitischen Verhältnisse im Jahr 1918 ein. Unter den im Westen des ehemaligen Kaiserreiches verbliebenen Polen, nach Kleßmann rund ein Drittel der ruhrpolnischen Vorkriegsbevölkerung, begann seit dieser Zeit ein beschleunigter Integrationsprozeß. Die übrigen Ruhrpolen wanderten jeweils zu einem Drittel in ihre Herkunftsgebiete zurück oder setzten ihren Migrationsprozeß in Richtung der nordfranzösischen Kohlereviere fort.[31] Die Tatsache, daß gut zwei Drittel der während des Kaiserreichs zugewanderten Ruhrpolen nach dem Ersten Weltkrieg den Westen Deutschlands wieder verließen, zeugt von einer nur unzureichend gelungenen Integration dieser Migrantengruppe.

Fazit

Im Ergebnis bleibt festzuhalten, daß die Berliner Polen im Unterschied zu ihren Landsleuten im Ruhrgebiet einen schnelleren und individuelleren Integrationsprozeß durchliefen. Ihre Eingliederung wurde anders als im Westen Deutschlands nicht durch die Ausbildung einer polnischen Subkultur erschwert und zeitlich verzögert. Die Pflege der national-kulturellen Identität spielte für den Integrationsprozeß keine bedeutende Rolle. Im Vordergrund standen die Bewältigung von Alltagsproblemen und die Sicherung der eigenen Existenz. Dabei waren die Zuwanderer in den Arbeitervierteln der Industriemetropole Berlin weitgehend auf sich gestellt und verfügten nicht über die Rückzugsmöglichkeiten, die sich den Ruhrpolen in Form der ethnisch homogenen Zechenkolonien boten. Unter diesen Umständen ist nicht das Ruhrgebiet, sondern die Reichshauptstadt Berlin als „Schmelztiegel"[32] zu betrachten.

---

31 Kleßmann, Einwanderungsprobleme im Auswanderungsland, S. 308.
32 Bezüglich der Ruhrpolen verwendet Susanne Peters-Schildgen diesen Begriff. Vgl. dies., „Schmelztiegel" Ruhrgebiet. Die Geschichte der Zuwanderung am Beispiel der Stadt Herne bis 1945, Essen 1997.

Ryszard Kaczmarek

Die polnischen Sozialisten im Ruhrgebiet von 1893 bis 1914

1. Die polnische Emigration im Ruhrgebiet um die Jahrhundertwende

Eine organisierte polnische sozialistische Bewegung entwickelte sich im Ruhrgebiet erst am Ende des 19. Jahrhunderts, also mit einer gewissen Verzögerung nach ihrer Entstehung im Deutschen Reich, und nach Beginn der polnischen Migrationsbewegung ins Rheinland sowie nach Westfalen.[1] Gerade ins Ruhrgebiet emigrierten aus den sogenannten Ostprovinzen rund zwei Millionen Menschen, größere Gruppen auch nach Berlin und Mitteldeutschland,[2] von denen sich jedoch nur wenige um die Jahrhundertwende der sozialistischen Bewegung anschlossen. Nach der preußischen Statistik von 1900 wuchs die Zahl der Einwanderer gerade in der letzten Dekade des 19. Jahrhunderts sprunghaft an. 1890 betrug sie noch etwa 30.000, zehn Jahre später bereits 254.940 Personen.[3] Die Gesamtzahl der polnischen Migranten, die sich vor dem Beginn des Ersten Weltkrieges im Ruhrgebiet niederließen, haben deutsche Historiker auf fast 300.000 der sogenannten ethnischen Polen geschätzt; tatsächlich dürfte sie fast eine halbe Million erreicht haben.[4]

Die massenhaften Wanderungen in das Ruhrgebiet während der 1870er Jahre waren auf die Weiterentwicklung des Bergbaus im Emschertal zurückzuführen. Zunächst aber war Berlin das Hauptziel der polnischen Migration aus dem Posener Gebiet, aus Schlesien und Westpreußen, so daß die Metropole an der Spree auch das erste Zentrum der polnischen

---

1   Zu Begriff und Umfang der sog. Ostflucht um die Jahrhundertwende siehe: A. Brożek, Ostflucht na Śląsku, Katowice 1966, S.48–61; ders., Głos w dyskusji, in: Mechanizmy polskich migracji zarobkowych, hg. von Celina Bobińska, Warszawa 1976, S. 101f.

2   Ulrich Herbert, Geschichte der Ausländerbeschäftigung in Deutschland 1880 bis 1980. Saisonarbeiter, Zwangsarbeiter, Gastarbeiter, Berlin/Bonn 1986, S. 71.

3   Gazeta Robotnicza, Nr. 49, 8.12.1900: Polacy w Westfalii.

4   Jost Dülffer, Deutschland als Kaiserreich (1871–1918), in: Deutsche Geschichte. Von den Anfängen bis zur Gegenwart, hg. von Martin Vogt, 2. erw. Aufl., Frankfurt/M. 2002, S. 550.

sozialistischen Bewegung im Deutschen Reich wurde. Nur für die Masuren und das Ermland bildete die Ruhr von Anfang an den Endpunkt der „Ostflucht". 1910 stellten die Polen im Rheinland und in Westfalen 26% aller Einwanderer aus Westpreußen, 37% der Migranten aus Schlesien und fast 69% aus der Provinz Posen. Anfangs emigrierten vor allem alleinstehende Männer, erst später übersiedelten ganze Familien: 1912 waren von den 457.000 Polen im Rheinland und in Westfalen etwa 210.000 Kinder unter 14 Jahren, also 46%.[5]

Tabelle 1: Die polnischsprechende Bevölkerung in Regierungsbezirken mit polnischen sozialistischen Vereinen im Raum Westfalen zwischen 1900 und 1910

	1900		1905		1910	
	Gesamt-bevölke-rung	Polnisch-sprechende Bevölkerung	Gesamt-bevölke-rung	Polnisch-sprechende Bevölkerung	Gesamt-bevölke-rung	Polnisch-sprechende Bevölkerung
Land- und Stadtkreis Bochum/ Reg.bez. Arnsberg	164.021	1.662	312.630	22.912	257.212	30.302
Land- und Stadtkreis Dortmund/ Reg.bez. Arnsberg	290.680	15.846	356.821	25.904	427.117	55.933
Land- und Stadtkreis Gelsenkirchen/ Reg.bez. Arnsberg	224.968	30.930	267.057	37.119	312.754	84.036
Land- und Stadtkreis Recklinghausen/ Reg.bez. Arnsberg	188.690	26.932	263.261	39.980	371.510	88.568

Quelle: L. Belzyt, Sprachliche Minderheiten im preußischen Staat 1815–1914. Die preußische Sprachenstatistik in Bearbeitung und Kommentar, Marburg 1998, S. 391, 405f., 408f.

Die überwiegende Mehrheit der Migranten fand eine Beschäftigung in den westfälischen Zechen. Dort arbeiteten 1890 schon 9.800, 1897 bereits 34.361 Bergleute, eine Zahl, die sich bis 1899 auf rund 70.000 verdoppelte. Damit gehörte auch die Mehrheit der Polen zu dieser Berufsgruppe,

---

5   Kazimierz Wajda, Wymiana siły roboczej między ziemiami polskimi a Niemcami w drugiej połowie XIX i na początku XX wieku, in: Mechanizmy polskich migracji zarobkowych, hg. von Celina Bobińska, Warszawa 1976, S. 562f. Vgl. Tabelle eins zur polnischsprechenden Bevölkerung in den Regierungsbezirken Münster und Arnsberg, in denen polnische sozialistische Vereine entstanden.

während schätzungsweise nur etwa 5.000 der beschäftigten Polen andere Berufe ausübten. In einigen Zechen stellten die Polen sogar die Hälfte der Belegschaft. Nach Schätzungen machte diese Gruppe am Anfang des 20. Jahrhunderts etwa 35% aller im Bergbau Beschäftigten aus. Der Anteil der beschäftigten Einwanderer, einschließlich anderer Nationalitäten wie Slovenen, Tschechen, Wallonen, Ungarn und Italiener stieg bis auf 60%. Damit waren die in den westfälischen Zechen beschäftigten Deutschen zwar eine nationale Mehrheit, bildeten aber relativ gesehen die Minderheit.[6]

Berücksichtigt man die Herkunftsorte der im westfälischen Bergbau Beschäftigten, so kam die Mehrheit mit 30.959 Personen aus Ostpreußen, von denen wiederum 30.572 meist evangelische Masuren waren, und aus der Provinz Posen mit 24.649 Personen. Eine vergleichsweise kleine Schar Zuwanderer kam aus Oberschlesien mit 6.282 und Westpreußen mit 8.087 Personen.[7]

Tabelle 2: Polnische Beschäftigte im Bergbau des Ruhrgebiets am 1. Januar 1900

Bergbaukreis	Gesamtzahl der Beschäftigten	Zahl der beschäftigten Polen
Gelsenkirchen	15.514	8.909
Recklinghausen	20.863	10.060
Herne	14.514	7.452
Wattenscheid	13.094	5.626
Essen-West	16.491	6.681
Essen-Ost	12.598	5.408
Bochum-Süd	10.442	3.354
Bochum-Nord	11.125	3.507
Dortmund-West	14.190	4.245
Dortmund-Ost	14.176	3.296
Witten	10.336	2.182
Essen-Süd	7.925	1.633
Oberhausen	18.059	3.780
Dortmund-Süd	12.690	1.859
Hattingen	9.831	1.265
Werden	2.420	122
Gesamt	204.268	69.379

Quelle: Gazeta Robotnicza, Nr. 49, 8.12.1900: Polacy w Westfalii.

6   Gazeta Robotnicza, Nr. 49, 8.12.1900: Polacy w Westfalii. Vgl. Tabelle zwei zur Verteilung der polnischen Migranten in den Bergbaugebieten des Ruhrgebiets am 1. Januar 1900.
7   Ebd.

Diese statistischen Angaben erlauben freilich keine Aussage über die damaligen Lebensbedingungen und die Haltung der einheimischen deutschen Bevölkerung gegenüber den Einwanderern. Einen entsprechenden Eindruck aus Westfalen zu Beginn des 20. Jahrhunderts liefert statt dessen Günter Grass' Roman „Mein Jahrhundert". Eine Episode aus Herne im Jahre 1904, jener Stadt also, in der die polnische sozialistische Bewegung des Ruhrgebiets entstand, gibt die Haltung der ansässigen Bevölkerung gegenüber den Tausenden armen polnischen Migranten wieder. Bei Grass liest sich ein Gespräch zwischen einem deutschen Stadtbewohner und einem in der Zeche beschäftigten Arbeiter folgendermaßen:

> *„,Aber mit ein Grund für den Streik der ansonsten friedfertigen Bergleute mag wohl die im ganzen Revier verbreitete und von den Grubenverwaltungen verharmloste Wurmkrankheit sein, von der ein Fünftel aller Knappen ...'*
> *,Wenne mich frags, denn sin von datt Gewürm sogar die Grubenpferde befallen ...'*
> *,Ach watt, datt waren die Polacken, die datt Dingens eingeschleppt ham ...'*
> *,Aber streiken tun alle, auch die polnischen Bergleute, die ja, wie Sie wissen, Herr Bergrat, sonst leicht zu beruhigen sind ...'*
> *,Mit Schnaps!'*
> *,Son Kappes! Am Saufen sin die hier alle ...'"[8]*

Diese literarische Schilderung ist aber keine reine Fiktion. Eine Wurmepidemie im Ruhrgebiet ist überliefert, und die Schuldzuweisung wegen der hygienischen Zustände unter anderem in den polnischen Haushalten, dürfte nicht völlig aus der Luft gegriffen sein. Es sind Lageberichte aus dieser Zeit erhalten, die stark an die abschätzigen Ansichten des Bergrates aus Grass' Roman erinnern. 1898 berichtete eine polnische sozialistische Zeitung, in Baukau sei ein polnischer Arbeiter mit seiner schwangeren Ehefrau und einem kleinen Jungen aus der Straßenbahn geworfen worden; der herbeigerufene Polizist habe den Arbeiter überdies geschlagen und mit folgenden Worten verhaftet: „Ihr polnisches Rindvieh, kommt hierher [...] und wollt hier mit der elektrischen Bahn fahren? Dort in Polen wolltet ihr nicht für 40 Pfennig arbeiten und deshalb seid ihr hergekommen. Baut euch zu Hause selbst eine Straßenbahn und fahrt dort, aber nicht hier!"[9]

---

8   Günter Grass, Mein Jahrhundert, Göttingen 1999, S. 19.
9   Gazeta Robotnicza, Nr. 21, 21.5.1898: Korespondencja. Baukau.

Noch 1940, also fast ein halbes Jahrhundert nach der großen Migrationswelle, schrieb der Essener Soziologe Franke über den negativen Einfluss der polnischen Arbeiter in Westfalen:

> *„[Die Polen seien zudem mehrheitlich kriminell und an der] Einschleppung und Ausbreitung der hauptsächlichen Infektionskrankheiten im Revier maßgeblich beteiligt; als Auswirkungen des lockeren sittlichen Lebens und der hohen Kriminalität [lägen] die polnischen Anteilsziffern an der Prostitution, an schwachsinnigen Kindern und Hilfsschülern weit über ihrem normalen Anteil an der Gesamtbevölkerung. [Außerdem verhindere die] sprichwörtliche Unsauberkeit der ersten Polen (‚Dreckige Polen‘) bei den zahlreichen Epidemien eine rechtzeitige Eindämmung der Seuchenherde, [und überhaupt verdürben die Polen die Hochsprache im Revier,] weil der polnische Nachwuchs, besonders sein asozialer Teil [durch] rotwelsche und jüdische Ausdrücke [eine] farblose Mischmundart [geschaffen habe, die] Grundlage für die unzähligen ‚Katzmarek- und Stachuwitze‘ in denen die deutschen Bergleute den Polen ebenso witzig wie treffend charakterisiert haben."[10]*

Diese spezifische Zusammensetzung der Bevölkerung durch den Bedarf an billiger Arbeitskraft aus dem Osten auf Grund der sich explosionsartig entwickelnden Industrie einerseits und die abschätzige Haltung der Einheimischen gegenüber den in den Westen gewanderten „Barbaren" andererseits hätte eine ideale Grundlage für den Aufbau einer starken sozialistischen Organisation sein können, die sich auf die polnischen Bergleute stützte. Hier war die Lage ähnlich wie in Oberschlesien, wo die im 19. Jahrhundert entstandene Industrieregion gleichermaßen ideale Voraussetzungen für die polnische sozialistische Agitation bot. Die Durchführung dieser Aufgabe im Osten wie im Westen sollte der „Polska Partia Socjalistyczna zaboru pruskiego" (PPS zp; Polnische Sozialistische Partei im preußischen Teilgebiet) zufallen.

---

10 E. Franke, Die polnische Volksgruppe im Ruhrgebiet 1870–1914, in: Jahrbuch des Arbeitswissenschaftlichen Instituts der DAF, Bd. 2, Berlin 1940/41, S. 319–404, zit. in: Herbert, Geschichte der Ausländerbeschäftigung, S. 79f.

2. Gründung und Organisationsstruktur der PPS zp im Deutschen Reich

Die organisierte polnische sozialistische Bewegung im Deutschen Reich entwickelte sich erst nach der Abschaffung der Bismarckschen Sozialistengesetze. Im Dezember 1890 wurde zwar die Vereinigung der Polnischen Sozialisten in Berlin gegründet,[11] doch konnte sich eine Agitation im größeren Rahmen erst entfalten, nachdem eine eigene Zeitung ins Leben gerufen worden war. Deren Entstehung wurde im gleichen Jahr auf dem Kongress der Sozialdemokratischen Partei Deutschlands (SPD) in Halle angekündigt. Von Anfang an sollte die Zeitung weniger für das preußische Teilungsgebiet bestimmt sein, sondern sich besonders an die polnischen Erwerbsmigranten im Deutschen Reich richten, wofür sich auch August Bebel aussprach.[12] Schließlich ermöglichten ständige Subvention durch die SPD und die Bemühungen Franz Morawskis, des ersten Führers der polnischen Sozialisten im preußischen Teilungsgebiet, bei Wilhelm Liebknecht den Druck des Blattes unter dem Titel *Gazeta Robotnicza* (Arbeiterzeitung). Am 3. Januar 1891 erschien die erste Ausgabe in Berlin mit dem Untertitel „Sozialdemokratisches Organ". Der langjährige Redakteur der Zeitung, Josef Biniszkiewicz, erinnerte sich später, die Schöpfer der Zeitung seien nicht die aus dem preußischen Teilungsgebiet stammenden Sozialisten, sondern

> „manchmal eher zufällig zusammengewürfelte Redakteure aus Kongreß- und Kleinpolen gewesen, die nicht viel mit der Sozialdemokratie gemeinsam hatten: Ignacy Daszyński, Kazimierz Mokłowski, Johann Stróżecki, Stanisław Grabski, Stanisław Przybyszewski und sogar der heutige Gegner des Sozialismus, Wojciech Korfanty". [13]

Diese Erinnerungen des langjährigen Führers der PPS zp erklären gleichzeitig, daß nicht nur die SPD die Mitbegründerin der polnischen sozialistischen Bewegung im preußischen Teilungsgebiet war. Eine nicht geringe

11 B. Danilczuk, Działalność SPD i PPS zp w Poznańskiem w latach 1891–1914, Toruń 1962, S. 29; W. Zieliński, Polska Partia Socjalistyczna zaboru pruskiego 1890/1893–1914, Katowice 1982, S. 45.
12 F. Hawranek, Polska i niemiecka socjaldemokracja na Górnym Śląsku w latach 1890–1914, Opole 1977, S. 16.
13 J. Biniszkiewicz, Proletariat zaboru pruskiego a PPS, in: Księga pamiątkowa PPS. W trzydziestą rocznicę, Warszawa 1923, S. 160.

Rolle in der Entstehung des ersten Sozialistenvereins in Berlin und in der späteren Ausweitung der Agitation spielten die polnischen Sozialisten aus den anderen Teilungsgebieten und deren ausländisches Zentrum. Die zweite Gruppe strebte jedoch eher eine Emanzipation der polnischen Sozialisten von der Vormundschaft der deutschen Sozialdemokratie an. Daher wurde auch Ignacy Daszyński, der spätere Vorsitzende der Polnischen Sozialdemokratischen Partei in Galizien und Schlesien, als einer der ersten Redakteure der *Gazeta Robotnicza* benannt, eine Funktion, die er von November 1891 bis Februar 1892 ausübte.[14] In seinen Memoiren räumte Daszyński seine doppeldeutige Rolle ein. Er schrieb, das Blatt sei als „Wochenzeitung von der deutschen Partei herausgegeben und in der Parteidruckerei gemeinsam mit dem Zentralorgan *Vorwärts* gedruckt worden, das seinerzeit der alte Revolutionär von 1848 und Freund der Polen Wilhelm Liebknecht redigierte".[15] Gleichzeitig sah er in der Finanzierung der Zeitung durch die SPD und in den späteren Verbindungen der Partei zu den deutschen Sozialdemokraten die Ursache für alle späteren Mißerfolge der polnischen sozialistischen Agitation im Deutschen Reich:

> *„Die Wochenzeitung wurde von der Deutschen Sozialistischen Partei gegründet und dies war ihr Unglück. Wäre sie ausschließlich von Polen gegründet worden, hätte sie wegen Geldmangel untergehen müssen, oder sie wäre sehr stark gewachsen und hätte zahlreiche Abonnenten. In deutscher Hand konnte sie weder leben noch sterben, sie fand immer zu wenig Abnehmer, aber die Deutschen deckten das Defizit, und so lebte sie weiter."[16]*

Nach Daszyńskis Festnahme und Anklage wegen „Aufhetzung" durch die *Gazeta Robotnicza* übernahmen die polnischen Sozialisten die Kontrolle und Mitfinanzierung der Zeitung. An der Spitze ihres geheimen Pressekomitees stand Stanisław Mendelson, einer der Anführer der polnischen Sozialisten im Ausland. Diese Zusammengehörigkeit mit Sozialisten aus den anderen Teilungsgebieten zeigte sich auf dem Kongreß der Internationale in Brüssel, als sich Bolesław Przytulski, Delegierter aus Berlin, der polnischen Delegation aus den drei Teilungsgebieten anschloß.[17] Das Mißtrauen, das damals zwischen den polnischen Sozialisten in Berlin

---

14 Hawranek, Polska i niemiecka, S. 16.
15 I. Daszyński, Pamiętniki, Bd. 1, Warszawa 1957, S. 216.
16 Ebd., S. 89f.
17 Zieliński, Polska Partia Socjalistyczna, S. 49f.

und der SPD aufkam, wurde von den bereits erwähnten Kandidaten für den Redakteursposten der *Gazeta Robotnicza* verschärft. Diese standen dem Sozialismus im Grunde sehr fern. Das wohl beste Beispiel dafür war Stanisław Przybyszewski, ein vorlauter Schriftsteller und Essayist, der in der Berliner und Krakauer Boheme gleichermaßen zu Hause und für seine Sittenskandale bekannt war. Er übernahm Daszyńskis Erbe und erinnerte sich Jahre später:

> „[...] ich wurde vor dem Vorstand der deutschen Partei wegen ,katholischer Propaganda' angeklagt, kaum hatte ich mich eingearbeitet, schon nahm Genosse Mokłowski [...] meinen Platz ein. Ein wahrer Sozialist war ich doch nie, konnte ich in Wirklichkeit auch gar nicht sein. Ich sah mich außerstande, mich mit dem naiv-plumpen materialistischen Geschichtsverständnis eines Karl Marx abzufinden, auch nicht mit der besserwisserisch betriebenen ochlokratischen Politik eines sich wie Kleon gebärdenden Lassalle, und selbst die Schriften des zwar genialen, aber zutiefst im Materialismus verhafteten Autodidakten Bebel oder Engels' trockener Dogmatismus weckten in mir weiter kein Interesse."[18]

Es ist daher kaum verwunderlich, daß die SPD die polnische sozialistische Bewegung von Anfang an mißtrauisch beäugte, obwohl sie selbst die PPS zp auf den Weg gebracht hatte. Dies gilt um so mehr, als die Gründung einer Partei polnischer Sozialisten selbst ein Werk des Auslandszentrums der polnischen Sozialisten war, das sich damals in London befand. Die in Berlin gegründete Abteilung des Auslandsvereins Polnischer Sozialisten strebte wegen der bevorstehenden Reichstagswahlen die Einberufung einer Gründungskonferenz an. Die Forderung der SPD, mit dem Wahlkampf zu beginnen, beschleunigte diese Entscheidung zusätzlich. Am 10. September 1893 wurde in Berlin unter Beteiligung von 21 Delegierten vor allem aus Berlin und Umgebung – Vertreter der Ruhrpolen aus Westfalen waren noch nicht zur Stelle – eine Parteiorganisation der polnischen Sozialisten im Deutschen Reich ins Leben gerufen. Dieses Treffen wurde später als erster Kongreß der PPS zp bezeichnet. Der Untertitel der *Gazeta Robotnicza* wurde nun in „Organ der PPS" geändert.[19] Die Parteisatzung betonte die internationalistische Stellung der Partei und vermerkte über das Verhältnis zur SPD, daß „[...] die engste Zusammenarbeit mit der

---

18 S. Przybyszewski, Moi współcześni, Warszawa 1959, S. 80.
19 Zieliński, Polska Partia Socjalistyczna, S. 79f.; Hawranek, Polska i niemiecka, S. 47f.

deutschen Sozialdemokratischen Partei" aufgenommen werden solle, ohne jedoch Einzelheiten dieser Zusammenarbeit näher zu definieren. Außerdem wurde beschlossen, daß polnische Delegierte an den Parteitagen der SPD teilnehmen sollten.[20]

3. Der Beginn der polnischen sozialistischen Agitation im Ruhrgebiet von 1893 bis 1897

Zum Zeitpunkt der Parteigründung existierte keinerlei Organisation der polnischen Sozialisten unter den Ruhrpolen. Selbst in der *Gazeta Robotnicza* gab es im ersten Jahr keine Spur politischer Agitation. Die Agitations- und Organisationszentren im Deutschen Reich befanden sich in Berlin, in Oberschlesien und der Provinz Posen; einzelne unbedeutende Gruppen waren auch in Hamburg und Bremen aktiv; sie spielten aber weder in den polnischen noch in deutschen politischen Gruppierungen eine Rolle.

Die ersten Nachrichten über die Situation polnischer Arbeiter im Ruhrgebiet brachte die *Gazeta Robotnicza* im Zusammenhang mit politischen Auseinandersetzungen zwischen der Zentrumspartei und den polnischen nationalen und katholischen Parteien. In den 1890er Jahren vernachlässigten die polnischen Sozialisten die potentiell enormen Agitationsmöglichkeiten unter den Ruhrpolen und verloren Zeit mit internen Auseinandersetzungen. Die wichtigsten Quellen für diese Zeit sind die Berichte aus den Regierungsbezirken Münster und Arnsberg, die Władysław Zieliński zusammen mit den Beständen des damaligen Zentralen Staatsarchivs Merseburg ausgewertet hat, und die *Gazeta Robotnicza*. In den häufig an die Redaktion gerichteten Leserbriefen, die Sympathisanten der polnischen sozialistischen Bewegung einschickten, wurde versucht, die Situation der polnischen Migranten im Westen des Deutschen Reiches einer breiten Öffentlichkeit näher zu bringen.[21]

Ein erster Brief dieser Art traf über ein halbes Jahr nach der offiziellen Gründung der PPS zp aus Gelsenkirchen ein. Er behandelte zwei Themen, die danach regelmäßig in Berichten über die Entwicklung der sozialistischen Bewegung in Westfalen wiederkehrten, und zwar die Abneigung der polnischen Arbeiter gegen sozialistische Organisationen und der Konflikt

---

20 Gazeta Robotnicza, Nr. 37, 16.9.1893: I zjazd PPS zp.
21 Diese Korrespondenzen waren nicht immer authentisch, sondern stammten oft aus der Feder der Redakteure, welche die aktuelle Agitation unterstützen wollten (R.K.).

mit dem national-katholischen Lager, was sich vor allem in den Auseinandersetzungen mit der Zeitung *Wiarus Polski* (Polnischer Kämpe) niederschlug. Der Widerwille gegen die PPS zp wurde dem mangelnden Klassenbewußtsein und dem niedrigem Ausbildungsstand der polnischen Arbeiter zugeschrieben. Der anonyme Gelsenkirchener Korrespondent schrieb über die Streikerfahrungen von 1889:

> *„Die Kapitalisten haben gesehen, daß wir uns über unsere eigenen Absichten nicht im klaren und unorganisiert sind, haben die lautstärkeren und wagemutigeren Streikführer entlassen oder mit der Entlassung gedroht, während die Ängstlicheren jeder Konfrontation ausgewichen sind. Unter den Arbeitern gab es einige, die meinten, wir bräuchten eigentlich nicht zu streiken, da wir sowieso mehr verdienten als in Oberschlesien. [...] In diesem Jahr kamen so viele polnische Arbeiter hierher wie nie zuvor. Wir haben auch gehört, daß unsere Kapitalisten im Verborgenen über eine Lohnsenkung reden. Sie würden kaum auf Widerstand stoßen, da sie mit dieser ahnungslosen Masse machen können, was immer ihnen beliebt.“*[22]

Der *Wiarus Polski* wurde wegen seiner Pflege der polnischen Sprache geschätzt, doch ansonsten wurde der Redaktion mangelndes Interesse am Schicksal der polnischen Arbeiter vorgeworfen. Die *Gazeta Robotnicza* kritisierte vor allem, daß der *Wiarus* alle Polen in Westfalen verurteilte, die es wagten, andere polnische Zeitungen zu lesen.[23] Die Vorwürfe der *Gazeta* wurden damals nicht so sehr in eigener Sache erhoben, denn sie war in Westfalen nur selten zu bekommen, sie zeigte aber die für die deutschen sozialdemokratischen Zeitschriften unüberwindbare Barriere auf.

Daß es um die Mitte der 1880er Jahre Sympathisanten der polnischen Sozialisten in Westfalen gab, zeigte sich nur an ihren Auftritten auf Versammlungen der Zentrumspartei. Merkwürdigerweise sah die PPS zp ihre Hauptaufgabe nicht darin, diese Sympathisanten für sich zu gewinnen, sondern bekämpfte vor allem die Zentrumspartei, obwohl diese keinen großen Einfluß in polnischen Arbeiterkreisen hatte. Man verlor sich in überflüssigen Streitereien und Diskussionen über unbedeutende Konflikte, die gelegentlich bei öffentlichen Versammlungen der polnischen Organisationen vorkamen, man versuchte die eigenen Anhänger davon zu überzeugen, daß diese katholische Partei und die deutschen katholischen Priester

---

22 Gazeta Robotnicza, Nr. 16, 21.4.1894: Korespondencje. Gelsenkirchen.
23 Ebd.

im Grunde als Fürsprecher der Germanisierung zu sehen seien, die sich nur in ihren Methoden von Bismarck unterschieden. Solche Tendenzen wurden bei fast jeder Gelegenheit gesucht, zum Beispiel am 10. Mai 1895, als auf einer öffentlichen polnischen Versammlung in Bochum eine Petition an den Diözesanbischof verabschiedet wurde, in der es um die Ablehnung eines Antrages zur Berufung eines polnischen Priesters für die Pfarrgemeinde ging. Der Petitionstext enthielt folgenden Kommentar: „[…] weder Bismarck noch Polizeiminister Köller sind so gefährliche Germanisatoren des polnischen Volkes wie die Priester".[24] Die aus der Arbeiterschaft stammenden Versammlungsteilnehmer wurden mit ungebildeten Hottentotten verglichen, die „[…] sich mit Weihwasser und kurzen Gebeten verteidigen wollen und lieber Hunger leiden und die Knute des Sklaventreibers spüren, als darüber nachzudenken, was der Sozialismus sei und welche Ziele er verfolgt." Die als Germanisatoren bezeichneten Priester wurden verurteilt, weil sie die Maxime „Ora et labora" vertraten und den Arbeitern das Recht auf sozialen Aufstieg nicht zugestanden, obwohl diese gerade durch ihre riskante Entscheidung für die Auswanderung einen Entschluß gefaßt hatten für „[…] ein besseres Leben […], was ein Beweis ist, daß sich der Sozialismus bereits so tief in ihren Herzen eingenistet hat, daß er bald ihre ganze Seele beherrschen wird."[25]

Dies war jedoch eher frommes Wunschdenken, als daß es der Realität entsprochen hätte. Eine polnische sozialistische Bewegung existierte damals noch nicht. Nicht einmal die *Gazeta Robotnicza*, die sich ohnehin zögerlich entwickelte, konnte die Region regelmäßig erreichen. Bei einer Gesamtauflage von rund 1.400 Exemplaren kamen 1895 gerade 56 Exemplare nach Westfalen beziehungsweise ins Rheinland.[26] Diese waren ausschließlich für Abonnenten bestimmte Exemplare, auf welche die *Gazeta Robotnicza* für ihre Existenz ebenso angewiesen war wie auf Subventionen. Als die PPS zp gegründet wurde, hatte die Zeitung nur fünf Abonnenten, 1896 waren es immerhin 76.[27]

Den Vertrieb der *Gazeta* übernahmen spezielle Zeitungsausträger, da sie mit der Post nicht nach Westfalen gelangte. Drei von ihnen sind bekannt;

---

24 Gazeta Robotnicza, Nr. 9, 2.3.1895: Wiadomości potoczne. W Bochum.
25 Gazeta Robotnicza, Nr. 9, 29.2.1896: Korespondencje. Bochum.
26 Zieliński, Polska Partia Socjalistyczna, S. 197f. Die meisten Exemplare wurden in Oberschlesien (220) und in Berlin (207) vertrieben; bis zu 500 blieben unverkauft und wurden für die sog. laufende Agitation benutzt.
27 Gazeta Robotnicza, Nr. 15, 11.8.1896: Wiadomości potoczne. Westfalia.

in Sodingen stellte ein gewisser „Wojciech", bei dem es sich wahrscheinlich um Wojciech Sawicki handelte, die Zeitung zu, in Bruch war es Fritz
Helfer und in Herne seit 1898 Stanisław Adamski.[28] Es ist anzunehmen,
daß sie die ersten Sympathisanten der polnischen sozialistischen Bewegung im Ruhrgebiet waren, da sich ihre Namen später wie ein roter Faden
durch die Aktivitäten der PPS zp in der Region ziehen. Jener „Wojciech"
versuchte auch, polnische Arbeiter in Sodingen für ein Abonnement zu
werben. Einer der Korrespondenten der *Gazeta Robotnicza* berichtete: „[…]
wir werden dem Beispiel unseres Genossen Wojciech aus Sodingen folgen,
der uns die Zeitung bringt, wir werden agitieren und unsere Landsleute
aufklären, denn nur durch Ausdauer erzielen wir Fortschritte, wie an der
gewachsenen Zahl unserer Anhänger zu sehen ist."[29]

Die Versuche, einen ständigen sozialistischen Verein nach dem Muster
anderer Zentren der polnischen Emigration im Reich zu gründen, gelangen in dieser ersten Zeit jedoch nicht. Zu den Sympathisanten der Organisation gehörten einige wenige Personen, die das Vertrauen der polnischen
Arbeiter nicht gewinnen konnten. Die sinnlose Konfrontation mit der
katholischen Fraktion brachte keine meßbaren Resultate, sondern erwies
sich als reine Zeitvergeudung. Freilich war die so oft erwähnte Teilnahme
der Sozialistensympathisanten an den Kundgebungen der national-katholischen Organisation nicht nur dadurch bedingt. Vielmehr war dies die
einzige Möglichkeit, einem größeren Publikum überhaupt mitzuteilen,
daß eine Partei wie die PPS zp existierte, die innerhalb der polnischen
Arbeiterschaft im Deutschen Reich die Sozialdemokratie repräsentierte
und ein Eintritt in die SPD damit nicht erforderlich war. Selbst das damalige Wohlwollen der SPD gegenüber der polnischen Partei, das sich etwa
1884 in Bebels – nicht verwirklichtem – Vorschlag äußerte, im Hinblick
auf die Agitationsschwierigkeiten der polnischen Partei ein Reichstags-
mandat zu überlassen,[30] änderte nichts an der unvorteilhaften Situation
der polnischen Sozialisten.

28 Gazeta Robotnicza, Nr. 30, 24.7.1897: Kolporterzy ‚Gazety Robotniczej'.
29 Gazeta Robotnicza, Nr. 30, 24.7.1897: Korespondencje. Baukau.
30 Hawranek, Polska i niemiecka, S. 76.

4. Der Verein in Herne von 1898 bis 1904

Ein Wendepunkt für die polnischen Sozialisten im Ruhrgebiet war die Entstehung des ersten autonomen Vereins in Herne. Dieser ging 1897 die Gründung eines Volksbildungsvereins voraus, der mit einer Parteiorganisation noch nichts gemein hatte. Dennoch wurde unter den polnischen Arbeitern für die Mitgliedschaft geworben, wobei unter anderem polnische Vortragsveranstaltungen und eine Bibliotheksgründung versprochen wurden. Der Vereinsgründer hieß Adams; die Treffen fanden im Restaurant Bomm in der Bochumer Straße statt, das seitdem zum Stammlokal für die von den Sozialisten organisierten Veranstaltungen in der Stadt wurde.[31]

Einen Beitrag zur Entstehung des Herner Vereins leisteten auch die Arbeitergewerkschaften. Die Gewerkschaft der Bergleute und Metallarbeiter in Deutschland veröffentlichte 1897 einen „Appell an die polnischen Bergleute und Metallarbeiter", in dem sie zum Zusammenhalt aller Arbeiter ohne Ansehen der Nationalität und zur Arbeitsverweigerung gegenüber den Kapitalisten aufrief, die den Gebrauch der Muttersprache untersagten. Auch die Veröffentlichung des Appells in polnischer Sprache wurde angekündigt. Am 15. Dezember 1897 erschien ein Sonderdruck, der sich ab 1898 zu dem alle zwei Wochen erscheinenden Blatt *Górnik* (Der Bergmann) entwickelte. Die Zeitschrift blieb jedoch eine editorische Eintagsfliege, die nach einem Jahr wieder eingestellt wurde.[32]

Unmittelbarer Anlaß für die plötzliche Aktivität und Hilfsbereitschaft der SPD gegenüber den polnischen Sozialisten im Ruhrgebiet waren die für 1898 angesetzten Wahlen zum Reichstag. Der Vorstand der deutschen Sozialdemokratie stellte fest, daß ein Wahlerfolg möglich sei, wenn sich die polnischen Arbeiter gewinnen ließen, die eine gewichtige Wählergruppe bildeten. Daher assistierte die SPD gerne bei der Gründung des polnischen Vereins, obwohl der Widerwille in der Parteiführung gegen eine stärkere Agitation der PPS zp außerhalb des preußischen Teilungsgebietes und Oberschlesiens weiterhin vorhanden war.

Anläßlich des Wahlkampfes fanden im April 1898 zwei Treffen in Herne und Bochum statt, deren offizielle Organisatoren polnische Sozialisten waren. Zu beiden Veranstaltungen war eigens Franz Morawski, Mitgründer und Führer der PPS zp, eingeladen worden. Sein Auftritt in Herne

---

31 Gazeta Robotnicza, Nr. 7, 12.2.1898: Korespondencje. Herne.
32 Zieliński, Polska Partia Socjalistyczna, S. 210f.

wurde jedoch unterbrochen, da der die Versammlung überwachende Polizeibeamte ihm nicht erlaubte, seine Rede auf polnisch zu halten. Diesen Zwischenfall nutzte Adams, der Vorsitzende des Volksbildungsvereins und Organisator der Veranstaltung, um den Bochumer SPD-Kandidaten Lehmann vorzustellen und die Versammlung zur Wahlveranstaltung zu machen. Er rief dazu auf, „[...] sich vor solchen Vergewaltigungen zu schützen und die Wahl sozialistischer Abgeordneter herbeizuführen".[33] In Bochum dagegen konnte Morawski ohne Zwischenfälle auftreten. Es war typisch, daß er in seiner Rede – wahrscheinlich gegen den Willen des Volksbildungsvereins – nicht das Wahlprogramm der SPD unterstützte, sondern auf die Machtspiele innerhalb des polnischen Lagers einging, die für die deutschen Sozialdemokraten im Grunde gänzlich uninteressant waren. Morawski stellte zunächst fest, daß

> *„[...] die letzten Auftritte der Zentrumsanhänger im Parlament ihre Heuchelei und ihre feindliche Einstellung gegenüber der arbeitenden Bevölkerung enthüllt haben, und ein Pole, der seine Stimme nicht einem Sozialisten, sondern einem Zentrumsvertreter oder einem deutschen Junker gebe, nicht nur zum Verräter an der Arbeiterklasse, sondern auch an seiner Nation werde."*

Darauf antwortete der anwesende Redakteur des *Wiarus Polski* mit einer Attacke auf die PPS zp, wobei er nicht ganz grundlos bemerkte, daß die Vertreter der SPD die polnische Nation nicht anerkannten. Er spielte dabei auf aufsehenerregende Reden an, die Wilhelm Pfannkuch, Vorstandsmitglied der SPD, auf Parteikongressen gehalten hatte, und auf Äußerungen August Winters, eines führenden Funktionärs in Oberschlesien. Diese waren tatsächlich Anhänger einer solchen Konzeption und äußerten im Grunde die Ansicht einer Mehrheit in der SPD, die die Entstehung der autonomen PPS zp für einen Fehler hielt, der die sozialdemokratische Agitation schwächte und die Partei in nationale Streitigkeiten verwickelte. Dieser Konflikt spitzte sich zu, bis auf dem Lübecker Kongreß von 1901 das Mandat des Delegierten der PPS zp Josef Biniszkiewicz nicht anerkannt wurde und die polnische Partei ihren Bruch mit der SPD bekanntgab. 1905 war die Trennung endgültig vollzogen, die für die polnische Partei den Ausfall

---

33 Gazeta Robotnicza, Nr. 14, 2.4.1898: Korespondencja. Westfalia.

aller Subventionen durch die SPD mit sich brachte.[34] 1898 freilich konnte Morawski den Gerüchten noch widersprechen und Bielińskis Auffassung als falsch zurückweisen, daß es zwei sozialdemokratische Richtungen gebe, von denen die internationale von der Vorstandsmehrheit der SPD repräsentiert und in der polnischen Organisation durch Rosa Luxemburg vertreten werde und die zweite zwar die nationalen Bedürfnisse erfasse, jedoch nicht die nötigen Mittel besitze, um ihre Auffassung wirksam zu vertreten.[35]

Der Wahlkampf bot eine gute Gelegenheit zur Gründung des ersten „Polnischen Sozialistischen Vereins" (TSP; Towarzystwo Socjalistów Polskich) in Westfalen. Diese Organisationsform war für die PPS zp wegen ihrer Verbreitung im ganzen Reichsgebiet typisch. Der erste Verein im Ruhrgebiet war einer der letzten, die im Deutschen Reich entstanden sind, mit Ausnahme des Posener Gebiets, Oberschlesiens und Ostpommerns. Der erste Verein bildete sich, wie schon erwähnt, vor der Parteigründung 1890 in Berlin, ein Jahr später erfolgte die Gründung in Hamburg, 1892 in Breslau, 1893 in Bremen und Leipzig, 1894 in Franfurt an der Oder und 1897 in Brandenburg und Görlitz. In dem genannten Restaurant Bomm wurde am 7. August 1898 ein weiterer „Verein der Polnischen Arbeiter ‚Przedświt'" (Morgenrot) in Herne ins Leben gerufen.[36] Der Vorsitzende der öffentlichen Versammlung und Initiator der Vereinsgründung war Szczotkowski, der auch diesmal zuerst mit den Anhängern der nationalen Fraktion die wiederholt gestellte Frage diskutieren mußte, ob es sich dabei um die von Rosa Luxemburg repräsentierte Richtung handele, die „über das Polentum spottet", oder um die zweite, nationale Richtung innerhalb der Sozialisten, „die jedoch nur eine Handvoll Anhänger besitze." Trotz dieser Polemik gelang es, einen Vereinsvorstand zu wählen; Vorsitzender wurde Szczotkowski, Kordek sein Stellvertreter und Adamski Sekretär.[37]

Trotz der Ankündigung, daß der Herner Verein nur der Auftakt zur Gründung weiterer Vereine in anderen Städten sei, blieb dies eine verein-

---

34 FR. Kaczmarek, Józef Biniszkiewicz (1875–1940). Biografia polityczna, Katowice 1994, S. 15–20.
35 Gazeta Robotnicza, Nr. 14, 2.4.1898: Korespondencja. Westfalia.
36 Krystyna Murzynowska, Die polnischen Erwerbsauswanderer im Ruhrgebiet während der Jahre 1880–1914, Dortmund 1979, S. 161. Murzynowska datiert die Herner Gründung auf den 6. August 1898; dem widerspricht eine nach dem Gründungstreffen in der Gazeta Robotnicza veröffentlichte Angabe. Vgl. Gazeta Robotnicza, Nr. 34, 20.8.1898.
37 Ebd.: Korespondencje. Westfalia.

zelte Initiative. Mehrere Gründungsversuche, die anläßlich des Maifeiertages in Bochum und Oberhausen unternommen wurden, endeten ergeb-
nislos in einem Fiasko, so daß Herne der einzige Stützpunkt der PPS zp
im Ruhrgebiet blieb. Die *Gazeta Robotnicza* druckte seitdem regelmäßig
Informationen über die Vereinsversammlungen und die wichtigsten Ereignisse.

Der „Verein der Polnischen Arbeiter ‚Przedświt'" (TRP) umfaßte
nur rund 20 Mitglieder und existierte lediglich ein Jahr unter seinem
ursprünglichen Namen. Seine Tätigkeit blieb auf Treffen im „Bomm"
beschränkt, die einen eher humoristischen Einschlag hatten. Dies zeigte,
daß die polnischen Arbeiter die Organisation nicht recht ernst nahmen
und die Versammlungsteilnehmer zufällig zusammengewürfelt waren, was
hier und da erhebliche Schwierigkeiten verursachte. Zum ersten Vereinstreffen in Herne erschien ein Unbekannter, der die sozialistische Agitation heftig angriff. Allerdings tat er dies nicht, weil er in den Sozialisten
eine politische Bedrohung sah, sondern weil er als Hausierer Bücher über
Wahrsagerei und Traumdeutung verkaufte und angesichts der von dem
Verein angekündigten Bildungsarbeit um seinen Umsatz fürchtete.[38] Von
der geringen Wirkung des „Przedświt" zeugte auch das mangelnde Engagement der Vereinsvertreter im innerparteilichen Leben. So wurde zwar
ein nicht näher bekannter Delegierter namens Gumpert gewählt, um den
Verein auf dem vierten Parteikongreß in Berlin zu vertreten, doch erschien
dieser – wahrscheinlich aus finanziellen Gründen – nicht in der Hauptstadt. Auch die zur Verstärkung der Agitation außerhalb von Herne berufenen Vertrauensmänner Adamski und Sawicki konnten in ihren Städten
Baukau beziehungsweise Sodingen bei den polnischen Arbeitern kein
Interesse an der Tätigkeit der PPS zp wecken.[39]

Der Verein in Herne beschränkte sich daher darauf, einigermaßen
regelmäßig Treffen und Feierlichkeiten zu organisieren, wozu sich der tra-
ditionelle Maifeiertag anbot. So wurde 1899 ein privates Treffen in Horsthausen organisiert, auf dem Vorträge und Gedichte über die Bedeutung
dieses Arbeitertages gehalten wurden. Zum Abschluß wurden Lieder mit
dem traditionellen „Roten Banner" gesungen.[40]

---

38   Gazeta Robotnicza, Nr. 36, 3.9.1898: Korespondencja. Herne.
39   Gazeta Robotnicza, Nr. 48, 26.11.1898: Korespondencja. Herne.
40   Gazeta Robotnicza, Nr. 19, 13.5.1899: Korespondencje. Herne.

Treffen fanden meist anläßlich aktueller politischer Ereignisse statt, wie dies bei dem Gesetzentwurf über die Einschränkung des Versammlungs- und Streikrechts der Fall war, über den der Reichstag 1899 debattierte. Zu dieser Zeit begann neben den Begründern des TRP Bolesław Ostrowski seine Parteikarriere als Verteiler der *Gazeta Robotnicza*. Der damals 25-Jährige sollte bald eine bedeutende Rolle in dem Herner Verein spielen. Er sprach sich mit dem Vereinsvorsitzenden entschieden gegen den Gesetzentwurf aus. Während einer Protestversammlung, auf der eine Resolution gegen dieses „Zuchthausgesetz" angenommen wurde, bemerkte ein Diskussionsteilnehmer: „[…] wenn unser Herr Jesus heute lebte, würden sie auch den ins Zuchthaus stecken."[41]

Die Verbreitung der *Gazeta Robotnicza* ging trotz der Tätigkeit des Vereins und seiner Zusteller – Bolesław Ostrowski in Holsterhausen und G. Knappe in Bruch – nur schleppend voran.

Das Ende des „Przedświt" kam mit dem blutig verlaufenden Streik in Herne im Juli 1899, der den dort aktiven polnischen Sozialisten angelastet wurde. Nach in der Presse veröffentlichten Informationen der örtlichen Arbeitgeber hatte der Berliner Vorstand der PPS zp den Aufruhr geplant und die polnischen Sozialisten in Herne die Organisation vor Ort in der Hand gehabt. Einige Tage lang standen sie im Zentrum der öffentlichen Aufmerksamkeit, obwohl die unangekündigte Erhöhung des Mitgliederbeitrages bei den Versicherungen und deren direkter Abzug vom Lohn unmittelbarer Anlaß des Streiks gewesen waren. Die Polizei teilte die Auffassung von der Urheberschaft der polnischen Sozialisten und nahm die führenden Köpfe der Organisation in Herne fest. Eine Wohnungsdurchsuchung bei Adamski förderte eine Liste der Abonnenten der *Gazeta Robotnicza* zutage, in der die Polizei ein Verzeichnis der polnischen Verschwörer erkennen wollte. Da es bei der Bekämpfung der Proteste durch die Polizei Tote und Verletzte gab, wurden die verhafteten Sozialisten zu insgesamt 41 Jahren Haft verurteilt, etwa 500 Bergleute wurden entlassen. Adamski, Muranty und Ostrowski von der PPS zp wurden wegen Aufrufs zur Arbeitsniederlegung angeklagt, aber aus Mangel an Beweisen freigesprochen.[42] Als Ostrowski im Dezember 1899 auf einem der Vereinstreffen in

---

41 Gazeta Robotnicza, Nr. 25, 24.6.1899: Korespondencje. Herne.

42 Die Gazeta Robotnicza berichtete ausführlich über die Ereignisse in Herne. Dies war bis dahin das einzige Mal, daß der Parteivorstand der PPS zp ein solches Interesse an den Ruhrpolen zeigte. Vgl. Gazeta Robotnicza, Nr. 27, 8.7.1899: Rozlew krwi niewinnej w Westfalii; Nr. 27, 15.7.1899: Korespondencje. Westfalia; Nr. 38, 23.9.1899.

Herne die Streiksituation ansprach, schloß der anwesende Polizist die Sitzung und wies die Teilnehmer an, den Saal zu verlassen. Ostrowski wurde der „Aufhetzung" angeklagt und 1900 schließlich zu vier Wochen Haft verurteilt.[43]

Nach dem Streik von 1899 und der Festnahme der Hauptfunktionäre des Herner Vereins brach der „Przedświt" zusammen. Er existierte seit dem Sommer dieses Jahres faktisch nicht mehr, wurde aber unter neuem Namen und mit neuem Vorstand reaktiviert. Am 1. November 1899 wurde eine öffentliche Kundgebung einberufen; ihr Vorsitzender war Adamski, Ostrowski trat als Hauptredner auf. Dabei wurde ein Antrag gestellt, den alten Verein aufzulösen und an seiner Stelle einen neuen namens „Oświata" (Bildung) zu gründen. Am 2. Dezember 1899 wurde in Herne der neue Vorstand gewählt; dabei war Wincenty Ziółkiewicz, ein führendes Vorstandsmitglied der PPS zp zugegen. Ostrowski wurde Vorsitzender, Adamski, Muranty, Musiałowski und Wierzbiński Vorstandsmitglieder.[44] Einen Tag später fand die erste Versammlung des neuen Vereins der Polnischen Arbeiter „Oświata" statt, an dem etwa 40 Personen teilnahmen.

Der neue Vorsitzende machte rasch Karriere. Es schien, als habe die polnische Sozialistenorganisation in Westfalen endlich einen Funktionär gefunden, der nicht nur Zeit aufwenden konnte, sondern auch die erforderlichen intellektuellen und organisatorischen Fähigkeiten hatte. Unter ihm wurde erstmals ein Ausschuß in Westfalen einberufen, der hauptsächlich den Wahlkampf zu organisieren hatte; auf seine Initiative fanden Kundgebungen statt, um Sympathisanten und neue Mitglieder anzuwerben. Er berief auch Vertrauensmänner in den wichtigsten Zentren der polnischen Migration im Ruhrgebiet, um mit ihrer Hilfe endlich auch dort polnische Sozialistenvereine aufzubauen. Als Vertrauensmänner wurden Adamski in Herne, Muranty in Essen, Wojciech Melcherowicz und Stanisław Staszyński in Bruch sowie Wawrzyniec Olejniczak in Sodingen angeworben.[45]

Als Ostrowski auch zum Delegierten für den am 15. und 16. April stattfindenden Kongreß der PPS zp in Berlin gewählt wurde, kam mit ihm zum ersten Mal ein Vertreter aus Westfalen zum Jahrestreffen aller Vereine der PPS zp. Dabei berichtete er über Entstehung und Tätigkeit der Organisation im Ruhrgebiet, ohne deren Schwächen zu verschleiern:

---

43 Gazeta Robotnicza, Nr. 49, 9.12.1899: Korespondencje. Herne.
44 Ebd.
45 Gazeta Robotnicza, Nr. 12, 24.3.1900: Korespondencje. Herne.

„Die Anfänge der sozialistischen Bewegung unter unseren Landsleuten in Westfalen war ausgesprochen schwierig; die vom Lande oder aus Kleinstädten stammende Bevölkerung war geistig wenig entwickelt, und überdies haben gewissenlose Anführer sie in Verwirrung gestürzt, die so dreist waren, die Sozialisten als Feinde der Arbeiter, der Nationalität, der Religion usw. darzustellen. Wegen dieser Irreführung blieb die polnische Bevölkerung in Westfalen in Unwissenheit; sie stand ihren Brüdern, den polnischen Sozialisten, feindlich gegenüber, so daß unsere Erfolge minimal waren. Der erste, von Szczotkowski gegründete Verein ,Przedświt' ging unter. Nun haben wir einen neuen namens ,Oświata', der von fähigeren Händen geleitet wird und in dem wir anfangs nur 18 Mitglieder hatten. Heute sind es schon über 60. In unserem Vereinslokal, das 300 Leute fassen kann, versammeln sich dreimal so viele Menschen, die deshalb wieder nach Hause gehen müssen. Andere Räumlichkeiten haben wir nicht. Der Kritik des Priesters von der Kanzel sind wir mit einer Versammlung entgegengetreten, zu der ca. 800 Menschen kamen. Die sozialistische Bewegung und das Klassenbewußtsein unter dem polnischen Proletariat in Westfalen machen jetzt zufriedenstellende Fortschritte." [46]

Die Neugründung der Organisation und die Fortschritte, derer Ostrowski sich rühmte, waren jedoch nur Scheinerfolge. Den erneuten Bruch verursachte der Vereinsvorsitzende in Herne selbst, der sich als Hochstapler erwies und sich durch seine Position Geld erschleichen wollte. Er gab sich als politisch Verfolgter aus, um von anderen Organisationen finanzielle Hilfe zu erhalten. Wenige Monate nach dem Kongreß, als sich die Nachrichten über solche Vorfälle häuften, sah sich der Vorstand der PPS zp gezwungen, eine Warnung vor dem Betrüger herauszugeben, der Herne jedoch inzwischen verlassen hatte:

„Alle Genossen, sowohl im Lande wie auch in der Fremde, seien vor einem etwa 25-jährigen Rotzjungen namens Bolesław Ostrowski gewarnt. Dieser gibt vor, ein Sozialist zu sein, der unserer Sache wegen verfolgt wird. Barmherzige Genossen eilen ihm zu Hilfe, und werden dadurch Opfer eines Betruges. Überdies verleumdet er [...] unsere Sache und fügt damit unserer Agitation ungeahnten Schaden zu. Also aufgepaßt, Genossen! Falls er bei Euch auftauchen sollte, weist ihm die Tür." [47]

---

46 Gazeta Robotnicza, Nr. 19, 12.5.1900: Sprawozdanie z V Zjazdu Polskiej Partii Soc-jalistycznej w zaborze pruskim odbytego w dniach 15 i 16 kwietnia 1900 w Berlinie.
47 Gazeta Robotnicza, Nr. 41, 13.10.1900: Ostrzeżenie.

Diesmal kam es immerhin nicht zur Zerschlagung der Organisation, wobei der Zufall zu Hilfe kam. Im Ruhrgebiet erschien Georg Haase, ein Funktionär der PPS zp und der Gewerkschaften, der auf Weisung der SPD als Journalist für die Redaktion der *Rheinisch-Westfälischen Arbeiterzeitung* arbeiten sollte. Er ließ sich in Dortmund nieder und half der westfälischen Organisation.[48] Die lokalen Funktionäre in Herne nutzten die Gelegenheit, um ihn zur ersten Sitzung nach der Ostrowski-Affäre einzuladen. Haase berichtete dort über den Kongreß der SPD in Mainz und schlug vor, eine Resolution über den Aufruf zur Gründung neuer sozialistischer Vereine im Ruhrgebiet zu verabschieden. Sein rhetorisches Talent und seine Argumentation überzeugten die Anwesenden und retteten den Verein vor der Selbstauflösung.[49]

Die Hoffnungen auf Unterstützung durch Haase erfüllten sich jedoch nicht. Für die PPS zp war Oberschlesien das wichtigste Agitationsgebiet. Das Auslandskomitee der PPS stellte Haase als Kandidaten für das Amt des Sekretärs in Königshütte auf, wo er auch ein ständiges Sekretariat gründete und die Druckerei der *Robotnicza* mitorganisierte, die später nach Kattowitz verlegt wurde.[50] Der Impuls, den er den polnischen Sozialisten in Westfalen gab, bewirkte jedoch die Einberufung eines neuen Vorstands am 27. Januar 1901. Den Vorsitz übernahm Muranty; seine Stellvertreter wurden Stanisław Mike und Juzefacki. Zum Sekretär wurde W. Koszuta, zum Schatzmeister A. Owsiany und zum Bibliothekar Szymaniak gewählt. Da nach der Finanzaffäre die Gelder offengelegt werden mußten, existiert ein Protokoll, das ein Bild vom elenden organisatorischen Zustand des Vereins in Herne vermittelt. Sein gesamter Jahresetat belief sich demnach auf 44 Mark, wovon fast ein Viertel für das Abonnement der *Gazeta Robotnicza* bestimmt war. Der Rest wurde auf kleinere Ausgaben wie die Unterhaltung des Parteilokals im „Bomm" verwendet.[51]

Versuche, die Parteitätigkeit über Herne hinaus auszudehnen, blieben bis zum Anfang des 20. Jahrhunderts erfolglos. Am ehesten wäre dies vor 1904 in Oberhausen möglich gewesen, doch Berichte aus dieser Stadt spra-

---

48   AAN, Gruppe: Archiwum PPS, Arch. Mikr., sygn. 1167/12: Brief J. Haase an OZ PPS vom 29. Oktober 1900.

49   Gazeta Robotnicza, Nr. 44, 3.11.1900: Korespondencja. Oberhausen.

50   L. Wasilewski, Z roboty zagranicznej PPS, in: Księga pamiątkowa PPS. W trzydziestą rocznicę, Warszawa 1923, S. 179; F. Trąbalski/R. Motyka, Pół wieku socjalizmu polskiego na Śląsku, Warszawa 1947, S. 13ff.

51   Gazeta Robotnicza, Nr. 8, 23.2.1901: Korespondencja. Herne.

chen nur von etwa einem Dutzend polnischer Sozialisten, und allein die SPD machte dort Fortschritte.[52]

5. Die Entstehung und Tätigkeit des Parteikreises Rheinland und Westfalen von 1904 bis 1907

Anfang des 20. Jahrhunderts war die Handvoll polnischer Sozialisten in Westfalen weniger mit der laufenden Agitation befaßt, als in die organisatorischen Angelegenheiten der PPS zp vertieft. Der Bruch mit der SPD nach dem Kongreß in Lübeck brachte den TRP in Herne in eine äußerst schwierige finanzielle Lage. Bis dahin funktionierte die Organisation nämlich nur deshalb, weil ihre Mitglieder Rückendeckung von der SPD oder den Gewerkschaften erhielten. Der Bruch und die Selbständigkeit der PPS zp sowie die Verlagerung des Zentrums der Parteitätigkeit von Berlin nach Oberschlesien verringerte die Bedeutung des westfälischen Zentrums, obwohl die Mitglieder der PPS zp aus diesem Gebiet ihre Unterstützung für diese Entscheidung nicht verhehlten. Aus Herne kam der Antrag, die *Gazeta Robotnicza* bereits im Jahr 1899 als Tageszeitung herauszugeben, da dies dort nach dem Muster der SPD als eine Grundvoraussetzung für den Agitationserfolg angesehen wurde.[53]

In der Frage der Selbständigkeit der polnischen Partei bestand die Organisation in Herne trotz der finanziellen Probleme auf völliger Unabhängigkeit. Als 1901 auf der westfälischen Kreisversammlung der SPD ein Delegierter aus Dösen den Antrag stellte, die Tätigkeit der PPS zp westlich der Oder zugunsten der deutschen Sozialdemokraten zu verbieten, stieß der Antrag auf heftigen Widerstand polnischer Sozialisten aus Westfalen, den die Mehrheit der SPD-Führung unterstützte. Der westfälische SPD-Delegierte Hue zitierte in seiner Rede Fragmente aus den Werken von Mikkiewicz und Sienkiewicz, um die schwierige Lage der im Ruhrgebiet fremden polnischen Arbeiter zu verdeutlichen. Szczepan Tuszyński, der auf der Versammlung auch die polnischen Sozialisten repräsentierte, unterstützte ihn dabei. Tuszyński betonte die Notwendigkeit einer eigenen polnischen Organisation und distanzierte sich gleichzeitig von den Gerüchten über die Aufstellung polnischer Kandidaten für die Reichstagswahlen in Westfalen:

---

52 Gazeta Robotnicza, Nr. 18, 4.5.1901: Korespondencje. Oberhausen.
53 Gazeta Robotnicza, Nr. 38, 23.9.1899: Korespondencje. Westfalia.

> *„Wir fordern autonome Filialen nur dort, wo wir eine Mehrheit besitzen, da wir die Vormundschaft der Reichsregierung und der Hakatisten satt haben [...]. Genosse König aus Bochum, der ebenfalls die polnischen Sozialisten unter deutschem Kommando sehen möchte, fragt, ob wir polnische Kandidaten für das Parlament aufstellen wollen. Jawohl, aber ausschließlich in den polnischen Provinzen, in der Provinz Posen und in Oberschlesien, aber niemals hier in Deutschland."*

Damals wurden diese Argumente noch angenommen, obwohl man ihnen bis zum Ende nicht traute, was die schließlich angenommene Resolution bewies:

> *„Der sozialistische Kongreß des westlichen Westfalens erklärt, daß die sozial-demokratische Partei im Ruhrkreis sehr wohl die polnischen Arbeiter tolerieren und eventuell deren lokale Organisationen unterstützen sollte, sofern sie am sozialdemokratischen Programm festhalten und ihre Selbständigkeit ausschließlich auf die polnische Sprache begrenzen."*[54]

1900 wurde erfolglos versucht, die Agitation ins nördliche Rheinland zu verlegen. Die mit der SPD zusammenarbeitenden polnischen Sozialisten nahmen am Wahlkampf im Kreis Mülheim-Duisburg teil. Im Gegensatz zu Westfalen, wo eine ähnliche Situation die Entstehung des TSP in Herne ermöglichte, konnte in dieser Region kein ständiges Zentrum der PPS zp gegründet werden.

Die Reichstagswahlen waren der letzte sichtbare Ausdruck der Zusammenarbeit zwischen polnischen und deutschen Sozialdemokraten. Wegen akuter finanzieller Probleme versuchte die PPS zp trotz der informellen Trennung von der SPD noch immer, einen „modus vivendi" mit dieser Partei zu finden. Während des Parteitages in Kattowitz im April 1905 kam es zum entscheidenden Zusammenstoß zwischen Anhängern und Gegnern einer Zusammenarbeit: Die „alten" Funktionäre beriefen sich auf die Tradition des gemeinsamen Kampfes mit der SPD gegen Bismarcks Ausnahmegesetze, während die gesamte Arbeit der „jungen" von den Auseinandersetzungen mit der SPD und den immer engeren organisatorischen Beziehungen mit den polnischen sozialistischen Parteien in den östlichen Reichsprovinzen geprägt war. Die Anhänger der Autonomie setzten sich durch, so daß der Vorstandssitz der PPS zp nach Kattowitz verlegt wurde.

---

54 Gazeta Robotnicza, Nr. 45, 9.11.1901: Korespondencje. Dortmund.

Die in einem Zusatzprotokoll festgehaltenen Verständigungseckpunkte, welche die SPD vorgeschlagen hatte, wurden abgelehnt. Der SPD-Kongreß in Jena machte die PPS zp allein für den Bruch verantwortlich.[55]

Die Selbständigkeit der PPS zp und die Notwendigkeit einer eigenen Agitation im Rheinland und in Westfalen wirkten sich positiv auf die polnische Sozialistenbewegung im Ruhrgebiet aus. Die kleine Organisation in Herne wurde erweitert und ein Parteikreis gegründet. 1903 entstand in Oberhausen der Verein „Bratnia Pomoc" (Nächstenhilfe), der ein Jahr später bereits 91 Mitglieder zählte.[56]

Der Parteikreis entstand auf Initiative Szczepan Tuszyńskis, der im April 1904 in Oberhausen die erste Kreisversammlung der Provinz Rheinland und Westfalen organisierte, auf dem eine Bilanz der bisherigen Aktivitäten der polnischen Sozialisten in der Region gezogen werden konnte. Den aktuellen Zustand referierten die Delegierten aus einzelnen Städten des Ruhrgebiets. Aus Herne verlautete, daß der Verein „Oświata" de facto 1901 ruhte und die Agitation erst 1903 wieder aufgenommen wurde. Der Vertreter aus Oberhausen betonte die Erfolge der dortigen Parteiagitation seit 1903, die dazu geführt habe, daß die Mitgliederzahl der dortigen „Bratnia Pomoc" (91) die Mitgliederzahl der PPS in Herne um ein vielfaches überschritt. Aus Bottrop wurden Schwierigkeiten gemeldet, die sich aus dem Widerwillen der SPD gegen die polnische Agitation ergaben; der Zuständige folgerte daraus, daß die Gründung einer Ortsgruppe der Partei in Bottrop unmöglich sei. Der Vertreter aus Essen beklagte die fehlende Präsenz der polnischen Sozialisten in Essen, einem der größten Industriezentren des Ruhrgebiets. Der Diskussion während der Versammlung ist zu entnehmen, daß es zu dieser Zeit nur zwei Ortsgruppen der PPS zp in Herne und Oberhausen sowie zwei Vertrauensmänner in Bottrop und Essen gab.[57]

Der wesentliche Teil der Debatte drehte sich um die Zukunftspläne der PPS zp, die vom Verhältnis zur SPD freilich ebenso abhängig waren wie vom Agitationserfolg. Obwohl das Vorstandsmitglied der PPS zp eine sehr versöhnliche Haltung an den Tag legte, war die Mehrheit der Delegierten auf Konfrontation aus. Es gab Klagen darüber, daß die SPD Bemü-

55 Vorwärts, Nr. 220, 20.9.1905.
56 Gazeta Robotnicza, Nr. 28, 9.4.1904: Konferencja okręgowa PPS w prowincji Nadreńsko-Westfalskiej.
57 Ebd.

hungen der polnischen Sozialisten boykottierte, angeblich versuchte, neue Ortsgruppengründungen der PPS zp in Westfalen zu verhindern und die Eintragung polnischer Arbeiter in bereits bestehende SPD-Ortsgruppen zu verlangen. Offenbar waren diese Beschuldigungen eher unbegründet, denn die polnischen Sozialisten hatten auch vor 1904 – trotz Unterstützung durch die SPD – keine Parteiorganisationen gegründet. Es wurde zutreffend argumentiert, daß die polnischen Arbeiter die Aktivität der polnischen Sozialisten in der SPD nicht akzeptierten. Im Ergebnis wurde der Beschluß des siebten Kongresses der PPS zp im Jahre 1903 über die Notwendigkeit einer selbständigen Agitation durch die polnische Partei einstimmig angenommen.[58] Die Kreiskonferenz endete mit der Wahl eines Kreisagitationskomitees, dem außer Tuszyński auch Beliński, F. Zieliński und Kistowski angehörten. In der Praxis sollte das Komitee nicht nur die laufende Agitation betreiben, sondern auch die Kreisorganisation ausbauen.

Während der Revolution in Rußland 1905/1906 nahmen die polnischen Sozialisten die Zusammenarbeit mit der SPD wieder auf, doch die westfälische Organisation widersetzte sich dieser neuerlichen Verständigung von Anfang an. Zielinski, der Vertreter aus dem Ruhrgebiet, rief auf dem siebten Kongreß der PPS zp dazu auf, die Verständigung der beiden Parteiführungen rückgängig zu machen:

„Die durch den Vorstand unterschriebene Übereinkunft hat bei uns große Unruhe und allgemeine Unzufriedenheit hervorgerufen. Wir sind selbst in der Lage, die polnische Nation zum Sozialismus zu führen und benötigen dazu kein deutsches Geld. Im Namen der Genossen aus dem Rheinland und Westfalen fordere ich eine freie und unabhängige PPS". [59]

Ein weiterer westfälischer Delegierter, Jezioracki aus Herne, fügte hinzu, daß es keiner Übereinkunft bedürfe und die SPD die polnische Organisation nur während der Wahlen benötige.[60] Bielawski stellte im Namen der

---

58 Ebd.

59 Gazeta Robotnicza, Nr. 34, 3.5.1905: VII zjazd Polskiej Partii Socjalistycznej zaboru pruskiego (II).

60 Gazeta Robotnicza, Nr. 35, 6.5.1905: VII zjazd Polskiej Partii Socjalistycznej zaboru pruskiego (III).

Delegation aus Westfalen und dem Rheinland den Antrag, an der Selbständigkeit der PPS festzuhalten.[61]

Die westfälischen Kandidaten fanden jedoch keine Unterstützung für ihre Auffassung. Selbst den verbissensten Anhängern einer Autonomie der PPS zp wie Biniszkiewicz oder Adamek war klar, daß sie sich mit der SPD verständigen mußten, da ohne die finanzielle Unterstützung durch die deutschen Sozialisten auch der PPS im russischen Teilungsgebiet nicht geholfen werden konnte. Außerdem stand die *Gazeta Robotnicza* finanziell vor dem Aus. Der Vorstand der PPS benötigte für seine Aktivitäten dringend Geld, was die westfälischen Funktionäre nicht verstanden. Sie wollten auch nicht sehen, daß die Sympathie der SPD für die polnischen Sozialisten wegen deren Engagement für die russische Revolution erheblich gewachsen war.[62]

Von dem besonderen Standpunkt der westfälischen Organisation drückten die Delegierten jedoch die tatsächlichen Erwartungen einer Handvoll polnischer Sozialisten aus, die ihre Identität bestätigt sehen wollten. Den völligen Zusammenbruch der Organisation auf Grund der Entscheidung über das Übereinkommen mit der SPD zeigte die zweite Kreisversammlung am 4. Juni 1905 in Herne, an der 18 Delegierte und vier Mitglieder des Agitationskomitees teilnahmen. Der Bericht des Parteivorsitzenden Tuszyński fiel ausgesprochen pessimistisch aus. Abgesehen von der Gründung eines Gesangvereins namens „Wolność" (Freiheit) in Herne entstanden keine neuen Ortsgruppen, es waren lediglich neun sozialistische Kundgebungen in Oberhausen und Herne veranstaltet worden. Auf erhebliche Probleme stieß die Verbreitung sozialdemokratischer Flugschriften und der *Gazeta Robotnicza*, was dem schlechten Bildungsstand der polnischen Arbeiter und ihrer Ehefrauen zugeschrieben wurde. Der Delegierte aus Bruch, Swierzy, stellte lapidar fest, daß die Frauen der polnischen Bergleute das größte Hindernis darstellten, da diese, „wenn sie die Zeitung sehen, diese sogleich in den Ofen stecken."[63] Die Agitation außerhalb von Oberhausen und Herne lag ebenfalls danieder. Ortsansäs-

---

61 Dodatek do Gazety Robotniczej, Nr. 36, 9.5.1904: VII zjazd Polskiej Partii Socjalistycznej zaboru pruskiego (V).

62 G. W. Strobel, Skutki rewolucji 1905 r. w Niemczech, in: Industrializacja, przemiany społeczne i ruch robotniczy w Polsce i w Niemczech do 1914 r., hg. von A. Czubiński/ Z. Kulak, Poznań 1987, S. 160f.

63 Gazeta Robotnicza, Nr. 50, 28.6.1905: Sprawozdanie z konferencji nadreńsko-westfalskiej.

sige Agitatoren gab es nicht; diese kamen eher gelegentlich aus Berlin oder Oberschlesien. Entsprechend schwach fielen die Aktivitäten der Agitationskomitees aus. Mitglieder des neugewählten Komitees wurden diesmal Beliński, Bielawski und Juzefacki.[64]

Die Kreiskonferenz im Jahre 1905 stand im Zeichen des Zusammenbruchs der Agitation in Westfalen, die im Jahr zuvor so energisch begonnen worden war. Die Übereinkunft zwischen der SPD und dem Vorstand der PPS zp, die Delegierte aus dem Ruhrgebiet nicht verhindert konnten, führte zum Untergang der PPS zp in Westfalen. Die Vereine hörten 1906 de facto auf zu existieren; Parteimitgliedschaftsbeiträge wurden nicht mehr eingesammelt. Zur dritten Parteikreisversammlung im April 1906 wurde kein Vorstandsmitglied der PPS zp eingeladen. Damit protestierte man gegen die Entscheidung über die Zusammenarbeit mit der SPD. Hinzu kam der Austritt mehrerer Mitglieder, darunter des bisherigen Führers Tuszyński, der eine leitende Position in den Gewerkschaften übernahm.[65]

Eine weitere Kreisversammlung fand erst im Mai 1907 in Herne unter der Beteiligung von 17 Delegierten und des Repräsentanten des Vorstandes der PPS zp, Josef Biniszkiewicz statt. Es sollte ein Neubeginn werden, man beschwerte sich aber über die *Gazeta Robotnicza*, welche die westfälischen Probleme überhaupt nicht berücksichtige. Es wurde die Anstellung eines bezahlten und für den Kreis verantwortlichen Parteiagitators gefordert. Biniszkiewicz nahm die Kritik an Parteiorgan und -führung nicht hin und prangerte seinerseits Untätigkeit und Apathie der lokalen Funktionäre an: „Die Bewegung im Rheinland und in Westfalen ist krank und muß gepflegt werden wie ein Kleinkind." Als Lösung schlug er vor, die Organisationsstruktur zu teilen; dabei sollte der Herner Verein mit seinen 21 Mitgliedern die Führung in Westfalen, der in Oberhausen die Leitung im Rheinland übernehmen.[66] Die angekündigten Änderungen verbesserten

---

64 Ebd.
65 1876 in einer armen Bauernfamilie in Rzeczyca (Landkreis Strelno, Provinz Posen) geboren, arbeitete er nach Abschluß der Volksschule in der Zuckerfabrik in Kruschwitz bei Hohensalza und später als Bierfahrer ebendort. Mit 19 Jahren zog er als „Sachsengänger" nach Mitteldeutschland. Nach dem Wehrdienst kehrte er nach Kruschwitz zurück, wo er als Heizer arbeitete. Von dort ging er nach Westfalen, wo er zunächst in einer zum Kruppkonzern gehörenden Gießerei und später in den Gaswerken und als Bergmann in einer Zeche arbeitete. 1906 wurde er Gewerkschaftsfunktionär in Bochum. 1907 kandidierte er ohne Erfolg für einen Sitz im Reichstag aus dem Bezirk Mogilno-Hohensalza-Strelno.
66 Zieliński, Polska Partia Socjalistyczna, S. 372.

die Lage der Partei jedoch nicht. In das neue Agitationskomitee wurden Tuszyński, Skonieczny und Zgrajewski gewählt.[67]

6. Die Entwicklung der polnischen sozialistischen Bewegung in Westfalen von 1908 bis 1912

Den Durchbruch für die Agitation in der Region gelang dem vom Vorstand der PPS zp dorthin entsandten Adam Wojciechowski aus Bochum, der eine rege Tätigkeit entwickelte. Dieser wandte die Methoden der deutschen Sozialisten an, die zuvor wegen des mangelnden Klassenbewußtseins der polnischen Arbeiter nicht praktikabel gewesen waren. Gleichwohl konnte die neue Arbeiterkultur den Einfluß der katholischen Kirche und Tradition, die die Migranten überwiegend aus kleinen Dorfgemeinschaften in das Ruhrgebiet mitbrachten, nicht verdrängen.[68] Neue Tätigkeitsformen, wie Verbandshäuser, Arbeiterkundgebungen und Selbstbildungskreise konnten mit dem lokalen Priester und dem katholischen Milieu nicht konkurrieren, und die Apathie in der fremden Umgebung war nur schwer zu überwinden.

Als Josef Biniszkiewicz 1910 den Vorsitz in der PPS zp übernahm, herrschte die Überzeugung, daß nicht die organisatorische Eigenständigkeit, sondern die völlige Selbständigkeit den Weg in die Emanzipation der polnischen Partei weise. Die sogenannte „Unabhängigkeitsgruppe" mit Biniszkiewicz an der Spitze war der Meinung, daß die Entwicklung und Stärkung des Klassenbewußtseins der nationalen Integration der Ruhrpolen vorausgehen müsse.[69] Dementsprechend konnte die SPD für die polnischen Sozialisten die Rolle des Partners übernehmen, nicht aber die ideologische Führung.

Wojciechowski wurde 1908 im Arbeitersekretariat in Dortmund eingestellt.[70] Seiner Nominierung zum Kreissekretär ging die Entlassung Tuszyńskis voraus, wobei die sogenannte Bartkowiak-Affäre als Vorwand

---

67 Gazeta Robotnicza, Nr. 63, 25.5.1907: Sprawozdanie z konferencji westfalskiej.

68 H. Mommsen, Kultura robotnicza i warunki życia robotników przemysłowych w Niemczech w przededniu I wojny światowej, in: Industrializacja, przemiany, S. 136–140.

69 J. Chlebowczyk, Stanowisko SPD w kwestii narodowościowej, in: Rozwój organizacyjny i ewolucja programowa Socjaldemokratycznej Partii Niemiec, hg. von A. Czubiński, Poznań 1976, S. 53f.

70 Zieliński, Polska Partia Socjalistyczna, S. 373.

diente. Es handelte sich dabei um die Erbschaft eines Parteianhängers aus Berlin zu deren Gunsten. Die Berliner Funktionäre der PPS zp, die sich später auch für eine enge Zusammenarbeit mit der SPD aussprechen sollten, wollten dieses Kapital für die Berliner Parteigruppe behalten, der Vorstand der PPS zp mit Biniszkiewicz wollte es dagegen nach Oberschlesien verlegen. Tuszyński wurde als Anhänger der „Berliner" beschuldigt, die Vereinsprotokolle gefälscht zu haben. Dies bewog ihn, aus der Partei auszutreten, wobei er zu dieser Zeit freilich schon als bezahlter Gewerkschaftsfunktionär in Bochum angestellt war. Bald folgte ihm ein anderer westfälischer Funktionär namens Jezioracki, der mit den „Berlinern" sympathisierte und den Verein in Oberhausen verließ. Anstelle von Tuszyński schlug der Vorstand der PPS zp im Mai 1908 Wojciechowski vor, der sich in Essen niederließ.[71]

Dieser erwies sich als fähiger Organisator, der endlich die Forderung der ersten Kreisversammlung von 1904 über den Aufbau eines Vereinsnetzes im Rheinland und in Westfalen umsetzte. Im Herbst 1908, ein halbes Jahr nachdem Wojciechowski die Arbeit aufgenommen hatte, gab es neben den Vereinen in Herne und Oberhausen zwei neue in Recklinghausen-Süd und Borbeck.[72] 1909 entstand ein weiterer in Baukau mit 19 Mitgliedern.[73] Wojciechowski versuchte auch, das Verhältnis zur SPD in Ordnung zubringen, indem er diese aufforderte, die Verbreitung der *Gazeta Robotnicza* in den Städten zu übernehmen, in denen die PPS weder über eigene Vereine noch über Vertrauensmänner verfügen konnte.[74] Der scharfe Ton dieses Ansinnens blieb nicht folgenlos. Die erwähnte Entlassung Jeziorackis endete mit der endgültigen Zerschlagung des Vereins in Oberhausen, der zu den aktivsten gehört hatte. Dabei wirkte sich die Berliner Affäre nicht aus, obwohl die Mehrheit der Mitglieder Jezioracki und die „Berliner" unterstützte, sondern auch die Voreingenommenheit gegenüber dem neuen Chef des Agitationskomitees. Wojciechowski reagierte jedoch entschlossen, indem er sich auf keine Diskussion über die Erbschaftsangelegenheit einließ, sondern den Verein einfach auflöste. Als

71 Gazeta Robotnicza, Nr. 58, 19.5.1908: Ruch w towarzystwach. Herne.
72 Gazeta Robotnicza, Nr. 110, 17.9.1908: Odezwa Komitetu Agitacyjnego w przemysłowym okręgu nadreńsko-westfalskim.
73 Gazeta Robotnicza, Nr. 91, 5.8.1909: Z towarzystw.
74 Gazeta Robotnicza, Nr. 108, 12.9.1908: Komitet westfalsko-nadreński.

es 1910 zu einer Neugründung kam, wurden ausschließlich seine Anhänger aufgenommen.[75]

Dieses Vorgehen erwies sich als wirkungsvoll. Ab 1909 wurden stets Korrespondenzen aus Westfalen in der *Gazeta Robotnicza* veröffentlicht, in fast jeder Nummer erschienen „Briefe aus Westfalen". Auch die Mitgliederzahl der PPS zp stieg 1908 auf 300 Personen. Es wurde ein neues Vereinsnetz aufgebaut, und 1909 gab es bereits Arbeitervereine in Borbeck, Recklinghausen, Dortmund, Lünen, Castrop, Wanne, Herne, Herne-Baukau, Recklinghausen-Süd, Bottrop, Essen und Oberhausen.[76]

Am Rande der polnischen sozialistischen Bewegung entstanden auch andere Organisationen. Neben dem erwähnten Herner Gesangskreis wurde 1910 in Weitmar ein Turnverein „Wolność" (Freiheit) gegründet. Im gleichen Jahr entstand die „Vereinigung der Freidenker" (Stowarzyszenie Wolnomyślicieli) in Gelsenkirchen, deren 22 Mitglieder eher liberale als sozialdemokratische Ansichten vertraten. Ihr führender Kopf Tworowski übernahm später, nach Wojciechowskis Weggang, eine tragende Rolle im Agitationskomitee.[77]

Das als „Maulkorbgesetz" bezeichnete Vereinsgesetz von 1908, das die Benutzung der polnischen Sprache auf öffentlichen Kundgebungen erheblich einschränkte, behinderte das polnische Organisations- und Vereinsleben. Auf der gleichen Linie hatten bereits seit dem Anfang des Jahrhunderts die Maßnahmen des Oberpräsidenten von Studt gelegen, der sein Einverständnis zur Bildung polnischer Klassen in den deutschen Schulen des Ruhrgebietes verweigerte und 1909 die „Zentralstelle für die Überwachung der Polenbewegung im Rheinisch-Westfälischen Industriegebiet" einrichten ließ.[78] Die PPS zp, auch ihre Vertreter in der Region, protestierte im Namen aller im Deutschen Reich lebenden Polen gegen diese Beschränkung des Gebrauchs der polnischen Sprache.[79] Das „Maulkorbgesetz" erschwerte beispielsweise die Organisation polnischer Festlichkei-

75 Gazeta Robotnicza, 10.4.1909: Oberhausen.
76 Die Angaben über diese Vereine, die Zieliński (S. 373) dem Bericht des Arnsberger Regierungspräsidenten von 1908 entnommen hat, sind nicht gesichert. 1912 bestätigte die Kreisversammlung lediglich die Existenz von acht Vereinen.
77 Zieliński, Polska Partia Socjalistyczna, S. 374.
78 Herbert, Geschichte der Ausländerbeschäftigung, S. 75.
79 Zieliński, Polska Partia Socjalistyczna, S. 346.

ten anläßlich des Maifeiertages; es konnten lediglich Maiausflüge und, in einzelnen Städten, private Versammlungen stattfinden.[80]

Die Wirkung der sozialistischen Agitation unter den polnischen Arbeitern im Ruhrgebiet wurde auch dadurch erheblich gemindert, daß der Lebensstandard hier im Vergleich etwa zum oberschlesischen Herkunftsgebiet vieler Ruhrpolen vergleichsweise hoch war. So war nach amtlichen Angaben die Differenz bei den Bergmannsgehältern beträchtlich: 1906 lag der Durchschnittslohn in Westfalen fast 27%, ein Jahr später fast 29% höher als dort.[81]

Wojciechowskis Weggang aus Westfalen schwächte 1911 die Aktivität des westfälisch-nordrheinischen Kreises erneut. Auf der Kreisversammlung in Bochum im Februar 1912 wurden Tworowski die Pflichten des Parteisekretärs anvertraut; zugleich wurde es für notwendig erachtet, ein ständiges Parteisekretariat mit einem angestellten Funktionär einzurichten. An der Spitze des Agitationskomitees stand Franz Borys, der von 1904 bis 1908 Redakteur der *Gazeta Robotnicza*, später dann der gewerkschaftlichen *Gazeta Katolicka* (Katholische Zeitung) in Königshütte war.[82] Auf der Versammlung nannte Tworowski sechs polnische sozialistische Vereine, in Herne, Oberhausen, Bochum, Recklinghausen und Düsseldorf, der seit 1912 26 Mitglieder hatte. Zwischen 1909 und 1911 gab es noch zwei weitere in Castrop und Bottrop, die danach jedoch ihre Tätigkeit einstellten. Die Mitgliederzahl wurde auf etwa 200 Personen geschätzt, also um ein Drittel weniger als zur Zeit der Vereinsführung von Wojciechowski, als es noch 300 gewesen waren.[83] Die Abonnentenzahl hielt sich bei rund 200.[84]

---

80 Gazeta Robotnicza, Nr. 53, 7.5.1910: Listy z Westfalii. 1-szy-Maj w Westfalii.

81 Nach amtlichen Angaben des „Reichsarbeitsblattes" von 1908 lag der Durchschnittslohn eines Bergmanns in Oberschlesien für eine Schicht 1906 bei 3,33, in Westfalen bei 4,59 Mark bzw. 1907 bei 3,39 bis 3,55 Mark in Oberschlesien und zwischen 4,70 und 4,99 Mark in Westfalen. Die Differenz zwischen dem Einkommen der ausschließlich unter Tage arbeitenden Bergleute im Ruhrgebiet und in Oberschlesien war noch größer: 1906 lag das Einkommen dort bei 3,81 Mark, in Westfalen immerhin bei 5,60 Mark; 1907: 3,87 bis 4,10 Mark in Oberschlesien gegen 5,74 bis 6,14 Mark in Westfalen. Im Jahresdurchschnitt verdiente ein Arbeiter in einer Zeche 1905 in Oberschlesien 867 Mark, 1906: 924 Mark; 1907: 1.003 Mark. Dem stand in Westfalen folgender Jahresdurchschnittsverdienst gegenüber: 1905: 1.186 Mark; 1906: 1.402 Mark; 1907: 1.562 Mark.

82 Zieliński, Polska Partia Socjalistyczna, S. 374f.

83 Gazeta Robotnicza, Nr. 27, 5.3.1912: Konferencja obwodowa PPS w Westfalii i Nadrenii.

84 1909 – 35, 1910 – 77, 1911 – 92, 1913 – 255.

7. Die polnischen Sozialisten in Westfalen außerhalb der PPS zp von 1913 bis 1914

Schon mit der Wahl des neuen Parteivorsitzenden Josef Biniszkiewicz im Jahre 1910 wurden in der SPD wieder Stimmen laut, die auf die erneute Gefahr eines polnischen Separatismus hinwiesen. Auf dem Kongreß der SPD in Magdeburg im Jahre 1910 stellte der Düsseldorfer Delegierte Emil Westkampf den Antrag, die PPS zp aufzulösen. Dabei stellte er fest: „[...] diese Organisationsform, die wir als eine besondere polnische Organisation in Deutschland haben, finde ich absurd [...]. Der Vorstand muß dafür sorgen, daß diese Organisationsform verschwindet. Wir wollen eine SPD, die solche Sonderorganisationen nicht duldet."[85] Der SPD-Vorstand lehnte diesen Antrag ab, doch macht der Antrag die ambivalente Haltung deutlich, die gewisse sozialistische Kreise zu den polnischen Sozialisten einnahmen. Naiv war freilich die Annahme, ein Beschluß des Kongresses der SPD könne ausreichen, um ihr die polnische Partei unterzuordnen. Die wachsenden Spannungen zwischen den beiden Parteien entluden sich in einer Auseinandersetzung zwischen dem Vorsitzenden der SPD in Oberschlesien, Otto Hörsing, und Biniszkiewicz. Die Folge war, daß die oberschlesische SPD das Übereinkommen mit der polnischen Partei aufkündigte. Einen erneuten Streit sollte der Kongreß 1913 in Jena schlichten, als die polnische Partei praktisch selbständig agierte. Dort wurde folgender Antrag formuliert: „[Man schlägt vor], die seit 1906 gültige Absprache, die innerhalb der Partei eine separate Organisation zuläßt, zu widerrufen und statt dessen die Agitation in den von der polnischen Bevölkerung bewohnten Kreisen zu sichern und nach Möglichkeit die Kosten zu übernehmen." Der Antrag wurde fast ohne Diskussion angenommen,[86] zusammen mit dem Beschluß über die Bekämpfung der „hakatistischen Politik der preußischen Regierung". Hörsing stellte am Ende fest, daß es genüge, wenn die polnischen Arbeiter die Sonderorganisation ablehnten, dann werde die deutsche Sozialdemokratie sofort helfen. Einen ähnlichen Standpunkt vertraten sogar Delegierte wie Simon Katzenstein oder Georg Ledebour, die bis dahin den Standpunkt der polnischen Partei verteidigt hatten.[87]

---

85 Handbuch der sozialdemokratischen Parteitage von 1910 bis 1913, München 1913, S. 612.
86 Ebd., S. 614.
87 Ebd., S. 615.

Der Kongreß der polnischen Partei in Auschwitz 1913 bestätigte nur die faktisch bereits vollzogene Trennung der beiden Organisationen. Die SPD vertrat konsequent die Ansicht, daß allein die PPS zp die Schuld habe am Ende der Zusammenarbeit, weil sie von nationalistischen Elementen beherrscht werde. Die polnische Führung verurteilte den Jenaer Beschluß und entschied, bei den nächsten Wahlen eigene Kandidaten auch in den deutschen Kreisen aufzustellen, also auch in Westfalen und im Rheinland, und betonte, daß die polnische Partei im Falle einer Stichwahl selbstverständlich zu einem Kompromiß mit der SPD bereit sei. Außerdem wurde eine Resolution über den Austritt aus den deutschen Branchengewerkschaften und die Gründung einer eigenen Organisation angenommen.[88]

Die Ursachen des endgültigen Bruchs zwischen der PPS zp und der SPD im Jahre 1913 hat die polnische Historiographie mehrfach untersucht, wobei lange die Stellungnahme des SPD-Vorstandes auf dem Jenaer Parteitag als zutreffend angesehen wurde, wonach Biniszkiewiczs nationalistische Ansichten die Konflikte verursacht hatten.[89] Gegenteiliger Ansicht war allein S. Danilczuk, der den Einfluß der sozialistischen Parteien aus anderen Teilungsgebieten auf die Emanzipation der PPS zp betonte[90] und dafür von einigen polnischen Historikern scharf angegriffen wurde.[91] Erst gegen Ende der 1970er beziehungsweise Anfang der 1980er Jahre wurden diese Ansichten verifiziert. Bereits F. Hawranek unterstrich die tiefe programmatische Kluft, die beide Parteien trennte, eine Auffassung, der sich auch W. Zieliński und A. Głowacki anschlossen.[92] Unter den objektiven Bedingungen, die die Abspaltung der PPS zp verursachten, spielte die programmatische Evolution der SPD vor dem Ersten Weltkrieg eine wichtige

---

88 Archiwum Państwowe we Wrocławiu, Rejencja Opolska, Biuro Prezydialne (Staatsarchiv Breslau, Regierungsbezirk Oppeln, Präsidialbüro), Mikrofilm Sign. 190954: Bericht Kommissar W. Mädler vom 29. Dezember 1913.

89 K. Piwarski, Polacy śląscy w walce o społeczne i narodowe wyzwolenie 1848–1914, Warszawa 1955, S. 102f.; K. Popiołek, Z niedoli i walk śląskiego proletariatu, Warszawa 1955; B. Szerer, O właściwą ocenę stanowiska SPD wobec kwestii polskiej (na marginesie książki H.U. Wehlera), in: Z pola walki 1, 1964, S. 86.

90 Danilczuk, Działalność SPD i PPS zp, S. 133.

91 Szerer warf Danilczuk vor: „Die Streitigkeiten wurden nicht, wie die Arbeit suggeriert, wegen programmatischer Unterschiede ausgetragen, sondern um die Kandidatur des Sekretärs der oberschlesischen SPD geführt." Vgl. B. Szerer, Buchrezension zu B. Danilczuk, in: Z pola walki 4, 1963, S. 318.

92 A. Głowacki, Międzynarodowy ruch socjalistyczny wobec odbudowy Polski (1894–1918), Szczecin 1974, S. 264f.; Zieliński, Polska Partia Socjalistyczna, S. 67.

Rolle. Diese Partei machte nach außen, besonders während des Wahlkampfes, den Eindruck einer geschlossenen Organisation, obwohl programmatische Auseinandersetzungen immer wieder zu Spannungen führten. Ihre Expansion und das Streben nach Einigkeit auf der Basis des eigenen Programms und die Zentralisierung der Organisation um jeden Preis mußten einen negativen Einfluß auf die Beziehungen zu einer so spezifischen Partei nehmen, wie die PPS zp es war. Die Bestrebungen, diese der SPD unterzuordnen, nahmen tatsächlich chauvinistische Akzente an, wenn man die ungünstigen Bedingungen berücksichtigt, unter denen die PPS zp agierte. Da die SPD das Programm des Klassenkampfes beiseite ließ und sich deutlich in die Richtung der reformerischen Lösungen entwickelte, stellte die PPS zp dagegen als eine polnische Partei, diese Problematik hintan, so daß eine gemeinsame Basis für die Verständigung fehlte. In der nationalen Frage begann die PPS zp, zu gesamtdemokratischen Lösungen zurückzukehren, die der romantischen Losung „Für eure und unsere Freiheit" aus dem 19. Jahrhundert entlehnt waren. Dies versetzte nicht nur die preußische Regierung in Unruhe, sondern auch den SPD-Vorstand. Die deutsche Sozialdemokratie lehnte alle Bestrebungen entschieden ab, die auf eine Abtretung des preußischen Teilgebiets hinausliefen; selbst Ansätze zu einer Autonomie-Lösung verwarf sie als unrealistisch und nationalistisch. Nach der „Sezession" der PPS zp übernahm Josef Adamek, ein Anhänger Biniszkiewiczs, die Parteiführung im Rheinland und in Westfalen.[93]

Auf der letzten Kreisversammlung der PPS zp in der Region vor dem Ersten Weltkrieg, die im März 1913 in Herne stattfand, waren neun Vereine vertreten: Düsseldorf, Herne, Bochum, Gladbeck, Buer, Essen, Recklinghausen, Dortmund, Mengede. Nach Tworowskis Tätigkeitsbericht war die Mitgliederzahl wieder auf 250, die Zahl der Abonnements der *Gazeta Robotnicza* auf 255 angewachsen, wobei insbesondere die Neugründungen in Buer, Gladbeck und Mengede zu Buche schlugen. Adamek konzentrierte sich in seinem Vortrag auf die Beziehungen zur SPD, wobei er die Anschuldigungen gegen diese wiederholte und der „Berliner Gruppe" im allgemeinen und Tuszyński im besonderen Verrat vorwarf:

> *„Die Verbreiter dieser Zwistigkeiten sind meistens Polen, die früher der PPS angehörten und jetzt wegen Entmutigung oder materieller Bereicherung in die deutsche Organisation übergewechselt sind. Da sie irgendeine*

93 Zieliński, Polska Partia Socjalistyczna, S. 375.

Rolle übernehmen wollen, fühlen sie sich berufen, unsere Organisation zu kontrollieren und schrecken selbst vor Denunziationen und erfundenen Anschuldigungen nicht zurück. Die deutschen Genossen, die uns nicht verstehen und unsere Schriften nicht lesen können, lassen sich so leicht irreführen."

Adamek schlug vor, zusammen mit dem SPD-Komitee in Essen eine Schlichtung zu versuchen, doch fand sein Vorschlag keinen Anklang. Auf der Versammlung wurde auch erstmals ein Bezirkskomitee gewählt, an dessen Spitze Adamek stand, der von Lewicki vertreten wurde. 1914 ergänzte Augustyn Bańko das Komitee als zweiter Stellvertreter des Vorsitzenden.[94]

Der Bruch mit der SPD stürzte die polnische Partei in finanzielle Not und beeinträchtigte die Arbeit der Gewerkschaften. Die PPS zp gründete eine eigene Gewerkschaft im Deutschen Reich unter dem Namen „Centralny Związek Zawodowy Polski" (CZZP; Zentrale Polnische Gewerkschaft), was die deutschen Sozialdemokraten als ein weiteres Symptom des polnischen Separatismus werteten. Als der Delegierte der Hauptkommission der Gewerkschaft, Gustav Bauer, auf der Gewerkschaftskonferenz in Kattowitz im Oktober 1913 die Mitglieder der PPS dazu aufrief, zur SPD überzutreten, da die Gewerkschaftsfunktionäre sonst ihre Arbeit verlieren würden, bezeichnete Biniszkiewicz dies als „Druck auf den Magen", und sowohl der Parteivorstand als auch das Komitee der PPS zp im Rheinland und Westfalen protestierten bei der Generalkommission und verlangten dazu eine Stellungnahme.[95] Die CZZP hatte nur 1.254 Mitglieder, von denen lediglich 250 aus dem Rheinland beziehungsweise Westfalen kamen. Die Gewerkschaftszeitschrift *Wolny Związkowiec* (Freier Gewerkschaftler) konnte auch keine ständigen Abonnenten finden.[96] Im Vergleich zu den polnischen national-katholischen Organisationen waren diese 250 Parteimitglieder eine gänzlich unbedeutende Gruppe, denn 1912 existierten im Ruhrgebiet 875 polnische Vereine mit insgesamt 81.532 Mitglie-

---

94 Sonderbeilage des Dziennik Robotniczy, Nr. 51, 2.3.1913: Konferencja okręgowa PPS na obwód nadreńsko-westfalski.
95 Zieliński, Polska Partia Socjalistyczna, S. 385.
96 Ebd., S. 391f.

dern. Die polnische Gewerkschaftsvereinigung allein hatte bis zu 20.000 Mitglieder.[97]

Der Mißerfolg ergab sich vor allem aus der Organisationsschwäche der gesamten PPS zp. Die Funktionäre der CZZP und der PPS zp wurden aus den Einzelgewerkschaften entfernt, was die Wahl zwischen den bezahlten Posten in der deutschen Gewerkschaft und der unsicheren Zukunft in der schwachen polnischen Organisation bedeutete. Der an der Spitze der Einzelgewerkschaften stehende Bauer erzwang geradezu eine solche Entscheidung, indem er den Beschluß des Jenaer SPD-Kongresses umsetzte. Nachdem Bauer die Gewerkschaftsfunktionäre auf der Bezirkskonferenz der Bergarbeitergewerkschaft in Recklinghausen persönlich ermahnt hatte, verblieb in Westfalen die Mehrheit in der deutschen Gewerkschaft, was Adamek auf dem XV. Kongress der PPS zp in Auschwitz empört anprangerte.[98]

Tabelle 3: Entwicklung der Mitgliederzahlen in der PPS zp im Bezirk Rheinland-Westfalen

Region	1910	1911	1912	1913	1914
Westfalen	201	230	201	200	250
Insgesamt	2.195	2.085	2.060	1.900	1.700

Die Aktivität der Partei vor dem Ersten Weltkrieg konzentrierte sich stärker auf die polnischen Unabhängigkeitsorganisationen im österreichischen Teilungsgebiet als auf die Probleme im rheinisch-westfälischen Raum. Jedoch interessierten sich die Genossen aus dem Ruhrgebiet durchaus für die Unabhängigkeitsbestrebungen der galizischen Polen. So fand am 18. Juli 1914 in Dortmund eine polnische sozialistische Versammlung statt, über deren Verlauf die in Krakau erscheinende *Gazeta Robotnicza* folgendes berichtete: „Bielawski hielt einen Vortrag: Die Exzesse des heutigen Militarismus, besonders verdeutlicht am Beispiel von Rosa Luxemburg. Skąpski vervollständigte dies, indem er die Militärbewegung in Galizien besprach und erklärte, wieso die galizischen Genossen diese Bewegung unterstützten."[99]

Aus dem Polnischen übersetzt von Sylvia Haida

---

97 Herbert, Geschichte der Ausländerbeschäftigung, S. 77. Die Entwicklung der Mitgliederzahlen in der PPS zp zeigt Tabelle 3.
98 Dziennik Robotniczy, Nr. 2, 3.1.1914: XV zjazd PPS w Oświęcimiu.
99 Dziennik Robotniczy, Nr. 168, 28.7.1914: Z towarzystw. Dortmund.

Anastazy Nadolny

Probleme der Seelsorge unter den Polen im Ruhrgebiet am Beispiel der Priester Josef Szotowski und Franz Liss

1. Die polnische Auswanderung ins Ruhrgebiet

Die polnische Erwerbsauswanderung nach Westfalen und ins Rheinland begann 1871, von einer massenhaften Migration kann jedoch erst für die Zeit nach 1880 gesprochen werden. Ihre wesentlichen Ursachen waren erstens die schnell wachsende Industrie im Ruhrgebiet und die damit verbundene starke Nachfrage nach Arbeitskräften, die höheren Löhne und bessere Behandlung der Arbeiter sowie die größere Sicherheit des Arbeitsplatzes und zweitens die schlechten gesellschaftlichen und wirtschaftlichen Verhältnisse in den östlichen Provinzen des preußischen Staates, die sich in Überbevölkerung, Landnot, fortschreitender Mechanisierung der Landwirtschaft bei entsprechender Arbeitsplatzreduzierung und insgesamt dennoch schwacher industrieller Entwicklung niederschlugen.

Eine boomende Industrie und der Bergbau verlangten immer mehr Arbeitskräfte. Der Bedarf stieg auch noch dadurch, daß unter deutschen Bergleuten ein Trend zur Abwanderung in andere Berufe zu beobachten war. Die Arbeit in den Zechen des Ruhrgebietes gehörte zu den gefährlichsten im Deutschen Kaiserreich, dagegen waren die Arbeitszeit mit acht Stunden täglich am kürzesten und die Löhne am höchsten, so daß den Arbeitern ein rascher sozialer und wirtschaftlicher Aufstieg sicher war.[1]

Anders als die saisonalen Migranten in den landwirtschaftlichen Gebieten Sachsens kamen die Auswanderer nach Westfalen entweder für immer oder doch zumindest für einen längeren Zeitraum. Anfangs war diese Migration eine vorübergehende Erscheinung, mit der Zeit ließen sich die Einwanderer aber dauerhaft nieder. Ein Grund war der durch die 1886

---

1   Christoph Kleßmann, Polnische Bergarbeiter im Ruhrgebiet 1870–1945, Göttingen 1978, S. 23–74; K. Wajda, Migracje ludności wiejskiej Pomorza Wschodniego w latach 1850–1914, Wrocław 1968, S. 132; Valentina Maria Stefanski, Zum Prozeß der Emanzipation und Integration von Außenseitern. Polnische Arbeitsmigranten im Ruhrgebiet, Dortmund 1984.

gegründete Ansiedlungskommission verursachte Anstieg der Bodenpreise im Osten, der es immer schwieriger machte, dort Land zu erwerben. Trotzdem kehrte ein Teil der polnischen Arbeiter mit erspartem Geld in ihre Heimat zurück.[2]

Die polnischen Auswanderer im Ruhrgebiet stammten hauptsächlich aus den vier preußischen Ostprovinzen Posen, Oberschlesien, Pommern und Ostpreußen; es handelte sich also um eine Binnenmigration innerhalb eines Staates, wobei alle Migranten die preußische Staatsangehörigkeit hatten.[3]

Administrativ waren Westfalen und das Rheinland in sieben Regierungsbezirke gegliedert; die polnische Emigration konzentrierte sich dabei in den westfälischen Bezirken Arnsberg und Münster sowie in den rheinischen Bezirken Düsseldorf und Köln. Bereits 1890 schrieb ein Beobachter über Westfalen, daß es fast keine westfälische Stadt und kein Dorf ohne eine polnische Familie gebe.[4] Typisch für die Ansiedlung der polnischen Bevölkerung war ihr Hang zur Bildung homogener Gruppen nach Ortsteilen, Kreisen und Ortschaften, aus denen sie stammten. Dies ergab sich aus der Notwendigkeit gegenseitiger Unterstützung in einer fremden Umwelt, und auch aus der Art und Weise, wie die Migranten angeworben wurden. In der ersten Zeit erleichterte dies die Akklimatisierung und milderte das Gefühl völligen Verlorenseins.

Durch das Ruhrgebiet verliefen die Grenzen dreier Bistümer, nämlich des Erzbistums Köln sowie der Diözesen Münster und Paderborn. Diese Strukturen hatten sich hier bereits im Mittelalter herausgebildet; die katholischen Pfarreien waren an den Rändern dieser kirchlichen Einheiten

---

2   Krystyna Murzynowska, Die polnischen Erwerbsauswanderer im Ruhrgebiet während der Jahre 1880–1914, Dortmund 1979, S. 9–83; Jerzy Kozłowski, Rozwój organizacji społeczno-narodowych wychodźstwa polskiego w Niemczech w latach 1870–1914, Wrocław 1987, S. 19–45.

3   Nur ein geringer Prozentsatz der Polen im Rheinland und in Westfalen stammte aus den russisch und österreichisch besetzten Teilen Polens, die oft von der Polizei verfolgt und ausgesiedelt wurden. 1906 hielten sich dort etwa 5.000 Polen auf, welche keine preußischen Untertanen waren. Die russisch und österreichisch besetzten Teile Polens brachten dafür der deutschen Landwirtschaft Saisonarbeiter für Feldarbeiten, hauptsächlich in den Grenzregionen. Vgl. S. Rosiński, Emigracja polska na zachodzie Prus w świetle cyfr, in: Ekonomista 10, 1910, S. 107; A. Wachowiak, Przedwojenna emigracja polska z Westfalii i Nadrenii jako czynnik unarodowienia, in: Niepodległość 7, 1933, S. 199.

4   Dr. Nadmorski (J. Legowski), Polacy w Westfalii i nad Renem, in: Niwa 19, 1890, S. 312.

angesiedelt, weit entfernt von den administrativen Zentren. Die Masseneinwanderung größtenteils katholischer Migranten und der damit verbundene Bau neuer Siedlungen und Städte sprengten den bisherigen Organisationsrahmen der lokalen Kirche durch die Bildung neuer Pfarreien. Die Kirche war weder strukturell noch personell auf die neuen Formen der Seelsorge vorbereitet, die unter weitestgehend fremdsprachigen Arbeitern nötig waren.[5]

Auf die Anwesenheit polnischer Auswanderer im Ruhrgebiet wies bereits am 25. Januar 1873 der Erzbischof von Gnesen und Posen, Mieczysław Graf Ledóchowski, seinen Amtskollegen in Köln hin.[6] Versuche, die Auswanderung ins Ruhrgebiet zahlenmäßig genau zu erfassen, sind wegen der Fehlerhaftigkeit der preußischen Statistiken sehr schwierig. Insbesondere war der Begriff „Pole" nicht klar definiert. Nicht zu ihnen zählte die Statistik die Masuren und Kaschuben, so daß nur Schätzungen möglich sind. Für die Zeit um 1890, als Franz Liss seine seelsorgerische Arbeit aufnahm, kann von etwa 35.000 Polen im Industriegebiet an der Ruhr ausgegangen werden.[7] Wie bei Erwerbsmigration üblich, gab es auch hier einen deutlichen Überhang an Männern im arbeitsfähigen Alter; der Anteil der 20- bis 30-jährigen lag bei 41%, der der 30- bis 40-jährigen Männer bei 22%. 1890 kamen auf 100 Männer etwa 40 Frauen. Dieses Verhältnis verschob sich langsam, aber stetig zugunsten der Frauen, was auf eine fortschreitende Stabilisierung hindeutet. Vom Übergang zu einer dauerhaften Migration zeugte auch die wachsende Zahl von Kindern unter 14 Jahren und der Namenswechsel. Von den Auswanderern stammten 80 bis 85% aus ländlichen Gegenden.

Ihrer Konfession nach waren fast alle Polen aus Posen, Schlesien und Pommern katholisch; dies galt auch für die Mehrheit der Ermländer, während die Masuren überwiegend evangelisch waren. Die Ankömmlinge

---

5   Hans Jürgen Brandt, Die Polen und die Kirche im Ruhrgebiet 1871–1919. Ausgewählte Dokumente zur pastoralen und kirchlichen Integration sprachlicher Minderheiten im deutschen Kaiserreich, Münster 1987, S. 3.

6   Ebd., S. 46.

7   Das dynamische Wachstum der polnischen Bevölkerung illustriert die Statistik: 1890 lag sie bei 35.684; um 1900 bei 142.714 und 1910 bereits bei 303.876. Vgl. Murzynowska, Die polnischen Erwerbsauswanderer, S. 30; Kozłowski, Rozwój organizacyjny, S. 37. Vgl. auch M. Sokolnicki, Statystyka ludności polskiej pod rządami pruskimi, in: Ekonomista 4, 1904, S. 10–28; Hans-Ulrich Wehler, Die Polen im Ruhrgebiet bis 1918, in: Vierteljahreshefte für Sozial- und Wirtschaftsgeschichte 48, 1961, S. 213; Wiarus Polski, Nr. 103, 1891.

hoben sich von ihrer Umgebung nicht nur durch die Sprache ab, sondern auch durch die oft aus dem polnischen Dorf mitgebrachte Kleidung und den niedrigen Bildungsstand. Ein beträchtlicher Prozentsatz der Ankömmlinge konnte weder lesen noch schreiben. Deutschkenntnisse waren gering ausgeprägt, jedoch zumindest bei denjenigen nicht völlig inexistent, die eine Schule besucht hatten, denn dort wurde auf Deutsch unterrichtet. Die Polen brachen die Brücken zu ihrer Heimat nicht ab; auch die, die sich für immer niederließen, hielten den Kontakt zu ihren Familien und den Pfarrgemeinden, aus denen sie stammten.

Die polnische Gesellschaft, vor allem Landbesitzer und die Geistlichkeit, beobachteten die zunehmende Migration der Landbevölkerung mit Sorge. Die Geistlichkeit fürchtete, daß die Auswanderer den Glauben und die Nationalität verlieren und moralischer Verderbnis anheimfallen könnten. Hinzu kam die Furcht vor sozialistischen Ideen und deren Verbreitung innerhalb der Familien durch heimkehrende Arbeiter. Der Kulmer Bischof Leon Redner und der Erzbischofs von Gnesen und Posen, Florian Stablewski, brachten diese Sorgen zu Beginn der 1890er Jahre in ihren Hirtenbriefen zum Ausdruck.[8] Zahlreiche Priester aus Posen und Pommern bemühten sich, die Kontakte mit ehemaligen Mitgliedern ihrer Pfarrgemeinde aufrechtzuerhalten, die sich meist zusammen in einer Region niedergelassen hatten. Einige besuchten sie sogar in ihrer neuen Umgebung und übernahmen gelegentlich seelsorgerische Aufgaben.[9] Die Grundbesitzer befürchteten, billige Arbeitskräfte zu verlieren. Daher dominierte gegenüber den Auswanderern eine eher ablehnende Haltung; sie wurden als Faulpelze beschimpft und verächtlich „Sachsengänger" genannt. Überdies galten sie als Verlorene für die polnische Nation.[10]

Diesen Ansichten trat als erster Priester Josef Szotowski entgegen, als er auf dem ersten Katholikentag in Thorn am 29. September 1891 einen Vortrag „Über die Auswanderung und das Vagabundentum der Arbeiter"

---

8 Pielgrzym (Der Pilger), Nr. 18, 1891; Wiarus Polski, Nr. 21, 1891; J. Badeni, Emigracja ludu polskiego do Niemiec, in: Przegląd Powszechny 6, 1889, S. 309.
9 Wachowiak, Przedwojenna emigracja, S. 203.
10 Um der Massenemigration entgegen zu wirken, riet der Dziennik Poznański zu einer Landreform. J. Łazinka, Stulecie Polonii westfalskiej. Wychodźstwo polskie w Westfalii i Nadrenii 1890–1923, in: Polak w Niemczech 47, 1969, S. 22. Die Abneigung gegen die Auswanderer nach Westfalen wurde auf dem zweiten Katholikentag in Posen im Juni 1894 deutlich. Wiarus Polski, Nr. 66–67, 1894; Murzynowska, Die polnischen Erwerbsauswanderer, S. 89.

hielt. Er sprach über die Gründe für die Migration, die wirtschaftliche Lage sowie über die in Westfalen herrschenden Verhältnisse und stellte sich auf die Seite der Auswanderer. Seine Stimme hatte um so mehr Gewicht, da sie für die damalige polnische Gesellschaft vitale Angelegenheiten ansprach. Seine Aussagen wurden durch die Erfahrungen gestützt, die er während seiner fünfjährigen seelsorgerischen Tätigkeit in Westfalen gewonnen hatte:

> *„Die Leute sagen selbst, daß wenn sie einen geringeren Lohn hätten als in der Fremde, sie trotzdem in der Heimat bleiben würden, diesen geringen Lohn aber für jeden Tag haben müßten. Daheim bekommen sie ihn aber nicht, also suchen und finden sie ihn in der Fremde [...]. Der größte und überwiegende Teil der polnischen Auswanderer in Westfalen ist kein Gesindel, das keine Lust hat, zu Hause zu arbeiten, vielmehr sind es arbeitswillige Leute, standfest und ehrlich. [...] Sie sitzen dort nicht zum Vergnügen und Genuß, weil sie eine schwere Arbeit haben, die sie zu Hause überhaupt nicht kennen [...] Den Lohn, den sie sparen, verdienen sie hart. Diese Menschen verdienen Respekt, nicht Verachtung."*[11]

2. Die Anfänge der polnischen Seelsorge

Wie bereits erwähnt waren die polnischen Ankömmlinge im Ruhrgebiet im Regelfall – mit Ausnahme der Masuren – Katholiken, die sich durch eine enge Bindung an Kirche, Religion und nationale Traditionen ihrer Heimat auszeichneten. Die neue Umgebung unterschied sich trotz der grundsätzlich katholischen Prägung des Ruhrgebietes erheblich von dem Umfeld, das sie hinter sich gelassen hatten. In den deutschen Kirchen herrschten abweichende Gepflogenheiten, und die einheimischen Katholiken hatten ein anderes Verhältnis zu den Priestern. Allein die Pfarrkirche erinnerte an die Heimat; sie war für die Auswanderer ein Ort der Begegnung und zugleich ein einigendes Element für den Ortsteil oder die Siedlung. Die Akklimatisierung an die fremde Umgebung wurde durch die Ansiedlung in Gruppen ebenso erleichtert wie durch den Gebrauch der

---

11 Wiarus Polski, Nr. 115, 1891; vgl. auch Murzynowska, Die polnischen Erwerbsauswanderer, S. 88.

polnischen Sprache und die Pflege heimatlicher Traditionen, insbesondere der Kirchengesänge.[12]

Da es im Ruhrgebiet keine polnischen Priester gab, nahmen die Polen an deutschen Gottesdiensten teil, vor allem an den Sonntagsmessen, die auf Latein gelesen wurden. Diese Sprache, obwohl unverständlich und in der Aussprache der deutschen Priester fremd klingend, erinnerte trotz allem eher an die Gottesdienste in der Heimat. Größere Schwierigkeiten bereitete das Deutsche bei Lesungen aus der Heiligen Schrift und besonders bei der Beichte. Die Priester behandelten die Polen überwiegend wohlwollend. Ein Teil von ihnen versuchte trotz der sprachlichen Barriere, die Neuankömmlinge seelsorgerisch zu betreuen. Einige versuchten sogar, die polnische Sprache zu erlernen. Nicht ohne Bedeutung waren die große Frömmigkeit der Zuwanderer, ihre Opferbereitschaft und die besondere Wertschätzung für die Priester, wie Liss sie darstellte:

> *„Daheim ist der Priester ein Gutsherr [...], dort fährt er mit der Kutsche, hier geht er zu Fuß [...]. Manchmal hat der Priester nichts selbst für eine bescheidene Lebensweise. Dort macht jeder dem Priester einen Platz frei, hier spielt er oft eine geringe Rolle. Dort herrscht Respekt vor dem Priester wie vor einem Fürsten, hier beliebt nur jeder Hundertste vor ihm die Mütze auszuziehen. Dort küßt jeder dem Priester die Hand, hier begrüßt ihn jeder wie einen Kumpel [...]. Aus der tiefen Ehre des polnischen Volkes entspringt seine Großzügigkeit gegenüber Priestern und kirchlichen Zielen. Das wissen die hiesigen Priester. Wenn Deutsche in der Kirche sind, finden sich auf dem Kollektenteller nur Almosen, während bei den Polen mehr Silber glänzt als Almosen."[13]*

Allerdings genügte den Polen die deutsche Seelsorge nicht. In dieser Zeit wurden für die evangelischen Masuren, die bis 1890 die größte Auswanderergruppe aus den Ostprovinzen stellten, Gottesdienste in ihrer Sprache eingeführt. Die große Verbreitung der polnischen (masurischen) Sprache in den Gottesdiensten der evangelischen Kirchen hatte zur Folge, daß

---

12 Anastazy Nadolny, Polskie duszpasterstwo w Zagłębiu Ruhry 1871–1894, in: Studia Pelplińskie 12, 1981, S. 239–52.

13 Wiarus Polski, Nr. 17, 1893: Odpowiedź „Krytycznemu"; E. Franke, Die polnische Volksgruppe im Ruhrgebiet 1870–1940, Essen 1940, S. 357, gibt an, daß Propst Vogt das Polnische 1872 erlernte und begann, polnische Messen zu feiern. Vgl. Murzynowska, Die polnischen Erwerbsauswanderer, S. 85f.; Kurier Poznański, Nr. 8, 1892: Z Hanoweru; Pielgrzym, Nr. 139, 1884.

auch katholische Polen in immer größerer Zahl dort erschienen. Doch beschränkte sich ihre Teilnahme darauf, die Bibellesungen und die Predigten anzuhören und polnische Lieder zu singen. Einige nahmen darüber hinaus an masurischen Bibelkreisen in Privathäusern teil, in denen die Heilige Schrift gelesen und kommentiert wurde. Sonst suchte man auf beiden Seiten keine näheren Kontakte. Die konfessionellen Unterschiede schufen eine zu breite Kluft zwischen den zwei Gruppen.[14]

Die Polen sangen begeistert Kirchenlieder, die sie aus der Heimat mitgebracht hatten. Dies erlaubte ihnen, in Gedanken in ihre Heimatgemeinden zurückzukehren, stillte ihr Heimweh und linderte das Gefühl des Verlorenseins in der Fremde. Viele Pfarrer im Ruhrgebiet erlaubten den Polen das Singen polnischer Kirchenlieder nach den deutschen Gottesdiensten. Vor allem in der Fastenzeit versammelten sie sich zum Gesang der „bitteren Klagen" und zu Kreuzwegandachten. Es steht außer Frage, daß die ersten Vereine, in denen sich die Auswanderer organisierten, aus religiösem Streben und ebensolchen Bedürfnissen erwuchsen. Der polnische Bauer suchte den Zusammenschluß mit anderen Auswanderern, um die Muttersprache zu pflegen, Kirchenlieder zu singen, das Sonntagsevangelium zu lesen und zu beten. Die Vereine nahmen so Züge von Religionsgemeinschaften an.[15]

Anfangs waren die Polen weder für den deutschen Staat noch für das deutsche Episkopat ein nationales Problem. Die deutschen Bischöfe nahmen an, daß die polnische Bevölkerung bald in der örtlichen aufgehen, sich assimilieren und ihre sprachlichen Schwierigkeiten überwinden würde. Die Bischöfe der Diözesen Paderborn und Münster beschäftigten sich mit katholischen Zuwanderern und stellten ihnen polnische Beichtväter zur Verfügung, vor allem deshalb, weil sie in der Zeit des Kulturkampfes die Seelsorge über die nationalen Angelegenheiten stellten. Die Entfaltung der katholischen Polenseelsorge rechtfertigten auch die Nachrichten über die polnische Beteiligung an evangelischen Gottesdiensten und die Befürchtung, die polnischsprachigen Katholiken könnten zum Protestantismus übertreten. Die Polen, deren Zahl zunahm und die sich organisatorisch festigten, stellten in einigen Gemeinden bereits einen bedeutenden Pro-

14 J. Bredt, Die Polenfrage im Ruhrkohlengebiet. Eine wirtschaftliche Studie, Leipzig 1909, S. 22; J. Freilich, Polskie wychodźstwo zarobkowe w obwodzie przemysłowym westfalsko-nadreńskim, Kraków 1911, S. 33; S. Drygas, Czas zaprzeszły. Wspomnienia 1890–1944, Warszawa 1970, S. 105.
15 Tygodnik Ilustrowany, Nr. 1, 1901: Z życia Polaków w głębi Niemiec, S. 322; Wiarus Polski, Nr. 116, 1891.

zentsatz und verlangten immer häufiger die Einstellung ständiger polnischer Seelsorger.

Der erste Seelsorger und Missionar im Ruhrgebiet wurde Priester Anton Kantecki (1847–1893), der spätere Redakteur des *Kurier Poznański* (Posener Kurier). Nach seiner Priesterweihe begann er 1871 in Münster das Studium der Philologie, das er 1874 mit der Promotion abschloß. 1872 bat die Bergwerksleitung in Bottrop den Erzbischof von Gnesen und Posen um einen polnischen Seelsorger für die aus dem Osten stammenden Arbeiter. Der Erzbischof reagierte mit der Entsendung Kanteckis nach Westfalen, wo dieser seine seelsorgerische Arbeit parallel zum Studium verrichtete. Doch auf Grund des Gesetzes vom 11. Mai 1873 über die Besetzung kirchlicher Stellen wurde er 1874 verhaftet und zu einer Gefängnisstrafe verurteilt, nach deren Verbüßung er nach Posen zurückkehrte.[16]

Nachdem Kantecki in seine Heimatgemeinde hatte zurückkehren müssen, blieben die Polen in Westfalen zwölf Jahre lang ohne eigenen Seelsorger, und zwar gerade in der Zeit des Kulturkampfes, einer verschärften Konfrontation mit der katholischen Kirche und dem Polentum. Unter diesen Voraussetzungen war nicht damit zu rechnen, daß die staatlichen Stellen die Einstellung eines ständigen polnischen Seelsorgers genehmigen würden. Die Maigesetze verboten polnischen Priestern jegliche kirchliche und nationale Betätigung unter ihren Landsleuten im Westen.

Die Auswanderer ließen sich meist in Gruppen nach ihrem Herkunftsort nieder. Das ermunterte einige Pfarrer, ihre früheren Gemeindemitglieder zu besuchen und bei dieser Gelegenheit Messen zu feiern, auf Polnisch zu predigen und die Beichte abzunehmen. In der Zeit des Kulturkampfes fanden diese Treffen vor allem an Orten statt, die nicht den Verdacht der Polizei erregten, wie zum Beispiel in Wirtshaussälen. Denn die Polen, obwohl sie an Gottesdiensten teilnahmen und auch deutsche Predigten hörten, nahmen nur selten die Dienste deutscher Beichtväter in Anspruch. Die Hauptursache war, wie angedeutet, ihre mangelhafte Kenntnis der deutschen Sprache und ihre entsprechend eingeschränkten Möglichkeiten, in dieser Sprache zu beichten. Sie fürchteten um die Integrität und Gültigkeit der Beichte. Diejenigen, die versuchten, die Dienste deutscher

16 F. Stopniak, Kantecki Antoni (1847–1893), in: Słownik polskich teologów katolikkich, hg. von H. Wyczawski/ OFM, Bd. 2, Warszawa 1984, S. 259; S. Karwowski, Historia W. Księstwa Poznańskiego, Bd. 2, Poznań 1918, S. 181–184; Murzynowska, Die polnischen Erwerbsauswanderer, S. 90; Wiarus Polski, Nr. 46, 1893.

Beichtväter in Anspruch zu nehmen, gerieten oft in Gewissenskonflikte.[17] Ein ehemaliger „Westfale", Andreas Wachowiak, schrieb dazu: „Niemals würde ein Migrant, auch wenn er die deutsche Sprache bestens beherrscht, in einer fremden Sprache beichten. Zu den erhabenen Dingen, zur Befriedigung der Seele und des Herzens braucht er die polnische Sprache."[18]

Dank einer Initiative des Gemeindepfarrers in Bottrop, Karl Englert, weilte dort immer wieder ein Franziskanerpater aus dem schlesischen Kloster St. Annaberg, um die Beichte in polnischer Sprache abzunehmen. Er war im niederländischen Exil, weil er sich bei den Behörden unbeliebt gemacht hatte und wegen der Maigesetze von 1873 verfolgt wurde. Alljährlich überschritt er, Blindheit vortäuschend, die Grenze, um in Bottrop den dortigen Polen „wenigstens die eiserne Ration des Ostersakramentes zu spenden".[19] Erst 1881, in der letzten Phase des Kulturkampfes, erlaubten die Behörden in Bottrop eine Messe mit polnischer Predigt zu feiern. Die Predigt hielt ein Franziskaner in einem Nebenschiff vor dem Altar der Gottesmutter, da er keine Erlaubnis erhalten hatte, von der Kanzel im Hauptschiff zu sprechen.[20] Auch in späterer Zeit besuchten die Pfarrer sporadisch ihre Gemeindemitglieder, obwohl die Polen inzwischen ihren ständigen Seelsorger bekommen hatten. Die polnischen Priester, die an der Theologischen Fakultät in Münster studierten, reisten mehrmals ins Ruhrgebiet, um seelsorgerisch auszuhelfen. Außerdem kamen Missionare, die mit seelsorgerischem Dienst zu den Saisonarbeitern in Sachsen und in anderen Teilen Deutschlands reisten, manchmal nach Westfalen. Einer dieser Wanderpriester war Władysław Enn aus der Erzdiözese Posen. Zwischen 1878 und 1882 unternahm er mehrere Missionsreisen durch Deutschland, hauptsächlich nach Sachsen und in die Umgebung von Berlin, aber er gelangte mehrmals auch nach Westfalen.[21] Zur Tradition wurden auch Besuche von Priestern, die Reichstags- bzw. Landtagsabgeordnete waren, in den Zentren der polnischen Immigranten. Dies war

---

17 Bredt, Die Polenfrage, S. 16; Wiarus Polski, Nr. 21, 1891.
18 Wachowiak, Przedwojenna emigracja, S. 203.
19 Brandt, Polen und die Kirche, S. 7f.
20 Ders., Das Kloster der Redemptoristen in Bochum und die Polenseelsorge im westfälischen Industriegebiet 1883–1918, in: Spicilegium Historicum Congregationis SSmi Redemptoris 23, 1975, S. 140.
21 Z. Zieliński, Z dziejów „walki o duszę" polskich robotników sezonowych w Niemczech w dobie Kulturkampfu, in: Rola Wielkopolski w dziejach narodu polskiego, Poznań 1979, S. 229–39; Kozłowski, Rozwój, S. 57f.

selbstverständlich nur eine gelegentliche Missionsarbeit, die sehr unregelmäßig stattfand und auf die Beichte sowie Gottesdienste mit polnischer Predigt und polnischem Gesang beschränkt blieb.

3. Die Tätigkeit des Priesters Josef Szotowski (1885–1890)

Durch den Kulturkampf blieben viele Diözesen verwaist, nicht nur in den polnischen Gebieten, sondern in ganz Deutschland. Auch alle drei Bischofsstühle, die für das Ruhrgebiet zuständig waren, also Köln, Münster und Paderborn, waren vakant. Nach Beilegung des Kulturkampfes bekam Paderborn als erste Diözese mit Franz Drobe einen neuen Ordinarius.[22] Er war der erste Bischof, der die Petitionen der Polen berücksichtigte, eigene Gottesdienste zu feiern und Seelsorge in der Muttersprache zu empfangen. Er bemühte sich, polnische Priester in seiner Diözese einzusetzen, vor allem für die Zeit der Osterbeichte, und später einen ständigen Missionar zu holen. Hervorzuheben ist, daß von den drei genannten Diözesen sich in Paderborn die meisten Polen angesiedelt hatten (1890: etwa 15.000). Dem Aufruf von Bischof Drobe folgte der Administrator der Kirchengemeinde Pelplin, Priester Josef Szotowski.[23] Mit Erlaubnis des Kulmer Bischofs

---

22 E. Gatz, Drobe, Franz (1808–1891), in: Die Bischöfe der deutschsprachigen Länder 1785/1803 bis 1945. Ein biographisches Lexikon, hg. von E. Gatz, Berlin 1983, S. 142ff.

23 Der Priester Josef Szotowski wurde am 15. September 1842 in Bischofsburg im Ermland geboren. 1863 schloß er das Gymnasium in Braunsburg ab, studierte dann am Priesterseminar in Pelplin, wo er am 14. April 1867 die Priesterweihe erhielt. Danach arbeitete er als Kaplan in Schlochau und Berent. Vom 1. August 1870 bis Ende 1884 war er Kaplan und Administrator der Pelpliner Gemeinde. Es zeugt von seiner Begeisterung für gesellschaftliche Tätigkeiten, daß er schon 1874 zusammen mit dem Chorleiter, Priester Josef Mazurowski, in Pelplin den ersten Gesangverein der Hl. Cäcilia gründete. 1885–1890 war er Seelsorger der Polen in Westfalen und im Rheinland. Nach der Rückkehr in die Diözese war er Administrator der Gemeinde in Wudzyn bei Bromberg, ab dem 24. März 1893 der Gemeinde Karthaus/Kaschubien. Außer der seelsorgerischen Arbeit entwickelte er nationale und soziale Aktivitäten, die ihm den Beinamen „kaschubischer König" einbrachte. Er hielt weiterhin Kontakte mit den westfälischen Immigranten und mit dem heimatlichen Ermland. Er starb in Karthaus am 26. August 1911. In seinem Nachruf hieß es, daß er ein Mann von großem Format gewesen sei, würdig, neben Priester Wawrzyniak zu stehen und in mancher Hinsicht diesen großen Sohn Großpolens überragend. Vgl. H. Mross, Słownik biograficzny kapłanów diecezji chełmińskiej wyświęconych w latach 1821–1920, Pelplin 1995, S. 321f.; J. Borzyszkowski, Szotowski Jozef (1842–1911), in: Słownik biograficzny Pomorza nadwiślańskiego, hg. von S. Gierszewski, Bd. 4, Gdańsk 1997, S. 317f.; T.

Johann Nepomuk Marwitz[24] übernahm er die seelsorgerische Arbeit unter seinen Landsleuten im Ruhrgebiet. Szotowski wurde am 23. Dezember 1884 ernannt und nahm Anfang Januar 1885 die Arbeit auf. Ihm wurde die Kaplansstelle in der Bochumer Pfarrei St. Peter zugeteilt, die ausschließlich für die Polen bestimmt war. Er wohnte zunächst in Dortmund, dann ab dem 7. März 1885 im verlassenen Bochumer Redemptoristenkloster neben der Kirche der Hl. Familie, in der er die polnische Seelsorge leitete. Dies trug dem Gotteshaus den Spitznamen „polnische Kirche" ein.[25]

Von Bochum aus bereiste Szotowski unermüdlich das Ruhrgebiet, um die religiösen Bedürfnisse seiner Landsleute zu erfüllen. Seine Tätigkeit sollte sich grundsätzlich auf das Gebiet der Diözese Paderborn beschränken. Doch er übernahm mit seiner Arbeit auch andere Teile des Ruhrgebietes, und sporadisch besuchte er sogar weiter entfernte Regionen Deutschlands wie Hannover, Hamburg, Sachsen und Westpreußen. Die „Bottroper Chronik" nannte ihn den Seelsorger aller Auswanderungsgebiete im Westen.[26]

In der Zeit seiner seelsorgerischen Besuche, die aus Gottesdiensten mit polnischer Predigt und Kirchenliedern bestanden, nahm Szotowski auch an polnischen Vereinsversammlungen teil. Die meiste Zeit verbrachte er aber damit, die Beichte abzunehmen. Ihm war klar, daß er allein nicht alle Landsleute im Ruhrgebiet mit der Seelsorge erfassen konnte. Deshalb

Oracki, Słownik biograficzny Warmii, Mazur i Powiśla XIX i XX wieku, Warszawa 1963, S. 282; Murzynowska, Die polnischen Erwerbsauswanderer, S. 90; E. Hinz, Praktyka muzyczna w katedrze diecezji chełmińskiej w Pelplinie w latach 1824–1918, in: Studia Pelplińskie, 1979, S. 297; Brandt, Polen und die Kirche, S. 7, 22–63; Pielgrzym, Nr. 155, 1884; Wiarus Polski, Nr. 102, 1891; Nr. 199, 1911: Nekrolog; Schematismus des Bistums Culm mit dem Bischofssitze in Pelplin 1904, S. 305; Schematismus des Bistums Paderborn 1888, S. 253.

24 E. Piszcz, Marwicz Johannes Nep. (1795–1886), Bischof von Kulm, in: Bischöfe, S. 482; B. Kumor, Marwitz Jan Nepomucen (1785–1886), biskup chełmiński, in: Polski słownik biograficzny, Bd. 20, Warszawa 1975, S. 99ff.

25 Das Kloster und die Kirche der Hl. Familie wurden am 19. März 1863 gegründet, in der Zeit des Kulturkampfes, aber durch den Staat am 25. September 1873 wieder geschlossen. Die Redemptoristen mußten Preußen verlassen und sich in die Niederlande begeben. Im Januar 1899 nahmen sie das Kloster wieder in Besitz. Brandt, Das Kloster, S. 134; B. Scholten, 100 Jahre Redemptoristenkloster Bochum, Bochum 1968.

26 Brandt, Das Kloster, S. 141. Vgl. J. Brejski, Pamiętnik 50-lecia „Wiarusa Polskiego", in: Jubileuszowy Kalendarz Wychodźczy „Wiarusa Polskiego" 1890–1940 na rok 1940, Lille 1940, S. 133; Wiarus Polski, Nr. 115, 1891.

sollten ihn dabei polnisch-katholische Organisationen unterstützen. Zu diesem Zweck setzte er eine groß angelegte Aktion zur Gründung neuer Vereine in Gang. Bei seiner Ankunft im Ruhrgebiet gab es dort sechs Vereine, fünf davon in Westfalen und einen im Rheinland. Als Szotowski das Ruhrgebiet verließ, gab es zwanzig neue polnisch-katholische Organisationen. Außerdem legte er großen Wert auf die Ausbreitung des polnischen Bildungswesens, politische Fragen klammerte er aus.[27]

Die Anfänge des polnischen Vereinslebens in Westfalen lassen sich auf das Jahr 1876 datieren, als Hipolit Sibilski, zunächst Arbeiter, später Buchhändler im Ruhrgebiet, in Dortmund den „Polnisch-Katholischen Verein ‚Einheit'" (Polsko-Katolickie Towarzystwo „Jedność") mit eigener Krankenkasse gründete. Sibilski arbeitete eng mit Szotowski zusammen, und stand, ähnlich wie dieser, einer politisch-nationalen Richtung nahe, die der Posener *Orędownik* (Fürsprecher) vertrat.[28] Die Satzung dieser Organisation wurde zum Vorbild für andere polnische Organisationen und Vereine im Ruhrgebiet,[29] die einen wichtigen Platz im Leben der polnischen Migranten einnahmen. Sie brachten Arbeiter zusammen, die aus verschiedenen Teilen Polens stammten, boten Unterstützung, vermittelten Bildung, schützten vor der „Entnationalisierung" und füllten die Lücke aus, die das Fehlen polnischer Priester im Westen verursachte. Der polnische Seelsorger wurde zum Patron aller Organisationen.

Die deutsche Geistlichkeit behandelte Szotowski anfangs sehr wohlwollend. „Die älteren Pfarrer", erinnerte sich Johann Brejski, der spätere Redakteur und Eigentümer des *Wiarus Polski* (Polnischer Kämpe), „die sich während des Kulturkampfes als Spitzenkämpfer für die Freiheit und die Rechte der Kirche ausgezeichnet hatten, nahmen den polnischen Mitbruder mit einer Begeisterung auf, ähnlich der, mit welcher das deutsche Freiheitslager einst unsere November-Aufständischen auf ihrer Reise nach Frankreich begrüßte".[30] Die kirchlichen Behörden erwarteten, daß die

---

27 Kozłowski, Rozwój, S. 78. Murzynowska, Die polnischen Erwerbsauswanderer, S. 91, spricht für 1885 von fünf polnischen Vereinen, während Szotowski in seinem Thorner Vortrag nur vier nannte. Wiarus Polski, Nr. 115, 1891.

28 Über H. Sibilski, in: J. Brejski, Pamiętnik, S. 133; Murzynowska, Die polnischen Erwerbsauswanderer, S. 91; W. Chojnacki, Księgarstwo polskie w Westfalii i Nadrenii, in: Studia Polonijne 4, 1981, S. 201.

29 Über den Fahnenentwurf der „Einheit" in Dortmund siehe Brandt, Polen und die Kirche, S. 52; das Muster der Satzung ebd., S. 60–62.

30 Brejski, Pamiętnik, S. 133.

Arbeit Szotowskis sich darauf beschränken würde, die deutschen Priester zu unterstützen und die Lage unter den katholischen Immigranten unter Kontrolle zu halten. Auch die preußischen Behörden behinderten die apostolische Arbeit nicht, sondern sahen in ihr vielmehr eine Unterstützung im Kampf gegen den erstarkenden Sozialismus. Gleichwohl beobachtete ihn die Polizei aufmerksam und ließ ihn durch Spitzel beschatten. Szotowski selbst quittierte dies mit Unverständnis:

> *„Ich habe nie verstanden, warum die preußische Regierung mit mißtrauischem Auge auf den polnischen Priester schaut, warum man den polnischen Priester beschattete und ausspionierte. Man schickte verkleidete Polizisten, observierte Leute, nahm einfache Frauen fest, um zu erfahren, was ich in Predigten oder in privaten Runden gesagt habe.“* [31]

Mit der Zeit änderte sich die Situation zuungunsten der Polen wegen der wachsenden Anerkennung und Popularität Szotowskis unter den Auswanderern.[32] Einige Priester mit chauvinistischer und regierungstreuer Gesinnung – es ist zu bedenken, daß der Reichskanzler noch immer Bismarck hieß – erschwerten dem Missionar die Arbeit und schauten argwöhnisch auf seine wachsende Beliebtheit. Er wurde häufig schikaniert, indem sein Kommen nicht bekanntgegeben, ihm die Unterkunft im Pfarrhaus verweigert oder der Beichtstuhl dort aufgestellt wurde, wo er Zugluft ausgesetzt war, was sich bei Tausenden von polnischen Beichtwilligen gesundheitsschädigend auswirkte. Daher wohnte Szotowski während seiner Missionsreisen meist bei polnischen Arbeitern.[33]

---

31 Wiarus Polski, Nr. 115, 1891; Anordnungen über polizeiliche Überwachung in: Brandt, Polen und die Kirche, S. 58, 71, 75.

32 Priester Liss schrieb in einem offenen Brief an Szotowski: „So wie du, habe auch ich bei den geistlichen Behörden in Paderborn, Köln und Münster einen offenen und ehrlichen Empfang bekommen – aber nur solange, wie ich kein gefährlicher Mann geworden bin." Vgl. Gazeta Toruńska, Nr. 174, 1900; Murzynowska, Die polnischen Erwerbsauswanderer, S. 90.

33 Brejski, Pamiętnik, S. 133, erinnert daran, daß einer der am stärksten antipolnisch eingestellten Priester nicht zuließ, daß Szotowski Polen die Beichte abnahm, die sich auf die Firmung vorbereitet hatten, so daß er dies in einer nahegelegenen Schule tun mußte. Ausführlich schilderte Szotowski diesen Sachverhalt in der Gazeta Toruńska, Nr. 188, 1900, und im Wiarus Polski, Nr. 111, 1900. Vgl. auch Kuba Redivivus, Nasi „przyjaciele" między sobą, in: Gazeta Toruńska, Nr. 174, 1900; Murzynowska, Die polnischen Erwerbsauswanderer, S. 90.

Erschwerend wirkte sich auch die ungelöste Finanzfrage aus. Auf Anordnung des Bischofs sollte Szotowski ein Jahresgehalt von 3.000 Mark bekommen, die anteilig von den Verwaltern der Pfarrgemeinden aufzubringen waren, in denen der Missionar seine seelsorgerischen Pflichten erfüllte. Einige Pfarrer zahlten jedoch verspätet oder gar nicht, so daß Szotowski 1889 beim Generalvikariat in Paderborn vorsprechen mußte, das sich wiederum genötigt sah, den Bochumer Pfarrer an seine Pflicht gegenüber seinem Kaplan zu erinnern. Das Schreiben wies dabei darauf hin, daß Kaplan Szotowski seit Jahren mit unermüdlichem Eifer Seelsorge unter den im Industriegebiet lebenden Polen betrieb. Somit sei dieses Gehalt mitnichten zu hoch, wenn man die intensive und kräftezehrende Tätigkeit dieses Kaplans berücksichtige. Es wurde hinzugefügt, daß künftig eine spezielle Seelsorge für polnische Katholiken unverzichtbar sei.[34]

Im Oktober 1885 nahm in Bottrop (Diözese Münster), wahrscheinlich auf Anregung Szotowskis, Priester Tomasz Raschke aus Pelplin seine Arbeit auf, aber nur für eine kurze Zeit, denn bereits am 7. Februar des nächsten Jahres kehrte er in seine Diözese zurück.[35] Verschiedene Pfarrer beschäftigten zwar gelegentlich Priester in ihren Gemeinden, die Polnisch sprechen konnten, doch war dies nur ein Notbehelf.

Ende der 1880er Jahre war die Gemeinde der Ruhrpolen bereits so groß, daß ein Seelsorger allein kaum noch in der Lage war, seine Aufgaben zu bewältigen. Hinzu kam, daß die Polen zwar größere Siedlungsgruppen bildeten, aber doch auf das ganze Ruhrgebiet verteilt waren, wo die Grenzen der drei Diözesen aufeinander trafen. Das brachte Szotowski dazu, die Deutsche Bischofskonferenz in Fulda zu bitten, „die seelsorgerischen Kräfte für die geistliche Betreuung der polnischen Katholiken in den Westdiözesen zu vergrößern". Die Fuldaer Konferenz, die unter dem Vorsitz des Kölner Erzbischofs Philipp Krementz tagte, lehnte den Antrag am 21. August 1889 mit der Begründung ab, daß es an Diözesanpriestern in den Ostdiözesen fehlte. Das war zwar richtig, aber nicht der einzige Grund für die Absage. Die Konferenz deutete an, daß die Zahl der polnischen Seelsorger nur durch die Hinzuziehung von Ordensleuten aus Krakau erhöht werden könne.[36] Es wird angenommen, daß die Bischöfe diesen Vorschlag nicht ernst nahmen, weil sie wußten, daß die preußischen

---

34 Brandt, Kloster, S. 142; Kozłowski, Rozwój, S. 70–73.
35 Brandt, Polen und die Kirche, S. 8 und 54; Mross, Słownik, S. 259.
36 Ebd., S. 71.

Behörden eine solche Lösung des Problems nicht zulassen würden. Auch hatten diese nicht die Absicht, die Zahl der polnischen Geistlichen unter den westfälischen Einwanderer zu erhöhen, schon gar nicht durch Hinzuziehung von Ausländern ohne preußische Staatsangehörigkeit.

Gleichzeitig forderten auch andere Pfarrer im Ruhrgebiet, die Zahl polnischer Seelsorger aufzustocken. Unter anderem wurde dieses Problem auf der Dekanatskonferenz in Essen am 15. Dezember 1890 diskutiert. Alle waren sich einig, daß es nötig sei, einen polnischen Missionar im Dekanat für Predigten und die Abnahme der Beichte einzustellen. Er sollte nicht Kaplan in einer Gemeinde sein, der dem örtlichen Pfarrer untergeordnet war, sondern ein selbständiger Seelsorger, der sich nur mit seinen Landsleuten befaßte. Die Pröpste des Dekanates verpflichteten sich dazu, seine Lebenshaltungskosten zu decken. Die Teilnehmer stellten zwar fest, daß Polen, ähnlich wie andere Slaven, leicht die deutsche Sprache für den Alltagsgebrauch erlernten, sie aber nicht ausreichend beherrschten, um zu beichten oder Predigten und Katechese zu verstehen. Es wurde hervorgehoben, daß das Fehlen eines muttersprachlichen Kaplans das religiöse Leben und das moralische Verhalten der Einwanderer negativ beeinflußte. Auch wurden Gespräche mit dem Provinzial der Franziskaner, Pater Georg Janknecht, über die Möglichkeit geführt, einen polnischsprachigen Ordensmann hinzuzuziehen, der in Neviges (Hardenberg) beziehungsweise in einem noch zu gründenden Kloster in Essen oder Düsseldorf wohnen sollte.[37] Die Verhandlungen endeten mit einem Fiasko, doch sollte diese Idee zu einem späteren Zeitpunkt aufgegriffen werden, und die Bischöfe sollten schließlich den Franziskanern die polnische Seelsorge anvertrauen.

Die Ergebnisse der organisatorischen Arbeit, das Erwachen eines polnischen Nationalbewußtseins, die wachsende Bedeutung und Popularität Szotowskis sowie die gestellten Forderungen beunruhigten die preußischen Behörden, die an der Integration der Polen und einem lebendigen Gemeindeleben nicht interessiert waren. Szotowski wurde für sie, wie Priester Liss es später nannte, ein gefährlicher Mann. Daher wurde er bald auf Antrag der Behörden der Diözese Paderborn in seine Heimatdiözese zurückbeordert und verließ das Ruhrgebiet Anfang 1890. Vorgeschoben wurde der Vorwurf, er habe sich mit seiner Missionsarbeit nicht auf die Diözese Paderborn beschränkt.

---

37 Ebd., S. 73f.

„Als Priester Szotowski nach fünfeinhalb Jahren harter Arbeit die hiesige Stelle verließ, schickte man aus einem gewissen Ort eine Beschwerde nach Paderborn, daß ihnen Unrecht geschieht, denn Priester Szotowski kontrollierte die Paderborner Diözese nicht, sondern er betreute Polen in anderen Diözesen, wo er weder Verpflichtung noch Gehalt hatte. Dieser Vorwurf war unberechtigt, Priester Szotowski hielt sonntags erst Gottesdienst in der Paderborner Diözese, nach dem Gottesdienst fuhr er in die Nachbardiözesen, oder er tat dies an Werktagen, an denen er hier keine Beschäftigung hatte."[38]

Nach der Rückkehr in seine Heimatdiözese interessierte sich Szotowski weiterhin lebhaft für die polnischen Migranten im Ruhrgebiet und hielt die Kontakte zu ihnen, was sich in der Korrespondenz mit dem neuen polnischen Seelsorger in Westfalen und der Redaktion des *Wiarus Polski* niederschlug. Sein bereits erwähnter Vortrag in Thorn belegt mehrfach seine Sympathie für die Ruhrpolen. Einen Teil seines Auftrittes verwendete er zur Verteidigung der Auswanderer vor ungerechten Urteilen als Landstreicher und Faulpelze. Ein vielsagendes Zeugnis des gegenseitigen Wohlwollens war das Geschenk eines Bildes der Gottesmutter von Tschenstochau, das polnische Organisationen Szotowski 1892 nach Wudzyn schickten, und Danksagungen, die der *Wiarus Polski* veröffentlichte. Johann Brejski, der Szotowski noch aus seiner Zeit in Pelplin kannte, schrieb über ihn in seinen „Westfälischen Tagebüchern", daß er in Westfalen nur Freunde und Verehrer zurückgelassen habe. Das sichtbare Ergebnis seiner Tätigkeit im Ruhrgebiet waren die erwähnten zwanzig neuen polnisch-katholischen Vereine, Tausende abgenommener Beichten, eine große Zahl Predigten und Ansätze zu einem erwachenden Nationalbewußtsein unter den Auswanderern. Dies war die erste Phase der Formierung der polnischen Gesellschaft im Ruhrgebiet vor 1890, die als Zeit der beginnenden Akklimatisierung und Stabilisierung bezeichnet werden kann. Hier wurde das Fundament für das später riesige und straffe polnische nationale, organisatorische und wirtschaftliche Zentrum im Westen Deutschlands gelegt.

Nach Szotowskis Abberufung erwogen deutsche Bischöfe, deutsche, polnischsprachige Ordensleute mit der Seelsorge zu betrauen. Ihre Hoffnung, die Redemptoristen könnten nach Bochum zurückkehren und mit

---

38 Wiarus Polski, Nr. 101, 1891. Als weiterer Grund für die Abreise wurde die arbeitsbedingt angeschlagene Gesundheit Szotowskis genannt. Wiarus Polski, Nr. 111, 1900: Stosunki w Westfalii i Nadrenii.

dieser Aufgabe betraut werden, war freilich gering. So erwarteten sie, auch das zweite Problem zu lösen, also die Polen daran zu hindern, in deutschen Pfarreien eigene nationale „kleine Pfarreien" zu gründen, welche die von der Regierung so sehr eingeforderte Assimilierung verhinderten. Da diese Vorhaben aus verschiedenen Gründen keine Aussichten auf eine schnelle Verwirklichung hatten, bemühte sich Bischof Drobe ab dem Frühjahr 1890 einen zweiten Seelsorger aus den östlichen Diözesen zu holen.

4. Die Tätigkeit des Priesters Franz Liss von 1890 bis 1894

Neuer Seelsorger wurde der Priester Dr. Franz Liss.[39] Mit seiner Ankunft in Westfalen um den 1. April 1890 begann nicht nur in der polnischen Seelsorge, sondern überhaupt in der Geschichte der polnischen Auswan-

39 Franciszek Liss wurde am 8. September 1855 als Sohn von Franciszek Kamrowski und Franciszka Kamrowska in einer Bauernfamilie in Seerese bei Pelplin geboren. Die Eltern pflegten nationale Traditionen, was sich später in seiner Arbeit zeigte. 1867–1874 Schüler des bischöflichen Gymnasiums „Collegium Marianum" in Pelplin, bestand er 1877 in Kulm an der Weichsel das Abitur. Als Studienfach wählte er Theologie. Da das Pelpliner Priesterseminar wegen des Kulturkampfes geschlossen war, studierte er auf Anordnung von Bischof J.N. Marwicz in Rom. An der Gregorianischen Universität erlangte er 1880 den Doktortitel in Philosophie. Seinen einjährigen Dienst in der preußischen Armee leistete er in Breslau ab. Danach setzte er seine Studien in Rom fort, wo er am 24. März 1883 zum Priester geweiht wurde. 1884 erlangte er einen zweiten Doktortitel in Theologie mit der Abhandlung „De gratia". Nach seiner Rückkehr in die Diözese wurde er Professor am „Collegium Marianum" und Domvikar (1885–1887), danach Kaplan in Briesen, Strasburg und Administrator der Gemeinde in Nieżywięcie. 1890 sollte er die Seelsorge unter den Polen im Ruhrgebiet übernehmen. Nach der Abberufung aus Westfalen wurde er zum Kaplan in Neumark ernannt, doch man revidierte die Entscheidung und ernannte ihn zum Administrator und 1897 zum Propst der Gemeinde in Rumiano bei Neumark. Neben der Seelsorge entfaltete er auch seine publizistische, soziale und nationale Tätigkeit. 1894 bis 1916 war er Redakteur der Beilage zur Gazeta Toruńska (Thorner Zeitung) unter dem Titel „Familia Chrześcijańska" (Die christliche Familie) und schrieb bis 1914 Beiträge für mehrere andere Zeitschriften, etwa im Pielgrzym. Sehr populär waren seine Erzählungen im Zyklus „Gawędy starego Kuby" (Plaudereien des alten Jakob). Außerdem gab er einige eigene Publikationen heraus. Er war aktives Mitglied des Vereins der Volksbüchereien und des Wissenschaftlichen Vereins in Thorn. Er arbeitete mit der polnischen Bewegung im Ermland und in Masuren zusammen, wohin er zu Lesungen reiste. 1903 und 1907 kandidierte er für den Reichstag im Bezirk Neidenburg-Osterode. Für seine Beteiligung an dem Schulstreik in der Region Neumark für den Religionsunterricht in polnischer Sprache von 1906, wurde zu einem Monat Gefängnis verurteilt, den er in Danzig absaß. 1914 wurde er ein weiteres Mal für das Verstecken von Waffen in der Kirche verhaftet. Er wirkte bei der Entstehung zweier neuer seelsor-

derung ins Ruhrgebiet eine neue Etappe. Ähnlich wie vor ihm Szotowski wohnte Liss im verlassenen Redemptoristen-Kloster in Bochum, dessen Kirche inzwischen schon als „polnische Kirche" bezeichnet wurde.

Bochum war damals zwar keine große, aber eine sich schnell entwikkelnde Industriestadt.[40] Da dort nach Szotowski auch dessen Nachfolger wohnte, wurde Bochum zum Zentrum der polnischen Seelsorge für die Region. Mit der Gründung der ersten polnischen Zeitschrift wurde die Stadt zum Mittelpunkt des polnischen kulturellen, politischen und organisatorischen Lebens, nicht nur für Westfalen, sondern auch für andere Provinzen im Westen Deutschlands. Hier lag der Anfang dessen, was später treffend „Bochumer Schmiede" genannt wurde, und bis heute hat Bochum diese Bedeutung als Sitz der zentralen Organisation der Polen in der Bundesrepublik Deutschland nicht ganz verloren.

Liss war ein eifriger Seelsorger und guter Redner, überdies besaß er ein hervorragendes organisatorisches und politisches Talent. Als er seine Arbeit unter den Auswanderern begann, hatte er bereits einen ausgearbeiteten Plan. Um diesen umzusetzen und erfolgreich Einfluß auf die Migranten zu nehmen, bediente er sich der Presse. Er gründete gleich zu Beginn seines Aufenthaltes die erste polnische politische Zeitschrift für die Arbeiter und Bergleute vor Ort, die auch eine religiöse Beilage enthielt. Diese erlaubte ihm, sich effektiv auf dem pastoralen, organisatorischen und erzieherischen Feld zu betätigen. Da er großen Einfluß im Revier hatte, wurde er der faktische Organisator des polnischen Lebens und der unumstrittene Führer der Polen im Ruhrgebiet. Johann Bredt, der die Polen kritisch beurteilte, berichtete 1909 in seinem Buch über die polnische Auswanderung im Industriegebiet bewundernd über ihn:

„Dieser Name bedeutet für das westliche Polentum eine eigene Epoche, ein Stück Geschichte, das von diesem Namen ausgefüllt wird. Seine Tätigkeit ist das eigentliche momentum agens, das die heutige Polenfrage in Fluß

---

gerischer Zentren mit – auf den Gebieten der Gemeinden Koszelewy (1913) und Rybno (1928). Für seine Tätigkeit wurde er 1928 zum Prälaten ernannt. Er starb am 3. März 1933 in Rumiano. Mross, Słownik, S. 175f.; Oracki, Słownik, S. 193f.; Słownik polskich teologów katolickich 1918–1981, Bd. 6. hg. von L. Grzebień, Warszawa 1983, S. 339f. (Personenbiographie); Słownik biograficzny katolicyzmu społecznego w Polsce, K-P, Lublin 1994, S. 88f.

40 R. Palseur, Bochum. Geographische Betrachtung einer Großstadt im Ruhrgebiet, Würzburg 1938, S. 45; Leksykon Polactwa w Niemczech, Warszawa/Wrocław 1973; Wiarus Polski, Nr. 103, 1894.

gebracht hat [...]. Hierdurch aber kann die Anerkennung seiner eminenten Begabung und wahrhaft genialen Tätigkeit in keiner Weise beeinträchtigt werden [...]. Herrschte Pfarrer Liss als Seelsorger, Politiker und Patron der polnischen-katholischen Arbeitervereine unbeschränkt und zum Segen der Beteiligten."[41]

Liss' Tätigkeit fiel mit dem Ende der Bismarck-Ära und der vierjährigen Regierungszeit des Reichskanzlers Leo von Caprivi zusammen. Die deutsche Historiographie bezeichnet diese Zeit oft als „Versöhnungsära", die sich durch eine gewisse politische Entspannung und Lockerung der antipolnischen Politik auszeichnete. Die für Deutschland ungünstige internationale Situation und der damit verbundene Wille, die polnische Bevölkerung für den Kriegsfall zu gewinnen, wie auch den Einfluß der Sozialisten zu bekämpfen, die unter den Arbeitern zunehmend Gehör fanden, waren die Gründe, die der Regierung nahelegten, sich zu Zugeständnissen gegenüber der bisher diskriminierten Minderheit durchzuringen. Caprivi selbst hatte keine Vorurteile gegenüber den Polen. Begünstigende Momente waren auch die Aktion der katholischen Arbeiterbewegung, die Papst Leo XIII. im Jahr 1891 mit seiner Enzyklika „Rerum novarum" initiierte, und besondere Bedeutung im Westen Deutschlands erlangte, sowie auch die katholische Zentrumspartei und die Folgen des Kulturkampfes in Form der nationalen Aktivierung in Posen und Westpreußen. Westfalen war zu 51%, das Rheinland zu 71% katholisch bevölkert. Der preußische Staat begünstigte indessen Protestanten bei der Besetzung höherer Stellen im Staatsdienst. Somit war die Bevölkerung dieser Provinzen wenigstens anfangs den Polen wohl gesonnen, weil sie in ihnen ein Gegengewicht zum Protestantismus sah, der immer größere Bedeutung erlangte, und auch die Stärkung ihrer politischen Macht im Parlament erhoffte. Zu den Umständen, die eine seelsorgerische Tätigkeit erleichterten, gehörten die konzentrierte Ansiedlung der Polen auf einem überschaubaren Gebiet, die große Handlungsfreiheit und das Vertrauen der polnischen Bevölkerung zu ihrem Priester. All dies nutzte Liss aus. Wenn man seine persönlichen

---

41 J. Bredt, Die Polenfrage, Leipzig 1909, S. 23. Ähnlich berichtete L. Bernhard, Das polnische Gemeinwesen im preußischen Staat. Die Polenfrage, 2. bearb. Aufl., Leipzig 1910, S. 189: „Dieser Mann, der von lebhaftem Temperament war und politische Fähigkeiten besaß, ergriff mit Leidenschaft und Klugheit seine Arbeit."

Werte und die organisatorische Befähigung hinzuzählt, wurden die Ergebnisse seiner Arbeit schnell sichtbar.

Die „Versöhnungsära" endete in den letzten Wochen der Amtszeit Caprivis, als die antipolnische Politik wieder verschärft wurde. Liss' Abberufung aus Westfalen machte dies sichtbar. Vor allem der Priestermangel behinderte die Arbeit. Ein polnischer Seelsorger betreute mehrere Tausend Menschen, die im ganzen Ruhrgebiet verstreut wohnten. So konnte die Seelsorge allenfalls sporadisch stattfinden. Es war auch schwierig, Helfer zu finden, denn eine Mehrheit der Orden, wie die Jesuiten oder die Redemptoristen, unter denen sich Polen hätten finden können, hatte Preußen während des Kulturkampfes verlassen müssen. Negativ wirkte sich vor allem die ablehnende Haltung der preußischen Behörden gegenüber der polnischen Tätigkeit aus.[42]

Kirchenrechtlich unterstand Liss dem Bischof von Kulm, zeitweise auch dem Bischof von Paderborn, Franz Kaspar Drobe, beziehungsweise nach dessen Tod am 7. März 1891 seinem Nachfolger, Bischof Hubert Teophil Simar, der den Bischofsstuhl am 17. Dezember 1891 bestieg.[43] Da der polnische Seelsorger infolge der Bemühungen des bischöflichen Ordinariats in Paderborn nach Westfalen kam, begrenzte man den Bereich seiner Jurisdiktion und Tätigkeit auf diese Diözese. Um die Schwierigkeiten seines Vorgängers zu vermeiden, bemühte sich Liss, das Gebiet, das ihm per Dekret zugewiesen worden war, nicht zu überschreiten, außer in notwendigen Fällen wie dem Krankendienst und bei organisatorischer Tätigkeit. Er hatte auf seinem Gebiet ohnehin eine große Anzahl von etwa 15.000 Polen zu betreuen. Für die sonstigen Gegenden des Ruhrgebiets, die sich in den Grenzen der Diözesen Köln und Münster befanden und wo etwa 6.000 bis 7.000 Landsleute wohnten, organisierte er die Seelsorge, indem er Priester aus polnischen Diözesen hinzuzog, sowie gelegentlich, vor allem in der Osterzeit, Ordensleute und Priester zu Hilfe rief, die in Münster oder Bonn studierten. Danach bemühte er sich um die Unterstützung der örtlichen Ordensleute, die des Polnischen mächtig waren. Dies waren hauptsächlich aus Schlesien stammende Franziskaner, die aus den Klöstern Neviges (Hardenberg), Düsseldorf und Dorsten kommen sollten. In Frage

42 Murzynowska, Die polnischen Erwerbsauswanderer, S. 208; L. Trzeciakowski, Polityka polskich klas posiadających w Wielkopolsce w erze Capriviego 1890–1894, Poznań 1960, S. 3; Z. Zieliński, Niemcy, Zarys dziejów, Katowice 1998, S. 180.
43 Bischöfe der deutschsprachigen Länder, S. 142 (F.K. Drobe), S. 705 (H.T. Simar).

kamen die Patres Andreas Bolczyk, Konstantin Przędziński und Albert Wilhelm Rittner.[44]

Was die juristischen und seelsorgerischen Rechte angeht, war Liss wie ein Missionar, also ein persönlicher Seelsorger der Migranten gestellt.[45] Seine Entlohnung regelte das bischöfliche Ordinariat in Paderborn. Das Hauptverdienst in dieser Sache schrieb Liss dem am 21. Juni 1891 verstorbenen Generalvikar Franz Schulte zu.[46] Die Bezahlung der zugereisten Priester deckte er teilweise aus dem Stipendienfonds des Hl. Josef. Er bekam aber keine Unterstützung aus der Kasse des Bonifatiusvereins, wie einige andeuteten, und kein Regierungsgehalt.[47]

Die deutschen Priester verhielten sich gegenüber dem polnischen Seelsorger meist wohlwollend, oft geradezu herzlich. Dies bezeugen zahlreiche Aussagen von Korrespondenten des *Wiarus Polski* und dort erschienene Vereinsberichte. Das dynamische Bevölkerungswachstum im Ruhrgebiet machte eine Reorganisation der Pfarreien notwendig, die seit dem späten Mittelalter und der Reformation bestanden hatten. Auf Grund des Massenzuzuges von Menschen, in der Mehrheit katholischen Glaubens, entstanden dort viele neue, oft schnell wachsende Städte und Siedlungen, und dabei auch neue Pfarreien. Neue Kirchen mußten gebaut werden, wozu die Polen einen erheblichen Beitrag leisteten, wenn man ihre Opferbereitschaft bedenkt und ihren Anteil an den Gemeindemitgliedern, der in einigen Pfarreien bei bis zu 50% lag. Davon unabhängig spendeten sie die liturgischen Ausstattungen für neue Gotteshäuser in Westfalen wie auch für heimatliche Kirchen im Osten. Einige deutsche Priester machten sich sogar die Mühe, die polnische Sprache zu erlernen, um sich mit den neuen Gemeindemitgliedern verständigen zu können. So scheint der *Wiarus Polski* zu Recht beruhigend auf hervorgehobene Befürchtungen geantwortet zu haben: „Uns scheint, daß die Angst vor der deutschen Geistlichkeit überflüssig ist, sie denkt meist nicht daran, die Polen zu germanisieren."[48] Neben der wohlwollenden Haltung der Mehrheit westfälischer Priester

44 J. Liszka, Polen in Deutschland 1871–1939. Ein Beitrag zur Geschichte der Seelsorge an Polen, Priesterjahrheft, Paderborn 1975, S. 30; Brandt, Polen und die Kirche, S. 73–75.
45 J. Bakalarz, Misjonarz migrantów w prawodawstwie powszechnym Kościoła, Poznań 1992.
46 Bischöfe der deutschsprachigen Länder, S. 679.
47 Wiarus Polski, Nr. 38, 1892.
48 Wiarus Polski, Nr. 60, 1892.

gegenüber den Polen sei auch die ablehnende Haltung Einzelner notiert, welche die Tätigkeit erschwerten; dies waren jedoch Ausnahmen. Nach 1893 trat diese Haltung wegen der wachsenden Bedeutung und des Einflusses von Pfarrer Liss deutlicher hervor.

Die nationale Tätigkeit des polnischen Missionars weckte das Mißtrauen von Bischof Simar. Er verlangte entschieden nicht nur die Einstellung des *Wiarus Polski*, sondern forderte grundsätzlich die Germanisierung der Polen, weil er darin den besten Weg sah, deren moralisches und kulturelles Niveau zu heben. Liss mußte in dieser Frage zweimal vor seinen Vorgesetzten treten. Dramatisch verlief ein längeres Streitgespräch im Frühjahr 1893. „Dieser Disput wird in die Geschichte eingehen", schrieb Liss selbst darüber, „und er wird nach dem Tod des Bischofs und nach meinem eigenen verkündet, es sei denn, die Notwendigkeit verlangt dies früher."[49] Gleichwohl veröffentlichte Liss Auszüge in seiner Abschiedsansprache, die 1900 in der *Gazeta Toruńska* (Thorner Zeitung) und im *Wiarus Polski* unter dem Decknamen „Kuba Redivivus" erschien.[50] Nach dieser Unterredung kam Liss zu dem Schluß, daß seine Tätigkeit wegen unüberwindlicher Schwierigkeiten nicht länger nützlich war, und daß man ihn durch einen anderen Seelsorger ersetzen sollte, der nicht so bekämpft werde. Diese ablehnende Haltung wurde noch sichtbarer nach Liss' Ausscheiden aus der Ruhrseelsorge, als die Polen immer hartnäckiger und lautstärker ihre eigenen Seelsorger forderten. Dies politisierte die Angelegenheit und führte sogar zum Bruch mit der Zentrumspartei. Hier ist anzumerken, was auch Liss' betonte, daß das polnische Volk für kulturell niedriger stehend gehalten und die Polen entsprechend als Zuwanderer und Fremde behandelt wurden.[51] Bischof Simar bemühte sich, gute Beziehungen zu den staatlichen Behörden aufrecht zu erhalten, und er äußerte öffentlich seine Loyalität gegenüber Kaiser und Staat, was nach den Erfahrungen des Kulturkampfes auch in einigen Kreisen der Geistlichkeit auf Widerspruch stieß. In bezug auf die polnische Seelsorge vertrat Simar den Standpunkt, daß die pastorale Betreuung der Auswanderer sich nur auf die Seelsorge beschränken sollte. Polnische Seelsorger, die eine national-politische Tätigkeit führten, sollten durch Deutsche ersetzt wer-

49 Wiarus Polski, Nr. 111, 1900.
50 Gazeta Toruńska, Nr. 132–176, 1900: Nasi „przyjaciele" miedzy sobą; Wiarus Polski, Nr. 105–109, 1900.
51 Wiarus Polski, Nr. 38, 1892. Vgl. S. Wachowiak, Polacy w Nadrenii i Westfalii, Poznań 1917, S. 100.

den, die Polnisch konnten. Zu diesem Zweck führte er im Priesterseminar in Paderborn ein Polnisch-Lektorat ein. Liss begrüßte diese Idee, äußerte sich jedoch kritisch zu ihrer Ausführung und zu halbherzigen Lösungen. Seiner Meinung nach konnte nur ein Priester polnischer Nationalität und „polnischen Blutes" erfolgreich unter Landsleuten Seelsorge betreiben und ihr volles Vertrauen genießen. Hierzu machte er einige Lösungsvorschläge, die ihm durchführbar erschienen.[52]

Liss wußte, daß die preußische Regierung das Haupthindernis bei der Organisation der polnischen Seelsorge war. Deswegen stellte er Anträge bei den zuständigen Behörden, um nicht nur bessere Arbeitsbedingungen durchzusetzen, sondern auch für eine finanzielle Unterstützung der Missionare zu sorgen, die bei den Auswanderern tätig waren, zumal diese, wie er unterstrich, Kirchensteuer zahlten. Gleichzeitig beruhigte er die Regierung, daß dem Staat seitens der Polen keinerlei Gefahr drohe. Die reguläre Seelsorge werde die Bevölkerung vielmehr beruhigen, ihr moralisches und bildungsmäßiges Niveau heben und sie davor schützen, sich die von der Regierung bekämpften sozialistischen Ideen anzueignen.[53] Der Oberpräsident der Provinz Westfalen, Heinrich Konrad von Studt, sah dies jedoch anders. Er begriff die Einwanderung der Polen nach Westfalen als eine große politische Bedrohung. Bereits am 5. Juni 1890 gab er auf Anordnung Berlins dem Regierungspräsidenten von Arnsberg Anweisung, Liss polizeilich zu überwachen, vor allem, wenn er sich in den Vereinen bewegte. Ferner schlug von Studt vor, polnische Seelsorger durch deutsche zu ersetzen. Auf seinen Druck hin schränkte Bischof Simar Liss' Tätigkeit ein, bis dieser das Ruhrgebiet verlassen mußte.[54]

Liss' wichtigstes Ziel für seine Mission in Westfalen war die Seelsorge unter den polnischen Erwerbsmigranten, eine Aufgabe, der er sich unermüdlich und mit Hingabe widmete.[55] Um nach Möglichkeit alle Polen zu betreuen, verteilte Liss die Sonntagsmessen für einen Monat im ganzen Ruhrgebiet, indem er etwa an jedem ersten Sonntag im Monat in Dortmund die Sonntagsmesse hielt, am zweiten in Bochum, am dritten in Gelsenkirchen und am vierten in einer weiteren polnischen Kolonie. Damit hatten die Letztgenannten wenigstens einige polnische Gottesdienste im

---

52 Die Bischöfe, S. 707; Wiarus Polski, Nr. 4, 1891; Nr. 38, 1892; Nr. 63, 1894.
53 Wiarus Polski, Nr. 44, 1892.
54 Brandt, Polen, S. 71; Kleßmann, Polnische Bergarbeiter, S. 59.
55 Vgl. Brejski, Pamiętnik, S. 143.

Jahr. Nach den Messen nahm Liss auch an Vereinsversammlungen teil. Davon unabhängig besuchte er auch an Werktagen polnische Kolonien. Er hielt sich dort einige Tage auf und verbrachte dann die meiste Zeit damit, die Beichte abzunehmen. Religionsunterricht erteilte der polnische Missionar in Westfalen dagegen nicht; dazu gingen die Kinder in örtliche Schulen, in denen sie auch auf die heiligen Sakramente vorbereitet wurden.

Ins Ruhrgebiet migrierten vor allem junge Männer. Ein junger Pole fand schnell Arbeit, beglich die Schulden, die er für die Reise gemacht hatte, und, sobald er genug Geld gespart hatte, heiratete er – in der Regel eine Polin – und gründete eine Familie. Gemischte Ehen mit Deutschen waren nicht gerne gesehen, die Ehe mit Protestantinnen war verpönt. Die Trauungen fanden in Ortskirchen vor einem deutschen Pfarrer statt; allerdings mußte wegen der schwachen Deutschkenntnisse des Brautpaares der polnische Seelsorger die vorher notwendigen Formalitäten erledigen und oft bei der Trauung assistieren. Liss selbst gab an, daß in Bochum jede Woche vier bis zehn Paare aus dem ganzen Ruhrgebiet erschienen.[56] Er erkannte die Bedeutung der Vorbereitung auf eine christliche Ehe für die Polen und räumte diesen Fragen viel Platz in den Zeitschriften *Posłaniec Katolicki* (Katholischer Bote) und *Nauka Katolicka* (Katholische Lehre) ein.[57]

Besonders die Seelsorge bei den Kranken nahm den polnischen Missionar in Anspruch, denn alle Kranken bevorzugten den eigenen polnischen Priester und griffen nur im Notfall auf einen Deutschen zurück. Liss war seit der Gründung des *Wiarus Polski* fast immer erreichbar, da jede Ausgabe der Zeitung den genauen Terminplan der Reisen und Aufenthaltsorte des Priesters abdruckte. Für Krankenhäuser wurde sie, wenigstens zu Beginn, in deutscher Übersetzung gedruckt. Nach zahlreichen Berichten polnischer Organisationen wurde Liss oft während Vereinsversammlungen oder Feierstunden telefonisch zu den Kranken gerufen. Zahlreiche Arbeitsunfälle komplizierten zusätzlich die Krankenseelsorge. Die Arbeit unter Tage und die damit verbundenen Gefahren beeinflußten die Frömmigkeit der Bergleute. Liss wußte solche Vorfälle geschickt für pastorale Zwecke auszunutzen.[58]

---

56 Wiarus Polski, Nr. 106, 1894.
57 Franciszek Liss in: Nauka katolicka, Nr. 1–10, 1894: Niebezpieczeństwa i nieprzyjaciele chrześcijańskiej familii; ebd., Nr. 15 und 18, 1893: O małżeństwie; ebd., Nr. 3, 13 und 21, 1894: Przepisy kościelne tyczące się małżeństwa.
58 Wiarus Polski, Nr. 12 und 13, 1891; Nr. 23, 1892; Nr. 72, 1894.

Durch die Beobachtung des religiösen und moralischen Lebens der polnischen Auswanderer in Westfalen bemerkte Liss außer ihrem tiefen Glauben und der engen Bindung an die Kirche auch ernsthafte moralische Mängel. „Das polnische Volk steht fest zum Glauben", schrieb er, „doch die Sitten sind nicht in allem gut."[59] Daher verwendete er viel Zeit und Mühe auf die Hebung von Sitte und Moral. Seiner Meinung nach lag die Ursache für diesen Zustand im niedrigen Bildungsniveau und vor allem im schwach ausgeprägten religiösen Bewußtsein, wofür er nicht so sehr die mangelnde Erziehung durch die Eltern verantwortlich machte, sondern vielmehr das seiner Meinung nach fehlerhafte Schulsystem. Die Verbesserung dieser Situation sah er im polnischsprachigen Religionsunterricht und in einer allgemeinen Hebung des Bildungsniveaus.[60]

Eine große Gefahr für Moral und Nationalität der Auswanderer sah er im Alkoholmißbrauch. Die gute wirtschaftliche Situation der Bergleute und das einsame Leben fern von ihren Familien begünstigte die Ausbreitung des Alkoholismus unter den westfälischen Polen. Dies stellten nicht nur deutsche Autoren fest, die den Polen meist ohnehin nicht wohl gesonnen waren, sondern wurde auch von polnischer Seite bemerkt.[61] Um diesen Mißstand zu bekämpfen, wendete Liss sehr viel Zeit für die seelsorgerische und soziale Arbeit auf. Sowohl im *Wiarus Polski* als auch im *Posłaniec Katolicki* war das Thema ständig präsent. Die Auswanderer sollten sich auf ihre Arbeit und Bildung konzentrieren, dabei nüchtern und sparsam sein und schließlich in die Heimat zurückkehren. „Bist du, Pole, in der Fremde, dann gib den Wodka auf. Sei sparsam, und lies beständig!", mahnte Liss.[62] Er sah den Alkoholismus nicht nur als Problem Einzelner oder von Familien, sondern der ganzen Nation. Polen, die fern der Heimat übermäßig tranken, schadeten ihrem Ruf, da sie unter dauerhafter Beobachtung der Einheimischen standen. Deswegen gebrauchte er in seinem geistlichen Testament, das er bei seinem Abschied an seine bisherigen Gemeindemitglieder richtete, starke Worte der Ermahnung: „Führt alle ein nüchternes und moralisches Leben, damit ihr nicht zum Gespött anderer Nationen und eine Schande für den polnischen Namen werdet."[63] Johann Bredt, der

---

59 Wiarus Polski, Nr. 8, 1891.
60 Wiarus Polski, Nr. 106, 1894.
61 K. Rakowski, Wychodźstwo polskie w Niemczech, in: Biblioteka Warszawska 1902, S. 441–445; Kurier Warszawski, Nr. 217, 1882.
62 Wiarus Polski, Nr. 8 und 31, 1891; Posłaniec Katolicki, Nr. 15, 1894.
63 Wiarus Polski, Nr. 72, 1893: Pożegnanie ks. Lissa.

den kulturellen und moralischen Zustand der polnischen Arbeiter sehr kritisch beurteilte, bemerkte, daß sich die Lage durch Liss' Arbeit deutlich verbesserte. Ähnlich berichtete darüber ein Kenner der Geschichte der westfälischen Polen und spätere Wojewode von Pommerellen, Stanisław Wachowiak.[64] Sicher erleichterte die Aktivität des polnischen Missionars auf diesem Gebiet die spätere Entwicklung der Abstinenzbewegung in Westfalen.

Von einer fortschreitenden sozialen und kirchlichen Integration der Polen zeugte die Tatsache, daß sie sich immer aktiver im kirchlichen Leben ihres Wohnortes engagierten, was unter anderem die Wahlen von Polen in Pfarrgemeinderäte und Kirchenvorstände belegen, ein Phänomen, das ab 1895 zu beobachten ist. J. Altkemper schrieb diesen religiösen und sozialen Fortschritt besonders der Tätigkeit von Priester Liss zu.[65]

Dieser dachte nicht nur an die gegenwärtige Seelsorge unter den Auswanderern, sondern sorgte sich auch um ihre Zukunft. Er war sich bewußt, daß es durch den Kulturkampf Mängel im seelsorgerischen Bereich in den polnischen Diözesen gab; so war in Pelplin das Priesterseminar elf Jahre lang, von 1876 bis 1887, geschlossen, ähnlich wie in Köln und Paderborn. Er sah auch voraus, daß preußische Behörden in Zukunft Schwierigkeiten machen würden, die Seelsorge im Ruhrgebiet durch Priester führen zu lassen, die in ethnisch polnischen Gebieten geboren worden waren. Deshalb sollten die Auswanderer im Westen nach seiner Vorstellung selbst für die Ausbildung der Priester aus ihren Reihen sorgen, nach dem oft wiederholten Grundsatz: Hilf dir selbst, dann hilft dir Gott.[66] Deswegen stiftete er bereits in den ersten Monaten seiner Tätigkeit ein wissenschaftliches Stipendium für nicht vermögende Jugend, die sich für eine Priesterausbildung entschied. So entstand eine erste allgemeine und überregionale Bildungsinstitution aller Auswanderer, die Gesellschaft für wissenschaftliche Hilfe des Hl. Josafat genannt. Sie finanzierte sich ausschließlich aus freiwilligen Spenden der polnischen Migranten. Als Vorbild dienten die 1848 in Kulm gegründete Pommersche Gesellschaft für wissenschaftliche Hilfe,

---

64 Bredt, Die Polenfrage, S. 83; Wachowiak, Przedwojenna emigracja, S. 86.

65 J. Altkemper, Deutschtum und Polentum in politisch-konfessioneller Bedeutung, Leipzig 1910, S. 228.

66 Wiarus Polski, Nr. 38, 1892: „Hilf dir selbst, dann hilft dir Gott. Die Polen brauchen Priester, aber da diese nicht geboren, sondern ausgebildet werden, sollen die Polen sich erst durch Gebet und Almosen um sie bemühen, dann findet sich der Rest."

der Karol-Marcinkowski-Verein für wissenschaftliche Hilfe in Posen sowie die Missionsgesellschaft des Hl. Josafat in Pelplin.

Das Ziel des Hl. Josafat war die Unterstützung mittelloser Theologiestudenten durch regelmäßige Beiträge und privaten polnischen Sprachunterricht. Die Gesellschaft arbeitete bis zum Ende des Ersten Weltkrieges, auch als ihr Initiator bereits ausgereist war. Bis dahin schlossen dank des Stipendiums elf Schüler das Gymnasium ab, von denen sechs sich für ein Theologiestudium entschieden. Jeweils zwei wählten Ökonomie und Medizin, einer Philologie. Obwohl Liss' Pläne nicht vollständig realisiert wurden, da die Behörden der Diözese Paderborn den Priestern, die das Priesterseminar des Hl. Josafat absolvierten, aus Furcht vor deren nationaler Tätigkeit nicht gestatteten, in den polnischen Gemeinden zu arbeiten und sie in die Gebiete der Diözese schickten, in denen keine Polen lebten, spielte der Hl. Josafat unter den westfälischen Polen eine wichtige Rolle. Es setzte sich die Erkenntnis durch, daß Bildung wichtig war und so entstand der Keim einer intellektuellen Elite, aus der sich nach dem Krieg ein Teil der Intelligenz der Zweiten Polnischen Republik rekrutierte oder die Arbeit im 1922 gegründeten „Bund der Polen in Deutschland" aufnahm.[67]

Da die polnischen Organisationen im Ruhrgebiet in anderen Aufsätzen dieses Bandes behandelt werden, sei im folgenden nur auf Liss' Verdienste eingegangen. Typisch für die Ruhrpolen war die Vereinsbildung. Es waren vor allem kirchliche Organisationen, die dem polnischen Auswanderermilieu angepaßt wurden. Als erste Organisation gilt der bereits erwähnte Dortmunder Verein „Jedność". Der Aktivität von Priester Szotowski verdankten weitere 20 Vereine ihr Entstehen.[68] Eine dynamische Entwicklung des organisatorischen Lebens ist mit der Tätigkeit von Priester Liss verbunden, der erkannt hatte, welche Bedeutung die bloße Existenz polnischer Organisationen hatte und daher neben der seelsorgerischen Arbeit einen Schwerpunkt auf die Entwicklung dieses Lebensbereiches und der Aktivität der Auswanderer setzte. Die Arbeit in den Organisationen behandelte er gleichsam als Fortsetzung dieser Seelsorge mit anderen Mitteln und gab ihnen neben dem ohnehin gegebenen kirchlichen Charakter auch einen national-patriotischen Akzent. Eine große Bedeutung für die Entwicklung

---

67 Anastazy Nadolny, Towarzystwo Pomocy Naukowej im. Św. Jozafata w Westfalii 1890–1918, in: Studia Polonijne 6, 1985, S. 277–285; Wiarus Polski, Nr. 104, 1891: Statut; Brandt, Polen und die Kirche, S. 97: Wortlaut der Satzungen des Vereins St. Josafat-Fonds 1894.

68 Murzynowska, Die polnischen Erwerbsauswanderer, S. 93.

und Integration der Vereine hatte die Gründung des *Wiarus Polski*, der den Organisationen als Presseorgan zur Verfügung stand, das imstande war, über aktuelles zu informieren, praktische Ratschläge zu geben, und vor allem die Organisationen zentral zu lenken. Außerdem publizierte Liss zahlreiche Artikel zu organisatorischen Themen, wie zum Beispiel über die Gründung und Leitung von Vereinen.[69] Bereits nach einem Jahr aktiver Tätigkeit schickten 40 Vereine aus Westfalen Glückwunschadressen an den ersten Polnischen Katholikentag, der am 28. und 29. September 1891 in Thorn stattfand. 1896 gab es bereits 77 Vereine, kirchliche und Gesangvereine nicht eingeschlossen.[70] Zu Recht gilt Liss als Hauptorganisator polnischer Vereine in Westfalen und im Rheinland. So beurteilten es auch die preußischen Behörden. Der Oberpräsident der Provinz Westfalen, Heinrich Konrad von Studt, äußerte in einem Schreiben an Bischof Simar, daß „die Schuld am Aufblühen polnischer Organisationen Priester Liss trägt."[71]

In politischer Hinsicht unterstützte Liss die katholische Zentrumspartei. Bereits in der ersten Ausgabe des *Wiarus Polski* äußerte er, daß die Polen nur für das Zentrum stimmen könnten. Wenn Wahlen stattfanden, dozierte die Redaktion, daß Liberale und Sozialisten gleichermaßen Feinde der Religion und des Polentums seien und die Polen diese daher nicht unterstützen könnten, „und Schande für diejenigen, welche die Feinde der katholischen Religion und der polnischen Nationalität unterstützen würden." Dank dieser Agitation und des persönlichen Engagements des polnischen Seelsorgers gaben in den Jahren 1890 und 1893 westfälische Auswanderer in der eindeutigen Mehrheit ihre Stimme dem Zentrum, ohne Gegenleistungen zu fordern. Erst später, ab 1898, wurde verlangt, daß das Zentrum Forderungen der Polen zur Einführung polnischer Gottesdienste und polnischer Seelsorge im Ruhrgebiet unterstützte. Letztlich führte gerade diese Frage zum Bruch mit dieser Partei und zur Aufstellung eigener Kandidaten in den Parlamentswahlen. Liss' Unterstützung für das Zentrum ergab sich nicht nur aus seiner Funktion als katholischer Priester, sondern auch aus der mehrheitlich katholischen Konfession der Polen in Westfalen.

69 Wiarus Polski, Nr. 139–150, 1891; Nr. 70, 1893.
70 Wiarus Polski, Nr. 115, 1891; Murzynowska, Die polnischen Erwerbsauswanderer, S. 134.
71 J. Łazinka, Wierni tradycji – Bogu i Narodowi, in: Polak w Niemczech 50, 1972, S. 12.

Als Liss die seelsorgerische und organisatorische Arbeit im Ruhrgebiet aufnahm, war er sich darüber im klaren, daß es ihm allein nicht gelingen konnte, die ihm übertragene Aufgabe zu erfüllen, zumal die polnische Bevölkerung in diesem Gebiet immer weiter wuchs und Hoffnungen auf Unterstützung durch einen zweiten polnischen Priester nicht bestanden. Um die Arbeit erfolgreich zu lenken, bediente sich Liss des *Wiarus Polski*, womit ihm ein modernes Massenmedium zu Verfügung stand. Der *Wiarus Polski* erschien ab dem 1. Januar 1891 dreimal wöchentlich. Dabei gab es einmal in der Woche eine religiöse Beilage mit dem Titel *Nauka Katolicka*. Die anfängliche Auflage des *Wiarus Polski* ist unbekannt, doch lag sie Ende 1893 bei 2.000 Exemplaren, um 1914 etwa 12.000 Exemplare zu erreichen.[72]

Als Ziel nahm sich der Gründer und Herausgeber vor, alle polnisch-katholischen Vereine und alle Polen im Ruhrgebiet unter einem deutlich katholisch-nationalen Banner zu vereinen. Die Zeitschrift richtete sich an Bergleute und Arbeiter, hatte ein politisch-soziales Profil und befaßte sich mit alltäglichen Fragen der polnischen arbeitenden Bevölkerung. Sie publizierte Leitartikel, Bergbau- und Versicherungsgesetze, Instruktionen über das Verhalten bei Streiks und Wirtschaftskrisen, rechtliche und organisatorische Ratgeber, Listen polnischer Vereine und ihre Berichte, Leserbriefe, oft mit Anmerkungen der Redaktion, Fortsetzungsromane, Anzeigen und Nachrufe. Artikel religiösen Inhalts erschienen im *Wiarus Polski* in der Regel nur anläßlich hoher Feiertage. Derartiges fand sich eher im *Posłaniec Katolicki*, der in jeder Ausgabe unter anderem die Rubriken: „Aus der Fremde" (Ruhrgebiet), „Aus der Heimat", „Aus aller Welt" und „Politische Nachrichten" enthielt. Gelegentlich gab es im *Posłaniec Katolicki* auch Humoristisches. Für den westfälischen Leser waren vor allem ausführliche Berichte aus der Heimat von Bedeutung. Die Migranten verspürten Sehnsucht nach den Gebieten, die sie verlassen hatten, besuchten gerne die neu Angekommenen, um etwas über ihre Angehörigen zu erfahren, sowie über alles, was in heimatlichen Gefilden geschah. Liss traf die Interessen

---

72 T. Cieślak, Pismo polskich robotników w Westfalii Wiarus Polski, in: Rocznik Historii Czasopiśmiennictwa Polskiego 11, 1972, S. 223–236; Christoph Kleßmann, Der Wiarus Polski – Zentralorgan und Organisationszentrum der Polen im Ruhrgebiet 1891–1923, in: Beiträge zur Geschichte Dortmunds und der Grafschaft Mark 109, 1974, S. 384–394; W. Chojnacki, Bibliografia czasopism i kalendarzy wydawanych w języku polskim w Westfalii i Nadrenii w latach 1890–1918, in: Przegląd Polonijny 3, 1977, S. 198.

und Bedürfnisse der emigrierten Leserschaft, indem er Informationen dieser Art publizierte. Die Zeitschrift hatte auch erzieherische Ambitionen; sie bemühte sich, den Leser nicht nur mit aktuellen Problemen des polnischen Volkes bekannt zu machen, sondern auch mit seiner Geschichte, Literatur, kulturellen Errungenschaften, den Gestalten berühmter Polen, sie erinnerte die Eltern an ihre Pflichten gegenüber ihren Kindern, vor allem wenn es um das Erlernen der polnischen Sprache ging. Sie stellte sich auch hinter den guten Namen der Polen und erinnerte zugleich an die Verpflichtung, die Ehre dieses guten Namens zu pflegen. Die polnischen Organisationen erkannten den *Wiarus Polski* sofort als ihr Organ und ihre Tribüne an. Auf Beschluß der Vorsitzenden polnischer Vereine, die sich am 14. Februar 1892 in Bochum versammelten, wurden alle Vereine und ihre Mitglieder verpflichtet, die Zeitschrift zu abonnieren. Liss äußerte damals: „Diese Zeitungen wurden ausschließlich zum Nutzen hiesiger Landsleute gegründet."[73]

Seelsorgerischen Zielen diente die kostenlose Beilage zum *Wiarus Polski* unter dem Titel *Nauka Katolicka,* die ab dem 1. Oktober 1891 in eine selbständige Wochenzeitschrift umgewandelt wurde. Die Beilage *Posłaniec Katolicki* besaß eine eigenständige Vignette und Paginierung innerhalb eines Jahrgangs. Am Jahresende wurden eine Titelkarte und ein Inhaltsverzeichnis hinzugefügt, um die Benutzung nach der Bindung eines Jahrganges zu erleichtern, wozu der Redakteur aufrief. Der *Posłaniec Katolicki* wurde zum Presseorgan der polnischen katholischen Seelsorge nicht nur im Ruhrgebiet, sondern erreichte mit seiner Auflage – ähnlich wie der *Wiarus Polski* – auch andere Teile Deutschlands. Es wurden sonntägliche Lesungen aus der Heiligen Schrift, Predigten, Hirtenbriefe der Bischöfe, religiöse Artikel, Lebensläufe der Heiligen, aufbauende Erzählungen und Beispiele publiziert; das Blatt wurde auf Versammlungen der polnischen Vereine vorgelesen. Liss maß dem *Posłaniec Katolicki* als einer Publikation von streng religiösem Charakter große Bedeutung zu, da sie teilweise den Mangel an polnischen Priestern in der Fremde ersetzen und eine Lücke ausfüllen sollte, die durch Unkenntnis beziehungsweise die schwache Beherrschung der deutschen Sprache bei Arbeitern entstand, die in der Kirche gehaltene Predigten nicht verstanden. „Jeder Pole in der Fremde", schrieb Liss, „der deutsche Predigten nicht versteht, aber sich um seine Seele sorgt, sollte den ‚Posłaniec' lesen […], er soll kleiner Anführer und

---

73 Wiarus Polski, Nr. 20, 1892.

Missionar für alle Polen in der Fremde sein, damit diese bei der Suche nach Brot und Lohn Gott und ihre Seele nicht vergessen."[74]

Die immer größere Bedeutung des *Wiarus Polski*, seine Popularität, erzieherische Bedeutung und der Umstand, daß er den Assimilationsprozeß bei den Auswanderern hemmte, hatten zur Folge, daß die preußischen Behörden unter Vermittlung von Bischof Simar einzufordern begannen, daß Liss die Zeitschrift einstellte. Darauf hin verkaufte Liss die Zeitung an den aus Westpreußen stammenden polnischen Reichstagsabgeordneten Johann Brejski,[75] behielt aber die Redaktion des *Posłaniec Katolicki*.

Er verband die konfessionellen Fragen eng mit den nationalen, da Religion und Nationalität für ihn eine Einheit bildeten. Seiner Meinung nach bedeutete die Abkehr von der Nationalität automatisch den Verlust des Glaubens. Fundament seiner Tätigkeit war die Überzeugung, daß der polnische Staat nur vorübergehend von der Landkarte Europas verschwunden war, als Nation aber weiter bestehen und früher oder später seine Unabhängigkeit in Freiheit wiedererlangen würde. Deshalb, äußerte er, sollte man alle Bemühungen aufnehmen, damit die Polen, sowohl diejenigen in der geteilten Heimat als auch die in der Fremde, ihr Nationalbewußtsein nicht verlören. Vielmehr müßte man es erwecken, damit, wenn die Zeit der Auferstehung des Vaterlandes käme, diese Menschen sich an seinem Wiederaufbau beteiligen könnten. Das Nationalbewußtsein fand Zuflucht in der katholischen Religion, so daß diese beiden Elemente nicht voneinander zu trennen waren.[76] Daneben legte Liss großen Wert auf Bildung und Kultur. Seine Arbeit auf diesem Gebiet rief unter den Arbeitern und Bergleuten ein immer größeres Interesse hervor. Sie besaßen ein höheres intellektuelles Niveau als die Arbeiter in der Heimat, ein größeres Nationalbewußtsein und einen solchen Patriotismus, daß Priester Szotowski in seinem Thorner Vortrag hervorhob, „daß sie dort bessere Polen sind, als sie es in der Heimat waren".

Gerade die nationalen Akzente in Liss' Tätigkeit, die Erweckung des Nationalgefühls, die Erziehung und Organisation der Auswanderer im polnischen Geist werden, neben der Weigerung, den *Wiarus Polski* einzustellen, die Hauptgründe dafür gewesen sein, daß Regierung und Episko-

---

74 Wiarus Polski, Nr. 150, 1891; Nr. 27, 1893.
75 Vgl. Polski słownik biograficzny, Bd. 2, Kraków 1936, S. 426; Słownik biograficzny Pomorza Nadwiślańskiego, Bd. 1, S. 159f.; Słownik biograficzny katolicyzmu, A–J, S. 53f.
76 Wiarus Polski, Nr. 2, 1891; Nadolny, Polskie duszpasterstwo, S. 295.

pat eine solche Abneigung gegen die Arbeit des Missionars hatten, und daß diese versuchten, ihn auf die rein religiöse Arbeit zu beschränken und ihn schließlich aus dem Ruhrgebiet abberiefen.

5. Schluß

Franz Liss verließ Bochum und Westfalen Anfang Juli 1894. Die offizielle Abschiedsfeier fand am 24. Juni statt. Es kamen Delegationen fast aller polnisch-katholischer Vereine, darunter 20 mit Fahnenträgern. Er wurde mit der Einrichtung eines nach ihm benannten Fonds geehrt, der für die Bildung der Jugend bestimmt war. In seiner Abschiedsrede, die zugleich sein geistliches Testament war, begründete Liss das Verlassen seines bisherigen Umfeldes und erteilte seinen Gemeindemitgliedern seelsorgerische Ratschläge,[77] die im wesentlichen eine Zusammenfassung und Erinnerung an all das waren, was er bis dahin gepredigt hatte. Die polnischen Organisationen verabschiedeten sich von ihrem Missionar mit einer Reihe von Abschiedsgrüßen, die der *Wiarus Polski* veröffentlichte, die Redaktion würdigte Liss' Werk in zahlreichen Artikeln.[78]

An dessen Stelle wollte Priester Feliks Bolt aus Westpreußen kommen, auch er ein Aktivist von großem Format, der in der Zwischenkriegszeit Senator der Republik Polen wurde, doch bekam er keine Erlaubnis.[79] Die preußischen Behörden, durch „traurige Erfahrungen" mit Szotowski und Liss belehrt, erlaubten bis zum Ende des Ersten Weltkriegs keine weitere seelsorgerische Betreuung der Auswanderer durch einen polnischen Priester. Alle Versuche in diese Richtung endeten mit der Ausweisung aus dem Ruhrgebiet. In jedem der ankommenden Priester wurde ein gefährlicher Verbreiter nationaler Ideen und Nachfolger von Pfarrer Liss gesehen. Aus der pastoralen Perspektive kann man dies als eine unbedachte negative Folge seiner Tätigkeit betrachten.

Die polnische Seelsorge übergab Bischof Simar nach Liss' Abreise an die Franziskaner mit Pater Andreas Bolczyk an der Spitze. Bemühungen um die Hinzuziehung von Redemptoristen waren langwierig und mühsam. Als die preußische Regierung 1899 endlich ihre Rückkehr nach Bochum

---

77 Wiarus Polski, Nr. 72, 1894.
78 Wiarus Polski, Nr. 76 und 77, 1894; Nadolny, Polskie duszpasterstwo, S. 310.
79 Vgl. Słownik biograficzny Pomorza Nadwiślańskiego, S. 136–138.

erlaubte, stellte sie die Bedingung, daß unter ihnen kein gebürtiger Pole sein durfte.[80]

Liss wurde ähnlich wie Szotowski in seine Heimatdiözese versetzt, weil er, nach eigenen Worten, ein gefährlicher Mann geworden war. Durch seine Tätigkeit erreichte er das genaue Gegenteil dessen, was die Behörden erwarteten. „Und man berief mich ab, nicht weil ich die Seelsorge nachlässig betrieb", schrieb er später, „sondern weil meine Politik nicht gefiel, die darin bestand, daß ich als Pole keinen Finger für die Germanisierung der Polen heben wollte. Ich verließ Westfalen fast als Verbrecher, ich habe Hoffnungen enttäuscht."[81] Mit seinem Abtreten endete das erste Kapitel in der Geschichte der westfälischen „Polonia", die bis zum Ende des Ersten Weltkrieges keine so herausragende Persönlichkeit mit vergleichbarer Autorität hervorbringen sollte. J. Altkemper hat treffend bemerkt, daß mit Liss' Arbeit am Anfang der 1890er Jahre die polnische Bewegung gerade erst begonnen hatte.[82]

Aus dem Polnischen übersetzt von Bartosz Bzowski

---

80 Brandt, Polen und die Kirche, S. 143–46; ders., Das Kloster, S. 131–199.
81 Gazeta Toruńska, Nr. 194, 1900: Korespondencja z Rumiana; Wiarus Polski, Nr. 111, 1900.
82 Altkemper, Deutschtum und Polentum, S. 227.

Jerzy Kozłowski

Die „Polnische Berufsvereinigung" (ZZP) im Ruhrgebiet von 1902 bis 1939

Weder die polnische noch die deutsche Geschichtsschreibung haben sich bisher mit der „Polnischen Berufsvereinigung" (ZZP) im Ruhrgebiet im Detail befaßt. Sie wurde zwar umfassend, aber nicht intensiv im Rahmen der Problematik der ökonomischen Migration ins Ruhrgebiet behandelt.[1] Darüber ist in den USA inzwischen eine Monographie aus der Feder John J. Kulczyckis erschienen,[2] der sich ausführlich mit der Geschichte der polnischsprachigen Bevölkerung beschäftigt hat, die sich im Zuge der Binnenmigration im Deutschen Reich im Ruhrgebiet niedergelassen hat. Neben seinen zahlreichen Aufsätzen in amerikanischen Fachzeitschriften ist hier vor allem sein Buch über das Verhältnis der deutschen Arbeiterbewegung zu den polnischen Arbeitern im Ruhrgebiet zwischen 1871 und 1914 zu nennen. Kulczycki hob hier insbesondere die Geringschätzung

---

1 Krystyna Murzynowska, Polskie wychodźstwo zarobkowe w Zagłębiu Ruhry w latach 1880–1914, Wrocław u.a. 1972, dt. Ausgabe Dortmund 1979; Christoph Kleßmann, Polnische Bergarbeiter im Ruhrgebiet 1870–1945, Göttingen 1978; Valentina Maria Stefanski, Zum Prozeß der Emanzipation und Integration von Außenseitern: Polnische Arbeitsmigration im Ruhrgebiet, Dortmund 1984; Jerzy Kozłowski, Rozwój organizacji społeczno-narodowych wychodźstwa polskiego w Niemczech w latach 1870–1914, Wrocław 1987. Aus den früheren Werken über die ZZP und ihre Tätigkeit vor dem Ersten Weltkrieg: Stanisław Wachowiak, Die Polen in Rheinland-Westfalen, Borna/Leipzig 1916 (zugl. Diss. München) sowie: Marian Chełmikowski, Związki zawodowe robotników polskich w królestwie pruskim (1889–1918), Poznań 1925. Als erster Versuch der Darstellung der ZZP unter historischen Gesichtspunkten könnte gelten: F. Mańkowski, Historia Zjednoczenia Zawodowego Polskiego, in: Ćwierć wieku pracy dla Narodu i Robotnika, Zjednoczenie Zawodowe Polskie 1902–1927, hg. von S. Wachowiak, Poznań 1927, S. 34–266. Der Autor war an der Arbeit des ZZP beteiligt, so daß es als eine der wichtigsten Quellen gelten kann. Den polnischen Aspekt der ZZP-Tätigkeit erörtert Tadeusz Kotłowski, Zjednoczenie Zawodowe Polskie. Zasięg wpływów i działalność społeczno–polityczna w latach 1918–1939, Poznań 1977. Zahlreiche weitere Aufsätze zum Thema können hier aus Platzgründen nicht genannt werden.

2 John J. Kulczycki, The Polish Coal Miners' Union and the German Labor Movement in the Ruhr, 1902–1934. National and Social Solidarity, Oxford/New York 1997. Kulczycki beschränkt sich auf das Ruhrgebiet, die gesamtdeutsche Perspektive nimmt ein: Kozłowski, Rozwój organizacji, S. 217–221 und 237–244.

der polnischen Arbeiter durch die deutsche „Arbeitswelt" vor dem Ersten Weltkrieg sowie das fremdenfeindliche Verhalten der deutschen Gesellschaft in Rheinland und Westfalen gegenüber den polnischen Arbeitsmigranten hervor. Er betonte, daß die Arbeitsmigranten, trotz ihrer deutschen Staatsangehörigkeit, im Ruhrgebiet als Fremde behandelt wurden und nicht nur dem Nationalismus der deutschen Behörden, sondern auch der stark ausgeprägten Fremdenfeindlichkeit der deutschen Arbeiterschaft ausgesetzt waren. Diese Fremdenfeindlichkeit sei angesichts des ständig wachsenden Bedarfs an Arbeitskräften im boomenden Bergbau- und Stahlsektor, den die einheimische Arbeiterschaft nur mangelhaft befriedigen konnte, mit Arbeitsplatzverlustängsten oder möglicher Lohndrückerei nur unzureichend zu erklären. Vielmehr sei die Fremdenfeindlichkeit dadurch ausgelöst worden, daß polnische und masurische Migranten sich niederließen, später ihre Familien ins Ruhrgebiet holten und mit ihnen dort Sprache und Tradition ihrer alten Heimat pflegten. Am Vorabend des Ersten Weltkrieges gab es im Ruhrgebiet etwa 500.000 polnischsprachige Erwerbsmigranten, wobei die Haltung der einheimischen Bevölkerung ihnen gegenüber zwischen Klassensolidarität und Fremdenfeindlichkeit schwankte. Letztlich stärkte die antipolnische Germanisierungspolitik der preußischen Regierung in der christlichen und sozialdemokratischen Arbeiterbewegung den deutschen Nationalismus soweit, daß deren Klassensolidarität und internationale Ausrichtung in den Hintergrund traten. Fremdenfeindlichkeit und Nationalismus gingen hier Hand in Hand und ließen so kaum zu, daß die deutsche Arbeiterbewegung ihre Vorurteile gegenüber den polnischen Migranten abbaute.[3] Meines Erachtens zu Recht weist Kulczycki auch auf die Geringschätzung hin, mit der in der Fachliteratur zur Arbeiterbewegung und den Gewerkschaften in Deutschland das Thema bislang behandelt wurde. Dies ergibt sich teils aus der allgemeinen Beurteilung von Polen, die in den preußischen Ostprovinzen wohnten, als Deutsche, das heißt als deutsche Staatsbürger beziehungsweise Untertanen des preußischen Königs, teils aus Nichtberücksichtigung ihrer nationalen Andersartigkeit und der Rechte, die daraus abzuleiten waren, sowie auch

3   John J. Kulczycki, The Foreign Worker and the German Labor Movement. Xenophobia and Solidarity in the Coal Fields of the Ruhr, 1871–1914, Oxford/Providence 1994. Kulczycki unterstreicht, daß weitere Konsequenzen dieses Verhaltens erstens die Befürwortung der Kriegskredite durch die Führung sowie die Abgeordneten der Sozialdemokratie, zweitens die allgemeine Kriegsbegeisterung der Bevölkerung im Zusammenhang mit dem Ausbruch des Ersten Weltkrieges waren.

aus den zweideutigen Erklärungen, daß die Autoren sich nur für die deutsche Arbeiterbewegung interessierten und sich deswegen nicht mit den polnischen Bergarbeitern im Ruhrgebiet beschäftigen konnten. Dabei sei leicht darzulegen, so Kulczycki, daß die polnischen Bergleute einen integralen Teil dieser Bewegung darstellten und entscheidend auf ihre Entwicklung Einfluß nahmen.[4] Die preußische Obrigkeit und seit 1871 auch die deutsche Regierung, die den Verlust ihrer damaligen Ostprovinzen im Fall der Restaurierung eines unabhängigen Polens befürchtete, bekämpfte alle Anzeichen polnischer Aktivität, verstärkte die polizeiliche Kontrolle und griff zu Beschränkungen, Diskriminierungen und Verfolgungen aller Art. Die Migration von Polen tief ins Deutsche Reich sah die deutsche Regierung dabei als einen Prozeß an, der die Germanisierung der Polen beschleunigen würde.

Als Polen 1918 unabhängig wurde und das Posener Gebiet, Pommerellen sowie ein Teil Oberschlesiens an die Zweite Polnische Republik fielen, erkannte die Weimarer Regierung eine polnische Minderheit sowohl in den östlichen Grenzgebieten als auch im Ruhrgebiet nicht an.[5] Doch allein im Ruhrgebiet verblieben trotz der Rückwanderung nach Polen sowie der Auswanderung nach Frankreich ungefähr 96.000 bis 120.000 Personen,[6] die sich aus den Migranten aus den alten deutschen Ostprovinzen und deren Nachfahren in der zweiten und dritten Generation zusammensetz-

---

4   Kulczycki, Foreign Worker, S. 2ff. Kulczycki führt als Beispiel für diese Nichtberücksichtigung der polnischen Arbeiter in der deutschen Arbeiterbewegung das Werk von Ulrich Borsdorf, Geschichte der deutschen Gewerkschaften von den Anfängen bis 1945, Köln 1987, an. Viele andere Werke haben Informationen über die polnischen Bergarbeiter in die Fußnoten verbannt. Auch in der dreiteiligen, breit angelegten und quellenreichen Arbeit von Heinrich August Winkler, Arbeiter und Arbeiterbewegung in der Weimarer Republik, Teil 1: Von der Revolution zur Stabilisierung, 1918 bis 1924, Berlin/Bonn 1984; Teil 2: Der Schein der Normalität, 1924 bis 1930, Berlin/Bonn 1985; Teil 3: Der Weg in die Katastrophe, 1930 bis 1933, Berlin/Bonn 1987, gibt es nur eine kurze Anmerkung über die Polnische Berufsvereinigung in Deutschland.

5   Meyers Lexicon, Dritter Band, 7. Aufl., Leipzig 1925, S. 599 (Begriff: Deutsches Reich, Nationalitäten). Wir lesen hier: „Das Deutsche Reich ist ein Nationalstaat; über 99 v. H. seiner Bevölkerung sind Deutsche. [...] Durch die Abtretung der Grenzgebiete und die Auswanderung vieler Polen aus Rheinland und Westfalen nach Frankreich oder in ihre Heimat hat das Deutsche Reich den grössten Teil seiner nicht Deutsch sprechenden Bevölkerung verloren, sodass die nationalen Minderheiten (Masuren in Ostpreussen, Wenden in der Lausitz, Wasserpolacken in Oberschlesien) nur verschwindend klein sind und weniger als 1 v. H. der Gesamtbevölkerung ausmachen."

6   Wojciech Wrzesiński, Polski ruch narodowy w Niemczech 1922–1939, Poznań 1970, S. 27f.; Kleßmann, Polnische Bergarbeiter, S. 150f.

ten, vor allem Arbeiter und einige wenige Kaufleute und Handwerker. In einem Optionsverfahren, das sie zwang, sich für die deutsche oder die polnische Staatsbürgerschaft zu entscheiden, wählten sie die Weimarer Republik als ihr Heimatland, verstanden sich aber noch immer als Polen.

Ziemlich lange dominierte in der deutschen Forschung ein spezifischer „Ethnozentrismus", der davon ausging, daß die Deutschen in den besetzten östlichen Provinzen eine zivilisatorische Mission zu erfüllen hatten. Dies führte zu einem einseitigen negativen Polenbild und zur Unkenntnis über den östlichen Nachbarn Deutschlands sowie dessen Anteil an der europäischen Geschichte und Kultur.[7] Deutsche Studien, einschließlich der ansonsten sehr wertvollen Arbeit von Klaus Tenfelde,[8] gingen insgesamt davon aus, daß die Ruhrpolen aus dörflichen Regionen kamen und alten religiösen Traditionen verhaftet waren, somit die Arbeiterbewegung nur aufhalten und keinesfalls verstärken konnten, weil in ihnen Lohndrücker und Streikbrecher gesehen wurden.[9] Auch der amerikanische Historiker Richard Murphy,[10] der sich mit den polnischen Migranten im Ruhrgebiet beschäftigte, übernahm diese Argumentation, weil er sich ausschließlich auf deutsche Quellen und Bibliographien verließ, und dabei die Gründe für die Einwanderung der polnischen Arbeiter ins Ruhrgebiet völlig ausklammerte.[11] Die polnischen Auswanderer im Ruhrgebiet und ihre Mitgliedschaft in der Arbeiterbewegung verschwiegen häufig auch die Dokumente der preußischen Behörden. Sie legten zwar Wert auf den nationalen Charakter der polnischen Bewegung, verbargen aber ansonsten ihre Rolle in den Gewerkschaften und der Arbeiterbewegung. Somit fungierten im Deutschen Reich nur „polnischsprechende" deutsche Staatsbürger als ausländische Arbeiter, die hauptsächlich Bergarbeiter waren und aus den östlichen Provinzen Preußens kamen.

Wenn wir sie wie Kulczycki „Polen" nennen, müssen wir uns nicht mit dem Grad ihres nationalen Bewußtseins beschäftigen. Wir müssen uns vergegenwärtigen, daß auch die Masuren aus Ostpreußen oder die

---

7 Kulczycki, Foreign Worker, S. 4.
8 Klaus Tenfelde, Sozialgeschichte der Bergarbeiterschaft an der Ruhr im 19. Jahrhundert, Bonn/Bad Godesberg 1977.
9 Kulczycki, Foreign Worker, S. 4f. Kulczycki beruft sich hier auf andere amerikanische Studien.
10 Richard C. Murphy, Guestworkers in the German Reich. A Polish Community in Wilhelmian Germany, Colorado 1983.
11 Kulczycki, Foreign Worker, S. 4.

Kaschuben aus dem alten königlichen Preußen, die durch die preußische Regierung zu Westpreußen umdefiniert wurden, einen polnischen Dialekt sprachen, obwohl preußische Statistiken sie als eine national und sprachlich gesonderte Gruppe führten. Die Organisationen dieser Migranten aus den östlichen Gebieten des damaligen Deutschen Reiches unterschieden sich bereits in ihrem Namen von den Organisationen der deutschen Arbeiter und ihrer Gewerkschaften, denen auch viele Polen – in der ganzen Dehnbarkeit dieses Begriffes – angehörten. Die polnischen Organisationen unterstrichen dabei die nationalen und konfessionellen Unterschiede. Die polnische Bevölkerung im Ruhrgebiet, welche sich dort seit 1870 niederließ, entwarf ein eigenes sozial-nationales Organisationsnetz. Es waren hauptsächlich lokale polnisch-katholische Vereinigungen, die um 1900 ungefähr 10.000 Mitglieder hatten, dabei als eine Art Selbsthilfegruppen fungierten und eine kulturell-erzieherische Tätigkeit entfalteten.[12]

Unabhängig von der Zugehörigkeit zu den polnischen Organisationen traten die polnischen Arbeiter auch in den seit 1890 in Bochum existierenden Verband der Deutschen Bergarbeiter ein,[13] der unter sozialdemokratischem Einfluß stand und umgangssprachlich „Alter Verband" genannt wurde, sowie in den damit konkurrierenden „Gewerkverein" der christlichen Bergarbeiter Deutschlands, der 1894 auf Betreiben der Zentrumspartei entstand. Zur sozialistischen Gewerkschaft gehörten 1894 ungefähr 3.000 polnische Bergarbeiter, nicht nur aus dem Ruhrgebiet, sondern vor allem auch aus Oberschlesien.[14] Im Ruhrgebiet erfreute sich die christliche Gewerkschaft einer größeren Beliebtheit unter den Polen. Nur marginalen

---

12 Kozłowski, Rozwój organizacji, S. 68–90, 129–162. Siehe auch die oben zitierten Arbeiten von C. Kleßmann, K. Murzynowska und V.M. Stefanski. Besondere Beachtung verdient die Arbeit zu den Anfängen der polnisch-katholischen Arbeitervereinigungen im Ruhrgebiet von Witold Matwiejczyk, Katolickie towarzystwa robotników polskich w Zagłębiu Ruhry 1871–1894, Lublin 1999. Matwiejczyk gibt an (S. 275), daß die 60 bereits 1894 bestehenden polnisch-katholischen Organisationen im Ruhrgebiet insgesamt 3.649 Mitglieder hatten.

13 Seit 1905: Verband der Bergarbeiter Deutschlands.

14 Das Verhältnis der deutschen Gewerkschaften zu den polnischen Auswanderern beschreibt am ausführlichsten Kulczycki, Foreign Worker, S. 82–90. Siehe auch: Murzynowska, Die polnischen Erwerbsauswanderer, S. 170; Chełmikowski, Związki zawodowe robotników, S. 37–79. Zum „Alten Verband" gehörte u.a. Jan Wilkowski, der spätere Chef der ZZP. Doch *Wiarus Polski*, das seit 1890 erscheinende Hauptpresseorgan der polnischen Auswanderer im Ruhrgebiet, schrieb bereits 1897 und 1898 über dessen Unterstützung für den „Gewerkverein christlicher Bergarbeiter Deutschlands" und warnte vor den Sozialdemokraten.

Einfluß hatte die älteste Gewerkschaft, die „Hirsch-Dunckersche Bergarbeitergewerkschaft", die 1867 gegründet worden war.

Keine der hier genannten deutschen Gewerkschaften konnte jedoch die in den 1890er Jahren massenweise ankommenden polnischen Arbeiter ganz für sich gewinnen. Dies lag vor allem an dem gravierenden Fehler, in der Werbungsagitation nicht die polnische Sprache zu benutzen.[15] Um so stärker brachen 1899 starke Spannungen zwischen den polnischen und deutschen Bergarbeitern aus, die einen Schlußstrich unter die Beziehungen zwischen der lokalen polnischen Bewegung und dem „Gewerkverein" zogen. Der unmittelbare Anlaß dafür war der Erlaß des Oberbergamtsbezirks Dortmund vom 25. Januar 1899. Dieser machte den Aufstieg in höhere Positionen in der Zeche von ausreichenden deutschen Sprachkenntnissen in Wort und Schrift abhängig. Damit benachteiligte der Erlaß die polnischen Bergarbeiter, die das Deutsche oft nur schwach und gewöhnlich nur passiv beherrschten, jedoch in den meisten Zechen bereits einen Großteil der Arbeiterschaft stellten. Auf einer Protestversammlung am 5. März 1899 in Bochum forderten sie gemeinsam, jegliche Ankündigungen sowie die wichtigsten Bergbaugesetze auch in ihrer Muttersprache zu verfassen. Die deutschen Gewerkschaften lehnten es dabei recht unerwartet ab, diese Forderungen der polnischen Arbeiter zu unterstützen.[16]

Eine andere Ursache der Spannungen war die Lohnfrage, denn obwohl neue Lohnforderungen ständig von deutschen Bergarbeitern, vor allem aus dem „Alten Verband" vorgetragen wurden, und damit eine Welle der Streiks und Unruhen am Ende der 1890er Jahre auslösten,[17] versuchten die Zechenführungen sowie die preußischen Behörden die Verantwortung dafür den Polen allein in die Schuhe zu schieben. Sie nutzten dabei gekonnt die Antipathien der deutschen Arbeiterschaft gegenüber den Neuen aus den östlichen preußischen Provinzen aus. So kam es im Juni 1899 in Herne und Umgebung zu erheblichen Unruhen, welche in der Forschung „Herner Polenrevolte" genannt werden. Um diese Revolte, die ein Streik der am schlechtesten bezahlten Unter-Tage-Arbeiter auslöste, einzudämmen, setzte die Regierung Polizei und Militär ein. In der sogenannten „Schlacht an der Bahnhofsstraße" in Herne wurde die Gendarmerie von

---

15 Eine Ausnahme bildete der Versuch der Anwerbung der polnischen Arbeiter durch den „Alten Verband" mit der Herausgabe der Zeitschrift Górnik (1897–1899; Der Bergmann), welche jedoch scheiterte.

16 Kozłowski, Rozwój organizacji, S. 211; Kulczycki, Foreign Worker, S. 90–93.

17 Kulczycki, Foreign Worker, S. 111.

einer 500 bis 600 Personen großen Menge mit Steinen beworfen, worauf diese scharfe Munition einsetzte. Dabei starben drei Menschen, mehrere wurden schwer verletzt. Die deutsche Presse machte den polnischen Arbeitern ihren niedrigen Bildungs- und Entwicklungstand zum Vorwurf. Die polnische Zeitung *Wiarus Polski* (Polnischer Kämpe) rief am 29. Juni 1899 in Herne, Baukau, Sodingen und Horsthausen mit einer Sonderbeilage dazu auf, Ruhe zu bewahren und an keinerlei Versammlungen teilzunehmen, weil „die Feinde der polnischen Bevölkerung die ganze Schuld für die Unruhen den Polen zuschieben möchten."[18] Der Streik wurde brutal unterdrückt und etwa 500 Arbeiter wurden entlassen.[19]

Als ersten Gründungsversuch einer neuen Organisation, die alle Auswanderer in den verschiedenen Regionen Deutschlands umfassen sollte und einen breiteren Wirkungskreis als eine Gewerkschaft hatte, kann man die „Związek Polaków w Niemczech" (Vereinigung der Polen in Deutschland) ansehen. Obwohl diese Vereinigung nie größere Bedeutung erreichte und am Anfang des 20. Jahrhunderts nur 3.000 Mitglieder verzeichnete, machte sie den Weg für eine andere polnische Gewerkschaft frei, die als Dachorganisation für die zahlreichen polnisch-katholischen lokalen Vereinigungen fungierte. Das polnische Presseorgan *Wiarus Polski* propagierte die Idee einer polnischen Gewerkschaft und warnte zugleich, daß die Zugehörigkeit zu einer deutschen Gewerkschaft zwangsläufig zur Germanisierung führen werde.[20]

Es überrascht nicht, daß die Gebrüder Jan und Anton Brejski die wichtigste Rolle bei der Vorbereitung zur Gründung einer polnischen Gewerkschaft übernahmen; sie waren die führenden Köpfe der Vereinigung der Polen in Deutschland und zugleich Herausgeber des *Wiarus Polski*. Die Vorbereitungen verliefen unter strengster Geheimhaltung und überraschten die deutschen Behörden und Gewerkschaften gleichermaßen.

Die neue Organisation wurde auf einem offiziellen Treffen am 9. November 1902 im Bochumer Redemptoristenkloster, der sogenannten „polnischen Kirche", gegründet.[21] Es nahmen etwa 250 Personen teil, die hauptsächlich Delegierte und Vorsitzende der polnisch-christlichen Arbei-

---

18 Wiarus Polski, Nr. 77 und Nr. 78, 1899. Über Streiks und Unruhen in Herne 1899: Kulczycki, Foreign Worker, S. 109–128.
19 Kozłowski, Rozwój organizacji, S. 211.
20 Wiarus Polski, Nr. 32, 1902.
21 Zuvor stellte Jan Brejski die neue Satzung einer ausgewählten Gruppe der Redaktion des *Wiarus Polski* vor.

tervereinigungen aus dem Ruhrgebiet waren. Die Sitzung eröffnete Anton Brejski, der nach der Erklärung der Ziele des Treffens, den Vorsitz an Stefan Rejer, einen Bergmann aus Ückendorf weitergab. Auf Antrag zweier Delegierter, Johann Wilkowski und Hipolit Sibilski, wurde die zuvor von Johann Brejski ausgearbeitete Satzung angenommen. Die neue Organisation übernahm den Namen „Zjednoczenie Zawodowe Polskie" (ZZP; Polnische Berufsvereinigung), mit Sitz in Bochum. Die Satzung orientierte sich am Vorbild des „Gewerkvereins", legte eine solidarisch-katholische Konzeption der Bewegung fest und schloß ausnahmslos religiöse Streitigkeiten und alle Agitation in sozialdemokratischem Sinne aus. Die ZZP setzte sich zum Ziel, „die moralische sowie materielle Besserstellung ihrer Mitglieder, die Sicherstellung eines ausreichenden und ständigen Lohnverhältnisses, sowie die Gewährleistung des nötigen Respekts und Platzes in der Gesellschaft". Die dazu nötigen Mittel sollten christlicher Natur sowie rechtskonform sein, sie erlaubten damit den Streik als Abwehrstrategie im Sinne der Arbeiterrechte. Im Unterschied zur Satzung des „Gewerkvereins" fehlte eine Loyalitätserklärung gegenüber dem Kaiser und dem Deutschen Reich, darüber hinaus wurde ein unbedingt friedlicher Ausgang der Arbeitskonflikte zwischen Arbeitgebern und Arbeitnehmern angestrebt. Außerdem wurde festgelegt, daß sich die Mitglieder als „Kamerad" (Druh) ansprechen sollten, um den sozialistischen Ausdruck „Genosse" zu vermeiden, sowie das altpolnische „Grüß Gott" (Szczęść Boże) anstelle des deutschen „Glück auf" zu verwenden.[22]

An der Spitze der ZZP stand ein Aufsichtsrat mit 30 bis 40 Mitgliedern sowie ein aus dessen Mitte gewählter siebenköpfiger Ausschuß, dessen Vollmachten der Aufsichtsrat definierte. Letzterer wählte auch einen fünfköpfigen Vorstand mit Sitz in Bochum, der aus einem Vorsitzenden, zwei Stellvertretern, einem Geschäftsführer und einem Schatzmeister bestand. Zum ersten Vorstand wurden Stefan Rejer gewählt, ein Arbeiter aus Ückendorf, als Vorsitzender der Schonnebecker Bergmann Johann Wilkowski und Josef Regulski (Arbeiter aus Elberfeld) als Stellvertreter, Hipolit Sibilski (Buchhalter aus Bochum) als Geschäftsführer sowie Johann Jankowiak aus Bochum als Schatzmeister.[23] Der ständig amtierende Vorstand koordinierte die Arbeit der Filialen, welche in bestimmten Städten und ihrer

---

22 Kozłowski, Rozwój organizacji, S. 212; Kulczycki, Polish Coal Miners' Union, S. 30f. Die Satzung der ZZP in Wiarus Polski, Nr. 191, 1902.

23 Wiarus Polski, Nr. 192, 1902. Vgl. Kozłowski, Rozwój organizacji, S. 212.

Umgebung sowie in den Stadtteilen einiger Großstädte entstanden. Alle zwei Jahre, notfalls öfters, sah die Satzung eine Mitgliederversammlung vor; diese konnte die Satzung sowie die Zusammensetzung von Aufsichtsrat und Vorstand ändern und entlastete den Vorstand.[24]

Die neue Organisation nahm unverzüglich ihre Arbeit auf. Es wurden vor allem Agitationsversammlungen abgehalten, die neue Mitglieder anziehen sollten. Bis Ende 1903 fanden an verschiedenen Orten im Ruhrgebiet über hundert solcher Agitationsversammlungen statt. Im Rahmen der Agitation, stark unterstützt durch den *Wiarus Polski*, traten in die ZZP nicht nur Mitglieder aller polnischen Organisationen und vor allem der polnisch-katholischen Vereinigungen ein, sondern auch Arbeiter, welche die deutschen Gewerkschaften verlassen oder bislang an der polnischen Bewegung nicht teilgenommen hatten. Es ist also nicht verwunderlich, daß die deutschen Gewerkschaften und Organisationen der Arbeiterbewegung Maßnahmen trafen, um einer Ausbreitung der ZZP entgegenzuwirken. So kritisierte das sozialdemokratische Organ *Vorwärts* nicht nur die Gründung der ZZP als eine weitere nationale Trennung in der Arbeiterbewegung, sondern prognostizierte einen schnellen Zerfall der ZZP.[25] Die Störversuche erwiesen sich jedoch als wirkungslos; schon nach einem Jahr hatte die ZZP 5.000 Mitglieder, 1904 waren es bereits 11.500 und Ende 1905 in ganz Deutschland gar 31.680 Mitglieder. Damit war sie die stärkste polnische Organisation im Deutschen Reich.[26] Ihre Popularität verdankte die ZZP in hohem Maße der sozialen Unterstützung der Arbeiter, die in der Satzung festgeschrieben war. Bei Eintritt in die Gewerkschaft war ein Beitrag von 25 Pfennigen zu entrichten, man verpflichtete sich zugleich zu einem Jahresbeitrag von 50 Pfennigen, von dieser Summe wurden jedoch 40 Pfennige als Rückversicherung für den Todesfall oder Arbeitsunfähigkeit im Falle einer Krankheit oder Arbeitslosigkeit festgeschrieben. Dieser Beitrag wurde beim Austritt aus der Gewerkschaft zurückerstattet.

Diese Vorschriften erwiesen sich jedoch schon bald als realitätsfern und wurden auf der Mitgliederversammlung am 17. Januar 1904 in Steele geändert. Einmal bezahlte Beiträge wurden nicht mehr zurückerstattet,

---

24 Kozłowski, Rozwój organizacji, S. 212.
25 Vorwärts, Nr. 267, 14.11.1902. Über die Manifestationen in: Wiarus Polski, 1903. Nach dem Bericht der ZZP fanden im Jahre 1903 insgesamt 93 dieser Manifestationen statt, vgl. Staatsarchiv Münster, OP 2748, Bd. 6.
26 Kozłowski, Rozwój organizacji, S. 213; S. Wachowiak, Polacy w Nadrenii i Westfalii, Poznań 1917, S. 132. Siehe auch: Kulczycki, Polish Coal Miners' Union, S. 66.

und die finanzielle Unterstützung wurde erst nach einer sechsmonatigen Mitgliedschaft ausgezahlt.[27] Während der Versammlung faßte Hipolit Sibilski das erste Jahr der Tätigkeit der ZZP zusammen, der Vorsitzende des Aufsichtsrates Johann Brzeskot (1873–1937) aus Bottrop trug ein Referat vor, in dem er ungewöhnlich scharf sowohl die sozialdemokratischen wie auch die christlichen Gewerkschaften kritisierte; den letzteren warf er Verbindungen zur Zentrumspartei sowie „germanisierende Tendenzen" vor. Er drückte seine Kampfbereitschaft gegen die ausbeuterischen Arbeitergeber aus. Bezüglich der antipolnischen Sprachregelungen kündigte er einen Kampf um die Gleichstellung der polnischen mit der deutschen Sprache in den deutschen Zechen und Fabriken, in denen polnische Arbeiter tätig waren, an. Mit großem Respekt äußerte sich Johann Brzeskot über die Polen aus Oberschlesien sowie über die Tätigkeit von Johann Brejski, zugleich sparte er nicht an Kritik an den Verfechtern einer Zusammenarbeit mit dem Zentrum.[28] 1904 begann die ZZP, mit Anton Brejski als Redakteur in Bochum eine eigene Zeitschrift *Zjednoczenie* (Vereinigung) herauszugeben. Es wurde auch Werbung in eigener Sache in den östlichen Gebieten des Deutschen Reiches unternommen, in Brandenburg, in der Provinz Sachsen, wo in Bitterfeld eine lokale Organisation der ZZP entstand, in der Umgebung von Hamburg und Bremen, im März 1905 im Zusammenhang mit dem gesamtdeutschen Bergbaukongreß in Berlin, sowie in Westpreußen und Posen, wo die ZZP mit der am 16. März 1902 gegründeten „Polnischen Gewerkschaft" (PZZ) rivalisierte.[29]

Eine entscheidende Zäsur für die Entwicklung der ZZP war der große Streik der Bergleute von 1905. Die Gründe für den Streik lagen in der allgemeinen Krise, welche die deutsche Industrie zwischen 1901 und 1903

27 Die Veränderungen der Satzung in: Wiarus Polski, Nr. 14, 1904. Siehe auch: Wachowiak, Polacy w Nadrenii, S. 119; Murzynowska, Die polnischen Erwerbsauswanderer, S. 175; Kozłowski, Rozwój organizacji, S. 213.

28 Kozłowski, Rozwój organizacji, S. 213f., stützt sich auf Archivmaterialien und Berichte des Wiarus Polski, Nr. 14, 1904. Nach dem polizeilichen Überwachungsbericht soll Jan Brzeskot gesagt haben: „Die Arbeiter können ohne Kampf nicht leben, denn die Löhne sind nicht ausreichend, um die Lebenslage der Arbeiter zu verbessern […]. Ohne Kampf kein Sieg, und wenn wir kämpfen, dann werden wir auch siegen. Wir wollen unsere polnischen Arbeiter, welche hier stark an der Zahl (70.000) vertreten sind, unserem Verbande zuführen. Wir müssen versuchen, sämtliche Polen den fremden Verbänden zu entziehen."

29 Die ZZP gewann schnell Vorsprung vor dem PZZ, siehe: Kozłowski, Rozwój organizacji, S. 214, 240ff.

erfaßte und die Lage der Bergleute verschlechterte. Der unmittelbare Auslöser für den Streik war das Vorhaben der Zechenbesitzer, den bis dahin achtstündigen Arbeitstag zu verlängern und ertragsschwache Zechen zu schließen. Der Streik spitzte sich zu, als am 19. Januar 217.539 Beschäftigte nicht zur Arbeit erschienen. Dies entsprach 78% der Belegschaft, in den Zechen sogar 87,4% der unter Tage Beschäftigten.[30] Die Führung der ZZP, der damals jüngsten und schwächsten Gewerkschaft, beteiligte sich direkt an den Streikvorbereitungen, wobei sie zugleich polnische Arbeiter zur Mitgliedschaft in der ZZP aufrief. Zwei Delegierte der ZZP, Johann Brzeskot und Josef Regulski, kamen in den sogenannten Siebenerausschuß in Essen, der die Verhandlungen mit den Zechenbesitzern führte und zugleich die zentrale Koordinationsstelle für den Streik war. Neben den beiden Polen gehörten diesem Ausschuß zwei Mitglieder des „Alten Verbandes" und des „Gewerkvereins" sowie ein Delegierter der „Hirsch-Dunckerschen Gewerkschaft" an. Trotz der Kämpfe innerhalb der Kommission, wobei jeder während des Streiks um neue Mitglieder für seine Gewerkschaft warb, sowie ihrer Bemühungen um einen Kompromiß mit den Arbeitgebern, wurde der Streik zu einer Manifestation der Solidarität und des Eifers unter den Bergleuten und Arbeitern, die sich über die nationalen oder konfessionellen Schranken erhob. Man führte ein gemeinsames Streikbüro und gemeinsame Streikkassen, man organisierte zusammen Beratungen und Versammlungen. Nach den Berichten der Streikführer streikten fast alle Bergleute. Unter ihnen waren über 40.000 Polen, die damit 19% der Streikenden ausmachten.[31]

Es überrascht nicht, daß deutsche nationalistische Kreise daraufhin erneut den Vorwurf erhoben, vor allem Polen hätten zum Streikausbruch und seinem dramatischen Verlauf beigetragen, wobei sie zum Werkzeug der sozialdemokratischen Demagogie geworden seien. Sogar Otto Hue, Vorsitzender des sozialistischen Verbandes sowie Abgeordneter der SPD, äußerte sich im Reichstag negativ über das zu radikale Verhalten der Polen, obwohl er zugleich die Solidarität der polnischen und deutschen Arbeiter lobte. Gegen die antipolnischen Anschuldigungen bezüglich der ZZP polemisierten der Reichstagabgeordnete aus Westpreußen, Jan Brejski sowie

---

30 Murzynowska, Die polnischen Erwerbsauswanderer, S. 183; M.J. Koch, Die Bergarbeiterbewegung im Ruhrgebiet zur Zeit Wilhelms II. 1889–1914, Düsseldorf 1954, S. 144.

31 Murzynowska, Die polnischen Erwerbsauswanderer, S. 182, 186f; Kozłowski, Rozwój organizacji, S. 214f.

Adalbert Korfanty aus Oberschlesien. Andere Mitglieder der Polnischen Fraktion in Berlin unterstützten sie dabei. Die Schützenhilfe der Polnischen Reichstagsfraktion hatte für die ZZP eine große moralische Bedeutung, doch ging es ihr damals vor allem um die finanzielle Unterstützung der Streikenden. In diesem Fall war die Unterstützung aus der Heimat eher symbolisch und die ZZP war wegen mangelnder Finanzen genötigt, einen Teil ihrer Mitglieder für eine gewisse Zeit zurück nach Polen zu schicken. Dies erleichterte ihr die Verwaltung der neuentstandenen, unabhängigen Streikkasse.[32]

Die Hartnäckigkeit der Arbeitgeber gegenüber den Forderungen der Bergleute sowie das Versprechen der preußischen Regierung, die schwierige Lage der Bergarbeiter durch eine Novellierung des Bergbaurechtes zu verbessern, zwang den innerlich zerstrittenen und inzwischen mittellosen Siebenerausschuß am 9. Februar, den Streik abrupt zu beenden. Trotz des anscheinend gemäßigten Ausgangs war dies in Wirklichkeit eine Niederlage der Bergleute, die eine entsprechend große Unzufriedenheit hinterließ. Die polnischen Ausschußmitglieder riefen dazu auf, die Entscheidung über die Beendigung des Streiks zu akzeptieren, unterstrichen dabei jedoch, daß die ZZP-Führung weiter verhandeln wolle, sich aber letztendlich den deutschen Gewerkschaften fügen werde.[33] Dieser demagogische Charakter der Erklärung führte zu einem Popularitätszuwachs für die ZZP, der sich in einem erheblichen Mitgliederzuwachs niederschlug. Die am 8. März 1905 ratifizierte Novelle des Bergbaurechts genügte zwar den wichtigsten Forderungen der Bergleute nicht, erleichterte aber ihre Lage durch die Abschaffung einiger im Bergbau gängiger Praktiken der Arbeitgeber. Der Streik von 1905 trug in hohem Maße dazu bei, daß die ZZP sich endgültig von einer Selbsthilfeorganisation in eine gesetzmäßig funktionierende Gewerkschaft verwandelte und die deutsche Gewerkschaftsbewegung sich genötigt sah, eine „dritte Kraft" im Ruhrgebiet zu akzeptieren. Seit 1905 schickte die ZZP größere Delegationen zu den jährlichen Bergmannstreffen in Preu-

---

32 Koch, Die Bergarbeiterbewegung, S. 73; Kozłowski, Rozwój organizacji, S. 215; Kulczycki, Foreign Worker, S. 173–179. Die Rede von Jan Brejski in: Wiarus Polski, Nr. 23, 1905.

33 Wiarus Polski, Nr. 36, 1905: Bericht von Josef Regulski. Man muß hier erwähnen, daß die ZZP-Führung Brzekot aus dem „Siebenerausschuß" abberief, er also an der Entscheidung zum Streikabbruch nicht beteiligt war. Die polnischen Arbeiter streikten am längsten, vgl. Kulczycki, Polish Coal Miners' Union, S. 59f.

ßen, an welchen sie aktiv teilnahmen. Seit diesem Zeitpunkt begann man auch selbständig, Polen in die lokalen Knappschaften zu wählen.[34]

In der Sozialpolitik verfügte die ZZP damals (aber auch bis 1917) nicht über ein ausgearbeitetes Programm. Die wichtigsten Impulse in diese Richtung gaben die Beschlüsse von Mitgliedertreffen. Einer der wichtigsten wurde am 8. April 1906 in Essen verabschiedet; er enthielt 13 Forderungen an die Regierung. Verlangt wurden unter anderem eine Verkürzung der Arbeitszeit in der Hüttenindustrie bis auf acht Stunden pro Tag und ein allgemeines Verbot der Arbeitszeit über zehn Stunden, einen erweiterten Arbeitsschutz für Frauen und Jugendliche, die Berufung von Arbeitern zur Industrieinspektion, eine volle Absicherung der Arbeiterrechte in den Versicherungskassen sowie das Verbot der Anwerbung neuer Mitglieder während Streikaktionen. Die Delegierten der ZZP unterstützten auch die Position des Bergmanntreffens vom 11./12. Februar bezüglich des Bergbaurechts. Sie forderten dabei, daß sich der Reichstag der Angelegenheit annehmen solle, weil man zum Preußischen Abgeordnetenhaus kein Vertrauen habe.[35]

Obwohl die ZZP das Programm der deutschen Sozialdemokraten ablehnte, vor allem ihre Forderungen zur Verstaatlichung des Bergbaus, führte der entschiedene Kampf für die Rechte der Arbeiter und die Unterstützung der Streikaktionen einerseits zu einer Annäherung an den „Alten Verband" und andererseits zu einem Popularitätszuwachs unter den polnischen Arbeitern. Der schnelle Mitgliederzuwachs sowie die organisatorische Ausbreitung im Norden (Hamburg, Bremen) sowie in Mitteldeutschland und die große Anzahl polnischer Arbeiter im preußischen Teilgebiet bildeten die Grundlage für die Integration der gesamten polnischen Gewerkschaftsbewegung im Deutschen Reich unter der Führung der ZZP.[36] Im Oktober 1907 lagen die Mitgliederzahlen außerhalb von Rheinland und Westfalen in den nord- und mitteldeutschen Regionen nach Berechnungen des *Wiarus Polski* bei 3.645, von denen die meisten aus den Regie-

---

34 Mańkowski, Historia Zjednoczenia, S. 65ff.
35 Wiarus Polski, Nr. 82, 1906; Kleßmann, Polnische Bergarbeiter, S. 114f.; Kozłowski, Rozwój organizacji, S. 216f.
36 Die ZZP nahm 1905 und 1906 aktiv an den Streiks mit polnischer Beteiligung, u.a. in Vegesack (Freie Hansestadt Bremen), in Sachsen und in vielen Orten in Westpreußen, teil.

rungsbezirken Hannover (761) und Frankfurt/Oder (722) stammten. In Stade waren es 606, in Oldenburg 213 Mitglieder.[37]

Neben der ZZP wirkten damals im Deutschen Reich zwei andere polnische Gewerkschaften: Der 1889 gegründete *Związek Wzajemnej Pomocy Chrześcijańskich Robotników Górnośląskich* (ZWP; Verein der gegenseitigen Hilfe christlicher Arbeiter Oberschlesiens), mit Sitz in Beuthen sowie der einige Monate vor der ZZP am 16. März 1902 gegründete *Polski Związek Zawodowy* (PZZ; Polnischer Gewerkschaftsverein), mit Sitz in Posen. Auf Grund ihrer stark christlichen Orientierung waren sie deutlich schwächer als die ZZP und hatten zudem organisatorische Schwierigkeiten. Bereits im November 1904 schlug das radikale Presseorgan von Wojciech Korfanty, *Dziennik Śląski* (Schlesisches Tageblatt) vor, alle drei Organisationen zu vereinigen.[38] Dieses Projekt rief eine heftige Diskussion in der Presse hervor. Die ZZP sprach sich im *Wiarus Polski* gegen eine Fusion aus, die als eine Art Unterordnung unter die Posener Organisation, die sich am heftigsten für eine Vereinigung ausgesprochen hatte, betrachtet wurde. Die Gebrüder Brejski schlugen ein Zusammengehen der drei Organisationen in Form eines Kartells vor, ähnlich dem schlesischen ZWP. In den Jahren von 1905 bis 1907 stärkte die ZZP ihre Position und vereinbarte eine Mitarbeit mit der schlesischen ZWP auf der Basis eines freien Zugangs zu beiden Organisationen mit der beidseitigen Anerkennung der Mitgliedesbeiträge sowie der Zugehörigkeitsdauer. Die Posener PZZ optierte dagegen in dieser Zeit weiterhin für eine Fusion. Ihr Anliegen wurde vom Polnischen Politischen Komitee in Berlin unterstützt, das am 4. September 1906 ein Werbungsschreiben in dieser Angelegenheit an die Zentralen in Bochum, Beuthen und Posen schickte.[39] Die ZZP lehnte anfangs auch diese Initiative ab, doch einige Monate später, als Gegenleistung für die Zustimmung des Polnischen Politischen Komitees zur Gründung eines ZZP-Ortsverbandes in Berlin und Umgebung, einigte man sich auf Zugeständnisse in der Fusionsfrage. Dieses Einlenken wurde möglicherweise auch durch den Druck der polnischen öffentlichen Meinung beeinflußt, die eine klassenübergreifende nationale Einheit angesichts der restriktiven preußischen Polenpolitik verlangte. Auf dem Treffen in Oberhausen am 28. April 1907

---

37 Archiwum Państwowe w Poznaniu, Prezydium Policji (Staatsarchiv Posen, Polizeipräsidium), Nr. 2725, S. 17–19: Übersetzungen aus *Wiarus Polski* 1907. Vgl. auch: Kozłowski, Rozwój organizacji, S. 243.

38 Chełmikowski, Związki zawodowe robotników, S. 102f.

39 Ebd., S. 98f., 105.

unterstrich die ZZP ihre veränderte Einstellung zu den anderen polnischen Berufsvereinigungen und räumte ein, daß es erstrebenswert sei, die schwächeren Organisationen mit den stärkeren zu vereinigen.[40] Nach weiteren Verhandlungen einigten sich die ZZP und die PZZ am 30. August 1908 in Posen auf eine Vereinigung beider Gewerkschaften. Kurz danach, am 13. und 14. September, fand in Bochum eine Vereinigungsversammlung statt. Der Vorsitzende der PZZ, Stanisław Nowicki, begründete seine Entscheidung mit der Sorge, daß die fehlende Einigung unter den polnischen Gewerkschaften die polnischen Arbeiter verleiten könnte, in die deutschen Gewerkschaften einzutreten. Nowicki, dessen Organisation 5.000 Mitglieder hatte, berief sich dabei auf das polnische Nationalinteresse. Auf der Grundlage des damals unterschriebenen Vereinigungsvertrages ging die PZZ in die Bochumer ZZP über, welche gleichzeitig ihre Organisationsstruktur der neuen Situation anpaßte. Es wurden zwei Abteilungen der ZZP gegründet, eine handwerklich orientierte in Posen und eine auf das Bergbau- und Hüttenwesen ausgerichtete in Bochum. Zum Sitz der gesamten Organisation wurde Bochum, zum Presseorgan sollte ab dem 1. Januar 1909 das bisherige Organ der PZZ, die Zeitschrift *Siła* (Stärke), nunmehr in Posen gedruckt werden.[41] Der Anschluß der Beuthener ZWP an die ZZP war damit nur noch eine Frage der Zeit. Gegensätzliche Standpunkte vertraten in dieser Frage die beiden Redakteure und Reichstagsabgeordneten aus Oberschlesien, Korfanty, der sich für diesen Anschluß aussprach, und Adam Napieralski, der dagegen war und eine engere Zusammenarbeit mit dem Zentrum befürwortete. Verbissen wurde über die Organisationsstrukturen nach einer möglichen Vereinigung verhandelt, was durch die inneren Kämpfe in der ZZP über deren zukünftigen Einfluß zwischen Wojciech Sosiński, einem herausragenden Mitglied und zeitweiligen Redakteur der *Zjednoczenie* (Die Vereinigung) in Bochum einerseits und Johann Brejski andererseits, noch erschwert wurde. Die endgültige Gründung einer einzigen Zentrale für alle drei polnischen Berufsorganisationen fand auf einer Versammlung vom 2. bis 6. Mai 1909 statt. Unter den 124 Teilnehmern repräsentierten 85 Delegierte das Ruhrgebiet, Oberschlesien schickte eine 14-köpfige

---

40 Wiarus Polski, Nr. 98 und Nr. 101, 1907.
41 Chełmikowski, Związki zawodowe robotników, S. 105ff. (zitiert den Vereinigungsakt); T. Filipiak, Dzieje związków zawodowych w Wielkopolsce do roku 1919, Poznań 1965, S. 218f., Kozłowski, Rozwój organizacji, S. 218; Kulczycki, Polish Coal Miners' Union, S. 68ff.

Delegation mit Wojciech Wieczorek, dem Vorsitzenden des ZWP, an der Spitze, Posen eine siebenköpfige mit Stanisław Nowicki als Wortführer. Außerdem kamen Vertreter aus Westpreußen, Berlin, Bremen und Hannover; auch die Lausitz und Sachsen hatten Delegierte entsandt. Die Vereinigung unter der Führung der Bochumer Organisation krönte die siebenjährige Tätigkeit der ZZP. Sie verlief nicht ohne Kontroversen, die in den Diskussionen auf dem Bochumer Treffen sowie den dort getroffenen Vereinbarungen ihren Ausdruck fanden.[42] Zur höchsten Instanz in der ZZP wurde die Außerordentliche Mitgliederversammlung (ein Delegierter auf 500 Mitglieder) erklärt. Die ausführende Instanz bildete der Zentralrat, der durch die Mitgliederversammlung gewählt und abgesetzt werden konnte. Er kontrollierte die Arbeit dreier Fachverbände, nämlich der Bergleute mit Sitz in Bochum und dem Presseorgan *Głos Górnika* (Stimme des Bergmanns), der Metall- und Hüttenarbeiter mit Sitz in Königshütte/Oberschlesien und dem Presseorgan *Wzajemna Pomoc* (Gegenseitige Hilfe) sowie der Handwerker und Arbeiter verschiedener Berufszweige mit Sitz in Posen und dem Presseorgan *Siła*. Der Zentralrat bestimmte die Abteilungsleiter und verfügte über die Kasse. Diese finanzierte sich über die Mittel, welche ihr die Abteilungen nach Auszahlung der Unterstützungsgelder und Begleichung eigener Verwaltungskosten zuführten. Zum Aufgabenbereich des Zentralrates gehörten auch die juristische Vertretung, die Bestätigung der Austritte und Streikabsichten, die Fortbildung der Mitglieder sowie die Unterstützung aller Abteilungen und Organisationen der Gewerkschaft. Die Tätigkeit des Zentralrates kontrollierten der Aufsichtsrat und seine siebenköpfige Abteilung. Dieses Organ schlichtete Streitigkeiten zwischen dem Zentralrat und den Abteilungen und überprüfte die Gewerkschaftskasse.[43]

In der Territorialstruktur wurde die „Ortsgruppe" zu einer Keimzelle der Organisation. Sie verfügte über einen eigenen Vorstand mit je einem Vorsitzenden, Sekretär und Schatzmeister. Dort, wo es weniger als zehn Mitglieder gab, und somit keine Ortsgruppe gegründet werden konnte, führte man die sogenannten bezahlten Plätze ein, die von Vertrauensmän-

42 Kozłowski, Rozwój organizacji, S. 218f. (mit Berufung auf Quellen aus dem ehemaligen Zentralstaatsarchiv der DDR, Abteilung Merseburg); Kulczycki, Polish Coal Miners' Union, S. 71f., weist auf den fehlenden inneren Zusammenhalt und eine Wende der ZZP zu polnisch-nationalem Gedankengut nach der Fusion hin.
43 Filipiak, Dzieje związków zawodowych, S. 222–227; Kozłowski, Rozwój organizacji, S. 219.

nern geführt wurden. Zwischen den Ortsgruppen und den Fachverbänden fungierten die sogenannten Agitationskreise, die den Kommunikationsmöglichkeiten angepaßt waren. Die Bochumer Bergbauabteilung, die größte der drei, teilte man in 22 Kreise, von denen zwölf auf das Ruhrgebiet, acht auf Oberschlesien und zwei auf andere Regionen entfielen. Im Ruhrgebiet fungierten außerdem vier Hüttenkreise in Düsseldorf, Essen, Oberhausen und Dortmund. In den Provinzen Rheinland und Westfalen gab es 1911 bereits 142 Ortsgruppen mit insgesamt 17.722 Mitgliedern. Es waren hauptsächlich Ortsgruppen im Bergbau, die in fast jedem Ort des Ruhrgebietes entstanden. In größeren Städten wie Recklinghausen oder Wanne gab es mehrere (bis zu sechs) solcher Ortsgruppen. Sie erledigten – nach einem Bericht Franz Mańkowskis

> *„alle denkbare Angelegenheiten der polnischen Landsleute, zum Beispiel in Versicherungs-, Steuer-, Renten-, Wohnungs-, Testaments- oder Grundstücksfragen, so daß sie wie die Verwaltungsbehörden agierten, zu denen die polnischen Arbeiter kein Vertrauen oder keinen Zugang hatten, da sie die Verwaltungssprache nicht beherrschten. Sie schrieben Briefe an die Verwandten, schickten Geld an Ehefrauen, Verwandte oder an polnische Banken in der Heimat. Dies erschwerte die deutsche Post, die wollte, daß die polnischen Arbeiter ihr Geld in Deutschland anlegten."*[44]

Diese Organisationsstruktur, zum Teil vor der Fusion erprobt, funktionierte, trotz einiger Streitigkeiten, bis zum Ersten Weltkrieg. Die einzige erhebliche Veränderung war die Ausgliederung einer neuen Abteilung aus der Posener Arbeiter- und Handwerkerabteilung, nämlich der Abteilung der Bauarbeiter, die zum Gründungszeitpunkt 2.500 Mitglieder hatte und in 66 Ortsgruppen vereinigt war. Im Ruhrgebiet hatte sie nur drei Ortsgruppen in Gelsenkirchen, Herne und Recklinghausen mit 90 Mitgliedern.[45] Ab 1909 gewann die ZZP deutlich an Bedeutung, und alle Abteilungen erlebten eine Wachstumsphase, die bis zum Ausbruch des Ersten Weltkrieges andauerte:

---

44 Mańkowski, Historia Zjednoczenia, S. 94–95, 98–99. Außer den Ortsgruppen im Bergbau wirkten im Ruhrgebiet auch solche in der Metallindustrie und in Handwerk und Gewerbe.
45 Kozłowski, Rozwój organizacji, S. 219f.

Mitgliederzahl der ZZP in den Jahren 1908 bis 1914

Jahr	insgesamt	Abteilungen				davon Bergbauabteilung
		Bergbau	Hütten	Handwerk	Bau	im Ruhrgebiet
1908	48.909	–	–	–	–	
1909	57.000	22.243	–	–	–	17.772
1910	66.970	38.387	20.000	8.000	–	26.309
1911	70.583	46.995	–	–	–	30.164
1912	77.322	50.903	11.422	14.329	–	30.334
1913	75.171	50.047	ca. 10.000	11.963	2.500	28.936
1914	78.000	51.000	–	–	3.832	28.500

Quelle: Kozłowski, Rozwój organizacji, S. 221; Chełmikowski, Związki zawodowe robotników, S. 158, 165; Murzynowska Die polnischen Erwerbsauswanderer, S. 251; Filipiak, Dzieje związków zawodowych, S. 236–238; Kleßmann, Polnische Bergarbeiter, S. 231 (Statistik von 1908), S.283 (Tab. 29). 1908 lebten von 48.909 ZZP-Mitgliedern 40.842 (83,5%) in den Regierungsbezirken Arnsberg, Münster und Düsseldorf des Ruhrgebietes.

Trotz der gelegentlich auftretenden dezentralistischen Tendenzen, wurde die ZZP zum wichtigsten Bindeglied der Migranten mit ihrer Heimat.[46] Die dominierende Abteilung war die Bochumer Bergbauabteilung, deren Zentrale Franz Mańkowski (1872–1984), einer der Gründer der ZZP, leitete. An der Spitze des Zentralrats der ZZP stand seit seiner Wahl 1909 bis 1913 Wojciech Sosiński (1872–1934), der sich der einseitigen Beeinflussung durch die Gebrüder Brejski zu erwehren verstand. Sekretär des Zentralrats war bis Mai 1911 Josef Rymer (1882–1922), später dann Wojciech Grześlowiak. Zum Schatzmeister wurde der schlesische Funktionär Wojciech Wieczorek gewählt.

Auf der außerordentlichen Mitgliederversammlung vom 25. bis 28. Mai 1911 in Posen wurde entschieden, den Zentralrat von Bochum nach Kattowitz zu verlegen. Die Gründe dafür lagen im neuen Versammlungsgesetz, das bei Treffen im Ruhrgebiet die Benutzung der polnischen Sprache erschwerte, sowie der Befreiung Sosińskis vom Einfluß der Gebrüder Brejski. Es verhinderte jedoch nicht, daß der Einfluß der Bochumer Abteilung durch die engere Zusammenarbeit mit den schlesischen Bergleuten weiter wuchs. Die ZZP spielte eine wichtige Rolle im Märzstreik 1912 im Ruhrgebiet, als sie mit dem „Alten Verband" und der „Hirsch-Dunckerschen

46 So Wachowiak, Polacy w Nadrenii, S. 136.

Gewerkschaft" den sogenannten Dreibund gründete.[47] Eigentlich war es eine Einigung im gemeinsamen Kampf um die Verbesserung der Lage der Bergleute. Hauptsächlich ging es um eine Lohnerhöhung um 15%, welche die Lebenshaltungskosten an das Niveau von 1907 angleichen sollte. Da jedoch der christliche Gewerkverein dem Druck des Zentrums nachgab, die Teilnahme am Streik verweigerte und die „Hirsch-Dunckersche Gewerkschaft" mit ihren 2.500 Mitgliedern nur über schwachen Rückhalt verfügte, fiel die Hauptlast auf den „Alten Verband" und die ZZP.

Der Streik begann am 11. März 1912, dauerte zehn Tage und erfaßte nicht das ganze Ruhrgebiet. Seine Stärke hing von dem Einfluß des „Alten Verbandes" sowie der Verteilung der Nationalitäten in den jeweiligen Kreisen ab. In den Kreisen, in denen viele Polen wohnten, wie Gelsenkirchen, Herne, Recklinghausen-Ost, streikten bereits in den ersten vier Tagen bis zu 70% der Bergleute, später fiel die Zahl auf 60%. Die Zechenbesitzer erhielten unverzüglich die Unterstützung der Regierung, welche gegen die Streikenden mit Polizeikräften sowie 5.000 Soldaten vorging. Repressionen in Form von Verhaftungen, direkter gerichtlicher Verfolgung und Waffengewalt sowie die Nichtteilnahme der christlichen Gewerkschaft zwangen die Führung des Dreibunds am 19. März zum Streikabbruch, ohne die kleinste Zusage seitens der Arbeitgeber. Der Streik wurde zur Kraftprobe der Arbeiterschaft, die zu ihren Ungunsten ausging.

Für die Polen im Ruhrgebiet und in der ZZP bedeutete es vor allem die Festschreibung des vollständigen Bruchs mit dem Zentrum und dem mit ihr verbundenen „Gewerkverein". Die ZZP entging damit der Bloßstellung, die eine Nichtteilnahme am Streik bedeutet hätte. Zugleich unterstrich die ZZP ihre unabhängige Position gegenüber dem „Alten Verband", der aus einer anderen Nationalitätszugehörigkeit hervorgegangen war. All dies verschaffte der ZZP einen Autoritätszuwachs unter den polnischen Arbeitsmigranten und zeigte zudem, daß die preußisch-deutsche Assimilationspolitik bei den Polen in Deutschland fehlgeschlagen war. Nach den Angaben von Krystyna Murzynowska waren von 100.000 beschäftigten polnischen Arbeitern im Ruhrgebiet etwa 41.223 in einer Gewerkschaft organisiert, 30.000 davon in der ZZP.[48] Unter den 6.356 „organisierten" Masuren gehörten 3.000 zur Vereinigung „Ost- und Westpreußischer Evangelischer

---

47 Die Teilnahme der ZZP am Streik von 1912 beschreibt ausführlich Murzynowska, Die polnischen Erwerbsauswanderer, S. 255–297; Kulczycki, Foreign Worker, S. 223–249.
48 Murzynowska, Die polnischen Erwerbsauswanderer, S. 283f.

Arbeiterverein von Rheinland-Westfalen", die anderen 3.000 waren Mitglieder des „Alten Verbandes".

Den protestantischen Masuren mißfiel der multikonfessionelle „Gewerkverein". Unter den „organisierten" Polen gehörten noch 6.000 zum „Alten Verband", auch weil viele Polen kaum zur christlichen Gewerkschaft tendierten, die unter starkem Einfluß deutschnationaler, antipolnischer Kreise stand. Die polnischen Mitglieder der ZZP stellten 28% der Bergleute, die im Dreibund vereinigt waren, zusammen mit den Masuren stellten sie gar 36% der Mitglieder der streikenden Gewerkschaften. Die ZZP war jedoch zugleich zu schwach, um eine eigenständige Rolle zu spielen. Sie mußte mit der schwierigen Situation fertig werden, daß nationalpolnische Kreise jegliches Zusammengehen mit der sozialistischen Gewerkschaft strikt ablehnten. Doch die gute Kenntnis des Stimmungsbildes der polnischen Bergleute in Westfalen verleitete Franz Mańkowski zum Beitritt in den Dreibund. Die polnischen Bergleute traten während des Streiks aktiv auf. Viele wurden festgenommen und später wegen Beleidigung der Streikbrecher juristisch verfolgt. Sie entzogen sich zugleich dem Einfluß der Priester, die sich gegen den Streik aussprachen, und den Unterdrückungsmaßnahmen von Regierung und Polizei, die gegen die Polen den berühmt-berüchtigten „Sprachparagraphen" anwendeten, der es der ZZP nicht erlaubte, in den Streikbüros Versammlungen in polnischer Sprache abzuhalten.

Dennoch attackierte die polnische Presse in der Heimat nach dem Ende des Streiks heftig die Führung der ZZP, insbesondere Mańkowski mit dem Vorwurf, die Sozialdemokratie unter den polnischen Arbeitern salonfähig gemacht zu haben, was als Landesverrat angesehen wurde. Als Beschützer Mańkowskis und gleichzeitiger Kritiker der deutschen Gewerkschaften trat die polnische Presse des Ruhrgebiets in Gestalt des *Wiarus Polski* und des *Narodowiec* (Der Nationalist) auf. Gleichzeitig begann Wojciech Sosiński in Oberschlesien eine Kampagne gegen den „Alten Verband" und warf ihm vor, Arbeiterinteressen verraten zu haben. Diese propagandistischen Akzente erweckten den Eindruck, als verteidige die ZZP allein die Interessen der Arbeiter. John Kulczycki führt an, daß die Streikkatastrophe von 1912 und die zugleich immer stärkere antipolnische Politik der preußischen Regierung zum Bruch der ZZP mit dem „Alten Verband" geführt habe. Zugleich trug der Streikabbruch zur Annäherung der ZZP an die polnische Nationalbewegung bei und verstärkte die zahlreichen, meist berechtigten Vorwürfe gegenüber den beiden deutschen Gewerkschaften, daß sie eine antipolnische Stimmung verbreiteten.[49]

Die ZZP verstärkte in den letzten Vorkriegsjahren ihre Bemühungen im Bildungsbereich. Seit Mai 1912 organisierte die ZZP in allen Kreisen mehrwöchige Schulungen für ihre Mitglieder. ZZP-Funktionäre, hauptsächlich solche mit Hochschulabschluß wie Jan und Anton Brejski, Stanislaus Wachowiak, Anton Banaszak, Michael Kwiatkowski, Edmund Piechocki und andere, referierten während der Schulungen über Rechts-, Wirtschafts- und Sozialfragen. Die polnischen Akzente wurden dabei nicht vernachlässigt. An diesen Schulungen nahmen 700 ZZP-Mitglieder teil.[50]

Bei der Betrachtung der ZZP sollte man die Schwierigkeiten nicht vergessen, die diese mit der Rekrutierung der Masuren hatte, die als Ostpreußen ins Ruhrgebiet kamen. Sie waren eine ethnische Gruppe mit polnischem Dialekt und evangelischer Konfession. Trotz der Werbungsversuche seitens der ZZP traten nur wenige der polnischen Gewerkschaft bei, doch auch die deutschen Gewerkschaften sprachen sie nicht an, weil diese sie als Polen ansahen. Die Bergbau-Abteilung der ZZP bemühte sich seit 1910 wiederholt, die Masuren anzuwerben. Es wurde ein Aufruf an die Masuren veröffentlicht, in der sie als „unsere Brüder" bezeichnet wurden, es gab Hausbesuche, und ab 1911 wurde der in gotischer Schrift gedruckte *Miesięcznik Górniczy* (Bergmännische Monatsschrift) herausgegeben, der in den Ortsgruppen in einer Auflage von 400 bis 500 Exemplaren gedruckt wurde. 1913 wurde in der Satzung der ZZP zusätzlich die Konfessionsfrage entschärft. Alle diese Maßnahmen brachten jedoch nicht den erwünschten Erfolg, obwohl einige hundert Masuren in die ZZP eintraten. 1914 sollte die Werbungsaktion erneut intensiviert werden, doch verhinderte dies der Ausbruch des Ersten Weltkrieges.[51] Der Krieg unterbrach nicht nur die bisherige Entwicklung der ZZP, sondern bewirkte auch ihre Umorientierung auf die polnische Nationalfrage. Nach Kriegsende verlegte die ZZP ihr Hauptbetätigungsfeld in das wiedererstandene Polen.

---

49 Ebd., S. 246, 249–251; Kozłowski, Rozwój organizacji, S. 222; Kulczycki, Foreign Worker, S. 257f.
50 Mańkowski, Historia Zjednoczenia, S. 121; Kleßmann, Polnische Bergarbeiter, S. 113.
51 Kulczycki, Polish Coal Miners' Union, S. 79–81; H.J. Brandt (Hg.), Die Polen und die Kirche im Ruhrgebiet 1871–1919. Ausgewählte Dokumente, Münster 1987, S. 282–292: Dokument Nr. 204; Mańkowski, Historia Zjednoczenia, S. 124.

Der Kriegsausbruch und die damit verbundene Soldatenrekrutierung schwächte die ZZP erheblich. Die Polen im Ruhrgebiet blieben, obwohl ungerne, der deutschen Regierung gegenüber loyal. Die deutschen Behörden nutzten den Kriegszustand zur Einführung aller möglichen Repressionsmaßnahmen gegenüber der polnischen Bewegung, die nun einer besonders scharfen polizeilichen Kontrolle unterstand und mit einem Versammlungsverbot belegt wurde. Einige Mitglieder der Gewerkschaftsbewegung flüchteten in die benachbarten Niederlande. Dem Bericht von Franz Mańkowski zufolge erhielt das Bochumer ZZP-Büro hunderte von Briefen, in denen sich die zur deutschen Armee einberufenen Polen darüber beklagten, daß sie in einer fremden Armee und an der Front für die Sache derjenigen kämpfen müßten, welche die Polen schlecht behandelt hatten: „Dafür, daß man uns Polen wie die Hunde gequält hat."[52]

Bis zum Ende des Jahres 1914 erfaßte die Rekrutierung die Hälfte, bis 1916 bereits zwei Drittel der ZZP-Mitglieder. In Rheinland und Westfalen entstand damals das geflügelte Wort: „Jeder Pole – ein Soldat".[53] Die Bochumer Bergbauabteilung schrumpfte von 28.936 Mitgliedern im Jahre 1913 auf 16.137 im Jahre 1914. 1915 sank die Mitgliederzahl auf nur noch 9.130 Personen.[54] Gleichzeitig fielen schlagartig die Einnahmen aus den Mitgliedsbeiträgen. 1913 betrugen sie noch 1.939.248,56 Mark, 1914 – 1.571.579,94 Mark, 1915 – 1.002.285,58 Mark, 1916 – 998.947,12 Mark.[55]

Ein schwerer Schlag war auch die Einberufung des größten Teils der Führungsriege der ZZP. Aus der Bochumer Bergbauabteilung wurden alle drei Vorsitzenden, einschließlich des 44-jährigen Mańkowski und zwei Sekretäre eingezogen; übrig blieben nur ein 63-jähriger Schatzmeister sowie sein unwesentlich jüngerer Stellvertreter.[56] Die Organisation hatte enorme Verluste unter ihren Mitgliedern an Toten und Verletzten zu beklagen.[57]

52 Mańkowski, Historia Zjednoczenia, S. 130; zitiert auch bei Kulczycki, Polish Coal Miners' Union, S. 137.

53 Sprawozdanie Zjednoczenia Zawodowego Polskiego za lata 1914–1920, Poznań 1921, S. 6.

54 Kleßmann, Polnische Bergarbeiter, S. 283; Kulczycki, Polish Coal Miners' Union, S. 138f.

55 Sprawozdanie ZZP za lata 1914–1920, Poznań 1921, S. 19–22.

56 Mańkowski, Historia Zjednoczenia, S. 132f.; Kulczycki, Polish Coal Miners' Union, S. 137–140.

57 Kozłowski, Wychodźstwo polskie w Niemczech i jego udział w powstaniu Wielkopolskim 1918–1919, in: Przegląd Zachodni 5–6, 1988, S. 206–208 (Verluste unter den Mitgliedern der Organisation „Sokół").

Dazu kam eine äußerst strenge Kontrolle durch die Militärbehörden in Münster, die praktisch jede Gewerkschaftstätigkeit verboten und zugleich drohten, weitere Gewerkschaftsmitglieder an die Front zu schicken. Man vereitelte auch die Versuche der ZZP, Kontakt zu polnischen Arbeitern aufzunehmen, die aus dem seit 1915 von Deutschen und Österreichern okkupiertem Kongreßpolen zur Zwangsarbeit ins Deutsche Reich gebracht wurden. Größere Gruppen dieser Arbeiter wurden 1916 in den Zechen des Ruhrgebiets eingesetzt. Oft wurden sie unmenschlich behandelt, und die Hilfsangebote der ZZP wurden seitens der preußischen Regierung und der Zechendirektionen abgelehnt.[58]

Die angespannte Lage in der Bergbau- und Hüttenindustrie, die nun zur Maximierung der Produktion gezwungen wurde, bewog die ZZP zu einer engeren Zusammenarbeit mit den deutschen Gewerkschaften in der Vertretung der Interessen der Arbeiterschaft. Bereits Ende 1914 verständigten sich die Gewerkschaften auf gemeinsame Aktionen zum Schutz der Konsumenten. Die Auslöser dafür lagen im gewaltigen Preisanstieg der Lebensmittel und einer Lebensmittelknappheit auf dem freien Markt. Im Januar 1915 unterschrieb die Bochumer Bergbauabteilung die Übereinkunft und am 6. Februar 1915 schickten alle vier Gewerkschaften eine Petition an das Handels- und Industrieministerium. Die Beschwerde beschrieb die katastrophale Lage der Bergleute, die von den Zechenführungen zu unmenschlichen Arbeitszeiten gezwungen wurden. Diese Entwicklung mußten die Bergleute vor dem Hintergrund der drohenden fristlosen Kündigung oder des Fronteinsatzes hinnehmen. Die ZZP beteiligte sich aktiv an allen späteren Beratungen der Gewerkschaften in diesen Fragen. Sie verteidigte zugleich die nationalen Interessen der polnischen Bergarbeiter, als die deutschen Gewerkschaften versuchten, an den deutschen Patriotismus zu appellieren und damit die Notwendigkeit der Preiserhöhungen zu erklären. Damit versuchten sie, den Anforderungen der Militärbehörden in Münster, die für das Ruhrgebiet zuständig waren, zu entsprechen. Die Lage veränderte sich erst am Ende des Jahres 1916, als eine allgemeine Arbeitspflicht eingeführt wurde und die Gewerkschaften durch das sogenannte „Vaterländische Hilfsdienstgesetz" vom 5. Dezember 1916 als wichtige Organisationen zur Verwirklichung der Kriegsziele des Deutschen Reiches anerkannt wurden. Kurz nach der Einführung dieses Gesetzes wurden alle führenden Gewerkschaftsmitglieder aus der Armee

---

58 Mańkowski, Historia Zjednoczenia, S. 132, 136–139.

entlassen, um die Produktivität der deutschen Industrie zu gewährleisten. Somit kehrten auch viele Aktivisten der ZZP zurück ins Ruhrgebiet. Schon früher war Mańkowski als Reaktion auf eine Beschwerde der polnischen Reichstagabgeordneten beim Kriegsministerium, ältere Funktionäre der ZZP aus der Armee zu entlassen, zurückgekehrt.

Ab 1917 folgte eine Belebung der Tätigkeit der ZZP, erneut stiegen die Mitgliedszahlen, nun wurden hauptsächlich die jungen, bislang noch nicht organisierten Arbeiter angeworben. Die Bochumer Bergarbeiterabteilung publizierte am 15. Dezember 1916 einen entsprechenden Aufruf im *Wiarus Polski*. Am Ende des Krieges hatte die ZZP mehr Mitglieder als vorher. Die Bergbauabteilung im Ruhrgebiet hatte 1917 12.746 Mitglieder (41% mehr als im Vorjahr), und im Jahr 1918 stieg die Mitgliederzahl auf 20.834, ein Wachstum um 63%.[59]

Da die Führung der Bergbauabteilung mit Franiszek Mańkowski an der Spitze mit der Wiederherstellung des polnischen Staates rechnete,[60] gründete sie im Mai 1917 in Bochum eine „Bank Robotników" (Genossenschaftsbank der Arbeiter). Deren Hauptaufgabe bestand in der Sammlung und Aufbewahrung der Finanzmittel, die dann hauptsächlich zur Vorbereitung der polnischen Arbeiter auf die Rückkehr nach Polen sowie zur Sicherung eines ausreichenden Lebensstandards der Arbeiterfamilien verwendet wurden. Die Einlagen wuchsen rasch von 29.178 Mark im Jahre 1917 auf 1.165.000 Mark (1918) und 7.993.000 Mark (1919). Die Bankleitung arbeitete eng mit der „Bank Związku Spółek Zarobkowych" (Posener Bank) zusammen, deren Patron der Domherr Stanisław Adamski war. Die Bochumer Bank finanzierte die Bildungsarbeit unter den polnischen Migranten in Westfalen (unter anderem den Heiligen Joseph-Verein und den Verein der Volksbüchereien) und zahlte Unterstützung für die Witwen und Waisen der Kriegsgefallenen und -invaliden aus.[61] Die Aktion

---

59 Kleßmann, Polnische Bergarbeiter, S. 114; Wiarus Polski, 15.12.1916; Kulczycki, Polish Coal Miners' Union, S. 143f.

60 Die polnische Bevölkerung zeigte sich über die Gründung des Königreichs Polen (1916) auf dem Gebiet des von Deutschland und Österreich-Ungarn okkupierten Kongreßpolens nicht besonders erfreut, gar distanziert. Man wartete auf das Entstehen eines unabhängigen Polen in Folge der Kriegsniederlage der Achsenmächte.

61 Kleßmann, Polnische Bergarbeiter, S. 114; Kulczycki, Polish Coal Miners' Union, S. 148f.; Mańkowski, Historia Zjednoczenia, S. 144f. Unter den Mitbegründern der „Bank Robotników" befand sich auch Jan Brejski.

führte damals das Hauptausführungskomitee der ZZP unter der Leitung Mańkowskis durch.

Angesichts der Abschwächung der antipolnischen Regierungspolitik im Ruhrgebiet gegen Ende des Krieges konnte die ZZP viele polnische Sprach- und Literaturkurse organisieren. Bereits nach Kriegsende bereitete man sich auch auf die Initiative des Hauptausführungskomitees zur Einführung des Unterrichts in polnischer Sprache im Ruhrgebiet vor; rund 17.035 Kindern in 87 Ortschaften sollte diese Möglichkeit geboten werden. Das Projekt stieß jedoch auf den Widerstand der Regierung und konnte erst 1921 durchgeführt werden.[62]

1917 traf die ZZP zwei wichtige Entscheidungen. Am 17. Oktober wurde auf dem Treffen der Aktivisten der Bergbauabteilung in Wanne eine politische Partei namens „Narodowe Stronnictwo Robotników Polskich" (NSRP; Nationale Vereinigung Polnischer Arbeiter) gegründet. Zehn Tage später wurde auf der Konferenz der Ortsgruppenvertreter in Posen das erste offizielle sozialpolitische Programm der ZZP verabschiedet. Beides setzte voraus, daß die ZZP ihr Hauptbetätigungsfeld in den noch nicht existierenden polnischen Staat verlegen würde. Gleichzeitig rechnete sie mit einem Massenexodus polnischer Arbeiter aus dem Ruhrgebiet zurück nach Polen.

Die neuen programmatischen Ziele der ZZP lassen sich in folgenden Punkten zusammenfassen: 1. Die ZZP als eine Organisation der Arbeiterklasse will ein enges Band mit der polnischen Bevölkerung knüpfen; 2. Die ZZP lehnt den internationalistischen Klassenkampf ab; 3. Die ZZP dient den Interessen der ganzen Bevölkerung; 4. Solange der polnische Staat zum Teil oder ganz in die Strukturen eines anderen Staates eingefügt bleibt, wird die ZZP im Rahmen der Verfassung und der Rechtsprechung dieses Landes agieren, die daraus entstehenden Pflichten erfüllen und ihre Rechte einfordern; 5. Die Zusammenarbeit mit dem obengenannten Staat, mit welchem die ZZP verbunden ist, wird nur dann möglich, wenn dieser Staat die kulturelle und ökonomische Entwicklung des polnischen Volkes nicht behindert; 6. Die Ziele und Mittel der ZZP sind vereinbar mit der christlichen Lehre, alle politischen und konfessionellen Kontroversen sowie die sozialdemokratische Agitation sind auszuschließen; 7. Die ZZP erkennt das Privateigentum und die Regeln der freien Marktwirtschaft unter Aufrechterhaltung der Kontrolle des Staates an (gegen die Verstaatlichung der Zechen, jedoch für das Interventionsrecht des Staates zum Schutz der

---

62 Kleßmann, Polnische Bergarbeiter, S. 142, 173, 252.

Arbeiter); 8. Der Staat muß die Tätigkeit der freien Gewerkschaften garantieren, die Interessen der schwächeren Seite vor Ausbeutung schützen und ihre Beteiligung an den Gewinnen der Zechen sichern. Dem Programm wurden andere Forderungen beigefügt, zusammengefaßt in thematischen Gruppen wie Rechtsgleichheit, Schutz des Lebens und Steuerreform. Es waren Forderungen, die zusammen mit den deutschen Gewerkschaften vorgetragen wurden, welche zur einer Verbesserung der Lage der Arbeiter in Deutschland führen sollten.[63]

Ein wichtiger Schritt zur Vorbereitung der ZZP auf die Arbeit im unabhängigen Polen war die Gründung der „Narodowe Stronnictwo Robotników" (NSR; Nationale Arbeiterpartei) im Rahmen der ZZP als der stärksten Organisation der polnischen Migranten im Deutschen Reich. Mit dieser Initiative trat Franz Mańkowski bereits im Juli 1917 hervor. Trotz vieler Hürden, die ihm in Posen in den Weg gestellt wurden, gelang ihm mit Unterstützung Johann Brejskis die inoffizielle Gründung dieser Partei während der Konferenz der ZZP-Funktionäre in Wanne am 17. Oktober 1917. Zum ersten Vorsitzenden wurde ein Bergmann, Stanisław Piecha (1890–1924), zum Sekretär ebenfalls Bergmann, Marcin Milczyński (1883–1961) gewählt. Offiziell wurde die Gründung der NSR auf der nächsten Hauptversammlung der Delegierten aus dem ganzen Ruhrgebiet am 20. Januar 1918 verkündet. Doch erst am 2. März 1918 veröffentlichten *Wiarus Polski* in Bochum und *Kurier Poznański* in Posen das Programm der neuen Partei, das viele Übereinstimmungen mit dem bereits erwähnten Programm der ZZP aus dem Jahr 1917 hatte. Es lehnte unter anderem den Klassenkampf ab und erkannte die Soziallehre Papst Leos XIII. an.

Im April 1918 entfaltete die NSR ihre Aktivitäten im preußischen Teilgebiet, besonders in der Provinz Posen und in Oberschlesien. Damals wurden bereits vier Bezirke der NSR auf dem Reichsgebiet gegründet (Rheinland und Westfalen, Schlesien, Posen und Berlin). Im August 1918 hatte die NSR bereits über 10.000 Mitglieder, am Ende desselben Jahres 14.000, und im Juni 1919 schon 26.422 Mitglieder, die meisten davon im Ruhrgebiet, wo bis Juli 1919 über 175.000 Personen an 612 öffentlichen Parteikundgebungen teilnahmen.[64]

---

63 Chełmikowski, Związki zawodowe robotników, S. 273–276, 240ff., Kulczycki, Polish Coal Miners' Union, S. 255–258 (Anhang 2).

64 Kleßmann, Polnische Bergarbeiter, S. 129f.; Kulczycki, Polish Coal Miners' Union, S. 151ff.

In den auf dem durch die NSR einberufenen polnischen Arbeiterkongreß in Bochum am 6. April 1919 entwickelten Thesen standen nationale Akzente über den liberalen und sozialistischen Ideen. „Die Nationalität an erster Stelle" wurde verkündet, zugleich unterstrich man die Notwendigkeit der Verteidigung der Interessen der Arbeiterschaft sowie der Rechte und Freiheiten der Arbeiter bei rechtlicher Gleichheit aller Sozialschichten. Der Vorstand verkündete, daß die NSR die Führungsspitze der ZZP darstellen solle und in die Reihen der ZZP Mitglieder aus allen sozialen Schichten angeworben werden sollten, nicht nur Arbeiter. [65]

Die Unabhängigkeit Polens am 11. November 1918 und der Anschluß des Posener Gebiets, Westpreußens und eines Teiles von Oberschlesien an den neuen Staat führten zur Rückkehr vieler Polen aus dem Deutschen Reich in die Heimat sowie zur Abwanderung eines Großteils der polnischen Auswanderer im Ruhrgebiet in die Bergbauregionen Frankreichs. Beide Organisationen, sowohl die ZZP als auch die NSR, verließen mit führenden Funktionären Deutschland. In der Weimarer Republik bestanden nur stark verkleinerte Organisationszellen. [66] Die polnischen Bergleute, Hüttenarbeiter sowie Arbeiter anderer Industriezweige führten die Aktivitäten der selbst gegründeten Organisationen im Ruhrgebiet bis zur Mitte der 1930er Jahre fort, die im folgenden dargestellt werden.

Der Ausbruch der Revolution in Berlin, die Kapitulation Deutschlands und Polens Unabhängigkeit bewirkten, daß die gesamte Führung der ZZP, deren Kern die polnischen Auswanderer in Deutschland waren, ihre Tätigkeit auf die Rückkehr nach Polen konzentrierte. Dazu war die Umgestaltung der Organisationsstruktur zu einer polnischen Gewerkschaft nötig. Zweimal schickte die ZZP ihre Delegation zu den Friedensverhandlungen nach Paris, um Kontakt mit der französischen Regierung aufzunehmen, die zur Besetzung der deutschen Industriegebiete auf dem linken Rheinufer überging. Die Unkosten dieser Delegation in Höhe von 200.000 Mark übernahm die ZZP, welche die Sympathie der Franzosen

---

65 Kleßmann, Polnische Bergarbeiter, S. 131.

66 Die NSR gründete nach der Vereinigung mit dem „Narodowy Związek Robotniczy" (Nationaler Arbeiterverband) in Polen die „Narodowa Partia Robotnicza" (Nationale Arbeiterpartei). Bis 1926 gehörte die Nationale Arbeiterpartei der Regierungskoalition an. Unter den Funktionären waren die Gebrüder Stanisław (1890–1972) und Andrzej Wachowiak (1892–1967), die im Ruhrgebiet als junge Funktionäre der ZZP bekannt wurden. Stanisław war der Autor des ersten Buches über die Emigration in Westfalen: Wachowiak, Die Polen in Rheinland-Westfalen.

gewann und wahrscheinlich bereits zu diesem Zeitpunkt Gespräche über die Umsiedlung eines Großteils der polnischen Arbeiter in die durch den Krieg zerstörten französischen Industrieregionen aufnahm.[67]

Der Vorstand der ZZP gründete, zusammen mit dem Aufsichtsrat und den Abteilungsleitern, im Dezember 1918 in Posen eine selbständige Abteilung der ZZP, nämlich die Abteilung der Agrar- und Waldarbeiter. Damit wurde die ZZP den Bedürfnissen der polnischen Arbeiterbewegung angepaßt. Zu den neuen Organisationsstrukturen in Polen wurden Stanisława Kubiak aus Bottrop (Schatzmeisterin) und Piotr Winowski aus Bochum (Sekretär) entsandt.[68]

Gleichzeitig kam es zu einem Wechsel an der Führungsspitze der ZZP. Franz Mańkowski wechselte zum Zentralrat in Kattowitz auf die Stelle von Josef Rymer, der sich nun der Politik in den Reihen der NSR zuwandte. In Bochum wurde der bisherige Vertreter Mańkowskis, Michał Sołtysiak, zum neuen Vorsitzenden gewählt, doch die kurz darauf folgenden weiteren Wechsel und die Rückkehr der Funktionäre und wichtigsten Mitglieder nach Polen, schwächten die ZZP entscheidend. Der bis 1921 andauernde deutsch-polnische Streit um Oberschlesien führte zur Aufteilung der bisherigen Bergbauabteilung in zwei Organisationen mit getrennten Kassen. Der Zentralrat der ZZP bestätigte diese Aufteilung, somit wurde die Bergbauabteilung im Ruhrgebiet zu einer unabhängigen Gewerkschaft, die unter dem Namen „ZZP-Bergarbeitervereinigung" in Bochum agierte.[69]

Der letzte Schritt zur Reorganisation der ZZP in Deutschland war die Berufung eines unabhängigen Zentralrates, dem die Bergbauabteilung aus dem Ruhrgebiet und den deutsch gebliebenen Teilen Oberschlesiens sowie die Abteilung für Hüttenwesen unterstanden. Der Sitz der Organisation blieb Bochum, an der Spitze stand Franz Kołpacki.[70] Der am 7. April 1918 in Posen gegründete siebenköpfige Zentralrat der NSR, welcher ganz Deutschland umfassen sollte und dem der Vertreter der polnischen Auswanderer in Westfalen Stanisław Hałas aus Bochum beitrat, hatte keinen Einfluß auf die Tätigkeit der ZZP im Ruhrgebiet, obwohl noch am 6. April 1919 eine Parteiversammlung mit Mańkowski an der Spitze stattfand. Damals wurde klar, daß fast alle Führungskader der

---

67 Mańkowski, Historia Zjednoczenia, S. 148.
68 Ebd., S. 149; Filipiak, Dzieje związków zawodowych, S. 234.
69 Kulczycki, Polish Coal Miners' Union, S. 154–157.
70 Ebd., S. 157.

ZZP in der NSR aktiv wurden, die nun ihre Tätigkeit ins unabhängige Polen verlegte.[71]

Zwischen 1919 und 1924 vermied die ZZP die Einmischung in die sozialen Unruhen in der Weimarer Republik, sie beteiligte sich auch nicht an der deutschen Arbeiterbewegung. Die ZZP versuchte ihre Vorkriegsstellung aufrechtzuerhalten, und weil sie sich nun hauptsächlich auf Polen konzentrierte, nahm sie an den Streikaktionen in Deutschland nicht mehr teil, wodurch sie immer mehr an Bedeutung verlor. Die Behörden im Ruhrgebiet versuchten angesichts der revolutionären Veränderungen nach dem Ersten Weltkrieg erneut, die Polen für die wilden Streiks und Wirren verantwortlich zu machen, mußten jedoch feststellen, daß die Polen ruhig blieben, obwohl sie immer noch als „unsicheres Element" angesehen wurden.[72]

Bei den Streiks, die Anhänger des Spartakusbundes durchführten, traf man öfters sowohl auf deutsche als auch polnische Streikteilnehmer. Hier widersprechen die Quellen einander. Es scheint jedoch, daß nach der Niederlage dieser linken Organisation die Polen, die davon überzeugt waren, daß ihre Zukunft in Deutschland lag, zu den polnischen Vorkriegsorganisationen der Selbsthilfe zurückkehren wollten. Es gab jedoch auch einen schwer zu erfassenden Teil der polnischen Bewegung, der eine „unmittelbare Aktion" verlangte, wie es die Syndikalisten nannten. Die polnische Minderheit beteiligte sich weder am Kapp-Putsch im März 1920 noch an den „Roten Verbänden", die den Putsch bekämpften, obwohl solche unbegründeten Vorwürfe sowohl von deutscher Seite, als auch von den konservativ-katholischen Kreisen in Polen erhoben wurden, die den Rückkehrern nicht wohlgesonnen waren.[73] Entschieden abgelehnt wurden die Vorwürfe Johann Brejskis, der in einem Brief an die polnische Regierung schrieb, die Angst vor den „bolschewistischen Kadern" in Westfalen sei unbegründet, da es auf der ganzen Welt keine konservativeren Arbeiter gebe als die pol-

---

71 Cz. Demel, Utworzenie Narodowego Stronnictwa Robotników w Wielkopolsce, in: Z pola walki 4, 1972, S. 162, 167f.; Kleßmann, Polnische Bergarbeiter, S. 130; Mańkowski, Historia Zjednoczenia, S. 152f.

72 Kulczycki, Polish Coal Miners' Union, S. 164. Kulczycki stellt fest, daß die polnische Position in den sozialen Unruhen zwischen 1919 und 1924 noch nicht ausreichend erforscht ist.

73 Ebd., S. 162–169, 172–182.

nischen Arbeiter in Westfalen, die beim Katholizismus blieben und polnisches Nationalbewußtsein verkörperten.[74]

Die politische Atmosphäre der Jahre von 1920 bis 1922 im Ruhrgebiet war stark angespannt. Die deutsche Bevölkerung unterlag trotz der Warnungen und Proteste der deutschen Gewerkschaften schnell der antipolnischen Propaganda, vor allem in der Zeit der Staatsbürgerschaftsoption. Es häuften sich Drohungen und Seitenhiebe auf die polnischen Bergleute, die sich für die polnische Staatsbürgerschaft entscheiden wollten und dadurch gezwungen waren, Deutschland zu verlassen. Die internationale Lage verschärfte diese Antagonismen. Ein gutes Beispiel dafür ist die Tatsache, daß, als im Juli 1920 die sowjetische Armee vor Warschau stand, die sozialistischen und kommunistischen Kreise in der Weimarer Republik zum Generalstreik aufriefen, um eine Waffenlieferung an Polen zu verhindern. Es fanden antipolnische Demonstrationen statt, die manchmal, wie in Essen am 29. August, mit antipolnischen Exzessen endeten. Noch stärkere antipolnische Gefühle innerhalb der deutschen Arbeiterschaft entfachte der Streit um Oberschlesien. Der bedeutendste Zwischenfall in diesem Zusammenhang ereignete sich auf der Zeche Radbod bei Hamm, wo ein großer Teil der deutschen Arbeiterschaft die Zusammenarbeit mit Juden und Polen verweigerte.

Die Antagonismen erfaßten alle Lebensbereiche. Im April 1921 protestierten die deutschen Katholiken in Bochum-Riemke öffentlich gegen die Gründung polnischer Schulen und gegen die Einführung der polnischen Sprache in der Kirche. Trotz aller Konfliktsituationen arbeitete die ZZP-Bergbauabteilung weiterhin loyal mit den deutschen Gewerkschaften, den Zechenbesitzern und deutschen Behörden zusammen. Dies brachte ihr von polnischer Seite den Vorwurf ein, die Interessen Deutschlands über diejenigen der polnischen Arbeiter zu stellen.[75] In den 1920er und 1930er Jahren war die ZZP-Bergbauabteilung im Ruhrgebiet mit Fragen aus dem alltäglichen Leben der polnischen Bevölkerung im Ausland beschäftigt.

---

74 Kulczycki, Polish Coal Miners' Union, S. 173. Daraus zitiere ich hier die Erklärung von Jan Brejski in englischer Sprache: „The fear that a cadre of native Bolshevism is being organized in Westphalia is groundless. Today the Polish worker in Westphalia is the most conservative worker in the world. For he stands steadfastly on a Catholic foundation and is nationally conscious". Vgl. auch: Stefanski, Zum Prozeß der Emanzipation, S. 186–190.
75 Kulczycki, Polish Coal Miners' Union, S. 182–191.

Viele von ihnen hatten, angesichts der internationalen Spannungen und der deutsch-polnischen Kontroversen, einen eher konfliktreichen Charakter. Diese Fragen hat John Kulczycki ausführlich behandelt. Besondere Beachtung verdient hier seine These von der Selbstauflösung (self-liquidation) der polnischen Bergbaugewerkschaft.

Zum Verschwinden der ZZP aus dem Leben der polnischen Auswanderer trugen hauptsächlich die Prozesse bei, die durch die deutsche Niederlage im Ersten Weltkrieg und die Entstehung eines unabhängigen Polens ausgelöst wurden. Es war vor allem die massenhafte Rückkehr der polnischen Auswanderer in die Heimat, welche am Ende des Krieges begann. Sie verstärkte sich nach der Ratifizierung des Versailler Vertrags, der die Staatsbürgerschaftsoption einführte. Der vor Kriegsende entstandene Nationalrat in Posen rief bereits Mitte 1918 die Auswanderer in Deutschland zur Rückkehr nach Polen auf. Kurz danach setzte aus dem westlichen Teil Deutschlands ein starker Rückkehrerstrom nach Polen ein, der durch das Polnische Büro in Bochum koordiniert wurde. Das Büro erleichterte bis Mitte 1919 ungefähr 10.000 bis 12.000 Menschen die Rückkehr nach Polen. Doch die Rückkehr in die Heimat brachte mitunter herbe Enttäuschungen mit sich, ausgelöst vor allem durch fehlende Erwerbsmöglichkeiten. Nach dem Ausbruch des polnisch-sowjetischen Krieges 1920 schwächte sich der Rückkehrerstrom erheblich ab, es gab sogar Fälle einer erneuten Rückkehr nach Deutschland. Die deutschen Unternehmerkreise, die durch den Produktionsrückgang in Bergbau und Industrie auf Grund der massenhaften Ausreise der polnischen Arbeiter beunruhigt waren, versuchten die Rückkehrerströme einzudämmen. Jedoch verlangten deutschnationale Kreise die Ausweisung von Polen, die nun als Feinde angesehen wurden.[76]

Nach den Bestimmungen des Versailler Vertrages war der weitere Aufenthalt in Deutschland von der Entscheidung über die Staatsbürgerschaft abhängig, der sogenannten Option. Diese Entscheidung rief große Verbitterung auf beiden Seiten hervor, kompliziert wurde sie durch die Anwerbung polnischer Arbeiter im Ruhrgebiet durch französische Agenten, deren Auftraggeber dringend Arbeiter für die zerstörten Bergbau- und Industriebezirke benötigten. Im Jahr 1923 siedelten Polen aus Westfalen und dem Rheinland bereits massenhaft nach Frankreich und Belgien über, wobei sie sich hauptsächlich in den Départements Nord und Pas-de-Calais

---

76 Kleßmann, Polnische Bergarbeiter, S. 150f.

niederließen. Viele von ihnen brachen auch in die USA, nach Kanada oder Argentinien auf. Die Gründe für diese Emigration waren die schwierige Lage auf dem polnischen Arbeitsmarkt und die Diskriminierung polnischer Optanten in Deutschland. Auch die Attraktivität der französischen Offerten bewegte viele Arbeiter zum Umzug. Nach ungenauen Angaben siedelten damals etwa 80.000 bis 100.000 polnische Arbeiter aus Westfalen nach Frankreich über, wobei diese Zahl deren Familien einschließt.[77]

Die Option zwang die Betroffenen, sich für die deutsche oder die polnische Staatsbürgerschaft zu entscheiden, wobei letzteres zur Ausreise aus Deutschland verpflichtete. Diese Entscheidung war schwierig, und viele zögerten lange. Den Termin der Option legte der Versailler Vertrag auf den 10. Januar 1922 fest; er wurde jedoch in der Praxis mehrfach verlängert. Testate über die Nationalität gaben die polnischen Konsulate in Essen und Köln. Im Gerichtsbezirk Essen optierten 12.000 Personen für die polnische Staatsbürgerschaft. Von diesen waren 11.000 Familienväter, deren Entscheidung auch für ihre Ehefrauen und nicht volljährigen Kinder bindend war. Insgesamt optierten 50.000 bis 60.000 Personen für die polnische Staatsbürgerschaft. Man weiß auch, daß ungefähr 100.000 Personen nach Polen zurückkehrten, ohne das Zeugnis ihrer polnischen Abstammung zu beantragen. Am Ende der 1920er Jahre blieben nach Einschätzung der polnischen Konsulate und der Beurteilung der polnischen Vereinigung in Deutschland in den westlichen Regionen Deutschlands zwischen 96.000 und 120.000 Personen, ausgenommen die meist assimilierten Masuren.

Die Rückkehr der polnischen Arbeiter aus dem Ruhrgebiet zog auch einen allmählichen Rückgang der ZZP-Mitglieder nach sich. 1925 hatte die Abteilung der Bergarbeiter der Polnischen Berufsvereinigung in Bochum 8.000 Mitglieder. Die Abteilung der Metall- und Fabrikarbeiter der Polnischen Berufsvereinigung in Bochum hatte 3.117 Mitglieder, zusammen 11.117 Mitglieder.[78] 1926 ging die Mitgliederzahl in der Bergarbeiterabteilung auf 2.875 zurück und sank danach jeden Monat weiter ab.[79] Daher ist es wenig erstaunlich, daß ihre Bedeutung nicht nur unter den Gewerkschaften, sondern auch unter der polnischen Arbeiterschaft nachließ. Führend wurde nun der Polenbund in Deutschland. Im Oktober

---

77 Kulczycki, Polish Coal Miners' Union, S. 222–231. Kulczycki schätzt die Anzahl der nach Frankreich ausgewanderten Polen auf 100.000, davon 25.000 Arbeiter.

78 Nach: Meyers Lexicon, Bd. 5, l926, S. 143–147: Artikel: Gewerkschaften, Teil: Die selbständigen Verbände.

79 Kulczycki, Polish Coal Miners' Union, S. 240f.

1927 schlossen sich die übriggebliebenen ZZP-Abteilungen zusammen. Die Zahl der Mitglieder im ganzen Ruhrgebiet wurde 1930 auf etwa 3.000 Personen geschätzt.[80] Die Führung blieb in den Händen Franz Kołpackis, der mit der Hegemonie des Polenbundes in der polnischen Bewegung im allgemeinen und mit dessen Vorsitzendem Johann Kaczmarek im besonderen nicht einverstanden war.

Am Anfang der 1930er Jahre existierte die ZZP noch, obwohl Gerüchte über deren Auflösung die Runde machten, hauptsächlich, weil Kołpacki zum Vorsitzenden des Verbandes der Kirchlichen Vereine gewählt worden war und dieser Organisation den ZZP-Sitz in Bochum überließ. An der 14. Außerordentlichen Mitgliederversammlung im Jahre 1932 nahmen nur noch 38 Mitglieder teil, von denen zwei aus dem Ruhrgebiet kamen. Auch Mańkowski erschien als Gast aus dem polnischen Teil Oberschlesiens. Kołpacki blieb, trotz Kritik, weiterhin Vorsitzender der ZZP in Bochum.[81]

Die endgültige Auflösung der ZZP in Deutschland kam mit Hitlers Machtergreifung. Die NS-Organe begannen eine Diskriminierungskampagne gegen die polnische Minderheit, die alle Lebensbereiche erfaßte. Anfangs versuchte man noch, den Anschein der Rechtsstaatlichkeit gegenüber den polnischen Organisationen und der Presse zu wahren, wobei hauptsächlich die sozialen Gruppen aufgelöst werden sollten, die indifferent waren, was gleichbedeutend mit ihrer nationalen Assimilation war. Die neue Gesetzgebung ab 1933 löste die Gewerkschaften auf und ersetzte sie durch die totalitären Strukturen der Deutschen Arbeitsfront. Gleichzeitig verbot man in fast allen Zechen die polnische Sprache. Die ZZP, eine polnische Arbeiterorganisation, war bereits in den Zeiten der Weimarer Republik erheblich geschwächt worden und verlor im nationalsozialistischen System ihre Existenzgrundlage. Am 1. Juli 1934 wurde das Bochumer Büro offiziell geschlossen.[82]

Aus dem Polnischen übersetzt von Adam Holesch

---

80   Ebd., S. 242.
81   Ebd., S. 243f.
82   Ebd., S. 245–247.

Andreas Kossert

Kuzorra, Szepan und Kalwitzki: Polnischsprachige Masuren im Ruhrgebiet

„Und aller Überfluß an jungen Söhnen, die kein Erbe empfangen hatten, verschwand in den westlichen Städten des Reiches, versank in den Bergwerken unter der Erde, vergaß die Wälder und Moore und bezahlte Lohn und Gewinn mit der Friedlosigkeit der im Dunklen Lebenden, mit der Zugehörigkeit zur Masse der Hadernden, die ihnen noch fremd blieb bis zur Todesstunde."[1]

So beschrieb der masurische Schriftsteller Ernst Wiechert den Exodus seiner Landsleute in das rheinisch-westfälische Industrierevier in seinem großen Masurenroman „Die Jerominkinder". Obwohl sie zahlenmäßig wahrscheinlich die größte polnischsprachige Einwanderergruppe im Ruhrgebiet darstellten, steht eine umfassende Untersuchung der Ruhrgebietsmasuren weiterhin aus.

Ob in Gelsenkirchen, Herne oder Gladbeck – polnische Namen prägen das Herz des Ruhrgebiets. Aber bis heute wird vergessen, daß ein Großteil der polnischsprachigen Einwanderer evangelische Masuren waren. In der stereotypen Wahrnehmung fielen sie unter die „Ruhrpolen", unterschieden sich aber kulturell, politisch und besonders konfessionell von den polnischen Zuwanderern.

Seit den 1870er Jahren entwickelte sich das rheinische und westfälische Industriegebiet zwischen Ruhr, Rhein und Emscher zu einer zweiten Säule der masurischen Gemeinschaft. Kurz vor dem Ausbruch des Ersten Weltkriegs verfügte bereits fast jede masurische Familie über Verwandtschaft im westlichen Reichsgebiet. Diese Binnenmigration hatte eine enorme Bedeutung für den Assimilierungsprozeß der Masuren in ihrer Heimat, da sie durch die Ruhrmasuren vielfältige Kontakte zum deutschen Sprachraum erhielten. Bis heute sind die Masuren und ihre Nachkommen sichtbar, haben sich spezifische Strukturen erhalten, die aber in der neueren

---

1 Ernst Wiechert, Die Jerominkinder, Frankfurt/Berlin 1994, S. 33.

Forschungsliteratur erst allmählich von den katholischen Polen aus den Teilungsgebieten bzw. Oberschlesien unterschieden werden.[2]

Für die einheimischen Westfalen waren Masuren wie Polen „Ruhrpolen". Unterschiede in der Sprache, in der Kultur und in den Lebensgewohnheiten der Migranten nahmen sie nicht wahr. Sie waren ihnen schlicht gänzlich fremd und blieben es auch lange. Die Masuren ihrerseits sahen sich von einem Tag auf den anderen aus der Geborgenheit der polnischsprachigen Agrargesellschaft in die fremde deutschsprachige Industriegesellschaft versetzt, deren Dynamik ihr soziales Gefüge gefährdete. In der ursprünglich mehrheitlich katholischen westfälischen Region an Ruhr und Emscher führte der massive Zuzug der preußischen Masuren zu einer nachhaltigen Protestantisierung. Anhand der evangelischen Konfession werden fundamentale Unterschiede zu den Polen im Ruhrgebiet deutlich. Daher steht das religiöse Moment im Mittelpunkt dieser Untersuchung, das schwerpunktmäßig bis zum Ersten Weltkrieg die unterschiedliche Entwicklung der masurischen Migranten verdeutlichen soll. Im religiösen Bereich sind die Masuren und ihr Umfeld am besten rekonstruierbar und ihre Spezifik sichtbar.

Masuren – Ausgangslage und Migrationsgründe

Mit der Gründung des Deutschen Reiches stieg das Interesse an der bis dahin isolierten Grenzregion. Doch blieb die Region mit ihren ausgedehnten ländlichen Bezirken von einer permanenten Strukturschwäche gekennzeichnet. Weil Industrien fehlten, konzentrierte sich der Haupterwerb der Masuren auf die Landwirtschaft. Daneben boten die Wald- und Forstwirtschaft, die Fischerei sowie Tätigkeiten als Beamte und Angestellte (Chausseewärter, Eisenbahner) Erwerbsmöglichkeiten in niedri-

---

2   Hans-Ulrich Wehler, Die Polen im Ruhrgebiet bis 1918, in: ders., Krisenherde im Kaiserreich 1871–1918, Göttingen 1979; Christoph Kleßmann, Polnische Bergarbeiter im Ruhrgebiet 1870–1945, Göttingen 1978; Valentina Maria Stefanski, Zum Prozeß der Emanzipation und Integration von Außenseitern. Polnische Arbeitsmigranten im Ruhrgebiet, 2. Aufl., Dortmund 1991; Krystyna Murzynowska, Polskie wychodźstwo zarobkowe w Zagłębiu Ruhry w latach 1880–1914, Wrocław u.a. 1972, dt. Ausgabe: Die polnischen Erwerbsauswanderer im Ruhrgebiet während der Jahre 1880–1914, Dortmund 1979; Klaus Tenfelde, Sozialgeschichte der Arbeiterschaft an der Ruhr im 19. Jahrhundert, Bonn 1977; Ralf Karl Oenning, „Du da mitti polnischen Farben...". Sozialisationserfahrungen von Polen im Ruhrgebiet 1918 bis 1939, Münster/New York 1991.

gen Lohnkategorien. Masuren verzeichnete im Gegensatz zu den für die nördlichen Regionen Ostpreußens charakteristischen Gutsbetrieben eine Dominanz kleinbäuerlicher Betriebe. Güter mittlerer Größe befanden sich vor allem im Westen und Norden Masurens, wo deutsche Gutsbesitzer die Oberschicht stellten. Des weiteren standen deutsche Beamte, Offiziere und evangelische Geistliche an der Spitze der gesellschaftlichen Hierarchie in den Städten und Kirchdörfern. Der Mittelstand rekrutierte sich aus masurischen und deutschen Bauern, während die zahlenmäßig stärkste Unterschicht aus dem polnischsprachigen Kleinbauern-, Landarbeiter- und Gesindemilieu stammte. In Masuren bewahrte der „ständisch akzentuierte Stadt-Land-Unterschied" auch nach 1870 seine konstituierende Rolle für die Gesellschaftsstruktur.[3] Die Land-Stadt-Bewegung basierte allein auf einer schichtinternen Mobilität. Dabei entwickelte die polnischsprachige Unterschicht mit ihrer Migrationsbewegung nach Westfalen eine horizontale Mobilität, während ihr ein vertikaler Aufstieg verwehrt blieb.[4] Eine Abwanderung war unvermeidlich, da an einen sozialen Ausgleich, das heißt die Neuordnung der Besitzstrukturen, nicht zu denken war. Bis zum Ersten Weltkrieg wanderte etwa ein Drittel der masurischen Gesamtbevölkerung ab. Im Ruhrgebiet, dem Hauptziel der Migration, entstand eine zweite masurische Gemeinschaft, die im weiteren Verlauf noch zu untersuchen sein wird.

Wanderungsverlust 1886–1900[5]

	Bevölkerung 1.12.1885	Geburten-Überschuß 1886–1900	Sollbevölkerung 1900	Bevölkerung 1.12.1900	Bevölkerung +/- Sollbevölkerung 1900
Neidenburg	57.001	16.067	73.621	55.293	–18.328 (–23.1 %)
Ortelsburg	64.126	21.738	85.864	58.999	–26.865 (–31,3 %)
Osterode	60.571	18.636	79.207	58.685	–20.522 (–25,9 %)
Johannisburg	48.703	12.792	61.544	48.262	–13.282 (–21,6 %)
Lötzen	37.549	7.996	45.545	34.626	–10.919 (–24,0 %)
Lyck	45.173	10.058	55.231	42.836	–12.395 (–22,4 %)
Sensburg	48.937	11.953	61.551	48.403	–13.148 (–21,4 %)

3 Gerhard A. Ritter/Klaus Tenfelde, Arbeiter im Deutschen Kaiserreich 1871 bis 1914, Bonn 1992, S. 130f.
4 Ebd., S. 132.
5 Tabelle bei Ernst Pohl, Die Lohn- und Wirtschaftsverhältnisse der Landarbeiter in Masuren in den letzten Jahrzehnten, Magdeburg 1908, S. 2. In den Kreisen Ortelsburg, Osterode, Lötzen und Lyck waren die Kreisstädte nicht mit eingeschlossen.

Angesichts der fehlenden Aufstiegsmöglichkeiten für Kleinbauern und Landarbeiter folgten viele Masuren den Werbeagenten der westfälischen Industrie. Für masurische Verhältnisse herrschten im Ruhrgebiet bessere Konditionen – höhere Bezahlung, bessere Wohnung und ein Kohledeputat –, die vor allem junge Männer vor der Verheiratung, später auch junge Familien, abwandern ließen. Sie erwarteten bessere Wohnverhältnisse, eine weniger anstrengende Arbeit als auf den Kleinbauernstellen in der Heimat sowie die Chance eines sozialen Aufstiegs. Bis zu diesem Zeitpunkt wurden viele Landarbeiter nur in Naturalien entlohnt, als Bergleute erhielten sie Bargeld. Ihre Anspruchslosigkeit und Disziplin wurden bei den Arbeitgebern sehr geschätzt, erregten jedoch das Mißfallen ihrer deutschen Kollegen. Masuren arbeiteten oft unter dem Durchschnittstarif, weshalb sie der Lohndrückerei bezichtigt wurden. Der polnischsprachige Arbeiter aus den preußischen Ostgebieten erfüllte nach einer zeitgenössischen Charakterisierung folgende Attribute: „Gewöhntsein an strenge Arbeit, Gewöhntsein an das Beherrschtwerden, Bildungsmangel, Religiösität, Bedürfnislosigkeit".[6]

Leben in der Fremde –
Von Masuren an Rhein, Ruhr und Emscher

An Rhein, Ruhr und Emscher entstand eine zweite masurische Gemeinschaft, die auf Grund der dortigen Familiennamen bis heute im Bewußtsein vorhanden ist. 1908 lebten schätzungsweise 120.000 bis 130.000 Masuren im Ruhrgebiet, die noch polnisch sprachen.[7] Gelsenkirchen war das Zentrum der masurischen Migration, hier stieg die Einwohnerzahl von 10.000 (1873) auf insgesamt 138.048 Einwohner (1903). Die masurischen Auswanderer bildeten jeweils besondere regionale Ansiedlungsschwerpunkte. Die Migranten aus dem Kreis Ortelsburg konzentrierten sich auf Gelsenkirchen, die Neidenburger und Soldauer auf Wattenscheid, die Osteroder auf Bochum und die Lötzener auf Wanne, was in einigen Bezirken zu umgangssprachlichen Bezeichnungen führte, wie für Gelsenkirchen-Schalke „Klein-Ortelsburg".

6   Johannes Kaczmarek, Die polnischen Arbeiter im Rheinisch-Westfälischen Industriegebiet, Köln 1922, S. 27f.
7   Oskar Mückeley, Die Masuren im rheinisch-westfäl. Industriebezirk im Hinblick auf die ihnen gegenwärtig drohenden Gefahren und die Bekämpfung derselben, Gelsenkirchen 1910, S. 4.

In den Darstellungen zur Einwanderung in das Ruhrgebiet wurde zwischen „Polen" und „Masuren" häufig nicht klar unterschieden. Aber auch die zeitgenössische Wahrnehmung der Polnischsprachigen durch die deutsche Mehrheitsgesellschaft kannte keine Unterschiede zwischen einem polnischsprachigen Masuren und einem Polen. Daher waren im Alltagsverständnis auch Masuren „Ruhrpolen", wobei als Indikatoren Verhalten, Sprache, Name oder Geburtsort dienten.[8] Dieser Begriff besaß eine durchweg negative Konnotation. Im Gegensatz zu den nationalen Polen, die ein engmaschiges Vereinswesen schufen, unterhielten die Masuren keine geselligen Vereine, die dem landsmannschaftlichen Zusammenhalt dienten, da ihnen in der Herkunftsregion ein Vereinswesen nach deutschem oder polnischem Vorbild fremd war. Ihr Leben beschränkte sich auf den privaten und religiösen Bereich. Polen und Masuren blieben sich auf Grund konfessioneller Unterschiede fremd. Allerdings wurde, wie Valentina Maria Stefanski bemerkte, dieser Gegensatz auf einer „stark politisierten und ideologischen Ebene" konstruiert und ist allein auf Grund der „dichotomischen Gegenüberstellung und Ausspielung Sprache vs. Konfession nicht wissenschaftlich" erklärbar.[9] In der Konsequenz dieser Interpretation bedeutete es, den nationalen Polen zwangsläufig Illoyalität und subversive Tätigkeit zu unterstellen. Sowohl Masuren als auch Polen im Ruhrgebiet waren mit dem Stigma des Fremden behaftet.

Hans-Ulrich Wehler wies auf die Problematik der offiziellen Sprachenstatistiken hin, in denen eine sorgsame Unterscheidung zwischen „Masuren" und „Polen" nicht vorgenommen wurde. Auch hier lag eine nationalistische Sichtweise zugrunde, die gerade bei den Masuren eine Reduzierung des polnischen Sprachgebrauchs als Fernziel bereits in den Statistiken vorwegnahm. Nach der offiziellen Statistik hatte es 1910 im Ruhrgebiet insgesamt nur 21.673 Masuren mit „masurischer" Muttersprache gegeben. Allerdings ging man bis 1907 von einer Zahl von knapp 200.000 Masuren aus, die nach Westen zogen, von denen nach Mückeleys realistischen Schätzungen bis zu 130.000 noch polnischsprachig gewesen sein dürften. Innerhalb von drei Jahren (1907–1910) hätte also laut dieser Statistik eine sprachliche Assimilierung von neun Zehnteln stattgefunden. Sowohl deut-

---

8 Oenning, „Du da mitti polnischen Farben", S. 156. Auch gab es Zechen, in denen polnischsprachige Bergleute die Mehrheit bildeten. Diese wurden „Polenzechen" genannt (S. 13).

9 Stefanski, Zum Prozeß der Emanzipation, S. 10f.

sche offizielle Statistiken als auch polnische Untersuchungen wiesen eine entweder zu deutsch- oder polnischlastige Tendenz auf und sind daher wenig hilfreich.[10]

Nach der Ankunft in Westfalen sahen sich die Masuren einer unbekannten Situation gegenüber. Mit einer neuen sprachlichen, kulturellen und sozialen Realität konfrontiert, vollzog sich ein „typischer Akkulturationsprozeß" (Hans-Ulrich Wehler). Dabei ging es nicht so sehr um das reine Ost-West-Gefälle, sondern vielmehr um eine allmähliche Anpassung an eine völlig neue Situation: den Wechsel aus einer polnischsprachigen und noch weitgehend isolierten Agrargesellschaft in eine anderssprachige und dynamische Industriegesellschaft. Dieser Akkulturationsprozeß forderte gewaltige Anstrengungen. Deshalb lag die Suche nach Gemeinschaft mit Landsleuten nahe. Mit dem Entstehen kirchlicher Seelsorge – von Amtskirche und Gebetsvereinen – gelang es erstmals, der Selbstisolierung zu entrinnen und den neuen Lebensbereich zu stabilisieren. Daher erfüllten die kirchlichen Masurengruppen eine wesentliche „sozialpsychologische Funktion" für die Anfangsphase der Akkulturation.[11]

Obwohl die Masuren geschätzte Arbeiter waren, schlug die Toleranz gegenüber ihrer polnischen Sprache im Kontext der wilhelminischen Ostmarkenpolitik auch im Ruhrgebiet in Repressalien um. Der polnischen nationalen Bewegung im Ruhrgebiet begegnete die antipolnische Gesetzgebung mit voller Härte. Davon waren natürlich auch die Masuren betroffen, wenn es um die Diskriminierung der polnischen Sprache ging. 1899 sah die „Bergpolizeiordnung des Königlichen Oberbergamtes Dortmund" für Zechenarbeiter eine Weiterbeschäftigung nur bei genügenden Deutschkenntnissen vor. Über alle fremdsprachigen Arbeiter mußten die Bergwerke Listen führen. Für diese Maßnahme wurden offiziell Sicherheitsgründe geltend gemacht, da die Unfallrate polnischsprachiger Bergleute tatsächlich sprunghaft angestiegen war. Allerdings muß die Verordnung im Kontext der Germanisierungspolitik interpretiert werden, da man sonst auch auf polnischsprachige Sicherheitsregeln hätte zurückgreifen können.[12] Seit 1908 begann das neue Reichsvereinsgesetz auch im Ruhrgebiet Wirkung zu zeigen, wonach öffentliche Versammlungen nur in deutscher Sprache

---

10 Wehler, Die Polen im Ruhrgebiet, S. 225, wies sehr anschaulich die irreführende Interpretation der Statistiken nach.
11 Ebd., S. 227.
12 Ebd., S. 235.

durchgeführt werden durften. Auf Grund fehlender eigener Vereinsstrukturen betraf dieses Gesetz die Masuren weniger. Vielmehr schlossen sie sich, wenn überhaupt, den „Ostpreußischen Arbeitervereinen" an, die von den Arbeitgebern und der Kirche initiiert wurden und den Nationalliberalen nahestanden. Von diesen wurde auch die *Altpreußische Zeitung* für die Masuren herausgegeben.[13] Doch zeigt das Vereinsgesetz an sich, daß sich das politische Klima gegenüber den Polnischsprachigen insgesamt verschärfte.

Für die Masuren, die aus einer rein agrarischen Landschaft stammten, mußte die Wirtschaftsmigration in das Industrierevier eine empfindliche Umstellung bedeuten. Das gravierendste Problem stellte die Sprache dar. Daher stieg ihr Wunsch nach muttersprachlicher Seelsorge. In den evangelischen Kirchen Westfalens wurde jedoch nur deutsch gepredigt. Die Migrantenströme überraschten die Kirchenbehörden und hinterließen ein seelsorgerisches Vakuum. Anfänglich übernahmen Pfarrer aus Masuren wochenweise eine provisorische Seelsorge.[14] Erst zwanzig Jahre nach Beginn der masurischen Einwanderung setzte 1897 eine koordinierte Masurenseelsorge ein, als das Konsistorium Westfalen von etwa 36.000 evangelischen Masuren ausging.[15] Man bemühte sich, die Masuren in die seelsorgerische Arbeit der Landeskirche zu integrieren. Das Hauptproblem für das Konsistorium war die Sprachenfrage, wodurch die Masuren „der deutschen Predigt und Seelsorge wenig zugänglich sind, nicht blos weil sie die deutsche Sprache und namentlich die religiöse Sprache nur sehr wenig verstehen, sondern noch mehr, weil sie aus ihrer Heimath an kultische Formen gewöhnt sind, z.B. an Knieen, respondierendes Singen, Kreuzschlagen."[16]

Daß den im Ruhrgebiet arbeitenden Masuren die kirchliche Seelsorge dringendes Bedürfnis war, entsprach ihrem aus der Heimat mitgebrachten Frömmigkeitsverständnis. Eindringlich baten viele Masuren die Konsi-

---

13 Ebd., S. 494.
14 Mückeley erwähnte erstmals für 1885 drei Pfarrer aus dem Kreis Ortelsburg, und zwar die Pfarrer Gazuda und Koralus aus Willenberg sowie Kludius aus Klein Jerutten.
15 Seit 1887 entsandte der Berliner Evangelische Oberkirchenrat masurische Pfarrer. 1891 folgte ein zweiter Pfarrer in Bochum, 1893 einer in Lütgendortmund, 1894 in Braubauerschaft (jetzt Gelsenkirchen-Bismarck), 1896 in Bicken (jetzt Wanne) und 1897 der erste Pfarrer im Rheinland, in Caternberg.
16 Evangelisches Zentralarchiv Berlin (im folgenden EZA), 7/3930: Konsistorium Westfalen an EOKR, Münster, 9.4.1897, Betr. Lehrvikariat.

storien von Westfalen und der Rheinprovinz um polnischsprachige Seelsorge.[17] Besonders aufschlußreich für das masurische Leben im Ruhrgebiet ist eine 1898 vom ostpreußischen Konsistorialrat Hermann Pelka durchgeführte Visitation. In diesem Jahr schätzte er die Zahl der erwachsenen Masuren auf etwa 25.600. Die Masuren verteilten sich auf zwölf Kirchengemeinden, in denen 1898 sechs Synodalvikare die polnische Masurenseelsorge wahrnahmen. Anders als die übrige Arbeiterschaft des Ruhrgebiets, die sich in sozialdemokratischen Arbeitervereinen organisierte, zeigte sich Pelka über die „patriotische königstreue Gesinnung" der masurischen Arbeiterschaft erfreut. Ihre konservative Grundgesinnung ließe sie bisher den „Verlockungen der Sozialdemokratie" widerstehen. Er stellte fest, daß sich die polnische Sprache vor allem im Raum Gelsenkirchen unter den Masuren länger halte, da in dieser Region mit 12.000 Masuren die höchste Konzentration zu verzeichnen sei. Daß westfälische Einflüsse nicht ausblieben, lag auf der Hand. Pelka meinte dazu: „Das gesprochene Polnisch ist allerdings barbarisch. Wenn schon in Masuren [...] deutsche Worte in dasselbe eingedrungen sind, so in Westfalen noch unverhältnismäßig mehr".[18] Wie sehr die evangelische Frömmigkeit der masurischen Arbeiterschaft anhielt, zeigen Statistiken über den Gottesdienstbesuch. In Gelsenkirchen und Schalke nahmen am Karfreitag 1912 allein 1.000 Masuren an der polnischen Abendmahlsfeier teil. Selbst die alte Weihnachtstradition der Jutrznia (Frühpredigt) wurde in der Schalker Kirche fortgeführt.[19]

Nachdem sich die evangelische Masurenseelsorge seit 1900 etabliert hatte, kristallisierte sich Gelsenkirchen mit Pfarrer Oskar Mückeley zum Zentrum der kirchlichen Arbeit heraus. Mückeley galt als bester Kenner der masurischen Verhältnisse im Industrierevier. Er verfügte über kirchliche und staatliche Gelder, um die Masurenpropaganda kirchlicherseits

---

17 EZA, 7/3930: Konsistorium der Rheinprovinz an EOKR, Coblenz, 8.6.1896, Betr. Gesuch der in Caternberg und Umgebung wohnenden evangelischen Masuren um Anstellung eines der polnischen Sprache mächtigen jungen Geistlichen in Caternberg.

18 EZA, 7/3930: Konsistorialrat Pelka, Königsberg, 30.11.1898, Bericht über die von dem Unterzeichneten nach Westfalen behufs einer Visitation der dortigen Masuren und der an denselben arbeitenden Vikaren ausgeführten Dienstreise.

19 Heimatsgrüße 9, September 1912: 25 Jahre masurischer Seelsorge im Industriebezirk. Zur Jutrznia heißt es weiter: „Kopf an Kopf stand die Menge in allen Gängen und Portalen, auf den Kanzel- und Altarstufen bis obenhin saßen die Andächtigen. [...] Und dann der Gesang aus dieser Gemeinde! Wie brauste es durch das Gotteshaus, daß schon allein hiervon die Herzen erfaßt und bewegt wurden!".

im konservativ-monarchistischen Sinn zu führen. Mückeley war bereits 1898 Synodalvikar in Gelsenkirchen, wo er insgesamt 8.800 Seelen zu betreuen hatte. 1911 erschien die von ihm herausgegebene deutschsprachige Monatszeitung *Heimatsgrüße*. Neben der seelsorgerischen Arbeit verstand sich dieses von der Amtskirche finanzierte Blatt auch als Abwehrorgan gegen polnische Propaganda:

> *„Darum Vorsicht, liebe Landsleute, gegenüber allen polnischen Verlockungen! Vorsicht gegen polnische Vereine, besonders gegen die sogenannte polnische Berufsvereinigung, Vorsicht gegen [...] polnische Zeitungen! Wo wir es mit Polen zu tun haben, da wollen wir klar und fest uns als echte Söhne Preußens bekennen und mit dem Evangelium ihnen entgegentreten."* [20]

Mückeley sah seine kirchliche Arbeit darin, die Masuren vor den negativen Einflüssen in einer fremden Umgebung zu bewahren. Neben den Gefahren der „Trunksucht, der Verwahrlosung, der Gottentfremdung" nannte er an exponierter Stelle die „Lockungen des Polentums, der Sozialdemokratie und der Sekten".[21] Immer wieder appellierte er an Staat und Amtskirche, den Masuren wohlwollend entgegenzukommen, um diese dauerhaft für sich gewinnen zu können. Dazu sei es erforderlich, „daß man endlich allgemein damit aufhört, die Masuren so etwa als Bürger und Gemeindeglieder II. Klasse zu behandeln".[22]

Amtskirchliche Arbeit der Wilhelminischen Zeit verstand sich immer als Instrument für staatliche Zwecke, auch im Kampf gegen die Sozialdemokratie. Mit der zunehmenden Akkulturation im proletarischen Arbeitermilieu stießen auch bei den Masuren solidarische Forderungen der Arbeiterbewegung auf positive Resonanz. Die sprachliche Akkulturation beschleunigte die Rezeption der Ideen der Arbeiterbewegung. Behörden und Amtskirche befanden sich dabei in einem Dilemma. Offiziell wünschten sie sich die rasche sprachliche Angleichung der Masuren als Teil der nationalen Staatsdoktrin. Im Ruhrgebiet bedeutete jedoch der Sprachwechsel die „Gefahr", die masurischen Arbeiter in die Arme der Arbeiterbewegung zu treiben.[23] Wer deutsch sprach, konnte sich politisch in der Sozialdemokratie engagieren. Die Sprache spielte eine entscheidende Rolle

---

20 Heimatsgrüße 2, Februar 1913: Der ‚Mazur'.
21 Mückeley, Die Masuren im rheinisch-westfälischen Industriebezirk, S. 11.
22 Ebd., S. 19.
23 Ebd., S. 13f.

in der Bestimmung des politischen Bewußtseins. Deshalb riefen die Pfarrer zu einer behutsamen Politik in der Sprachenfrage auf, um antagonistische Spannungen zu vermeiden.

Um nationale polnische Einflüsse auf die Masuren im Vorfeld präventiv abzuwehren, bemühte sich die Amtskirche um die Verbreitung polnischer religiöser Periodika. Auch wurden Herausgabe und Vertrieb der polnisch-masurischen Schriften *Pruski Przyjaciel Ludu* (Preußischer Freund des Volkes) sowie *Kalendarz Królewsko-Pruski Ewangelicki* (Evangelischer Königlich-preußischer Kalender) aus den Fondsmitteln bestritten. Mit diesen Publikationen, deren Redaktion masurischen Pfarrern oblag, sollten die Masuren in der Muttersprache „an das Deutschtum" herangeführt werden. Zugleich waren sie „eine brauchbare Waffe gegen die Sozialdemokratie und die nationalpolnische Agitation".[24] Vor allem der *Pruski Przyjaciel Ludu* sowie die in Herne erscheinende deutschsprachige Altpreußische Zeitung fanden ein positives Echo, ebenso der *Kalendarz Królewsko-Pruski Ewangelicki*. Im Ruhrgebiet wurde 1892 in Bochum der *Przyjaciel Ewangeliczny* (Evangelischer Freund) herausgegeben, der den Untertitel *Gazeta polska dla Ludu staropruskiego w Westfalii i na Mazurach* (Polnische Zeitung für das altpreußische Volk in Westfalen und Masuren) trug. Mit dem „altpreußischen Volk" wollte man die loyale Bindung der Masuren unterstreichen. 1894 erschien der *Polski Przyjaciel Familii* (Polnischer Freund der Familie), der in variierter Form bis 1924 überlebte.[25] Kirchlich-konservative Arbeitervereine suchten in bewußter Anknüpfung an altpreußisch-evangelische Traditionen, die Masuren an sich zu binden. 1885 entstanden deshalb der „Altpreußische Verein", und wenig später der „Verein der polnisch-evangelischen altpreußischen Arbeiter" (Towarzystwo Ewangelickich Polskich Robotników Staropruskich).[26] Ein schönes Beispiel ist der bis heute in Gelsenkirchen existierende 1891 gegründete „Ostpreußisch-Evangelische Arbeiter-Unterstützungsverein Gelsenkirchen-Erle", der 1991 sein 100. Jubiläum feiern konnte und noch über 600 Mitglieder zählte. Auf

---

24 Geheimes Staatsarchiv Preußischer Kulturbesitz Berlin-Dahlem (im folgenden GStAPK), XX.HA, Rep. 2 (II), Nr. 3496: Zentralstelle zur Bekämpfung der Sozialdemokratie in der Provinz Ostpreußen an Oberpräsident v. Windheim, Königsberg, 1.3.1909. Diese operierte unter einem Decknamen mit einer Privatadresse: Herr Ewald Wichmann, Schönstr. 5, Königsberg i. Pr.

25 Grzegorz Jasinski, Mazurzy w drugiej połowie XIX wieku. Kształtowanie się świadomości narodowej, Olsztyn 1994, S. 110.

26 Chojnacki, Wydawnictwa w języku polskim, S. 177–208.

der ersten Generalversammlung am 22. November 1891 zählten fast ausschließlich Masuren zum Vorstand: Jakob Materna, Karl Lenski, Michael Robatzek, Gottlieb Janzik, Friedrich Nowotka, Gottlieb Schweda, Karl Kurkowski, Friedrich Kischkel und Michael Konietzka. In seiner Satzung wurde der Auftrag festgehalten, „unter den evangelischen ostpreußischen Arbeitern das evangelische Bewußtsein zu wecken und zu fördern" sowie die „Treue zum Vaterland zu pflegen".[27]

Zunehmend erwuchs jedoch Unzufriedenheit aus der mangelnden seelsorgerischen Betreuung seitens der Amtskirche, weshalb sich die Masuren obrigkeitlichen Anordnungen widersetzten. 1905 protestierten 350 polnischsprachige Mitglieder der Kirchengemeinde Erle-Middelich (heute Gelsenkirchen) gegen einen verordneten Masurenseelsorger, da dieser „der masurischen Sprache nur teilweise mächtig" gewesen sein soll. Die masurischen Gemeindemitglieder „können der Predigt [...] nicht folgen, da ihnen kein Wort desselben verständlich ist". Zudem forderten die 350 Unterzeichner eine eigene rein masurische Kirchengemeinde, die ihnen zugesagt worden war. Sie wandten sich gegen die permanente Benachteiligung durch den kleineren deutschen Gemeindeanteil (rund ein Viertel), der zwar alle Führungspositionen bekleide, aber nur einen kleinen Teil der Einnahmen aus der Kirchensteuer beitrage. Schließlich drohten sie, aus eigenen Mitteln einen masurischen Prediger zu finanzieren und keine Kirchensteuern mehr abzuführen.[28] 1906 erreichten die Proteste ihr Ziel, und es kam zur Einrichtung einer zweiten Pfarrstelle für die masurische Seelsorge.

Masurische Sonderformen der Gromadki-Bewegung

Nach der Reichsgründung erlebte die masurische Gromadki-Bewegung ihre Blüte. Sie war ursprünglich im litauischen Sprachgebiet des nordöstlichen Ostpreußens zu Hause, von wo der charismatische Wanderprediger Christoph Kukat seine Lehren verbreitete. Zwischen 1870 und 1874 erreichte die Bewegung in Preußisch Litauen ihren Höhepunkt. Seit 1881 gab Kukat eine pietistische Zeitschrift in deutscher und litauischer Spra-

---

27 Festschrift: 1891–1991. 100 Jahre Ostpreußisch-Evangelischer Arbeiter-Unterstützungsverein Gelsenkirchen-Erle, Gelsenkirchen 1991.

28 EZA, 7/6269: Beschwerde der evangelisch-masurischen Kirchengemeinde von Erle-Middelich bei Buer in Westf. wider den ablehnenden Bescheid des Königl. Konsistoriums zu Münster wegen Predigerwahl an Min. für kirchl und geistl. Angelegenheiten, Erle, 24.8.1905.

che heraus. Der *Friedensbote* (Litauisch: Pakajaus Paslas) begann mit einer Auflage von 1.000 Exemplaren. Die „Erweckten" nannten sich litauisch „maldeninki" (Gebetsleute) oder „surinkiminki" (versammelte Menschen) und standen treu zur Landeskirche. Von Preußisch-Litauen erreichte die Gemeinschaftsbewegung Masuren. Im Kreis Goldap überlagerten sich litauisches und polnisches Sprachgebiet; von hier aus gelang der Kukat-Bewegung der endgültige Durchbruch nach Masuren. Kukat predigte erstmals 1881 in Lehmanen, Kreis Ortelsburg. Da er des Polnischen nicht mächtig war, standen masurische Stundenhalter als Dolmetscher zur Verfügung. Bis zu diesem Zeitpunkt funktionierte die evangelische Gemeinschaftsbewegung ohne organisatorischen Rahmen, man traf sich in losen Gruppen. 1885 wurde der „Ostpreußisch-Evangelische Gebet-Verein" gegründet, der in seiner Satzung die Verkündigung des Evangeliums innerhalb der evangelischen Landeskirche formulierte. Zum Laienpredigtdienst waren ihrer Auffassung nach auch diejenigen berufen, die kraft ihrer moralischen Integrität das Evangelium verkünden konnten, wofür sie keiner amtskirchlichen Bestätigung bedurften.[29]

Zeitgleich mit dem Erstarken der Gromadki-Bewegung verschwand das Polnische aus Schulen und Kirchen. Deshalb ist ihre Blüte in unmittelbarem Zusammenhang mit der Sprachenfrage zu sehen. Die Gromadki-Anhänger hegten den Wunsch nach religiöser Unterweisung in der Muttersprache. Insgesamt schätzte Ryszard Otello die Zahl der Angehörigen der evangelischen Gebetsgemeinschaften in Masuren um die Jahrhundertwende auf etwa ein Viertel der Bevölkerung.[30] Im südlichen Kreis Ortelsburg scharrte der charismatische Gromadki-Führer August Chilla aus Finsterdamerau seit Anfang der achtziger Jahre bis zu 2.000 Anhänger um sich.[31] Durch die Migration nach Westfalen und Übersee erlitt die

29 Helmut Ruzas, Ich will der Gnade des Herrn gedenken, Bielefeld 1989, S. 114. Nach Luther hieß es: „Ein Christ hat soviel Macht, daß er auch mitten unter den Christen, unberufen durch Menschen, mag und soll auftreten und lehren, wo er siehet, daß der Lehrer daselbst fehlt, so doch, daß es sittlich und züchtig zugehe. Und lasset Gottes Wort nicht so gebunden sein an die Platten und langen Röcke".

30 Ryszard Otello, Problemy narodowościowe w kościele ewangelickim na Mazurach w latach 1918–1945, Warszawa 1978, (Mschr. Diss.), S. 21. und ders., Ruch gromadkarski w Prusach Wschodnich w latach 1848–1914, in: Komunikaty Mazursko-Warmińskie 133, 1976, S. 320. 1971 wurden im Kreis Johannisburg im Haus einer Masurin alte Predigtbücher und Bibeln gefunden. Siehe Mieczysław Kulęgowski, Gromadkarze, in: Znad Pisy 2, 1995, S. 10–15.

31 Otello, Ruch gromadkarski, S. 327ff.

Gromadki-Bewegung empfindliche Verluste. Das Ruhrgebiet wurde zum zweiten Hauptpfeiler der Gebetskreise.

Die Laienbewegung brachte ein selbstbewußtes und nicht mehr bedingungslos obrigkeitshöriges Kirchenvolk hervor. Ihnen galt die Amtskirche als säkularisierte Institution, weshalb sie ihre alleinige Autorität kritisch hinterfragten. Theologische Kritik von bibelfesten Laien, aber auch moralische und soziale Beanstandungen wurden offen formuliert. Die Amtskirche sah sich in ihren Grundfesten erschüttert, ihr drohte die religiöse Vormachtposition in Masuren zu entgleiten. In Scharen liefen die Gläubigen zu den Gromadki. 1891 ordnete das Königsberger Konsistorium als Gegenmaßnahme ein vermehrtes seelsorgerisches Engagement der Pfarrer an.[32] Durch die starke Zunahme der Laienbewegung offenbarten sich Defizite der staatlichen und kirchlichen Politik. Erstmals manifestierte sich in der masurischen Bevölkerung ein Protestpotential, das eine emanzipatorische Eigendynamik entwickelte.

Um die Popularität der Gromadki zu diskreditieren, warfen ihnen die Pfarrer Verletzung religiöser Pflichten wie der Feiertagsheiligung vor und differenzierten nicht zwischen Gebetsvereinen, Freikirchen und Sekten. Der Begriff „Gromadki" wurde in der deutschen Propaganda und in den dienstlichen Berichten zu einem Synonym illoyaler subversiver Aktivitäten. Es verunsicherte die Behörden, daß den Gromadki jegliche Verbindungen zur polnischen Bewegung fehlten und sie sich dadurch noch viel weniger in ein klares Freund-Feind-Schema einordnen ließen. Sie paßten nicht in die vom wilhelminischen Nationalismus geformten stereotypen Raster der Reichsfeinde.[33]

Erweckung und Aufbruch –
Religiöse Turbulenzen im Ruhrgebiet

Im Ruhrgebiet setzte sich die Kontroverse zwischen Amtskirche – diesmal in Gestalt des westfälischen Konsistoriums in Münster – und den masurischen evangelischen Laienbewegungen fort. Die Gromadki, vor allem der erwähnte Gebetsverein von Christoph Kukat, verzeichneten auch hier

---

32 Amtliche Mittheilungen des Königlichen Konsistoriums der Provinz Ostpreußen Nr. 2712/2713, 1891: Verfügung Nr. 2716: Betrifft katholisierende Neigungen evangelischer Masuren, Königsberg, 30.9.1891.

33 Vgl. zu diesem Feindbild u.a. Paul Hensel, Die evangelischen Masuren in ihrer kirchlichen und nationalen Eigenart, Königsberg 1908, S. 51ff.

starke Zugewinne. Nach dem Verlassen der Heimat waren viele Masuren verunsichert und suchten noch stärkeren Halt in der Religiosität. Für die Abwanderung zu den Gromadki zeichnete auch die Amtskirche verantwortlich, die die seelsorgerische Unterversorgung der masurischen Arbeiter zu spät erkannte. Die Gromadki waren bereits lange aktiv, bevor die Amtskirche überhaupt die neue Situation erfaßte. Viele der Gebetsvereinigungen erlebten eine Blüte, errichteten sogar eigene Gebetshäuser, verschwanden dann aber schnell. Der bereits in Masuren aktive August Chilla sammelte einen Anhängerkreis um sich. Selbst die Amtskirche erkannte an, daß Chilla in den 1880er Jahren „die erste geordnete, regelmäßige Versorgung der polnisch sprechenden Masuren mit dem Worte Gottes in ihrer Muttersprache" initiiert hatte.[34]

Hauptakteur neben der offiziellen Masurenseelsorge war der schon erwähnte Gebetsverein von Kukat, dessen Gebetsversammlungen bereits 1882 begannen. Als sich 1885 der Gebetsverein in Ostpreußen konstituierte, war Westfalen bereits Teil des Predigtgebiets.[35] Da die Raumfrage zunehmend zu einem Problem wurde, schritten viele Zweigvereine zum Bau eigener Versammlungshäuser. 1892 entstand der erste Gemeinschaftssaal mit Wohnhaus in Gelsenkirchen (Viktoriastraße), 1899 folgten Wattenscheid und Bochum.[36] Bis zum Ersten Weltkrieg existierten in allen Teilen des zentralen Ruhrgebiets Zweigvereine des Gebetsvereins mit festen Versammlungsorten, in denen in polnischer, deutscher und sogar in litauischer Sprache gepredigt wurde.[37]

Auch im Ruhrgebiet entstanden Konflikte zwischen Amtskirche und Gebetsvereinen. Mückeley, obwohl behutsam im Ton, warf den Gebetsvereinen mangelnde Kooperationsbereitschaft und theologische „Eigentümlichkeiten" vor. Dabei ging es um liturgische Spezifika und ihre Ablehnung des Buß- und Bettages.[38] In einer theologischen Gegendarstellung entgegnete ihm der Prediger Adam Papajewski selbstbewußt:

> *„Wir vom Ostpr. Gebetsverein erkennen unsere evangelische Kirche, bildlich gesprochen, wohl als unsere Mutter an, aber wir sehen leider doch viel-*

---

34 Oskar Mückeley, Die ostpreußischen Sekten, Gemeinschaften und kirchlichen Versammlungen im rhein.-westf. Industrie-Bezirk, Gelsenkirchen 1913, S. 1.

35 Ruzas, Gnade des Herrn, S. 106.

36 Ebd., S. 151ff.

37 Otto Jastremski (Hg. im Auftrag der Evangelischen Gebetsvereine), Christoph Kukat und der Evangelische Gebetsverein, Gelsenkirchen 1972, S. 34ff.

38 Mückeley, Die Masuren im rheinisch-westfäl. Industriebezirk, S. 25ff.

fach, wie es darin viele treiben und machen. Von sehr vielen in der Kirche wird nur Moral gepredigt; die Predigt der Buße und Bekehrung im wahren Sinne des Evangeliums, wie es der liebe Heiland selbst gelehrt und geboten hat [...] hört man wenig."[39]

Die religiösen Laienbewegungen vermochten allein auf Grund ihrer zahlenmäßigen Stärke selbstbewußt und emanzipiert gegen die Amtskirche aufzubegehren. Damit forderten sie die Kirche zu einer verstärkten Masurenseelsorge heraus. Im Ruhrgebiet allerdings konnte man den Eindruck gewinnen, daß die Gromadki der agierende, die Amtskirche nur noch der verspätet reagierende Teil waren.

Die Amtskirche begann ihrerseits Maßnahmen zu ergreifen, um die Abwanderung zu den Gromadki zu verhindern. Mit Hilfe eigener masurischer Gemeindehelfer (polnisch-masurisch: kościelnik) sollten auch von landeskirchlicher Seite außergottesdienstliche Andachten in polnischer Sprache veranstaltet werden. Ihre Aufgabe war es, die verstreut lebenden Masuren zu betreuen, um die zweisprachigen Gemeindpfarrer zu entlasten. Außerdem waren sie präsent, wo neue Zechen entstanden, die kirchliche Infrastruktur aber noch fehlte.

Der Gelsenkirchener Pfarrer Oskar Mückeley brachte gegenüber der polnischen Sprache und den Gromadki mehr Verständnis auf als seine Amtskollegen in Masuren. Vehement verteidigte er den kirchlichen Auftrag zur muttersprachlichen Seelsorge, solange dieser erforderlich sei.[40] Vor allem Mückeley ist es zu verdanken, daß sich die masurische Seelsorge im Ruhrgebiet seit der Jahrhundertwende spürbar verbesserte. Das westfälische Konsistorium erklärte sich bereit, mehr finanzielle Mittel für die polnischsprachige Seelsorge bereitzustellen. 1913 befanden sich zweisprachige Gemeindpfarrer in den Gemeinden Gelsenkirchen, Gelsenkirchen-Schalke, Gelsenkirchen-Blumke, Gelsenkirchen-Bismarck, Wanne,

---

39 Adam Papajewski (für den Ostpreußischen Gebetsverein), Zur Verantwortung gegen die Broschüre des Herrn Pfarrer Mückeley, Masuren im rheinisch-westfäl. Industrie-Bezirk, S. 10. Immer wieder richtete der Gebetsverein seine Kritik gegen die Verweltlichung der Amtskirche. Mückeley reagierte auf diese Gegenschrift mit einem offenen Brief, in dem er die Hand zum Dialog reichte. Er unterzeichnete den gedruckten Brief „In herzlicher Liebe grüßt euch euer Mitpilger und Miterlöster". Vgl. Offener Brief an die Mitglieder der ostpreußischen Gebetsvereine in Westfalen, Gelsenkirchen 1910.

40 Mückeley, Die ostpreußischen Sekten, S. 5: „Mit vollen Segeln geht auf der ganzen Linie die Ueberleitung zum Deutschtum von statten. Wir dürfen aber auch nicht in nervöser Ungeduld vor der Zeit mit der kirchlichen Fürsorge abbrechen".

Bochum, Erle-Middelich und in der rheinischen Kirche in Rotthausen. Neben 14 Gemeinden, die zweisprachige Pfarrer und Kirchendiener für die masurische Seelsorge unterhielten, wurden in 16 weiteren Gemeinden polnische Gottesdienste gehalten.[41]

Das Ruhrgebiet: eine zweite Heimat für die Masuren

Die masurische Bevölkerung im Ruhrgebiet, in Masuren „westfalczyki" genannt, stand in engem Kontakt mit der Heimat. Viele planten eine spätere Rückkehr, um ein eigenes Grundstück zu erwerben. Vor allem Junggesellen, die keine Hoferben waren, gingen für einige Jahre in den Bergbau, um dann nach Masuren zurückzukehren und dort zu heiraten.

Kurz vor Beginn des Ersten Weltkrieges lebten 180.000 Masuren in Westfalen – das waren 36% aller Masuren überhaupt.[42] Bis 1914 gelang der Akkulturationsprozeß nur bedingt, da die Ghettoisierung der masurischen Gemeinschaft stark ausgeprägt war. Die deutsche Sprache und Kultur drangen erst allmählich in den inneren Lebenskreis der Masuren ein. Das zeigt vor allem ihre treue Verbundenheit zur polnischen Muttersprache im kirchlichen Bereich. Auch wenn die Masuren im Ruhrgebiet mit Nachbarn und Kollegen deutsch sprachen, bedeutete dies keine innere Übernahme. Vielmehr fanden sie ihre innere Stabilität im kirchlich-religiösen Bereich. Noch befanden sie sich in einem Übergangsprozeß, dessen Abschluß nach dem Ersten Weltkrieg vollzogen wurde. Dadurch unterschieden sie sich von anderen Migrantengruppen und bewahrten ein masurisches Spezifikum: Religion und kirchliche Gemeinschaft als Rückzugsgebiet. Mückeley faßte dieses Phänomen treffend zusammen: „Das religiöse Gebiet ist das Feld, auf welchem die Masuren des Industriebezirks ihren landsmännischen Zusammenschluß vollzogen haben".[43]

Mit der ersten Migration vor 1914 begann eine kontinuierliche Abwanderungswelle, die sich nach 1945 fortsetzte. Die Masuren des Ruhrgebiets standen in ständigem Austausch mit ihrer alten Heimat. Dadurch entstand ein regelmäßiger Kontakt mit dem deutschen Sprachraum. Diese Wechselwirkung zwischen Westfalen und dem südlichen Ostpreußen beeinflußte

41 Mückeley, Die ostpreußischen Sekten, S. 8–15.
42 Chojnacki, Wydawnictwa w języku polskim, S. 179.
43 Oskar Mückeley, Die Ost- und Westpreußen-Bewegung im rhein.-westfäl. Industrie-Bezirk, Gelsenkirchen 1926, S. 9.

den Assimilierungsprozeß der in ihrer Heimat verbliebenen Masuren nachhaltig. Bis heute ist das Ruhrgebiet Zentrum der masurischen Ansiedlung geblieben. Heute sind es vor allem die Familiennamen und einige kirchliche Strukturen, die vom masurischen Erbe des Ruhrgebiets zeugen. In den Evangelischen Gebetsvereinen wurde mindestens bis Anfang der 1970er Jahre gelegentlich noch in masurischer Sprache gepredigt.

Im Raum Dortmund schied Gottfried Kaletka zum 1. Januar 1952 in seiner Funktion als masurischer Gemeindehelfer aus. Erst 1949 erklärte die Kirchenleitung der Evangelischen Kirche von Westfalen, daß die Masuren keine eigene Masurenseelsorge mehr bräuchten. Im Juli 1949 beschloß die Kirchenleitung deshalb, „die seelsorgerische Betreuung der masurischen Gemeindeglieder in den Gemeinden Rotthausen, Erle, Dortmund, Mengede, Scherlebeck, Gladbeck, Lütgendortmund und Werne durch besondere masurische Gemeindehelfer aufzuheben und den zuständigen Ortspfarrern zu überweisen".[44]

Es gilt zusammenfassend festzuhalten: Auch mit Beginn des deutschpolnischen Antagonismus blieben die Ruhrgebietsmasuren wie ihre Landsleute in der Heimat dem Werben propolnischer Verbände gegenüber resistent. Ihre evangelische Konfession und ihr konservativ-preußischer Patriotismus ließen sie aber nicht nur pro-polnischen Bestrebungen fern bleiben, sondern sie gerieten auch als Arbeiter wesentlich später in das sozialdemokratisch geprägte Arbeitermilieu hinein.

Kuzorra, Szepan oder Kalwitzki. Trotz ihrer polnischsprachigen Herkunft und Kultur hielten die Masuren an ihren preußischen Traditionen fest. Sie empfanden es als Anmaßung, wenn auf Grund ihrer Sprache und Familiennamen Instrumentalisierungsversuche von polnischer Seite erfolgten. Das trieb seltsame Blüten: Unmittelbar nach dem deutsch-polnischen Nichtangriffspakt 1934 sah sich der Gelsenkirchener Fußballverein Schalke 04 genötigt, Vorwürfen zu begegnen, alle Spieler seien polnischer Abstammung. In einer Medienkampagne „Schluß mit polnischen Gerüchten" präsentierte der Verein eine detaillierte Aufstellung aller Spieler, ihrer Eltern und Herkunft. Da Gelsenkirchen ein Migrationszentrum der Masuren war, stellte sich heraus, daß von den 13 Spielern des Deutschen Fußballmeisters sechs masurischer Abstammung waren. Zu ihnen gehörten die deutschlandweit bekannten Fritz Szepan (Neidenburg), Emil Rothardt (früher Czerwinski, Lyck), Ernst Kuzorra (Osterode), Ernst Kal-

---

44 Ernst Brinkmann, Die evangelische Kirche im Dortmunder Raum, S. 69.

witzki (Neidenburg/Osterode), Rudolf Gellesch (Lötzen/Neidenburg), Walter Badorrek (Ortelsburg).[45]

Obwohl die gesamte erste Generation die Rückkehr in ihre Heimat plante, wuchs die Gemeinschaft stetig an. Auch wenn die Ruhrgebietsmasuren lange Zeit an ihren Traditionen festhielten, übernahmen sie doch immer mehr Gewohnheiten ihrer deutschsprachigen Umgebung. Spätestens in der dritten Generation erfolgte die vollständige Assimilierung an das deutsche Kultur- und Sprachmilieu. Bis heute konzentrieren sich masurische Namen, kirchliche Gruppen und landsmannschaftliche Verbände im Ruhrgebiet. Aus Gelsenkirchen-Schalke ist in der Tat Klein-Ortelsburg geworden.

45 Kicker Mitteldeutschland, Nr. 32, 7.8.1934: Schluß mit polnischen Gerüchten. Die Abstammung der Spieler des FC Schalke 04. Vgl. auch Unser Masuren-Land, Nr. 2, 26.1.1935: Schalke 04 und seine Masuren. Vgl. dazu auch den Beitrag von Britta Lenz in diesem Band.

Jan Molenda

Polnische Arbeiter im Ruhrgebiet während des Ersten Weltkrieges

Zwischen 1914 und 1918 gab es im Ruhrgebiet[1] vier Gruppen von polnischen Arbeitern. Zunächst waren dies aus den östlichen Gebieten des Königreichs Polen stammende Personen, die bereits vor Kriegsausbruch nach Deutschland eingewandert waren. Ferner handelte es sich um Industriearbeiter, die während des Krieges auf dem besetzten Gebiet des Königreichs angeworben worden waren, drittens fanden sich hier polnische Soldaten der russischen Armee, die in deutsche Gefangenschaft geraten waren und schließlich Saisonarbeiter aus Russisch-Polen und aus Galizien, die nach Kriegsausbruch als Zwangsarbeiter zum Einsatz kamen.

Auf Grund der umfangreichen und vielfältigen Thematik konzentriert sich der vorliegende Aufsatz auf die wesentlichen Prozesse und Veränderungen in zentralen Lebens- und Arbeitsbereichen der polnischen Erwerbsmigranten; untersucht werden der Wandel der Beschäftigungsstruktur, Änderungen der Rechtslage und der Lebensbedingungen sowie die Entwicklung sozial-politischer Aktivitäten, insbesondere bei den Frauen.

Der gegenwärtige Forschungsstand erlaubt bedauerlicherweise weder einen Gesamteinblick noch eine tiefergehende, zusammenfassende Darstellung der Thematik. Verhältnismäßig gut ist die erste Gruppe erforscht. Mit den Bergarbeitern haben sich am ausführlichsten Christoph Kleßmann[2] und Valentina Maria Stefanski[3] auseinandergesetzt. Das gleiche läßt sich über die Saisonarbeiter aus dem Königreich Polen und aus Galizien sagen,[4] deren Bedeutung für das Ruhrgebiet allerdings eher gering

---

1   Behandelt werden hier die drei Regierungsbezirke Düsseldorf, Münster und Arnsberg des Rheinisch-Westfälischen Industriegebietes.

2   Christoph Kleßmann, Polnische Bergarbeiter im Ruhrgebiet 1870–1945. Soziale Integration und nationale Subkultur einer Minderheit in der deutschen Industriegesellschaft, Göttingen 1976.

3   Valentina Maria Stefanski, Zum Prozeß der Emanzipation und Integration von Außenseitern: Polnische Arbeitsmigranten im Ruhrgebiet, 2. Aufl., Dortmund 1991.

4   J. Nichtweis, Die ausländischen Saisonarbeiter in der Landwirtschaft der östlichen und mittleren Gebiete des Deutschen Reiches, Berlin 1959.

war. Eine Gesamtdarstellung der Geschichte dieser beiden Gruppen während des Ersten Weltkrieges liegt noch nicht vor.

Über die Arbeiter aus dem Königreich Polen, die zwischen Kriegsbeginn und 1917 ins Ruhrgebiet eingewandert sind beziehungsweise dort als Kriegsgefangene im Bergbau arbeiteten, stehen uns heute fragmentarische Angaben zur Verfügung.[5] Daher werde ich hier eher den Forschungsstand präsentieren und vorläufige Hypothesen aufstellen, als umfassende Ergebnisse vorzulegen.

Soweit numerische Daten zur Beschäftigung der Polen im Ruhrgebiet während des Ersten Weltkrieges vorhanden sind, sind diese meist fragmentarisch und zum Teil widersprüchlich. Umfangreiche statistische Angaben gibt es nur zu den Bergleuten, wobei anzumerken ist, daß die polnischen Quellen oft dazu neigen, die Zahl der beschäftigten polnischen Arbeiter im Deutschen Reich eher niedrig zu veranschlagen, während deutsche Quellen diese tendenziell zu hoch ansetzen. Wegen unvollständiger statistischer Angaben beruhen die genannten Zahlen sehr oft auf Schätzungen beziehungsweise auf deren Addition. Die in deutschen Archiven verfügbaren ausführlichen Einzeldaten zur Beschäftigung der hier aufgeführten Arbeitergruppen in einzelnen Industrieunternehmen, Gemeinden und Kreisen sind bisher nirgendwo entsprechend bearbeitet worden. Sowohl die Art der vorhandenen deutschen und polnischen Quellenangaben als auch die Datendiskrepanz erfordern eine ausführliche kritische Analyse. Hier beschränke ich mich auf die grundlegenden Informationen über das Ausmaß der Beschäftigung und Entwicklungstendenzen innerhalb einzelner Arbeitergruppen.

Im Jahr 1912 arbeitete jeder dritte der insgesamt 297.322 im Ruhrgebiet ansässigen Polen, die 159.743 Masuren nicht eingeschlossen,[6] im

---

5   Hans Leinau, Bergarbeiterersatz und Ruhrkohlenproduktion im Weltkriege, Essen 1920. Die polnischen Arbeiten beschäftigen sich hauptsächlich mit der Anwerbung polnischer Arbeiter für Deutschland: M. Motas/J. Motasowa/B. Grochulska, Zagadnienia wywozu siły roboczej z Królestwa Polskiego do Niemiec w okresie pierwszej wojny światowej, in: Teki Archiwalne 4, 1955, S. 7–97; Krystyna Murzynowska, Polska emigracja zarobkowa w Niemczech, in: Polska klasa robotnicza. Zarys dziejów, hg. von S. Kalabiński, Bd. 3, Teil 3, S. 607–706; Jan Molenda, Robotnicy z Królestwa Polskiego zatrudnieni w niemieckim przemyśle Zagłębia Ruhry w latach I wojny światowej, in: Polska – Niemcy – Europa. Księga Jubileuszowa z okazji siedemdziesiątej rocznicy urodzin Profesora Jerzego Holzera, Warszawa 2000, S. 399–409.

6   Wegen der Besonderheiten der Emigration der Masuren ist diese Thematik gesondert zu behandeln und kann hier nicht erörtert werden. Vgl. dazu den Beitrag von Andreas

Bergbau (61.751), in der Eisenindustrie (24.339) oder in anderen Industriezweigen (18.177).[7] Bergbau, Hütten- und Metallindustrie profitierten von der kriegsbedingten Nachfrage, so daß der in den ersten Kriegsjahren herrschende Arbeitskräftemangel diese Industriezweige nicht so hart traf. Auch in den folgenden Jahren konnten die für den Krieg produzierenden Betriebe besser auf Arbeitskräfte zurückgreifen als jene Industriezweige, die keine Kriegsgüter herstellten. Die Einberufung der Berg- und Metallarbeiter hielt sich in engen Grenzen. Ab 1916 folgte das Kriegsministerium sogar den Wünschen der Unternehmer, indem es 30.000 wehrpflichtige Bergarbeiter aus dem Militärdienst entließ.[8]

Vor allem kam das deutsche Militär den Forderungen nach, Ausländer und Kriegsgefangene zur Arbeit im Ruhrgebiet einzusetzen. Eine große Gruppe bildeten hier die polnischen Arbeiter, die zwischen 1914 und 1918 im Königreich Polen angeworben wurden sowie diejenigen, die als Soldaten des russischen Heeres in deutsche Gefangenschaft geraten waren.

Ohne die oft widersprüchlichen Daten über die Beschäftigung der beiden Gruppen polnischer Arbeiter im Ruhrgebiet und anderen Teilen des Deutschen Reiches ausführlich analysieren zu wollen, konzentriere ich mich im folgenden auf das Ausmaß dieser Entwicklung und auf den Aspekt der Ausbildung der polnischen Arbeitskräfte. Während des Krieges wurden im Königreich Polen insgesamt zwischen 350.000 und 400.000 Polen zur Arbeit im Deutschen Reich angeworben; nach deutschen Quellen waren es sogar zwischen einer halben Million und 600.000 Personen.[9]

Anhand der bisher vorliegenden Forschungsergebnisse läßt sich die Frage, wie viele von diesen Arbeitern insgesamt ins Ruhrgebiet geschickt und in welchen Industriezweigen sie eingesetzt wurden, kaum zufrieden-

---

Kossert in diesem Band.

7 Ausführlicher dazu, auch mit weiterführenden Literaturangaben und Quellendiskussion, vgl. Jan Molenda, Das Zusammenleben von Deutschen und Polen im Rheinisch-Westfälischen Industriegebiet zu Beginn des 20. Jahrhunderts, in: Zwischen Abgrenzung und Assimilation – Deutsche, Polen und Juden. Schauplätze ihres Zusammenlebens von der Zeit der Aufklärung bis zum Beginn des Zweiten Weltkrieges, hg. von R. Maier/G. Stöber, Hannover 1996, S. 199–212.

8 Murzynowska, Polska emigracja, S. 684.

9 Die zuletzt genannten Daten stammen aus: Friedrich Zunkel, Die ausländischen Arbeiter in der deutschen Kriegswirtschaftspolitik des Ersten Weltkrieges, in: Entstehung und Wandel der modernen Gesellschaft. Festschrift für H. Rosenberg zum 65. Geburtstag, hg. von Gerhard A. Ritter, Berlin 1970, S. 310. Schätzwerte in den polnischen Quellen vgl. Fußnote 5.

stellend beantworten. Die statistischen Angaben in Hans Leinaus Arbeit liefern nur die genaue Zahl der im Ruhrgebietsbergbau eingesetzten und im Königreich Polen angeworbenen Arbeiter, die demnach während des gesamten Zeitraums konstant zwischen 14.000 und 16.000 Personen lag.[10] Polnische Arbeitskräfte stellten bisweilen mehr als die Hälfte aller ausländischen Arbeiter im Ruhrbergbau; allein die Belgier erreichten im Juni und Juli 1917 eine vergleichbare Zahl mit 15.384 bzw. 15.844 Personen.

Nicht bestimmen läßt sich gegenwärtig der Umfang der Beschäftigung der Arbeiter aus dem Königreich Polen in anderen Industriezweigen im Ruhrgebiet. Schätzungen gehen aber von rund 50.000 Arbeitern aus, die im Königreich Polen während des Krieges angeworben wurden. Nach deutschen Quellen befanden sich im Ruhrgebiet im Juni 1919 etwa 34.000 polnische Arbeiter aus dem Königreich Polen und aus Galizien.[11] Es ist anzunehmen, daß die Zahl der Arbeiter in den Kriegsjahren viel höher war, wenn berücksichtigt wird, daß die Rückkehr der Arbeiter nach Polen bereits 1917 einsetzte und sich nach dem Ende der Kriegshandlungen noch verstärkte.[12] Dafür spricht auch, daß es im Ruhrgebiet fast keine Saisonarbeiter aus dem Königreich Polen und aus Galizien aus den Vorkriegsjahren gab.[13]

Noch schwieriger ist die Frage nach den Kriegsgefangenen, also den Polen, die im russischen Heer gekämpft hatten, in den einzelnen Branchen der Ruhrindustrie. Bekannt sind die erwähnten Angaben Hans Leinaus zur Beschäftigung der Kriegsgefangenen im Ruhrbergbau von Februar 1915 bis März 1919. Im Jahr 1916 lag die Zahl dieser Arbeiter bei knapp 50.000, im Jahr 1917 waren es 49.000 bis 55.000 und von Juli bis Oktober 1918

---

10 Leinau, Bergarbeiterersatz, vgl. dort insbesondere Tabelle 1.

11 Umfangreiche Quellen zum Thema der Rückkehr polnischer Arbeiter in die Heimat und der Emigration nach Frankreich befinden sich im Nordrhein-Westfälischen Hauptstaatsarchiv in Düsseldorf (im folgenden HSTAD) und im nordrhein-westfälischen Staatsarchiv Münster. Vgl. Kleßmann, Polnische Bergarbeiter, S. 150–168.

12 Die Rückkehr der Polen verdeutlichen die Zahlen der im Bergbau des Ruhrgebiets in den letzten Monaten des Jahres 1918 tätigen Arbeiter aus dem Königreich Polen: Oktober – 15.888; November – 8.965, Dezember – 3.056; und in den ersten Monaten des Jahres 1919: Januar – 2.534, Februar – 2.342, März – 1.975, April – 1.611, Mai – 1.479. Leinau, Bergarbeiterersatz, Tabelle 1.

13 Im Jahr 1913 gab es im Rheinland 4.670 polnische Saisonarbeiter aus dem Königreich Polen und 242 aus Galizien, in Westfalen 1.999 aus dem Königreich Polen und 897 aus Galizien, die in der Landwirtschaft tätig waren. Ein Teil der galizischen Landarbeiter konnte nach Kriegsausbruch heimkehren.

rund 68.000 bis 69.000 Personen. Dies entsprach 16% aller Beschäftigten. Unter den Arbeitern aus den Reihen der Kriegsgefangenen machten die „Russen", was in diesem Zusammenhang russische Staatsangehörige ohne weitere Differenzierung meint, die Hälfte der Beschäftigten aus, während die Franzosen 25% stellten, als die erste Hälfte des Krieges vorüber war. Zu vernachlässigen war dagegen die Zahl der englischen, belgischen und italienischen Gefangenen, von denen insgesamt nur rund 3.000 Personen zur Arbeit herangezogen wurden.[14] Es ist nicht bekannt, wie viele Polen unter den kriegsgefangenen Untertanen des Zaren waren; möglich wäre es, die Namenslisten der Gefangenen daraufhin zu überprüfen. Es kann von einer hohen Zahl von Polen ausgegangen werden, da polnische Quellen 13.811 Beschäftigte als solche mit „höherem Lohn" ausweisen, was gemeinhin einen Arbeitseinsatz unter Tage bedeutete.[15]

Besonders zu beachten ist, daß das Ausmaß der Beschäftigung der Arbeiter aus dem Königreich Polen und der gefangenen Polen in der Schwerindustrie (50.000 bis 60.000 Personen) zahlenmäßig mehr als die Hälfte derjenigen Arbeiter ausmachte, die im Jahre 1912 im Bergbau, in der Eisen- und Stahlindustrie sowie in ähnlichen Berufen beschäftigt worden waren (104.267 Personen).[16] In diesem Zusammenhang ist die Frage zu stellen, welchen Einfluß die Beschäftigung der beiden großen Gruppen der polnischen Arbeitskräfte sowie anderer Ausländer und Kriegsgefangener auf die Berufs- und Nationalstruktur in der Schwerindustrie, eines nicht nur für das Ruhrgebiet relevanten Industriezweiges, hatte, wie deren fachliche Ausbildung aussah und welche Berufe sie ausübten.

Der hohe Anteil der Neueinstellungen von Arbeitern in der Schwerindustrie, insbesondere im Bergbau, erklärt sich zum Teil durch den allgemeinen großen Arbeitskräftemangel, der auch durch die Beschäftigung von Frauen und Jugendlichen nicht kompensiert werden konnte. Sowohl Frauen als auch Jugendliche, die Vertreter der Vorkriegsmigration waren, und für die während des Krieges das Arbeitsverbot im Bergbau und in der Hüttenindustrie aufgehoben worden war, kamen oft wegen mangelnder fachlicher Kenntnisse oder fehlender Körperkraft mit der schweren Arbeit nicht zurecht.

---

14 Leinau, Bergarbeiterersatz, S. 91, 100f., 103, Tabelle 1.
15 Einen Teil des Verdienstes schickten sie nach Hause. Ausführlicher vgl. Fußnoten 33 und 37.
16 Vgl. Fußnote 7.

Kaum beachtet wurde bisher, daß die polnischen Kriegsgefangenen und die während des Krieges angeworbenen Arbeitslosen über sehr hohe Qualifikationen verfügten, da sie vor dem Krieg in modernen Industriezweigen gearbeitet und entsprechende Erfahrung gesammelt hatten.

Für den Bergbau war zunächst nur die Beschäftigung hochqualifizierter Kriegsgefangener vorgesehen. Im März 1915 beschlossen die Verwaltungsbehörden, auch die Gefangenen ohne entsprechende Qualifizierung zur Arbeit im Bergbau abzustellen. Im Anschluß an diese Verordnung wurde damit begonnen, die bisher vorwiegend in der Landwirtschaft beschäftigten Kriegsgefangenen nun in Industrie und Bergbau einzusetzen. Dennoch müßte es auch nach dieser Aktion noch genügend qualifizierte Arbeiter gegeben haben, da die Kriegsgefangenen auf allen Arbeitsstellen für Fachkräfte, vor allem aber unter Tage, beschäftigt wurden.

Die im Vergleich zu den freien Arbeitern geringere Leistungsfähigkeit der Gefangenen aus dem östlichen Europa hat Hans Leinau ausschließlich mit deren mangelnder Qualifikation erklärt.[17] Es wäre jedoch zu klären, welchen Einfluß Zwangsarbeitsmaßnahmen, Überwachung der Arbeit der Kriegsgefangenen durch Wachpersonal, kalorienarme Ernährung, das Verbot des Einkaufs zusätzlicher Lebensmittel vom verdienten Geld, schlechte Wohn- und Sanitärbedingungen in den Baracken sowie Krankheiten und Epidemien hatten. Auch gingen Arbeitseffizienz und Disziplin nicht zufällig erst gegen Ende des Krieges spürbar zurück, in einer politischen Situation also, in der sich die innere und äußere Lage Deutschlands stetig verschlechterte.

Im Vergleich zu der Arbeitssituation der Kriegsgefangenen wissen wir wesentlich mehr über die Arbeiter, die während des Ersten Weltkrieges im Königreich Polen zur Arbeit im Ruhrgebiet angeworben wurden. Das Urteil über dieses Phänomen fällt nicht eindeutig aus. Die polnische Literatur zu diesem Thema weist darauf hin, daß die deutschen Behörden Druck ausübten und ab dem 4. Oktober 1916 auch zu Zwangsmaßnahmen griffen, als General Hans von Beseler, Befehlshaber des Generalgouvernements Warschau, eine Verordnung erließ, die den „Widerwillen gegen die Arbeit" bei den Männern zwischen dem 18. und 45. Lebensjahr bekämpfen sollte, die Unterstützungsleistungen bezogen oder als hierzu Berechtigte eingestuft waren.

---

17 Leinau, Bergarbeiterersatz, S. 97, 101–106.

Auf Grund dieser Verordnung kam es zu Razzien, bei denen die Menschen direkt von der Straße, aus Cafés und öffentlichen Gebäuden oder aus dem eigenen Haus verschleppt und schließlich zur Arbeit in Deutschland umgesiedelt wurden. Diese Aktionen erfolgten willkürlich, so daß unter den Umgesiedelten häufig arbeitsunfähige Personen waren. Nicht nur die Polen beklagten diesen Zustand, sondern auch die deutschen Unternehmer, die den Bedarf an polnischen Arbeitskräften bei der Militärbehörde angemeldet hatten. Sie beschlossen sogar, die arbeitsunfähigen Personen in der Schwerindustrie nicht mehr einzusetzen.[18] Ab dem Frühjahr 1917 wurde eine Milderung der deutschen Politik gegenüber den polnischen Arbeitern aus dem Königreich Polen erkennbar, was im folgenden noch dargelegt wird.

In polnischen Quellentexten sowie Presse- und Tagebuchveröffentlichungen zu diesem Thema finden sich häufig Klagen über die Missachtung der Gesetze und die schlechte Behandlung der polnischen Arbeiter durch Behörden und Unternehmer in Deutschland. Ohne diesen Sachverhalt in Frage stellen zu wollen, ist hier zu ergänzen, daß die genannten negativen Erscheinungen in polnischen Veröffentlichungen einseitig übertrieben wurden. Dies bestätigen die Quellen aus den Archiven in Düsseldorf und Münster. Darüber hinaus kann davon ausgegangen werden, daß sehr viele, vielleicht sogar die meisten Arbeiter aus dem Königreich Polen über ausreichende Qualifikationen verfügten, um in der Schwerindustrie des Ruhrgebiets zu arbeiten.

Insbesondere ist zu berücksichtigen, daß sich auf dem Gebiet des Königreichs Polen, das im ersten Kriegsjahr von deutschen Truppen besetzt und in das Generalgouvernement Warschau umgewandelt wurde, viele moderne Bergwerke sowie Eisen- und Stahlwerke befanden, die vor dem Ausbruch des Krieges über 64.000 Arbeiter beschäftigten. Hier zeichneten sich vor allem das Warschauer Industriegebiet und das Dąbrowa-Becken aus.

Bereits in den ersten Kriegsjahren minimierten diese Werke ihre Produktion infolge der Flutung von Bergwerken im Dąbrowa-Kohlenrevier und der Konfiszierung eines Großteils der Maschinen, Vorrichtungen und sogar der Rohstoffe aus den Anlagen, die kriegswichtige Güter herstellten – zuerst durch die sich zurückziehende russische Armee und später durch die Besatzungsbehörde des Generalgouvernements Warschau. Absichtlich

---

18 Klagen dieser Art beinhaltet z.B. eine 126 Blatt zählende Mappe in: HSTAD, Regierung Düsseldorf: Politische Akten (RDPA), 15 045.

strebten sie keine erneute Inbetriebnahme der Industriewerke im Königreich Polen an; sowohl aus Rücksicht auf eventuelle Konkurrenz als auch im Hinblick auf die Notwendigkeit, für Deutschland qualifizierte Arbeitskräfte zu sichern, welche die mobilisierten eigenen Arbeiter ersetzen sollten. So wurden bereits Ende 1914 rund zwei Millionen Personen im Königreich Polen arbeits- und mittellos. Im Jahr 1918 lag die Zahl der Industriearbeiter im Königreich Polen bei etwa 15% des Vorkriegsbestandes.[19]

Die Massenarbeitslosigkeit schuf gute Voraussetzungen für die Anwerbung. Zunächst übernahmen private Agenten deren Organisation, ab Januar 1915 dann die Deutsche Arbeiterzentrale (DAZ), die ihre Büros in den Städten des Generalgouvernements einrichtete. Die von der DAZ angebotenen Bedingungen wurden in auf sechs Monate befristeten Verträgen festgelegt, die Vergütung, Arbeits- und Unterkunftsbedingungen sowie Verpflegung regelten.[20]

Der Vergleich verschiedener polnischer und deutscher Quellenangaben führt zu dem Schluß, daß sich die Arbeiter aus dem Königreich Polen freiwillig zur Arbeitsmigration nach Deutschland entschlossen, insbesondere in den ersten Kriegsjahren. Die Mehrheit der in der Schwerindustrie eingesetzten Arbeiter verfügte über entsprechende fachliche Qualifikationen. Dafür sprachen sowohl die Bedürfnisse der (arbeitslosen) polnischen Arbeiter, die ihre Familien ernähren mußten, als auch die Interessen der Besitzer und Großindustriellen im Ruhrgebiet, die Kriegsgüter herstellten. Letztere verlangten von der Militärverwaltung die Genehmigung, ausländische Facharbeiter bzw. Kriegsgefangene einzustellen, welche die eigenen, zum Militär eingezogenen Fachleute ersetzen sollten.

Die Verwirklichung dieser Ziele, die es erforderlich machten, Hunderttausende von ausländischen Arbeitern zu beschäftigen, konnte nicht ausschließlich unter Zwang geschehen. Es ging nicht, ohne wenigstens die Minimalinteressen und -bedürfnisse der Arbeiter und Arbeitgeber zu

---

19 Ausführlicher Jan Molenda, Zmiany w liczebności i strukturze klasy robotniczej, in: Polska klasa robotnicza, Bd. 1, Teil 2, S. 683–707.

20 Archiwum Akt Nowych w Warszawie (Archiv der Neuen Akten in Warschau – im folgenden AAN), Rada Regencyjna (RR), S. 1: Krótki zbiór materiałów dotyczących położenia polskich robotników w Niemczech. Kopie eines Typoskripts. Die Anwerbung begann wesentlich früher als mit der formellen Verfügung vom 11. Mai 1915, die es erlaubte, Arbeiter aus dem Königreich Polen auch in den zentralen und westlichen Gebieten des Reiches zu beschäftigen.

berücksichtigen und nicht ohne gewisse Zugeständnisse seitens der Militärverwaltung.

Dafür sprechen die schon erwähnten Methoden zur freiwilligen Anwerbung von Arbeitern durch spezialisierte deutsche Beauftragte und DAZ-Agenturen. Um mehrere zehntausend qualifizierte Arbeiter für den Bergbau sowie die Metall- und Maschinenindustrie zu gewinnen, die zuvor für die russische Armee gearbeitet hatten, mußten ihnen Einkünfte garantiert werden, die ein minimales Auskommen sicherten und es ihnen darüber hinaus erlaubten, ihre mittellosen Familien im Königreich Polen finanziell zu unterstützen. Allen Beschwerden über den Geldtransfer zum Trotz flossen nicht unerhebliche Summen in die Heimat,[21] die unzähligen Arbeiterfamilien das Überleben sicherten.

Besonders wertvoll für die uns interessierende Problematik ist die umfangreiche Korrespondenz, die Besitzer und Direktoren der Fabriken, Hütten und Bergwerke, und der Wirtschaftsorganisationen des Ruhrgebietes mit Vertretern aus Verwaltung, Polizei und Militär auf verschiedenen Ebenen über die Beschäftigung der Arbeiter aus dem Königreich Polen geführt haben.[22] Die hier beschriebenen Forderungen und Wünsche nach polnischen Arbeitskräften aus dem Königreich Polen sind eindeutig. Die Briefe enthalten detaillierte Angaben über die Zahl der benötigten Arbeitskräfte, die je nach Betrieb von einigen wenigen bis zu einigen Hundert reichte, die erforderlichen Qualifikationen, die Höhe des Verdienstes und die Gründe für den jeweiligen Antrag. Die deutschen Unternehmer betonten, daß sie keine beliebigen zwangsrekrutierten, sondern qualifizierte Arbeiter wollten. Als Grund wurde auch oft die Realisierung von Aufträgen der Armee angegeben, die eine bestimmte Zahl von Fachkräften erforderte. Diese Forderungen wurden augenscheinlich erfüllt, da es nur vereinzelt zu Beschwerden über die mangelnde Brauchbarkeit der in der Schwerindustrie des Ruhrgebietes eingesetzten Arbeiter aus dem Königreich Polen kam. Sie betrafen Personen, die zufällig bei den oben erwähnten Razzien aufgegriffen worden waren oder aber die Weber aus

---

21 Ausführlicher vgl. S. 215f. und Fußnote 37.
22 Eine ausführliche diesbezügliche Korrespondenz befindet sich z.B. in den Mappen: HSTAD, Regierung Düsseldorf (RD), 9082 (beinhaltet 448 Blatt) und 9083 (306 Blatt).

dem Lodzer Industriebezirk, deren Qualifikationsprofil dieser Branche nicht entsprach.[23]

Die Beschwerden der Ruhrgebietsindustriellen über die mangelnde Brauchbarkeit der in der Schwerindustrie des Ruhrgebietes eingesetzten Arbeiter aus dem Königreich Polen betrafen unter anderem die dort angeworbenen jüdischen Arbeiter. Ein Teil von ihnen wollte im Ruhrgebiet Handel treiben, was die deutschen Behörden untersagten.[24] In dieser Angelegenheit ergingen gesonderte Verfügungen der deutschen Behörden, die auch mit jüdischen Organisationen in Deutschland korrespondierten. Dieses interessante Thema, über das umfangreiche Dokumente in deutschen Archiven erhalten geblieben sind, verdient eine gesonderte Betrachtung.

Rechtliche Stellung und Lebensbedingungen

Die rechtliche Stellung und die Lebensbedingungen aller vier polnischen Arbeitergruppen in Deutschland waren unterschiedlich. Der Einfluß, den der Erste Weltkrieg auf die persönliche Freiheit und die materielle sowie gesellschaftlich-politische Stellung der deutschen Arbeiter hatte, ist in der Literatur gut beschrieben. Die kriegswichtige Schwerindustrie des Ruhrgebietes befand sich – wie bereits gezeigt wurde – in einer privilegierten Stellung. Daher haben auch die Arbeiter jener Betriebe die Folgen der Mobilmachung, der Arbeitslosigkeit, der wachsenden Kosten für Lebensmittel, Bekleidung, Schuhe und der immer kleiner werdenden Lebensmittelrationen in gemäßigterem Umfang erfahren.

In ähnlich vorteilhafter Lage befanden sich auch die hier seit Jahrzehnten beschäftigten polnischen Arbeiter, insbesondere, da fast jeder dritte

---

23 Ähnliche Beurteilungen finden sich auch in polnischen Quellen. In einem umfangreichen Bericht über die Lage der Lodzer Arbeiter vom 25. September 1915 schreibt Wyszkowski: „Die durch die Regierung unterstützte Emigration nach Deutschland erfreut sich keiner Popularität bei den Lodzer Arbeitern. Der überwiegende Typ eines Lodzer Arbeiters ist der zu einer physisch anstrengenden Arbeit eines Bergmanns oder Bauers nicht fähige Weber, der darüber hinaus durch Armut und Kriegskrankheiten geschwächt ist. Die Emigrationsbüros suchen hauptsächlich nach Fabrikfacharbeitern, Technikern und einfachen Arbeitern für schwere körperliche Arbeit im Berg- und Landbau. [...] Infolgedessen sind bislang nur wenige Tausend Arbeiter aus Lodz nach Deutschland emigriert, unter ihnen eine große Zahl Deutscher." Vgl. Zakład Narodowy im. Ossolińskich in Breslau (im folgenden Zakład Oss.), Handschr. 6906/III, S. 37, Kopie eines Typoskripts.

24 Ein Teil von ihnen flüchtete illegal nach Holland und andere Länder Westeuropas.

von ihnen, also rund 100.000 Personen,[25] im Jahr 1912 in der Schwerindustrie tätig war. Die rechtliche und materielle Lage dieser Gruppe polnischer Arbeiter und Reichsangehöriger war der der deutschen Arbeiter am ähnlichsten. Die polnischen Arbeiter, und vor allem ihre Verbände und Publikationsorgane im Ruhrgebiet, unterlagen jedoch, ähnlich wie vor dem Krieg, stärkeren Beschränkungen als die Deutschen. Darüber hinaus wurde ihre Tätigkeit durch die „Zentralstelle für die Überwachung der Polenbewegung im Rheinisch-Westfälischen Industriebezirke" in Bochum polizeilich kontrolliert, die per Erlaß des Innenministers Holz vom 22. Juli 1909 gebildet worden war. Die in dieser polizeilichen Organisation erstellten Jahresberichte betrafen anfangs nur das Ruhrgebiet, erfaßten aber nach und nach ganz Deutschland, so daß sie heute eine reichhaltige Informationsquelle für alle Lebensbereiche der Auslandspolen sind.[26]

Bei Kriegsbeginn bekam die polnische Presse im Ruhrgebiet größere Schwierigkeiten mit der Zensur, kurzzeitig wurde ihr Erscheinen sogar verboten. Die Arbeit der Bergarbeiterabteilung des Polnischen Gewerkschaftsverbandes (Oddział Górników, ZZP) hatte – laut *Głos Górnika* (Die Stimme des Bergmanns) vom Mai 1915 – „schon in den ersten Tagen nach Kriegsausbruch" auf Grund der Einberufung von 20.000 Mitgliedern (von insgesamt 50.037 – darunter 28.936 aus dem Ruhrgebiet – im Jahr 1913)[27] deutlich gelitten. Unter den Einberufenen befanden sich viele Mitglieder in herausgehobener Stellung innerhalb der Gewerkschaft: „150 Ortsgruppenvorsitzende, 500 Vertrauensmänner, acht Bezirksvorsitzende und vier Abteilungsbeamte."[28]

Während des Krieges, vor allem während der letzten beiden Jahre, profitierten die Arbeiter, darunter auch die polnischen, von einer Reihe von Zugeständnissen seitens der Regierung. Auf Grund des Gesetzes über den Vaterländischen Hilfsdienst, das am 2. Dezember 1916 in Kraft trat, war der Polnische Gewerkschaftsverband (ZZP) den deutschen Gewerkschaftsverbänden in den Schlichtungsausschüssen gleich gestellt. Vorteilhaft war ebenfalls die bereits erwähnte Aufhebung des Arbeitsverbotes in

---

25 Vgl. Fußnoten 7 und 19.
26 Eine Ausgabe der Jahresberichte „betreffend den Stand der Polenbewegung" für die Jahre 1909–1914 und 1919–1930 wird für den Druck vorbereitet.
27 Krystyna Murzynowska, Die polnischen Erwerbsauswanderer im Ruhrgebiet während der Jahre 1880–1914, Dortmund 1979, S. 251.
28 Murzynowska, Polska emigracja zarobkowa, S. 684f.

der Kohle- und Hüttenindustrie für Frauen und Jugendliche. Dadurch verbesserten sich deren Chancen, auch eine besser bezahlte Arbeit zu finden.

Eine besondere Bedeutung für das öffentliche Wirken der polnischen Migranten hatte die Aufhebung der Verbote, die den öffentlichen Gebrauch der polnischen Sprache und die Teilnahme von Jugendlichen unter 18 Jahren am Vereinsleben untersagten. Die langjährigen Bemühungen der polnischen Arbeiter um die Beseitigung dieser Regelungen wurden endlich von Erfolg gekrönt. Die Teilnahme der Jugendlichen, wie auch die der Frauen, am öffentlichen Leben im Exil hatte während des Krieges eine um so größere Bedeutung, als zahlreiche Aktivisten der ZZP, wie schon erwähnt, einberufen wurden.

Die rechtliche Stellung und die damit eng verknüpften materiellen Bedingungen der übrigen drei Gruppen polnischer Arbeiter waren deutlich schlechter. Sie wurden durch zahlreiche, spezifische und detaillierte Verordnungen verschiedener Verwaltungsorgane geregelt, die hier nicht wiedergegeben werden können.

Die bedeutendsten und belastendsten Beschränkungen betrafen den Arbeitsmarkt und die grundlegenden bürgerlichen Freiheiten. Die polnischen Arbeiter jener drei Gruppen konnten, wenn auch in unterschiedlicher Abstufung,[29] weder den Arbeitgeber frei wählen, noch ihren Wohnort ändern; dazu bedurfte es besonderer Genehmigungen. Weit verbreitet waren auch Klagen der Arbeiter über Verletzungen der Arbeitsverträge durch die Arbeitgeber, insbesondere beim Heimaturlaub und der Überweisung der Gehälter an die Familien. All das hatte einen unmittelbaren Einfluß auf die Lebensbedingungen, insbesondere der niedrige Standard der Wohnungen. Besonders rigorosen Vorschriften, deren Einhaltung von militärischen, polizeilichen und zivilen Aufsichtspersonen überwacht wurde, unterlagen die Kriegsgefangenen, und zwar nicht nur in den Unterkünften, sondern auch auf dem Weg zur Arbeit und während der Arbeit selbst.

Die Arbeiter aus den drei hier besprochenen Gruppen durften auch keinen Gewerkschaften oder sonstigen Verbänden angehören, gleich, ob diese soziale, kulturelle oder selbst sportliche Ziele verfolgten. Ebenso wenig durften sie am öffentlichen Leben partizipieren, indem sie sich etwa an

---

29 Jede dieser drei Gruppen ließe sich in weitere Kategorien aufteilen. Im Ruhrgebiet z.B. unterschieden sich die rechtliche Stellung und der Verdienst der aus dem Königreich Polen und Galizien stammenden Arbeiter leicht.

Versammlungen oder Demonstrationen beteiligten. Eine detaillierte Analyse der zahlreichen, die oben genannten Gruppen betreffenden Verordnungen ist möglich, da die vollständige Dokumentation zu diesem Thema erhalten geblieben ist.

Schwieriger zu beantworten ist die Frage, wie diese oft geänderten Verordnungen umgesetzt wurden. Schon heute kann man sagen, daß ihre Vielzahl und Detailliertheit – die Verordnungen betrafen mehrere zehntausend Arbeiter – die regionalen Verwaltungen oft überforderte. Häufig liefen die tiefgreifenden Eingriffe in die Arbeitsmarktpolitik seitens der höheren militärischen und polizeilichen Organe auch den Interessen der Unternehmer und der mit ihnen zumeist kooperierenden lokalen Administration angesichts eines akuten Arbeitskräftemangels zuwider.

Umfangreiche polizeiliche Quellen zeigen, daß Tausende von ausländischen Arbeitern, hauptsächlich Polen, ihre bisherigen Arbeitsplätze verließen, wenn sie mit den ihnen aufgezwungenen und nicht abgesprochenen Bedingungen nicht einverstanden waren. Das massenhafte – und zunehmende – Ausmaß dieser Fluchtbewegung bestätigen auch die Angaben der Deutschen Arbeiter-Zentrale. Während vom 1. Oktober 1915 bis zum 30. November 1916 11.223 ausländische Arbeiter ihre Arbeitsplätze in Industrie und Landwirtschaft unerlaubt verließen, betrug deren Zahl vom 1. Oktober 1916 bis zum 30. November 1917 mit 24.390 Personen fast das Doppelte. Darunter bildeten die Polen „die große Mehrheit".[30] Ein Teil von ihnen suchte illegal nach einer besseren Beschäftigung in Deutschland, ein Teil floh über die grüne Grenze nach Belgien und Holland oder kehrte zurück nach Polen. Dies ist ein Zeichen dafür, daß die Gesetze des freien Arbeitsmarktes stärker waren als die der militärisch-polizeilichen Bürokratie.

Mehr Beachtung durch die Forschung verdient die zwischen 1917 und 1918 feststellbare schrittweise Rücknahme der Beschränkungen für die drei hier behandelten Gruppen polnischer Arbeiter. So wurden vor allem getroffene Vereinbarungen stärker beachtet, insbesondere in bezug auf die Höhe der Einkommen, des Urlaubs und sogar bezüglich der dauerhaften Rückkehr in das Königreich Polen und nach Galizien.[31] Es sei nur als Bei-

---

30 Zunkel, Ausländische Arbeiter, S. 308f.

31 Als erste begannen die Arbeiter aus Galizien zurückzukehren, was sich jedoch angesichts des Arbeitskräftemangels in Deutschland nicht ganz problemlos vollzog. Österreich-Ungarn war als Verbündeter Deutschlands daran interessiert, daß wehrfähige Untertanen der Habsburgermonarchie zurückkehrten. Die deutsche Regierung verzö-

spiel angeführt, daß auf Grund der Bemühungen der Behörden des Königreichs Polen die deutschen Stellen einer Erhöhung der Zahl der Heimaturlaube von Arbeitern auf bis zu 7.000 vierwöchige Heimreisen pro Monat zustimmten.[32] Auf Grund einer Verordnung, die

> *„vom Generalgouvernement* [Warschau, J.M.] *mit Einverständnis der stellvertretenden Generalkommandanturen in Deutschland erlassen wurde, hat man die polnischen Kriegsgefangenen und Zivilisten, denen zurückzukehren nicht erlaubt werden konnte, besser bezahlte Arbeit gegeben, um ihnen eine finanzielle Unterstützung der – auf dem Gebiet des Generalgouvernement Warschau lebenden – notleidenden Familien zu ermöglichen."[33]*

Die größten Widersprüche enthalten Quellen, die über die Höhe der Löhne und die Wohnbedingungen derjenigen Arbeiter Auskunft geben, die als Saisonarbeiter aus dem Königreich Polen und aus Galizien stammten, und denen nach Kriegsausbruch verboten worden war, nach Hause zurückzukehren. Dies bezieht sich auch auf die polnischen Kriegsgefangenen aus der russischen Armee, und insbesondere auf die Industriearbeiter, die im Generalgouvernement Warschau angeworben worden waren. Polnische Quellen stellen die Situation der Arbeiter dieser Gruppen eher düster dar, während deutsche Quellen dazu neigen, ein Bild in helleren Farben zu zeichnen, insbesondere, wenn sie von der Arbeitgeberseite oder von Regierungsinstanzen stammen, die mit der Anwerbung beauftragt waren.

Das betrifft vor allem jene Verordnungen, die die Lohnbedingungen der vorwiegend im Bergbau beschäftigten ausländischen Arbeiter und Kriegsgefangenen regelten.[34] Nach Maßgabe dieser Vorschriften sollten Arbeiter beider Gruppen den gleichen Lohn wie freie ortsansässige Arbeitskräfte erhalten, sofern sie die gleichen Tätigkeiten ausübten. Diese Vorschriften beschrieben den „Soll-Zustand". Viel schwieriger läßt sich

---

gerte hingegen vor allem die Rückkehr von Zivilisten und Kriegsgefangenen aus dem Königreich Polen, da diese Bürger des Feindstaates Rußland waren.

32 AAN, RR 311, S. 3: Krótki zbiór materiałów. Von insgesamt 400.000 Arbeitern aus ganz Deutschland machten ca. 30.000, vor allem in der Industrie beschäftigte, Urlaub im Generalgouvernement Warschau. Annähernd jeder vierte kehrte aus dem Urlaub nicht zurück. Zunkel, Ausländische Arbeiter, S. 309.

33 Zakład Oss., Łempicki-Mappe, Handschr. 6903/III, S. 217a: W sprawie jeńców wojennych i cywilnych narodowości polskiej (Zeitungsausschnitt).

34 Leinau, Bergarbeiterersatz, hat diese Anmerkungen ausführlich, aber unreflektiert referiert. Ein Vergleich der Lohnbedingungen mit den tatsächlichen Gegebenheiten fehlt bei ihm.

der „Ist-Zustand" ermitteln, da insbesondere Quantität und Qualität der Arbeit vom Vorarbeiter oder Schichtleiter beurteilt wurden, und weil aus den Klagen der Arbeiter hervorgeht, daß bei dieser Beurteilung die ortsansässigen Arbeitskräfte gegenüber den ausländischen bevorzugt wurden. In der schlimmsten Lage befanden sich die Kriegsgefangenen, die keine Fürsprecher hatten.

Auf Grund bisheriger Forschungsarbeit läßt sich jedoch feststellen, daß qualifizierte Arbeiter in der Großindustrie die höchsten Einkommen unter den Arbeitern hatten, die während der Kriegsjahre im Königreich Polen für die Schwerindustrie des Ruhrgebiets angeworben wurden. Auch die Einkünfte der qualifizierten Arbeiter, die sich aus der Gruppe der polnischen Kriegsgefangenen rekrutierten, lagen auf einem ähnlich hohen Niveau. Dies lag an der oben schon erwähnten Regelung, die es den Kriegsgefangenen erlaubte, gut bezahlte Stellen anzunehmen. Über die geringsten Einkünfte verfügten, wie schon vor dem Krieg, die in der Landwirtschaft des Ruhrgebietes beschäftigten Saisonarbeiter. Die Entlohnung hier war jedoch wesentlich höher als im Königreich Polen und Galizien.[35]

Darüber hinaus ist zu beachten, daß unter den damaligen Bedingungen die Tatsache, daß ein Teil des in Deutschland verdienten Geldes den Not leidenden Familien in Polen geschickt wurde, wesentlich – wie ich es bereits gezeigt habe – zur Linderung der schweren wirtschaftlichen Situation vieler arbeits- und einkommensloser Arbeiterfamilien im Königreich Polen beitrug.

Diese Hilfe war nicht nur dank der höheren Löhne möglich, sondern auch dank des Lohnsystems, welches es den Arbeitern ermöglichte, einen Teil des Geldes in die Heimat zu schicken. Die Höhe der Überweisungen war von der Größe der in der Heimat verbliebenen Familie abhängig und konnte bis zu 50% des Einkommens betragen. Ende 1915 wurde die Obergrenze auf 30% heruntergesetzt, da der Anteil des am Aufenthaltsort verbliebenen Geldes nicht zum Unterhalt reichte.[36] Die Lohnvorschriften, welche die Kriegsgefangenen betrafen, waren rigoroser, da sie über ihr Einkommen nicht frei verfügen konnten. Sie erlaubten jedoch, den in der Heimat verbliebenen Angehörigen zu helfen. Beträchtliche Beträge wurden den Familien im Generalgouvernement Warschau nicht nur von den während des Krieges angeworbenen Arbeitern geschickt, sondern auch von den

---

35 Ausführlicher: Murzynowska, Polska emigracja zarobkowa, S. 701f.
36 Leinau, Bergarbeiterersatz, S. 70.

polnischen Kriegsgefangenen der russischen Armee. So ließen zum Beispiel auf Grund der oben erwähnten Anordnung des Generalgouvernements Warschau 13.811 Kriegsgefangene in nur drei Monaten – vom 1. Oktober 1917 bis zum 1. Januar 1918 – 717.835 Mark an Ersparnissen ihren Familien in der Heimat zukommen. Dies entsprach durchschnittlich rund 52 Mark, die ein Kriegsgefangener monatlich nach Hause schickte.[37]

Die aus dem Königreich Polen und aus Galizien stammenden polnischen Arbeiter in Deutschland waren jedoch trotz der Einschränkung der Grundrechte und des beschränkten Zugangs zum Arbeitsmarkt in ihrem Leid nicht auf sich alleine gestellt. Um sie kümmerten sich zahlreiche polnische und deutsche Organisationen, Vereinigungen, Institutionen und verschiedene staatliche Organe.

Hauptwirkungsbereiche der Migranten und die Änderung der Lage der Frauen

Die polnischen Arbeiterorganisationen im Ruhrgebiet bemühten sich vorrangig, ihre Tätigkeit den neuen Bedingungen des Krieges und den daraus resultierenden Bedürfnissen der Migranten anzupassen. Einige Wirkungsbereiche wurden modifiziert, eingeschränkt, manchmal aber auch, wie im Fall der Frauenbeteiligung, erheblich ausgebaut. Vor allem entstanden kriegsbedingt neue Betätigungsfelder. Auf diese Phänomene möchte ich mich konzentrieren.

Drei Vereine spielten während des Ersten Weltkrieges die wichtigste Rolle im Leben der Emigranten im Ruhrgebiet; dabei handelte es sich zunächst um die 1894 gegründete Bergbauabteilung des Polnischen Gewerkschaftsverbandes, zweitens um das 1913 entstandene Polnische Exekutivkomitee für Westdeutschland, das durch seine lokalen Gesellschaftskomitees wirkte, und schließlich um den Verband Polnischer Frauenvereine im Westen Deutschlands, der im Mai 1914 als Zentralverband entstand.

Die Bergarbeiterabteilung, die im Jahr 1913 28.936 Mitglieder zählte, konnte trotz des beschleunigten Wiederaufbaus und wachsender Mitgliederzahlen in den letzten beiden Kriegsjahren den Vorkriegsstand nicht mehr erreichen (20.834).[38] Der Verband Polnischer Frauenvereine wuchs

---

37 W sprawie jeńców wojennych; vgl. Fußnote 33.
38 Murzynowska, Polska emigracja zarobkowa, S. 674–685.

hingegen von rund 6.270 Teilnehmerinnen im Mai 1914 auf 15.207 im Jahr 1919.[39] Es war der Ausdruck einer schon vor dem Krieg zu beobachtenden wachsenden Bedeutung der Frau in der polnischen Emigration. Frauen leiteten auch hauptsächlich die Arbeit der Gesellschaftskomitees.

Die Bergarbeiterabteilung paßte ihre bisherige Gewerkschaftstätigkeit den Kriegsbedingungen an. Die Vertreter der ZZP, die seit dem 2. Dezember 1916 gleichberechtigt mit den deutschen Gewerkschaftlern in den Schlichtungsausschüssen vertreten waren, konnten in den Verhandlungen mit den Arbeitgebern auf Löhne, Arbeitszeiten und andere wichtige Arbeiterbelange Einfluß nehmen.

Die schon vor dem Krieg bestehende Zusammenarbeit zwischen ZZP und den deutschen Gewerkschaften bekam nun einen langfristigen strukturellen Rahmen. Im Januar 1915 unterzeichneten die Polnische Berufsvereinigung (Abteilung Bergarbeiter), der Verband der Bergarbeiter Deutschlands (Alter Verband), der Gewerkverein Christlicher Bergarbeiter Deutschlands und der Gewerkverein der Bergarbeiter (Hirsch-Duncker) einen Kooperationsvertrag. In den ersten beiden Kriegsjahren bestand diese Kooperation auf Grund des bestehenden „Burgfriedens" hauptsächlich aus Verhandlungen mit den Arbeitgebern, der Verwaltung und dem Militär hinsichtlich der gesetzlichen Lage und der Lebensbedingungen der Arbeiter in Zeiten des Krieges. Diesen Angelegenheiten waren auch mindestens 25 verschiedene Aufrufe, Beschlüsse und Erklärungen gewidmet, die von den vier Verbänden gemeinsam unterzeichnet wurden.[40] In den Jahren 1917 und 1918 kam die gesellschaftliche Solidarität polnischer und deutscher Arbeiter auch bei Arbeitsniederlegungen zum Ausdruck, ähnlich wie dies schon vor dem Krieg der Fall gewesen war.

Besondere Aufmerksamkeit verdient auch die beachtlich wachsende Aktivität der Frauen, was jedoch nicht, wie viele Historiker meinen, eine

---

39 Jan Molenda, The Role of Women in the Polish Migration to the Rhein-Westphalia Industrial Region at the Beginning of the Twentieth Century, in: The Polish Review 3, 1997, S. 329–337; ders., Miejsce kobiet wśród polskiego wychodźstwa w reńsko-westfalskim okręgu przemysłowym na początku XX wieku, in: Przegląd Historyczny 1, 1997, S. 127–133.

40 Vgl. insbesondere: Material zur Lage der Bergarbeiter während des Weltkrieges. Eine Sammlung von Eingaben der vier Bergarbeiterverbände, besonders des Vorstandes des Verbandes der Bergarbeiter Deutschlands, an die Regierungen sowie Zivil-, Militärbehörden, Werksbesitzer usw. Herausgegeben vom Vorstand des Verbandes der Bergarbeiter Deutschlands – Sitz Bochum (1919).

neue Erscheinung war.[41] Sie begann nämlich schon in der Vorkriegszeit. Die Stellung der Frau verstärkte sich vor allem in der Familie, in der Entwicklung der Bildung und im Vereinsleben polnischer Organisationen. Unter den neuen Bedingungen des Krieges, als sie ihre zum Militärdienst einberufenen Männer und Väter im öffentlichen Leben vertreten mußten, verfügten die Frauen bereits über große Erfahrung auf dem Gebiet der bürgerlichen und gesellschaftlichen Arbeit.

Die Aktivität der Frauen in den Jahren von 1914 bis 1918 konzentrierte sich kriegsbedingt vor allem auf die Hilfe für die am meisten Betroffenen und Bedürftigen, insbesondere alleinerziehende Mütter und ihre Kinder. Darüber hinaus wurde die Arbeit in den Bereichen Kultur und Bildung fortgesetzt, die in den Jahren von 1917 bis 1918 intensiviert wurde, und sich sogar auf neue Inhalte ausdehnte. Diese Tätigkeiten waren streng aufeinander abgestimmt. Bei den Gesellschaftskomitees, die, wie schon erwähnt, vorwiegend von Frauen geführt wurden, gab es Abteilungen für Wohlfahrt, Ernährung, Rechtsbeistand und Bildung. Die drei erstgenannten organisierten materielle und rechtliche Hilfe für die Bedürftigsten. Vor allem der Rechtsbeistand erlangte im Krieg eine besondere Bedeutung. Dies lag an einer Unzahl neuer, sich ständig ändernder Vorschriften, Verfügungen und Bekanntmachungen in vielen für die Familien wichtigen Lebensbereichen: Renten, Darlehen, Beihilfen, Zuteilung von Nahrungsmitteln und sonstigen Artikeln, Preisänderungen bei reglementierten und frei verkäuflichen Waren.

Es sollte herausgestellt werden, daß diese Selbsthilfe nicht nur auf die alte Ruhrgebiet-Migration beschränkt blieb. Von ihr profitierten ebenso die neu angeworbenen Arbeiter aus dem Königreich Polen und aus Galizien. Sie wirkte auch über die Teilungsgrenzen hinaus, auf das Gebiet des Königreichs Polen. Diese Aktivitäten gewannen im Verlauf des Krieges immer mehr an Bedeutung in der alten Migration.

Die Nöte der aus dem Königreich Polen und Galizien stammenden polnischen Arbeiter, vor allem ihr rechtlicher Status und ihre Lebensbedingungen, wurden oft durch die Vertreter der ZZP auf dem wichtigen Forum der Schlichtungsausschüsse zur Sprache gebracht. Diese Forderungen wurden ebenfalls bei den Treffen zwischen ZZP und den drei deutschen Gewerkschaften mit den Vertretern der deutschen Behörden for-

---

41 Ausführlicher: Molenda, The Role of Women, S. 317–338.

muliert und in gemeinsamen Aufrufen und Beschlüssen publiziert.[42] Die notleidenden Arbeiter aus dem Königreich Polen und Galizien erhielten das täglich Nötigste. 1917 charakterisierte im *Wiarus Polski* ein Pole aus dem Königreich in einem Appell an seine Landsleute die erhaltene Hilfe folgendermaßen: „[...] sie helfen uns hier [im Ruhrgebiet, J.M.] wo sie nur können, dienen mit Rat und Tat, wenn einer in Not gerät."[43]

Mit dem Schicksal der aus dem Königreich Polen und aus Galizien stammenden polnischen Arbeiter befaßten sich auch Vereine und Institutionen außerhalb des Arbeitermilieus. Erhebliche materielle Hilfe leistete auch die deutsche Kirche. Die polnische Reichstagsfraktion versuchte überwiegend Rechtsbeistand zu leisten. Die Reichstagsrede des Abgeordneten Wojciech Trąmpczyński, die sich mit der Lage der im Königreich Polen angeworbenen Arbeiter befaßte, basierte auf Daten, die der ZZP zur Verfügung gestellt hatte. Die polnischen Abgeordneten im Wiener Parlament interessierten sich für die Lage der aus Galizien stammenden Saisonarbeiter in Deutschland. Mit der Entstehung des „Vorläufigen Staatsrates" (Tymczasowa Rada Stanu) – eine Sonderkommission zum Schutz der polnischen Arbeiter im Ausland wurde gebildet – und unter der Regierung des Regentschaftsrates, rückten die Angelegenheiten der aus dem Königreich Polen stammenden Arbeiter in Deutschland in das Interesse der sich neu bildenden staatlichen Strukturen.

Eine unter den Bedingungen des Krieges wichtige Erscheinung war die stärker werdende Verbundenheit der Migranten aus allen drei Teilungsmächten mit der Heimat. Am stärksten äußerte sich dies im Ruhrgebiet. Begünstigt wurde dies durch zahlreiche Kontakte mit den hoch qualifizierten Neuankömmlingen aus dem Königreich Polen, deren gesellschaftliche, bürgerliche und nationale Identität, genau wie die der schon früher eingewanderten Migranten, sehr stark ausgeprägt war. Außerdem profitierten sie von den Erfahrungen des die Teilungsgrenzen überschreitenden Zusammenhaltes aus den Vorkriegsjahren.

---

42 Vgl. Fußnote 40.
43 Zitiert nach Murzynowska, Polska emigracja zarobkowa, S. 686f. Der Appell ist im Polnischen mit „Królewiak do Królewiaków" überschrieben und bedient sich einer vom polnischen Ausdruck für das Königreich Polen (Królestwo Polskie) abgeleiteten Bezeichnung für die Bewohner dieses Territoriums, die nicht unmittelbar ins Deutsche übertragbar ist; dementsprechend wurde hier eine Umschreibung gewählt (Anm. der Übersetzerin).

Im Jahr 1913 erschienen 26 unterschiedliche polnische Zeitungen in einer Gesamtauflage von 82.200 Exemplaren. 88 polnischsprachige Zeitungen wurden aus dem Königreich Polen, Galizien und den Zentren der polnischen Emigration in Europa und Amerika bezogen. Zur Jahreswende 1913/1914 half die Krakauerin Maria Ruszczyńska, die Strukturen polnischer Frauenvereine aufzubauen und deren Aktivistinnen auszubilden, die von den kirchlichen Frauenvereinen unabhängig waren.[44] Polnische Priester betrieben trotz der Schwierigkeiten, die ihnen vor allem die deutsche Regierung bereitete, ihre seelsorgerische Tätigkeit unter den polnischen Migranten.[45]

So vorbereitet, nahm die Verbundenheit der Migranten im Ruhrgebiet mit der Heimat während des Ersten Weltkrieges zu, vor allem mit dem Königreich Polen. Jetzt ergriffen die polnischen Organisationen in Deutschland die Initiative. Schon im Dezember 1914 lief im Ruhrgebiet eine Hilfsaktion zugunsten der durch den Krieg geschädigten Bewohner des Königreichs Polen an. Der *Wiarus Polski* appellierte an die Migranten, Geld für diesen Zweck zu spenden. Es war überhaupt eine deutschlandweite Hilfsaktion, die seit 1915 von den „Hilfskomitees für das Königreich Polen" (Komitety Niesienia Pomocy dla Królestwa Polskiego) geleitet wurde. Allein im Ruhrgebiet wurde für diesen Zweck insgesamt eine viertel Million Mark gesammelt. Zur Spendenbereitschaft der Migranten stellte der bereits zitierte Appell eines Bewohners des Königreiches an seine Landsleute fest, daß es waren, „die, obwohl sie von ihrer Hände Arbeit leben, so großzügig für die Kriegsopfer im Königreich Polen spendeten."[46]

Die häufigeren Kontakte über die Teilungsgrenzen hinaus begünstigten auch das wachsende Interesse an der Polnischen Frage auf der internationalen Bühne und an der Perspektive des Wiederaufbaus eines unabhängigen Polens. Diese Hoffnungen verstärkten sich, als die Kaiser des Deutschen Reiches und Österreichs-Ungarns am 5. November 1916 ein autonomes

---

44 Ausführlicher Jan Molenda, Das Zusammenleben von Deutschen und Polen, S. 201, 206f.; ders., The Role of Women, S. 329–337.

45 Ausführlicher Hans Jürgen Brandt (Hg.), Die Polen und die Kirche im Ruhrgebiet 1871–1919. Ausgewählte Dokumente zur Pastoral und kirchlichen Integration sprachlicher Minderheiten im Deutschen Kaiserreich, Münster 1987, insbes. S. XIII–XXIII mit einem ausführlichen Quellen- und Literaturverzeichnis zum Thema.

46 Zitiert nach: Murzynowska, Polska emigracja zarobkowa, S. 686.

Königreich Polen proklamierten.[47] Dies erschien um so glaubwürdiger, als die mit dieser Proklamation entstehende polnische Regierung begann, sich mit dem Schicksal der Arbeiter und Kriegsgefangenen aus dem Königreich Polen zu befassen.

Es entstanden zahlreiche Initiativen, auch im Kreis der alten Emigration, mit dem Ziel einer Rückkehr in das wiedergeborene Polen. Bildungsbemühungen setzten ein, um die Migranten auf die Teilnahme am öffentlichen Leben des künftigen polnischen Staates vorzubereiten. Die Antwort auf die Frage nach dem Schicksal dieser Initiativen liegt außerhalb des zeitlichen Rahmens dieses Beitrages.

Schlußbemerkungen

Bei der Einschätzung der Auswirkungen des Ersten Weltkrieges auf die alteingesessenen Arbeiter im Ruhrgebiet und die neu angekommenen aus dem Königreich Polen treten fast ausschließlich negative Folgen in Erscheinung. Diese vor allem in der rechtlichen Stellung und der materiellen Situation zu beobachtenden Rückschläge sind nicht zu leugnen. Wohl habe ich versucht aufzuzeigen, daß diese Einschnitte in der kriegswichtigen Industrie des Ruhrgebietes etwas geringfügiger ausfielen; freilich waren es aber die geänderte militärische Lage, das Fehlen von Arbeitskräften und eine größere Aktivität der bereits Beschäftigten, die Regierung und Arbeitgeber zwangen, den Arbeitern Zugeständnisse zu machen, wie sie besonders in den letzten beiden Kriegsjahren zu beobachten waren.

Die Erweiterung der traditionellen Fragestellung ermöglichte es aber auch, zahlreiche Veränderungen aufzuzeigen, die während des Krieges in der Arbeiterschicht stattfanden, vor allem hinsichtlich der vielfältigen beruflichen und gesellschaftlichen Aktivitäten. Hauptsächlich ist zu beachten, daß die Arbeiter trotz der Katastrophe des Krieges nicht der Versuchung erlagen, in Passivität und Apathie zu verfallen. Sie bewiesen vielmehr eine hohe Widerstandskraft und waren imstande, negativen Folgen des Krieges entgegenzuwirken. Dies zeigt in erster Linie der Einfallsreichtum, mit dem sie die Existenz ihrer Familien zu sichern verstanden. Viele Frauen, die nun allein für die Familie sorgen mußten, nahmen neue Tätig-

---

47 Ausführlicher über das Dokument vom 5. November und das Entstehen der polnischen Staatsverwaltung vgl. insbesondere: Janusz Pajewski, Odbudowa państwa polskiego 1914–1918, Warszawa 1978.

keiten auf, und die Arbeitslosen aus dem Königreich Polen sowie die polnischen Kriegsgefangenen aus dem russischen Heer entschieden sich trotz der unsicheren Kriegslage, eine Arbeit in Deutschland aufzunehmen, um das wenige verdiente Geld zur Unterstützung ihrer Familien nach Hause schicken zu können. Dies half vielen, den Krieg zu überdauern.

Höchste Anerkennung verdient die Fähigkeit der Migranten, zur Linderung der Kriegsfolgen gemeinsam zu handeln. Die bereits vor dem Kriege entwickelten Organisationsfähigkeiten erlaubten es, ein Netz von Selbsthilfeorganisationen zu knüpfen, die sowohl den notleidenden alten Migranten als auch den neuen, aus dem Königreich Polen kommenden, wirksam Hilfe leisten konnten.

Erwähnenswert ist, daß die karitative Tätigkeit der Exilpolen keinen ausgeprägt elitären Charakter hatte. An der Spitze der karitativen Organisationen standen nicht „große" Persönlichkeiten, sondern Facharbeiter, meist Frauen. Die karitative Tätigkeit der Migranten überschritt die Grenzen der Teilungsmächte und trug zu einer gesamtnationalen Integration bei. Damit legte sie das Fundament für die spätere Zusammenarbeit zwischen dem Polenbund in Deutschland und der Zweiten Polnischen Republik.

Es sei auch hervorgehoben, dass, trotz der schlechteren Behandlung der Migranten, insbesondere derer aus dem Königreich Polen, durch die staatlichen Organe während des Krieges, die vier polnischen und deutschen Gewerkschaften nicht nur die Zusammenarbeit fortsetzten. Vielmehr erfuhr ihre Kooperation eine strukturelle Ausformung, die sich als dauerhaft erweisen sollte.

Letztlich ist festzuhalten, daß die Arbeit der polnischen Kriegsgefangenen und der während des Krieges im Königreich Polen angeworbenen Arbeiter in erheblichem Maße dazu beitrug, die hohe Produktivität des Bergbaus im Ruhrgebiet aufrechtzuerhalten. Die Kohleförderung erreichte 87% des Vorkriegsniveaus, die Brikettherstellung 81% und die Koksherstellung sogar 123,5%.[48] Dies diente dazu, den Bedarf der Bevölkerung zu decken und schuf gut bezahlte Arbeitsplätze, verlängerte aber auch das Überleben der Kriegsmaschinerie des Deutschen Reiches.

Aus dem Polnischen übersetzt von Monika Paluch

---

48 Leinau, Bergarbeiterersatz, S. 108.

Mirosław Piotrowski

Die Polen im Ruhrgebiet in den deutsch-polnischen Beziehungen von 1918 bis 1939[1]

1. Die Bestimmungen des Versailler Vertrages

Der am 28. Juni 1919 unterzeichnete Versailler Vertrag ordnete Europa und die Welt nach dem Ersten Weltkrieg neu. Er regelte unter anderem auch die Frage der Polen, die nach Kriegsende noch auf dem geschrumpften Gebiet des Deutschen Reiches lebten, wie auch der Deutschen, die sich wegen der neuen Grenzziehungen nun auf dem Territorium der Zweiten Polnischen Republik wiederfanden.[2] Innerhalb der neuen deutschen Grenzen blieben zunächst über eine halbe Million Polen, von denen sich nach Schätzungen des polnischen Vizekonsuls in Essen, Leon Barciszewski, etwa 90% im Ruhrgebiet aufhielten. Das vorliegende Referat beschäftigt sich nur mit denjenigen polnischen Auswanderern in Deutschland, hauptsächlich im Ruhrgebiet, die als Optanten und Rückemigranten bezeichnet wurden, also Personen, die nach Polen zurückkehren wollten. Diese Art der „Rückwanderung" regelten die Artikel 91 und 92 des Versailler Vertrages. Sie waren aber auch auf die in Polen lebenden Deutschen anwendbar, die sich in einer ähnlichen Situation befanden. Sowohl Polen als auch Deutschland verzögerten die Umsetzung der Versailler Bestimmungen bezüglich der Umsiedlung der jeweils eigenen Bevölkerung; als Gründe werden zum einen bilaterale und innerstaatliche Schwierigkeiten beider Staaten, zum anderen die Ungenauigkeit dieser Regelungen ins Feld geführt. Dies galt vor allem für den in Polen mit Unmut aufgenommenen Artikel 93 des Vertrages und das mit diesem verknüpfte Abkommen zwischen Polen und den fünf alliierten Großmächten, das nicht ganz treffend als Minderheiten-

---

1   Der vorliegende Aufsatz beruht auf meiner Arbeit: Mirosław Piotrowski, Reemigracja Polaków z Niemiec 1918–1939, Lublin 2000.

2   Vertragstext in: Nouveau Recueil Général de Traités et autres actes relatifs aux rapports de droit international. Continuation du grand recueil de G. Fr. Martens, 3ème série, Bd. 11, Leipzig 1922, S. 324–677; zu Polen S. 400–411, hier: S. 408–411; RGBl 1919, Nr. 140; Der Vertrag von Versailles. Mit Beiträgen von Sebastian Haffner, Gregory Bateson, John M. Keynes u.a., München 1978, S. 182f.

schutzvertrag bezeichnet wird,[3] da einige seiner Bestimmungen die Optanten betrafen. Kontrovers war die Auslegung von Artikel 3 des Minderheitenschutzvertrages, der unter anderem besagte, daß Personen, welche die Option durchgeführt hatten, innerhalb der darauffolgenden zwölf Monate ihren Wohnort in den Staat verlegen mußten, für dessen Staatsangehörigkeit sie sich entschieden hatten, sofern die im Versailler Vertrag getroffenen Regelungen mit Deutschland und Österreich dem nicht entgegenstanden.[4] Eigenartig war, daß der Minderheitenschutzvertrag sich nur auf Polen und sein Verhältnis zu den Verbündeten bezog, wodurch er für Deutschland nicht galt. Überdies suggerierte Artikel 3 des Minderheitenschutzvertrages seinem Wortlaut nach, daß eine im Friedensvertrag enthaltene Vorschrift Vorrang habe. Demnach hätten Polen in Deutschland, die für die polnische Staatsangehörigkeit optierten, das Land verlassen müssen, ein Zwang, der für die Deutschen im neu entstandenen Polen umgekehrt nicht galt.[5]

---

3   Tatsächlich bezog sich nur der erste Teil des Vertrages auf den Schutz der nationalen Minderheiten. Der zweite Teil definierte das Verhältnis des polnischen Staates zu den Alliierten, in dem Polen unter anderem die Meistbegünstigungsklausel eingeräumt wurde. Jerzy Krasuski betont, daß der Vertrag für Polen nicht vorteilhaft war, seine Anerkennung jedoch Bedingung dafür war, daß der Friedensvertrag für Polen in Kraft treten konnte. Der Antrag auf Unterzeichnung und Ratifizierung des Minderheitenschutzvertrages stützte sich auf eine Mehrheit im Gesetzgebenden Sejm. Vgl. Jerzy Krasuski, Stosunki polsko-niemieckie 1919–1925, Poznań 1962, S. 116–122.

4   Minderheitenschutzvertrag im Nouveau Recueil de Traités, 3ème série, Bd. 13, Leipzig 1925, S. 504–511, 505 zur endgültigen Fassung des Art. 3:
     „La Pologne reconnaît comme ressortissants polonais, de plein droit et sans aucune formalité, les ressortissants allemands, autrichiens, hongrois ou russes domiciliés, à la date de la mise en vigueur du présent Traité, sur le territoire qui est ou sera reconnu comme faisant partie de la Pologne, mais sous réserve de toute disposition du Traité de Paix avec l'Allemagne ou l'Autriche, respectivement, relativement aux personnes domiciliées sur ce territoire postérieurement à une date déterminée. Toutefois, les personnes ci-dessus visées, âgées de plus de dix-huit ans, auront la faculté, dans les conditions prévues par lesdits Traités, d'opter pour toute autre nationalité qui leur serait ouverte. L'option du mari entraînera celle de la femme et l'option des parents entraînera celle de leurs enfants âgés de moins de dix-huit ans. Les personnes ayant exercé le droit d'option ci-dessus devront, dans les douze mois qui suivront et à moins de dispositions contraires du Traité de Paix avec l'Allemagne, transporter leur domicile dans l'Etat en faveur duquel elles auront opté. Elles seront libres de conserver les biens immobiliers qu'elles possèdent sur le territoire polonais. Elles pourront emporter leurs biens meubles de toute nature. Il ne leur sera imposé de ce chef aucun droit de sortie."

5   Vgl. Krasuski, Stosunki polsko-niemieckie, S. 244.

Eine mögliche Erklärung hierfür sind die ursprünglich unterschiedlichen französisch- beziehungsweise englischsprachigen Versionen des Vertrages, die der deutschen Delegation in Versailles vorgelegt wurden. Während die französische Textversion zunächst nur eine Kann-Bestimmung enthielt („auront la faculté"), sah der englische Text anfangs eine Verpflichtung vor („must"). Als diese später im Zuge der Vereinheitlichung der Vertragstexte ebenfalls zu einer Kann-Bestimmung umformuliert und das britische „must" zu einem „may" wurde,[6] versetzte dies die Deutschen in die vorteilhafte Position, daß alle polnischen Optanten sogleich zu Ausländern wurden, deren weiteres Aufenthaltsrecht völlig im Ermessen der Behörden lag. Damit konnte jeder als „lästiger Ausländer" abgeschoben oder durch den Entzug des passiven oder aktiven Wahlrechtes vom politischen Leben ausgeschlossen werden. Die Existenz einer solchen Kategorie von Optanten war ein Trumpf in den Händen der deutschen Regierung für den Fall, daß deutsche Staatsbürger aus Polen abgeschoben werden sollten.[7] Bereits 1920 wurde manchen Politikern und Anführern der polnischen Auswanderer in Deutschland, vor allem im Ruhrgebiet, bewußt, wie kompliziert die praktische Durchführung der Options- und Rückwanderungsbestimmungen des Versailler Vertrages war. Da Einzelheiten der Durchführung den beteiligten Staaten anheimgestellt wurden, eröffnete

---

6 Vgl. ebd., S. 245f.; Jan Tarnowski, Nasze przedstawicielstwo polityczne w Paryżu i w Petersburgu 1905–1919, Warszawa 1923, S. 75f.; Kazimierz Kierski, einer der bedeutendsten Kenner dieser Problematik, schrieb im Dziennik Poznański, Nr. 157, 14.7.1922: „Die Verwendung des Ausdruckes auront la faculté sollte entweder als eine gewöhnliche redaktionelle Unachtsamkeit angesehen werden, oder man sollte ihr eine tiefere Bedeutung beimessen. Vielleicht waren die Autoren des Versailler Vertrages [...] davon überzeugt, daß Polen mit allen Mitteln versuchen wird, die Deutschen in Polen zu halten, und daß ihre Ausreise ins Vaterland erschwert wird." Krasuski hat die Zufälligkeit dieser Formulierung auf Grund eines im Archiv des Auswärtigen Amtes gefundenen Memorandums ausgeschlossen, in dem es u.a. hieß: „Man sollte betonen, daß der Ausdruck auront le faculté, welcher im Art. 91 bezüglich Polens benutzt wurde, auf Forderung der polnischen Gesandtschaft verwendet wurde." Vgl. Memoriał Olszowskiego, w sprawie obywatelstwa i opcji datowany Drezno 14 maja 1923 r. AMSZ, Pos. Berlin, W. 91, dawne ozn. Odpis, in: Krasuski, Stosunki polsko-niemieckie, S. 246; Hermann Rauschning, Die Entdeutschung Westpreußens und Posens. Zehn Jahre polnischer Politik, Berlin 1930, S. 114f.

7 Vgl. Archiwum Akt Nowych w Warszawie (Archiv der Neuen Akten in Warschau – im folgenden AAN), Ministerstwo Spraw Wewnętrznych (MSW), Stan faktyczny i prawny spraw opcyjnych, Sign. 1423, Bl. 212–213.

sich ein weites Feld für das diplomatische Spiel zwischen Deutschland und Polen.

2. Die deutsch-polnischen Verhandlungen über die Durchführung von Option und Rückwanderung

Der Versailler Vertrag setzte den Optanten eine zweijährige Frist zur Ausübung der Option, die am 10. Januar 1922 auslief. Diejenigen, die sich für Polen entschieden, sollten Deutschland innerhalb von weiteren zwölf Monaten, also bis zum 10. Januar 1923, verlassen. Ähnliche Regelungen galten für deutsche Optanten in Polen. Da alles weitere den beteiligten Staaten überlassen blieb, begannen unmittelbar nach der Unterzeichnung des Versailler Vertrages deutsch-polnische Verhandlungen in dieser Angelegenheit. Option und Rückwanderung der Polen aus dem Ruhrgebiet und dem gesamten Reich wurden zunächst nicht getrennt behandelt, sondern im Zusammenhang mit den bedeutenderen Verhandlungspunkten zwischen Polen und Deutschland: Am 22. Oktober 1919 wurde der Wirtschaftsvertrag geschlossen und am 9. November das Abkommen über die provisorische Beibehaltung deutscher Beamter in den ehemals preußischen Gebieten. Dafür verzichtete die polnische Regierung auf das Recht, deren Vermögen zu liquidieren, was ihr nach dem Versailler Vertrages zugestanden hätte.[8] Dieser Vertrag bezog sich mittelbar auf die Frage der Remigration, da sich vermuten läßt, daß die polnische Regierung den Wegzug deutscher Fachkräfte befürchtete, weil es ihr selbst an entsprechend qualifiziertem Personal mangelte. Über den Zuzug qualifizierter Polen aus Deutschland wurde dabei noch nicht nachgedacht.[9] Als Anfang 1920 die Frage der Option und der Remigration in den deutsch-polnischen Verhandlungen aufgenommen wurde, nahm Polen eine hinhaltende Position

8 W. Schätzel, Der Wechsel der Staatsangehörigkeit infolge der deutschen Gebietsabtretungen, Berlin 1921, S. 171–177; J.L. Kunz, Die Völkerrechtliche Option, Breslau 1925, S. 246f.; Krasuski, Stosunki polsko-niemieckie, S. 191–195. Die Verhandlung wurde unterbrochen, als im August 1919 der erste Schlesische Aufstand ausbrach.

9 Vgl. Marek Stażewski, Problem pozostania urzedników niemieckich w Wielkopolsce i na Pomorzu w latach 1919–1920, in: Studia Historica Slavo-Germanica 21, 1996, S. 57–79; Przemysław Hauser, Mniejszość niemiecka w województwie pomorskim w latach 1920–1931, Wrocław 1981, S. 21–30; Marian Wojciechowski, Emigracja ludności niemieckiej z województwa pomorskiego w okresie międzywojennym (1920–1939), in: Migracje polityczne i ekonomiczne w krajach nadbałtyckich w XIX i XX w., Toruń 1995, S. 121f.

ein. Aus dem Schriftverkehr der deutschen Diplomaten geht hervor, daß es nicht leicht war, die polnische Seite zu den Verhandlungen zu bewegen. Deutschland wollte die Gespräche zur Lösung der Options- und Rückwanderungsfrage bereits Ende Februar 1920 aufnehmen,[10] wobei die deutsche Delegation unter Leitung Otto Göpperts[11] zwei Prioritäten hatte, nämlich die Regelung der Optionsproblematik und die des „Korridors". Die von Złotowski geführte polnische Delegation verzögerte die Gespräche und formulierte keine eigenen Vorschläge, was die Deutschen in hohem Maße irritierte.[12]

Der von deutscher Seite vorbereitete Vertragsentwurf umfaßte 14 Artikel,[13] die ohne Zweifel vorteilhaft für die deutsche Seite waren, doch immerhin eine Verhandlungsbasis hätten sein können, der die Polen sich aber verweigerten. Die polnische Regierung wollte die Verhandlungen verzögern, um so auch die Fristen für die Ausübung der Option hinauszuschieben. Sie war der Meinung, daß eine rasche Beendigung der Angelegenheit nur zugunsten der Deutschen ausfallen könnte. Bereits um die Jahreswende 1919/1920 bemerkte die polnische Regierung, daß nicht nur Schwierigkeiten im Zusammenhang mit der Aufnahme von Rückwanderern in Polen zu vermeiden waren, sondern daß es politisch durchaus vorteilhaft sein konnte, im Land des „ewigen Feindes" eine polnische Minderheit zu haben. Daher kam es nur zu begrenzten Regelungen dieser Frage.

Es wurde erwartet, daß mit der Vertragsunterzeichnung die Mehrheit der Polen in Deutschland nach Polen zurückkehren würde, wodurch

10 Vgl. Vorsitzender der deutschen Friedensdelegation, Göppert, an das Auswärtige Amt, Paris 22.4.1920, in: Akten zur deutschen auswärtigen Politik (im folgenden ADAP), Serie A: 1918–1925, Bd. 4, Göttingen 1986, S. 201f.; Der Unterstaatssekretär im Auswärtigen Amt, Haniel von Heimhausen, an den Vorsitzenden der deutschen Friedensdelegation Göppert (Paris), Sofort, Berlin, 25.2.1920, in: ebd., S. 82f.

11 Otto Göppert, seit Juli 1919 in der Abteilung F (Frieden) des Auswärtigen Amtes, ab November 1919 Mitglied der deutschen Friedensdelegation in Paris, seit 12.2.1920 Vorsitzender dieser Delegation, seit 11.8.1920 Leiter der Abteilung F (Frieden) im Auswärtigen Amt, in: ADAP, Serie A 1918–1925, Bd. 2, Göttingen 1984, S. 504.

12 Ebd., S. 202.

13 Vgl. AAN, Ambasada RP-Berlin, Entwurf eines deutsch-polnischen Vertrags über die Regelung von Optionsfragen, Sign. 3524, Bl. 214–218. Die Überschrift wurde auf polnisch verfaßt und lautete: „Das deutsche Projekt vom Mai 1921 betreffend den deutsch-polnischen Vertrag in der Frage der Option." Es handelt sich dabei um einen Fehler, denn der Vergleich mit den deutschen Akten zeigt, daß dieser Entwurf nicht im Mai 1920 entstanden ist, sondern mindestens zwei Monate früher. Im Mai befaßte sich jedoch die polnische Seite mit ihm.

erhebliche Schwierigkeiten entstehen könnten. Die Mehrheit der Deutschen in Polen würde hingegen bleiben, wozu sie von der deutschen Regierung ermuntert wurden.[14] Als Folge davon würde sich das Verhältnis zwischen der Protektion Polens über die polnische Minderheit in Deutschland und der Schirmherrschaft Deutschlands über seine eigene Minderheit in Polen drastisch zugunsten der letzteren verschieben. Vor der Entstehung einer solchen Asymmetrie und deren Auswirkungen warnte der polnische Außenminister, der in diesem Vorgehen einen Teil des deutschen Planes sah, einen separaten Vertrag über den Minderheitenschutz abzuschließen. Im Oktober 1920 stellte das Außenministerium in einem Brief an den Ministerpräsidenten fest:

> „[...] in den Verhandlungen mit der deutschen Regierung gilt das Ziel, eine Übereinkunft zu finden, kraft deren beide Regierungen weitgehende Erleichterungen auf der einen Seite für die aus Deutschland auswandernden Polen, auf der anderen Seite für die deutschen Kolonisten, welche das Gebiet Großpolen verlassen, vornehmen würden. [...] Unterdessen fühle ich mich verpflichtet auf die Notwendigkeit der Bewahrung der größten Zurückhaltung gegenüber den rheinischen und westfälischen Kolonien hinzuweisen, auch bei begründeten Forderungen. Denn das Ziel der deutschen Regierung ist es, in der polnischen Regierung die Prädisposition zur gegenseitigen Bürgschaft der Minderheitenrechte auszulösen, wobei Polen eine Protektion von zweifelhaftem Wert über eine relativ kleine Anzahl von zerstreuten Landleuten im Landesinneren erlangen, Deutschland hingegen das Recht zum Schutz über ein vierfach größeres deutsches Element in Polen gewinnen würde, das in Gruppen entlang der vor kurzem verschobenen deutschen Grenze lebt."[15]

Von Mai bis Oktober 1920 versuchte Deutschland, einen Erfolg auf diplomatischem Wege zu erzielen, ohne dabei auf direkten Druck und

---

14 Zu beachten ist, daß deutsche Optanten, neben den Kolonisten, größtenteils seit Generationen in Polen angesiedelt waren, und z.B. die Posener Region und Preußen als ihre Heimat ansahen, die nur vorübergehend in polnischer Hand war. Allein die polnische Regierung zwang sie, diese Gebiete innerhalb der deutschen Grenzen zu verlassen. Der Fall der Polen in Deutschland lag anders, da sie sich ethnisch gesehen auf unstreitig deutschem, also fremdem Boden befanden. Die meisten von ihnen waren immer davon ausgegangen, daß sie eines Tages heimkehren würden.

15 AAN, Prezydium Rady Ministrów (PRM), Memoriał MSZ do Prezydium Rady Ministrów z października 1920 r., sygn 19676/20, Bl. 43f.

Repressalien gegen Polen in Deutschland zu verzichten, so daß letztere die polnische Regierung zu einer schnellen Beschlußfassung drängten. Das Telegramm des Leiters der deutschen Friedensdelegation Göppert an das Auswärtige Amt vom 9. Mai 1920 zeigt, daß die deutsche Seite auf Grund der Weigerung der polnischen Delegation zu verhandeln, inzwischen resigniert hatte und bereit war, Paris zu verlassen. Über Gespräche mit Vertretern der Alliierten versuchten die Deutschen, die Polen zu Verhandlungen zu bewegen, jedoch ohne Erfolg. Die deutsche Gesandtschaft kehrte also unverrichteter Dinge nach Berlin zurück.[16] Die polnische Delegation protestierte hingegen am 15. Mai 1920 bei der Botschafterkonferenz, wobei sie der deutschen Seite die Verzögerung der Verhandlungen und deren Einstellung vorwarf. Jerzy Krasuski, ein Kenner der Problematik, hat die polnische Verhandlungsführung als „chaotisch" bezeichnet.[17] Angesichts des Fiaskos der Pariser Verhandlungen versuchte Deutschland erneut das Problem der Option durch die Vermittlung des Geschäftsträgers Albert Graf von Oberndorff in Warschau aufzugreifen. Am 26. Juni 1920 nahmen die Polen die Verhandlungen auf, wobei sie nach Ansicht von Oberndorffs guten Willen zeigten.[18]

Die Frage der polnischen Minderheit in Deutschland im allgemeinen und im Ruhrgebiet im besonderen, die Option und ihre Durchführung, also die Rückwanderung der Deutschen aus Polen, war mit der Liquidation ihres Besitzes verknüpft. Die deutsche Seite wollte erreichen, daß Polen nach dem Vorbild des deutsch-tschechischen Vertrages von dieser Liquidation Abstand nahm. Die Entschlossenheit der Deutschen, die zum Abschluß des gewünschten Vertrages führte, war nicht auf diplomatische Vorgehensweisen beschränkt. Wie bereits angedeutet, gingen sie gegen polnische Optanten in Deutschland mit planvollen und zielgerichteten Repressalien vor. So sah es auch das polnische Außenministerium, das

---

16 Vgl. Vorsitzender der deutschen Friedensdelegation, Göppert, an das Auswärtige Amt, Telegramm, 11.5.1920, in: ADAP, Serie A: 1918–1925, Bd. 4, S. 238f.; Minister Seydoux versicherte, daß die Verhandlungsunterbrechung nur acht Tage dauern würde. Er legte der deutschen Seite nahe, sich für die Rückkehr nach Paris bereit zu halten.

17 Krasuski, Stosunki polsko-niemieckie, S. 213f., beschreibt die Verhandlungen über die Optionsfrage nicht genau, da er Quellen des Auswärtigen Amtes nicht einbezogen hat.

18 Vgl. Geschäftsträger in Warschau, Graf von Oberndorf, an das Auswärtige Amt, Telegramm, 26.4.1920, in: ADAP, Serie A: 1918–1925, Bd. 4, S. 301.

dem Ministerpräsidenten Wincenty Witos in einem vertraulichen Schreiben vom 13. Oktober 1920 erklärte:

> *„Dem Außenministerium ist nicht entgangen, daß seitens der deutschen Regierung und der Bevölkerung seit einiger Zeit mit ungewöhnlicher Intensität mit Repressalien und Schikanen gegen die polnischen Kolonien vorgegangen wird. Diese Tatsache ist jedoch keinesfalls eine Erscheinung des Hasses auf die polnische Bevölkerung, sie werden vielmehr von der deutschen Regierung vorsätzlich mit eingesetzt, um auf die polnische Regierung in bezug auf die Durchführung des deutsch-polnischen Vertrages Druck auszuüben, als dessen Folge Polen die Protektion über Polen in Deutschland, Deutschland hingegen über Deutsche in Polen erreichen würde."* [19]

Zweifellos war es für Polen nicht rentabel, die Protektion über die zukünftigen Remigranten, also die Polen in Deutschland, zu übernehmen. Bei einem gegenseitigen Vertrag würde die Bilanz vier zu eins zugunsten Deutschlands ausfallen. Alle Quellen belegen den Unwillen der polnischen Regierung, Regelungen mit Deutschland zu vereinbaren, welche die Rückkehr der Polen aus Deutschland erleichtert hätten. Die zweijährige Wirtschaftsblockade, die Deutschland von Juli 1920 bis Juli 1922 gegen Polen errichtete, verschlechterte diese Situation zusätzlich. [20] Andere Quellen zeigen, daß weiterhin deutsch-polnische Gespräche über die Sozialversicherung der Optanten geführt wurden, nach Ansicht des Attachés für Auswanderungsangelegenheiten in Deutschland, Henryk Zieliński, eine Schlüsselfrage, die mit der Zusammenstellung sämtlicher Versicherungsleistungen von der Unfall- und Invaliditäts- über die Alters- bis hin zur Gewerkschaftsversicherung zusammenhing. [21] Am 19. Januar 1921 wurde ein entsprechendes Protokoll unterzeichnet, [22] das die polnische Seite als

---

19 AAN, PRM, Poufne pismo MSZ z dn. 13.X.1920 r. [Nr. 93316/D.19879/III/20.], Sign. 19676/20, Bl. 46. Dieses vertrauliche Schreiben war die Antwort auf die Anfrage des Premiers vom 1.10.1920 bezüglich des Schicksals der polnischen Kolonien in Westfalen und im Rheinland, angeregt durch die auf den 9.10.1920 verlegte Interpellation des Abgeordneten J. Kierczyński im Sejm. Die letzte Seite mit der Unterschrift fehlt.

20 Ausführlicher dazu: Krasuski, Stosunki polsko-niemieckie, S. 220–224; Czesław Łuczak, Od Bismarcka do Hitlera. Polsko-niemieckie stosunki gospodarcze, Poznań 1988, S. 165–168.

21 Ebd., Bl. 304f.

22 Vgl. AAN, Konsulat Generalny RP-Berlin, Memoriał Attaché do spraw wychodźczych w Berlinie z dn. 22.XII.1921 r. Nr.dz.Pofn.108/R.21 (Poufne, Pilne) do MSZ w Warszawie w sprawie opcji i ubezpieczeń społecznych, Sign. 3524, Bl. 303–310.

befriedigend einstufte, was Deutschland wiederum hoffen ließ, auch in den wichtigsten Streitfragen zu einer Übereinkunft zu gelangen. Die Ergebnisse des Plebiszits in Oberschlesien vom 20. März 1921 verzögerten diesen Prozeß nicht,[23] so daß Deutschland die Gespräche mit Polen wieder aufnahm. Aus dem Bericht des Beraters der deutschen Gesandtschaft Friedrich von Keßler an Ministerialdirektor Berendt vom 14. April 1921 ging hervor, daß die Verhandlungen in der Frage der Option bis dahin in „befriedigender Art und Weise" verliefen.[24]

Die Verhandlungen fanden vom 19. bis zum 21. April 1921 in Posen statt und sollten später nach Berlin verlegt werden. Als größte Schwierigkeit erwies sich das Verhältnis von Artikel 278 zu Artikel 91 des Versailler Vertrages.[25] Es ging dabei um die Kernfrage der Verleihung der neuen Staatsangehörigkeit und der Lösung von jeglichen Bindungen an die Staaten der Remigranten, die sie verlassen sollten, das heißt, es ging auch um die Protektion des zweiten Staates über diese Bürger. Die optimistische Haltung der Deutschen mag durch den positiven Eindruck der früheren Mission von Stanisław Wachowiak und der allgemeinen Situation Polens hervorgerufen worden sein, denn Polen war nach der Beendigung des Krieges mit der Sowjetunion darauf aus, seine Lage zu stabilisieren. Vor allem jedoch verpflichteten sich beide Seiten im Abschlußprotokoll, die Verhandlungen über die Option fortzusetzen, wohl wissend, daß die technische Durchsetzung ohne die Zustimmung der Regierungen der beteiligten Staaten

---

23 Vgl. Aufzeichnung über die Wirtschaftspolitik gegenüber Polen, Sofort (Aufzeichnung ohne Unterschrift), Berlin, 1.4.1921, in: ADAP, Serie A: 1918–1925, Bd. 4, S. 458–463.

24 Wirklicher Legationsrat von Keßler (z.Z. Posen) an Ministerialdirektor Behrend, Posen, 14.4.1921, in: ADAP, Serie A: 1918–1925, Bd. 4, S. 498; Dziennik Bydgoski, Nr. 90, 20.4.1921, S. 3: Im Artikel mit dem Titel „In der Frage der Option und der Polen aus Deutschland" wurden die Verhandlungen, welche die Option betrafen, zwischen den Gesandten der polnischen und der deutschen Regierung in Posen als „vorbereitend" bezeichnet.

25 Vgl. ADAP, Serie A: 1918–1925, Bd. 4, S. 498. Brief von Keßlers vom 19.4.1921 (L 562/L 167 418–21). Von Keßler berichtete aus Posen u.a.: „Die hiesigen Verhandlungen sind doch derart schwierig und von weittragender Bedeutung, daß wir so lange Zeit als möglich auf sie verwenden wollen, um wenigstens die Auffassung beider Parteien in allen Fragen zu klären. Wir werden deshalb noch am Donnerstag [21. April] hier bleiben und voraussichtlich im Laufe des Freitag in Berlin wieder eintreffen; jedenfalls soll die Sitzung am Sonnabend vormittags, wie beantragt, stattfinden. Wir hoffen, mit einem fertigen Entwurf, in dem in vielen Punkten schon Einigung erzielt ist, nach Berlin zurückzukehren."

nicht möglich wäre.[26] Um so überraschender war die Entscheidung des zu dieser Zeit von Konstanty Skirmut geleiteten[27] polnischen Außenministeriums vom 28. Oktober 1921, alle konsularischen Vertretungen Polens in Deutschland anzuweisen, die Option ohne Rücksicht auf die deutschpolnischen Verhandlungen sofort durchzuführen. Gegen diese plötzliche und unerwartete Entscheidung protestierte der polnische Generalkonsul in Berlin, W.J. Madeyski. Er schickte Konsul Barciszewski und Auswanderungsattaché Zieliński mit einem Schreiben nach Warschau,[28] das darauf hinwies, daß die polnischen Konsulate in keiner Weise darauf vorbereitet seien, die Option durchzuführen, insbesondere wenn es dabei zu Massenentlassungen der Optanten aus ihren Arbeitsverhältnissen oder ähnlichem kommen sollte.[29] Vor allem jedoch betonte Madeyski die zu erwartenden negativen Auswirkungen dieser Illoyalität gegenüber Deutschland, das davon ausging, daß die Gespräche in dieser Frage fortgesetzt würden, und die Verschlechterung der Verhandlungsposition, die sich daraus für die polnische Delegation in anderen Fragen unweigerlich ergeben würde. Der Generalkonsul rechnete mit endlosen Auseinandersetzungen um Paßangelegenheiten, Steuerfragen, den Warenexport und dergleichen mehr. Er ging davon aus, daß Deutschland fortan einen harten Kurs einschlagen würde.[30] Da die deutsch-polnischen Verhandlungen um Oberschlesien begonnen hatten, schlug Madeyski vor, die in der oberschlesischen Kommission beschlossenen Optionsregelungen auf das ganze Deutsche Reich zu übertragen.[31]

Als wichtigsten Kritikpunkt im Hinblick auf die vorschnelle Entscheidung des Außenministeriums sah Auswanderungsattaché Zieliński,

---

26 Vgl. AAN, Konsulat Generalny RP-Berlin, Sign. 3524, Bl. 285: Raport Konsulatu Jeneralnego RP w Berlinie do MSZ w Warszawie, Berlin, 4.11.1921.

27 Konstanty Skirmut (1866–1951), Politiker und Diplomat. Vom 11.6.1921 bis zum 6.6.1922 war er Außenminister der Republik Polen. Es wurde ihm vorgeworfen, in dieser Zeit dem Druck der Endecja, vor allem in personellen Fragen, nachgegeben zu haben. 1923–1924 Vertreter der polnischen Regierung im Völkerbund. Ab 1922 Abgeordneter, dann 1929–1934 Botschafter der RP in London. Ab 1934 zog er sich aus der Politik zurück; vgl. Janusz Faryś, Konstanty Skirmut, in: Ministrowie spraw zagranicznych (1919–1939), hg. von J. Pajewski, Szczecin 1992, S. 81–90; Kto był kim w Drugiej Rzeczypospolitej, hg. von J. Majchrowski, Warszawa 1994, S. 111f.

28 Vgl. AAN, Konsulat Generalny RP-Berlin, Sign. 3524, Bl. 284: Raport.

29 Vgl. ebd., Bl. 284–287.

30 Vgl. ebd., Bl. 288.

31 Ebd., Bl. 285.

daß der Mehrheit der Optanten wahrscheinlich Versicherungsleistungen abhanden kommen würden, die der Vertrag vom 19. Januar 1921 garantierte.[32] Im Grunde war damit die Angelegenheit der Option und der damit verbundenen Rückwanderung für die polnischen Emigranten vor allem eine versicherungstechnische Frage. In einem Sondermemorandum bemerkte Zieliński: „Für jeden Auswanderer und seine Familie hat die Rückkehr ins Land nur dann einen Sinn, wenn dies nicht den Verlust seiner Rente bedeutet, wofür er einen Anteil seines Gehaltes abgegeben hat." Man wies ferner darauf hin, daß die Konzeption, die sich auf den Austausch von Option gegen Einbürgerung stützte, den wirtschaftlichen und sozialen Ruin der zukünftigen Rückwanderer bedeuten würde.[33] Der neue Außenminister Skirmut wollte seine Entscheidung jedoch nicht rückgängig machen.

Die deutsche wie die polnische Seite trafen ihre Regelungen jeweils einseitig und voneinander unabhängig. So mußten die Rückwanderer, um künftig Mißverständnisse zu vermeiden, die Option sowohl nach den deutschen als auch nach den polnischen Vorschriften abgeben. Dies waren die ersten Anzeichen ernsthafter Auseinandersetzungen. Die diplomatischen Reibereien wirkten sich unmittelbar auf die polnischen Auswanderer aus, vor allem im Ruhrgebiet. Deren Lage war insbesondere während des Plebiszits in Oberschlesien, Ermland und Masuren ausgesprochen schwierig. Die angeheizte Stimmung illustriert eine Resolution, die am 22. August 1920 in Herne auf einer öffentlichen Versammlung „Reichstreuer Ostmarken-Deutscher Oberschlesier" mit rund 8.000 Teilnehmern verfaßt wurde. Diese forderte unter anderem die Ausweisung sämtlicher polnischer Agitatoren und Mitglieder der polnischen Sokół-Vereine, aller nach der Revolution eingewanderter Polen, jener Polen, deren Familien bereits nach Polen ausgewandert waren und aller Polen, die nach dem Krieg nach Polen ausgewandert, inzwischen aber wieder zurückgekommen waren. Außerdem sollten alle polnischen Bank- und Sparkassenguthaben beschlagnahmt werden, um sie gegen entsprechende deutsche Guthaben in Polen auszutauschen und schließlich sämtliche Firmenschilder in polnischer Sprache entfernt werden. Von der Regierung des Deutschen Reiches verlangte die

---

32 Vgl. AAN, Konsulat Generalny RP-Berlin, Sign. 3524, Bl. 303–310: Memoriał Attaché do spraw wychodźczych w Berlinie, 22.12.1921.
33 Ebd., Bl. 308.

Resolution, alle polnischen Versammlungen polizeilich zu kontrollieren und alle polnischen Zeitungen und Schriften zu zensieren.[34]

Jede Resolution begann mit der Forderung nach der Ausweisung aller Polen aus Deutschland, die für den Anschluß Oberschlesiens an Polen agitierten. Die Polizei im Ruhrgebiet duldete die ständige Gewaltanwendung gegen die polnische Bevölkerung, ohne etwas zu unternehmen. Auf der anderen Seite kam es im Juni 1921 zum Aufruhr in Bromberg und zu „Deutschenpogromen".

3. Die Durchführung der Option

Außenminister Skirmuts Anweisung vom 28. Oktober 1921 über die sofortige Durchführung der Option überraschte die polnischen Diplomaten in Deutschland, weil diese schon seit längerem signalisiert hatten, daß es vielmehr notwendig sei, eine Verschiebung der endgültigen Frist für die Abgabe der Optionserklärung auszuhandeln. Es blieb nur wenig Zeit, da die Frist am 10. Januar 1922 ablief, und die Option nur Personen abgeben durften und sollten, die definitiv bis zum 10. Januar 1923 das Deutsche Reich in Richtung Polen verlassen konnten. Ein Problem stellte nicht nur die administrative Ineffizienz der polnischen Konsulate dar, sondern auch die unterschiedlichen Optionsvorschriften der polnischen und deutschen Seite. Polnische Diplomaten gingen davon aus, daß polnische Rückwanderer ihre Option nur in einem polnischen Konsulat abgeben durften, ohne dies der deutschen Seite mitteilen zu müssen. Über die Änderung der Staatsangehörigkeit sollten die deutschen Behörden von den polnischen diplomatischen Stellen informiert werden.[35] Die Informations- und Propagandaaktivitäten im Zusammenhang mit der Option wurden im Dezember 1921 intensiviert. Im Ruhrgebiet fanden Versammlungen statt, auf denen praktische Fragen zum Optionsverfahren geklärt wurden. In den ersten Dezembertagen gab es in Bochum eine große Versammlung der Vertreter des Ausführungskomitees, zu der alle Vorsitzenden der lokalen Gruppierungen aus ganz Westfalen und dem Ruhrgebiet – über 180 Per-

34 Hauptstaatsarchiv Düsseldorf (HSAD), Reg. Düsseldorf, Sign. 16021, Bl. 99, 395–396.; vgl. Christoph Kleßmann, Polnische Bergarbeiter im Ruhrgebiet 1870–1945. Soziale Integration und nationale Subkultur einer Minderheit in der deutschen Industriegesellschaft, Göttingen 1978, S. 154, 245f.

35 Vgl. Staatsarchiv Münster (im folgenden STAM), Reg. Arnsberg, Sign. 14054: Sprawozdanie z zebrania Polaków w Röhlinghausen, 18.12.1921.

sonen – mit dem Vorsitzenden St. Kunca anreisten. Man warnte vor einer voreiligen Rückwanderung. Einer der Referenten, F. Kołpacki aus Recklinghausen, empfahl, sich zuerst um eine Arbeitsstelle und eine Unterkunft in Polen zu bemühen und dann erst endgültig abzureisen.[36]

Unruhe erzeugte verständlicherweise der nicht erfolgte Abschluß der im Versailler Vertrag vorgesehenen deutsch-polnischen Konvention über die Option. „Den Abschluß der Konvention", schrieb die Posener *Prawda* (Die Wahrheit), „erwartete die Emigration wie eine Erlösung aus der Qual der Ungewißheit, während dessen haben sich die Verhandlungen nach kurzer Zeit in einem toten Punkt festgefahren." Das deutsche Ausländerrecht ließ die Ausweisung eines jeden Ausländers zu. Aus den Ausführungsvorschriften zu Art. 91 des Versailler Vertrags konnte man den Schluß ziehen, daß die deutsche Seite zukünftig nur eine Option als gültig ansehen konnte, die vor der deutschen Regierung abgelegt wurde, andere Optanten hingegen durfte sie als Ausländer betrachten.[37] Daher appellierte die *Prawda* noch einige Tage vor Ablauf der Frist für die Option an die polnischen Behörden „diesem Durcheinander in der Frage der Option ein Ende zu machen, und sofort eine klare Rechtslage für die Polen in Deutschland zu schaffen, damit sie sicher wissen, ob sie nun die Option abgeben sollen oder nicht und was sie gegebenenfalls erwartet".[38] Im Endeffekt sprachen sich bei der in Deutschland durchgeführten Option der polnischen Bevölkerung bis zum 10. Januar 1922 insgesamt 14.500 Familienväter für Polen aus, davon

36 Vgl. Wiarus Polski (Bochum), Nr. 282, 7.12.1921; Narodowiec (Herne), Nr. 282 u. 283, 7.–8.12.1921; Gesamtüberblick über die Polnische Presse, Nr. 198, 13.12.1921, S. 1321f.
37 Prawda, Nr. 274, 23.12.1921, S. 1: „Es gäbe keine Schwierigkeiten, wenn in Polen nicht so ein Mangel an Wohnungen herrschte, und wenn jeder Ankömmling aus der Fremde die Sicherheit haben würde, nicht ohne Arbeit und somit ohne Brot zu sein. Die Frage hätte sich dann von selbst erledigt, denn mit wenigen Ausnahmen nähme die gesamte Emigration die polnische Staatsbürgerschaft an, und würde ins Vaterland zurückkehren. Aus den erwähnten Gründen ist die Annahme einer der Staatsbürgerschaften für die Auswanderer ein Dilemma und stellt eine wichtige Entscheidung für ihr Leben dar. Denn keiner ist sicher, ob er nach der Abgabe der Option bis zum 10. Januar 1922 auch bis zum 10. Januar 1923 nach Polen wird ziehen können, und ob man dort eine Wohnung und Arbeit finden wird. Durch die Abgabe der Option kommt er in die Gefahr, daß er nach dem 10. Januar 1923 in Deutschland bleiben muß. Und wer wird ihm garantieren, in Anbetracht der fehlenden vertraglichen Garantie, daß Deutschland nicht aus irgendwelchen berechtigten oder unberechtigten Gründen das Ausländergesetz anwenden wird?"
38 Ebd.

im Ruhrgebiet etwa 10.000. Auf die polnische Staatsbürgerschaft verzichteten ca. 55.000 Familienväter, davon 5.000 im Ruhrgebiet.[39]

Ein erheblicher Teil der polnischen Emigranten, insbesondere die Bergleute, entschieden sich, nach Frankreich und Belgien auszuwandern, da sie dort bessere Löhne in Aussicht hatten, während in Polen Arbeitslosigkeit und Überteuerung herrschten.[40] Die Entscheidung für die Ausreise verstärkte die unaufhörlichen Schikanen gegen Polen in Deutschland, die Organisationen wie der „Verein zur Bekämpfung der Polen" durchführten. Bereits in der zweiten Jahreshälfte 1922 änderte sich die Haltung gegenüber den Polen seitens der rheinisch-westfälischen industriellen Kreise spürbar. Da polnische Spezialisten massenhaft auswanderten und Kohleförderung und Produktion zusammenzubrechen drohten, verurteilten sie das Vorgehen ihrer Landsleute. Die Polen bezeichneten sie wiederum als „wertvollste und beste Arbeitskraft", die sie „um jeden Preis behalten"[41] wollten. Dies macht deutlich, daß es auch in Deutschland schwierig war, eine einheitli-

---

39 Vgl. AAN, Ambasada RP-Berlin, Sign. 3527, Bl. 29.

40 Vgl. Geheimes Staatsarchiv Preußischer Kulturbesitz Berlin-Dahlem (im folgenden GStPK), Preußisches Innenministerium, Deutsch-polnische Angelegenheit, Bericht über den Stand der Polenbewegung im Westen Deutschlands in der Zeit von 16. September 1922 bis 15. September 1923, Münster 1.11.1923 r. (Abschrift), Rep. 77, Tit. 856, Nr. 331, Bl. 250, 272–276; AAN, PRM, Sign. 6642/22, Bl. 2f.; Über die Emigration nach Frankreich schreibt Kleßmann, Polnische Bergarbeiter, S. 161–168; H. Janowska, Polska emigracja zarobkowa we Francji 1919–1939, Warszawa 1964, S. 106–143; H. Janowska, Emigracja zarobkowa z Polski 1918–1939, Warszawa 1981, S. 162–182; Wychodźca, Nr. 5, 4.2.1923; Nr. 6, 11.2.1923.

41 Kurjer Poznański, Nr. 135, 15.6.1922, S. 6: „In den polnischen Kolonien in Lothringen tauchen deutsche Agenten auf und verteilen Flugblätter mit dem Aufruf zur Rückkehr nach Deutschland. Im Vergleich mit der unzumutbaren Situation in Preußen genießt der Arbeiter in Frankreich jedoch Freizügigkeit."; Prawda, Nr. 712, 25.3.1924, S. 2. Die durch die deutschen Industriellen unternommene Aktion brachte nicht die erwarteten Ergebnisse, die Anzahl der Polen im Ruhrgebiet sank weiter. Nach Angaben vom Ende Februar 1924 waren es 45.114 Personen, und zwar polnische Staatsbürger und Polen mit deutscher Staatsbürgerschaft. Gezählt wurden wahrscheinlich nur Männer, denn laut Narodowiec, Nr. 176, 1.8.1924 gab es in Westfalen und im Ruhrgebiet insgesamt ca. 250.000 Polen. Das Reich verließen auch massenweise Deutsche, und im Laufe der Zeit wurde diese Erscheinung noch größer. 1919 verließen 3.000 Deutsche das Reich, 1920 – 10.000, 1921 – 25.000, 1922 – 37.000, 1923 – 40.000, für 1924 wurde ein weiterer Anstieg erwartet. Es war eine beunruhigende Entwicklung in Deutschland, denn die Emigration aus dem Jahre 1923 stellte 20% des gesamten natürlichen Zuwachses dar. Die deutsche Auswanderung in den Jahren 1900–1914 betrug durchschnittlich 4% des natürlichen Zuwachses. Vgl. Kurjer Poznański, Nr. 95, 23.4.1924: Widmo emigracji w Niemczech, S. 4.

che Politik bezüglich der polnischen Auswanderung zu wahren. Die Polen aus dem Ruhrgebiet waren auch für die Franzosen sehr wertvoll, die einen Teil des Deutschen Reiches besetzt hatten. Sie brauchten loyale Beamte, die Deutsch und Polnisch konnten. Glaubt man dem auflagenstarken deutschen Presseorgan *Germania*, das sich auf glaubwürdige Quellen berief, so bemühte sich die französische Regierung im November 1922 in Warschau, Polen für „Spezialaufgaben" in den Behörden des besetzten Rheinlandes anzuwerben. Außer den erwähnten sprachlichen Qualifikationen sollten sie zudem „die Deutschen und Deutschland hassen".[42] Ungeachtet des Wahrheitsgehaltes dieser Informationen prägten andere Zeitungen das politische Klima nachhaltig und steigerten die negativen Emotionen gegenüber den polnischen Auswanderern in Deutschland.

Große Gruppen von Optanten kamen weiterhin nach Polen, doch ist festzuhalten, daß die Emigration nicht am Stichtag des 10. Januar 1923 endete, sondern ab diesem Datum vielmehr erst richtig einsetzte. Da beide Seiten die Optantenlisten für sich behielten, war unklar, wie viele Personen noch zurückkehren wollten. Ohne konkrete Angaben war es für die deutschen Behörden schwierig, Personen offiziell des Landes zu verweisen, obwohl sie dies nicht als grundsätzliche Einschränkung ansahen.[43]

Die Lage in Polen und Deutschland war jedoch nicht vergleichbar. Die deutschen Optanten erlitten Verluste vor allem wegen der schnell steigenden Inflation. Das durch den Verkauf von Maschinen und Geräten in Polen eingenommene Geld, das für den Umzug notwendig war, wurde so fast wertlos.[44] Für die Polen war das gravierendste Problem der Wohnungs- und Arbeitsmangel in der Heimat. Dies hätte die Liquidierung deutschen Eigentums und die Einquartierung polnischer Optanten

---

42 GStPK, Rep. 77, Sign. 329, Bl. 23–24: Polenbewegung im rheinisch-westf. Industriegebiete; Wiarus Polski (Bochum), Nr. 263, 14.11.1922: Polnische Beamte für das Ruhrgebiet? (Übers. ins Dt.).

43 Kurjer Poznański, Nr. 137, 18.6.1922: Polacy w Niemczech. Prześladowania robotników polskich, S. 4f.; solch ein Beispiel ist das Schicksal von Franciszek Ponitka, den der Vorstand der Lokomotivenfabrik AEG in Hennigsdorf entließ, und als Grund klar die Deklaration des Polentums und die Option angab. Ähnliches wiederfuhr auch Josef Kuchnitzki, einem Arbeiter aus der Braunkohlezeche im Kreis Magdeburg, und vielen anderen.

44 Die deutschen Optanten sagten sogar selbst, daß dieser Verkauf in Wirklichkeit ein Geschenk für die Polen sei; ebd.; vgl. S. Kowal, Zewnętrzne uwarunkowania stabilizacji waluty w Polsce w latach 1924–1927, in: Od Grabskiego do Balcerowicza. Systemy pieniężne w gospodarce polskiej, Poznań 1997, S. 99–109.

in zuvor von Deutschen bewohnten Häusern beheben können, was auch immer häufiger gefordert wurde und was die Artikel 92, 256 und 297 des Versailler Vertrages auch zugelassen hätten.[45] Die Liquidation sollte auch eine Vergeltungsmaßnahme gegen die Deutschen sein, die Ende 1922 und Anfang 1923 inzwischen offen mit massiven Diskriminierungen und politischen Schikanen gegen polnische Arbeiter vorzugehen begannen, indem diese in Cottbus, Gielau, Osternberg, Mecklenburg und anderen Lagern interniert oder des Landes verwiesen wurden.[46] Im Januar 1923 richteten die Deutschen einen Aufruf an die in den Grenzgebieten lebenden Polen: „Verfluchte Pollacken! In 14 Tagen raus nach Polen, sonst werden wir Euch rausschmeißen".[47] Dies war durchaus ernst gemeint. Die Erbitterung der Deutschen zeigte sich in häufigen Schießereien und an Polen verübten Morden.[48] Die deutsche Seite unternahm diese drastischen Schritte wegen des im Januar 1923 erfolgten Abbruchs der Rückwanderertransporte, der fortgesetzten Liquidation deutschen Besitzes durch Polen und nicht zuletzt wegen der Sackgasse, aus der die Diplomaten trotz Verhandlungen nicht herausfanden. Im Gegenzug wurden fünfzig in Bromberg eintreffende polnische Rückwanderer brutal zum Verlassen Deutschlands gezwungen, die ohne Lebensmittel, Arbeit und Unterkunft zu Bettlern wurden.[49]

Polnische diplomatische Vertretungen standen in Kontakt mit Deutschland und versuchten, die Ausweisungen zu verhindern. Am 31. Januar kam der Stellvertreter des Auswanderungsattachés in Berlin, Ziętkiewicz, ins Auswärtige Amt und informierte über die Gründe für den Abbruch der Aktion. Am 6. Februar protestierte Generalkonsul Madeyski bei Staats-

---

45 Mehr dazu bei: Z. Szczawiński, Likwidacja majątków niemieckich w Polsce, Warszawa 1923, S. 1–23; S. Hulanicki, Likwidacja własności obywateli niemieckich, in: Strażnica Zachodnia 5–6, 1922, S. 78–80; O wydalenie Niemców optantów – rezolucja Towarzystwa Prawniczo-Ekonomicznego w Poznaniu i ZOKZ do Rządu, Sejmu i Senatu, in: Strażnica Zachodnia 6, 1923, S. 345; H. Rauschning, Die Entdeutschung, S. 127–157; K. Kierski, Stanowisko nasze wobec Niemców. Kilka uwag z powodu książki H. Rauschninga: „Die Entdeutschung Westpreussens und Posens" (Berlin 1930), Poznań 1930, S. 1–25; Krasuski, Stosunki polsko-niemieckie, S. 263–266.

46 Vgl. AAN, PRM, Sign. 10566/23, Bl. 3–7: Interpelacja posła Herza i Kol., 9.6.1923, w sprawie gwałtownego wypędzenia zagranicę robotników polskich w Niemczech.

47 Gazeta Olsztyńska, Nr. 20, 16.1.1923; siehe: Gesamtüberblick über die polnische Presse, Nr. 14, 1.2.1923.

48 Vgl. Gazeta Olsztyńska, Nr. 5, 9.1.1923; siehe: Gesamtüberblick über die polnische Presse, Nr. 6, 13.1.1923.

49 Vgl. GStPK, Rep. 77, Sign. 266, Bl. 3–4.: Briefe von Dr. Carl Georg Bruns, 12.2.1923 und 22.2.1923 an das Preußische Innenministerium.

sekretär Ago Freiherr von Maltzan, und die polnische Gesandtschaft in Berlin sandte in dieser Angelegenheit im Februar und März 1923 vier umfangreiche Schriftstücke an das Auswärtige Amt. Im April 1923 sprach der Geschäftsträger Jankowski dort zweimal persönlich vor.[50] Die deutschen Antworten waren ausweichend und unzureichend, darum griff man zu Vergeltungsmaßnahmen. Der polnische Außenminister wandte sich an das Innenministerium; die Behörden sollten mit der Ausweisung deutscher Staatsbürger aus Polen beginnen. Zunächst wurden zwölf Pastoren aus ehemals preußischem Gebiet verwiesen. Es war eine sehr zielgerichtete Handlung, denn evangelische Pastoren waren schon seit längerem aus Angst vor der Zerschlagung der protestantischen Kirchen in der Wartheregion darum bemüht, die deutschen Rückwanderungswilligen davon abzuhalten, ihre Option auszuüben. Die Ausweisung der Pastoren war eine spürbare Repressalie, die ihre Wirkung nicht verfehlte: Deutschland änderte sein Vorgehen und begann sogar, polnische Arbeiter in die Freiheit zu entlassen.[51]

4. Die Genfer Konvention über Oberschlesien vom 15. Mai 1922

Nach dem Plebiszit und den Aufständen in Oberschlesien trug der Völkerbund Deutschland und Polen auf, hinsichtlich der Teilung des Gebietes zu einer Übereinkunft zu gelangen. In den Gesprächen, die der ehemalige schweizerische Präsident Felix Calonder leitete, wurde Polen von Minister Kazimierz Olszowski[52] und Deutschland vom ehemaligen Reichsminister

50 Vgl. AAN, PRM, Sign. 10566/23, Bl. 11–13: Odpowiedź Ministra Spraw Zagranicznych M. Seydy na interpelację posła Herza.

51 Vgl. ebd., Bl. 12f.; Prawda, Nr. 10, 13.1.1922: Synod ewangelicki a opcja, S. 2. Die protestantische Synode veröffentlichte folgenden Aufruf: „Wandert nicht ziellos und ohne Plan in die alte Heimat, fern von unserer teuren Kirche, sonst werdet ihr es eines Tages bereuen"; Deutsche Rundschau, Nr. 296, 1922; D. Matelski, Niemcy w Polsce w XX wieku, Poznań 1999, S. 56–60.

52 Zygmunt Kazimierz Olszowski (1865–1933), Jurist und Diplomat; Mitglied der Wirtschaftsdelegation beim Polnischen Nationalkomitee (KNP) in Paris, Berater der polnischen Gesandtschaft und Gesandter Polens in der Entschädigungskommission bei den Friedensverhandlungen in Paris. 1919 Mitglied der polnischen Gesandtschaft während der Berliner Verhandlungen über die deutsch-polnischen Beziehungen. Am 25. Oktober 1921 ernannt zum bevollmächtigten Minister zur Empfangnahme der oberschlesischen Gebiete, die Polen zugesprochen wurden. 1923–1928 polnischer Gesandter in Berlin, 1928–1933 in der Türkei, vgl. Historia Dyplomacji Polskiej

Eugenius Schiffer vertreten. Nach langen Verhandlungen unterzeichneten beide Seiten am 15. Mai 1922 in Genf eine Konvention, welche die Übernahme der Verwaltung durch Polen in dem ihm zugesprochenen Teil ermöglichte, was im Frühsommer 1922 auch geschah.[53] Die Konvention, die am 15. Juli in Kraft trat, beinhaltete auch Artikel, die Fragen der Option und der Regelung der Staatsbürgerschaft in Oberschlesien betrafen. Der Art. 27 § 1 bezog sich auf Polen, die im deutschen Teil des Plebiszitgebietes wohnten, Art. 27 § 2 war auf Polen mit deutscher Staatsbürgerschaft und Wohnsitz im Reichsinneren anwendbar, wenn sie selbst oder ihre Eltern dort geboren worden waren. Obwohl Art. 91, Punkt 10 des Versailler Vertrages als Ausgangspunkt galt, unterschieden sich die oberschlesischen Regelungen der Option doch etwas von den dort getroffenen Bestimmungen. Zwar verlegte die Konvention über Oberschlesien die Frist für die Ausübung der Option auf den 15. Juli 1924 und sah die Möglichkeit vor, die einmal getroffene Entscheidung wieder rückgängig zu machen.[54] Letzteres galt jedoch nur für aus Oberschlesien stammende polnische Bergleute und Arbeiter im Rheinland, während Polen aus Posen und Umgebung dies verwehrt blieb. Polen im Sinne der Konvention waren auch deutsche Staatsbürger, die bis zum 1. August 1921 durch ihr Verhalten gezeigt hatten, daß sie sich dem Polentum zugehörig fühlten.[55] Obgleich die oberschlesische Option in geringem Maße den Aspekt der polnischen Rückwanderer aus Deutschland betraf, bestand noch immer das Problem der Rückkehr mehrerer tausend Oberschlesier, vor allem aus dem Ruhrgebiet.

1918–1939, Bd. 4, hg. von P. Łossowski, Warszawa 1995, S. 21–641; Dokumenty z dziejów polskiej polityki zagranicznej, S. 209.

53 Vgl. Nouveau Recueil Général de Traités, 3ème série, t. 16, Leipzig 1926, S. 645–874; Dziennik Ustaw RP, Nr. 44, 1922, poz. 371 z załącznikiem; Walter Schätzel, Der Wechsel der Staatsangehörigkeit infolge der deutschen Gebietsabtretungen. Nachtrag, Berlin 1922, S. 118–135 (enthält den Konventionstext in deutscher Sprache); Kunz, Völkerrechtliche Option, S. 270–272; Vgl. Politisches Archiv des Auswärtigen Amtes, Berlin (im folgenden PA AA), Po IV, Sign. 82865: Oberschlesien Option, Entwurf einer Verordnung zur Ausführung des deutsch-polnischen Staatsangehörigkeitsabkommens für Oberschlesien; ebd. Sign. 82765, Lektorat Polen – Tagesbericht über die polnische Presse, Berlin, 29.2.1924.

54 Vgl. Dziennik Ustaw RP, Nr. 44, 1922, Pos. 371; Ministerial-Blatt für Preußische innere Verwaltung, Nr. 24, 16.5.1924, S. 523–541; D. Matelski, Niemcy w Polsce w XX wieku, Poznań 1999, S. 52f.

55 Vgl. AAN, Konsulat Generalny RP – Królewiec, Sign. 13, Bl. 4.

5. Die Wiener Konvention vom 30. August 1924

Nach der Durchführung der Option im Januar 1922 waren Polen und Deutschland gezwungen, die Verhandlungen wieder aufzunehmen. Die meisten Kontroversen gab es in der noch immer nicht geregelten grundlegenden Frage, wer deutscher und wer polnischer Staatsbürger wurde. Strittig waren ihre rechtliche Einordnung, steuerrechtliche Fragen im Zusammenhang mit den Optanten, die Bekanntgabe der Optantenlisten sowie die Wahrung der Rentenansprüche und Fragen des Wehrdienstes. Angestrebt wurde auch die Fixierung eines endgültigen Ausreisedatums für die Optanten. Deutschland war bemüht, die Auswirkungen der Eigentumsliquidierungen abzumildern. Die Frage der Staatsangehörigkeit und der Option behandelten erst die deutsch-polnischen Verhandlungen in Warschau vom 15. bis zum 20. Juli 1922.[56] Bevollmächtigt waren Minister Kazimierz Olszowski auf polnischer und Edler von Stockhammern auf deutscher Seite. Das veröffentlichte Kommuniqué über die erreichte Übereinkunft hatte mit der Wirklichkeit wenig gemein. Die ganze Zeit über betrachteten und interpretierten beide Seiten die Artikel drei bis fünf des Minderheitenschutzvertrages in Verbindung mit Artikel 91 des Versailler Vertrages über die Staatsangehörigkeit und Option. Die deutschen Gesandten hoben hervor, daß Polen diese Bestimmungen in „restriktiver Stimmung" betrachtete.[57] Sie schoben die Verantwortung für die nicht zustande gekommene Einigung vollständig auf Polen, und wiesen darauf hin, daß ähnliche Fragen mit der Tschechoslowakei und Dänemark bereits seit Juni 1920 beziehungsweise April 1922 geregelt worden waren.[58] In der Tat verzögerte die polnische Diplomatie mit Absicht die Unterzeichnung der Konvention, weil die bisherigen Regelungen zu Staatsangehörigkeit

---

56 Vgl. Krasuski, Stosunki polsko-niemieckie, S. 231, 238.
57 Ministerialdirektor von Schubert an den britischen Botschafter in Berlin Lord d'Abernon (Abschrift), Berlin, 21.3.1924, in: ADAP, Serie A, Bd. 9, Göttingen 1991, S. 574.
58 Vgl. ebd., S. 575; Der Staatsangehörigkeitsvertrag zwischen dem Deutschen Reich und der Tschechoslowakei vom 29. Juni 1920, in: Nouveau Recueil Général, 3ème série, t. 13, S. 598ff.; Der Vertrag zwischen Deutschland und Dänemark betr. die Regelung der durch den Übergang der Staatshoheit in Deutschland in Nordschleswig auf Dänemark entstandenen Fragen vom 10. April 1922, in: Nouveau Recueil Général, 3ème série, t. 15, S. 143ff.

und Option polnischen Interessen eher entgegenstanden.[59] Dies bestätigte 1923 Außenminister Marian Seyda, der den Grund für die Ausweisungen und Repressalien gegen die polnischen Optanten in Deutschland kannte. Deren Ziel war es, die polnische Regierung zur formellen Übereinkunft in dieser Frage zu bewegen. Seyda schrieb diesbezüglich: „Der Abschluß solch eines Vertrages ist natürlich im deutschen Interesse, nicht im polnischen." Auf dem Altar des Vaterlandes wurde das Schicksal des ärmsten Teiles der polnischen Auswanderer geopfert, die ihre Option ausgeübt hatten und nicht nach Polen zurückkehren durften. Trotz allem war Polen an der Regelung der wirtschaftlichen Fragen mit Deutschland und der damit zusammenhängenden Klärung der Steuerfragen hinsichtlich der zurückkehrenden Optanten gelegen. Ab September 1922 begannen die Verhandlungen in Dresden. Leiter der polnischen Gesandtschaft war Olszowski, von Stockhammern führte die Deutschen. Im Dezember 1922 wurde in der Unterkommission zur Options- und Staatsangehörigkeitsfrage lediglich geklärt, worüber Uneinigkeit bestand. Vor allem Artikel 4 des Minderheitenschutzvertrages, der den Erwerb der polnischen Staatsbürgerschaft durch Geburt regelte, der Wechsel des Wohnortes, die Auslegung von Artikel 278 des Versailler Vertrages, sowie das Wohnrecht der Optanten im jeweiligen Land nach Ablauf der festgelegten Rückwanderungsfrist wurden verhandelt.[60]

Der Vorsitzende der deutschen Delegation vermutete optimistisch, daß eine rasche Übereinkunft möglich sei.[61] Die Polen lehnten hartnäckig die

---

59 AAN, PRM, Sign. 10566/23, Bl. 13: Odpowiedź Ministra Spraw Zagranicznych M. Seydy na interpelację posła Herza.

60 Vgl. Der deutsche Bevollmächtigte für die deutsch-polnischen Verhandlungen, Edler von Stockhammern, (z.Z. Dresden) an das Auswärtige Amt, Dresden, 8.12.1922: Aufzeichnung über den Stand der deutsch-polnischen Verhandlungen vom 8. Dezember 1922, in: ADAP, Serie A, Bd. 6, Göttingen 1988, S. 544f. Laut Art. 91 des Versailler Vertrages erhielt die polnische Staatsbürgerschaft der deutsche Bürger, der einen ständigen Wohnsitz auf dem Territorium Preußens im Zeitraum vom 1.1.1908 bis zum 10.1.1920 hatte. Das erste Datum fiel mit der Verabschiedung des preußischen Gesetzes über die Enteignung, das zweite mit dem Inkrafttreten des Versailler Vertrages zusammen. Der Vertrag klärte jedoch nicht, ob die fragliche Person ohne Unterbrechung an diesem Wohnsitz gewohnt haben mußte. Vgl. Krasuski, Stosunki polsko-niemieckie, S. 240–243; Rauschning, Entdeutschung, S. 98–101.

61 Er schrieb u.a.: „Es wird angestrebt, über die gesamten Options- und Staatsangehörigkeitsfragen noch in diesen Tagen eine grundsätzliche Einigung zu erzielen." Der deutsche Bevollmächtigte für die deutsch-polnischen Verhandlungen, in: ADAP, Serie A, Bd. 6, S. 545.

deutsche Auffassung ab, daß die Deutschen, die nach dem Friedensvertrag in Polen blieben, aber für das Reich optierten, nach Völkerrecht auch nach Ablauf des Abreisetermins Gastrecht genossen. Auszuweisen seien nur einzelne, belastete Personen. Die polnische Regierung beharrte unbeugsam auf dem Standpunkt, daß sie bei der Entscheidung über das Schicksal der Optanten nach Ablauf der vorgeschriebenen Frist „freie Hand" haben müsse.[62] Die Verhandlungen führten an dieser Stelle zu keinem Ergebnis und die deutsche Regierung begann repressiv mit Abschiebungen von Polen aus Deutschland. Nach Ansicht H. Rauschnings war der Grund hierfür die „Entdeutschung" der ehemaligen Provinzen Posen und Westpreußen. Im Gegenzug gab Polen Mitte Mai 1923 die Ausweisung von 78 Reichsdeutschen bekannt.[63] Als am 28. Mai 1923 Marian Seyda neuer polnischer Außenminister wurde, verwarf er den Vertragsentwurf zur Option und entzog Olszowski die Verhandlungsführung in den deutsch-polnischen Gesprächen.[64]

Die endgültige Abreisefrist wurde nicht festgelegt, die deutsch-polnischen Verhandlungen endeten diesbezüglich in einer Sackgasse. Seyda teilte in einem Brief an den deutschen Gesandten in Warschau, Ulrich Rauscher, mit, daß der polnische Ministerrat Olszowskis Lösungsvorschlag im Sommer 1923 ablehnte und gleichzeitig auf die Möglichkeit, die Lösung

---

62 Vgl. Der deutsche Bevollmächtigte für die deutsch-polnische Verhandlungen, Edler von Stockhammern, an das Auswärtige Amt, Berlin, 23.12.1922, in: ADAP, Serie A, Bd. 6, S. 588. Über andere Ergebnisse der Verhandlungen siehe Krasuski, Stosunki polsko-niemieckie, S. 234f.

63 PA AA, Akten der Abt. IV, Polen, Innere Verwaltung 12, Bd. 2; Staatssekretär des Auswärtigen Amtes, Freiherr von Maltzan, an die Gesandtschaft in Warschau und die Delegation in Dresden (Telegramm), Berlin 14.5.1923, in: ADAP, Serie A, Bd. 7, Göttingen 1989, S. 575; Rauschning, Entdeutschung, S. 104–106.

64 Vgl. Krasuski, Stosunki polsko-niemieckie, S. 248f.; Wahrscheinlich war Olszowski selbst der Verfasser des Entwurfs, ohne ihn vollständig mit der deutschen Seite zu besprechen. In dem Schreiben des deutschen Gesandten in Warschau, Rauscher, an das Auswärtige Amt vom November 1923 gibt es folgende Anmerkung: „Wie ich wohl wisse (ich wußte es nicht), habe der Ministerrat den Lösungsvorschlag Olszowskis im Sommer verworfen:", in: ADAP, Serie A, Bd. 8, Göttingen 1990, S. 608. Seit Frühjahr 1923, nach dem Regierungswechsel mit General Władysław Sikorski nahm die polnische Seite die Verhandlungen mit Frankreich über die Aufnahme der in Deutschland lebenden Polen wieder auf. Die polnische Delegation wurde vom bevollmächtigten Minister Stanisław Wachowiak geleitet. Dies war ein klarer Versuch, sich gegen die zu erwartende deutsche Reaktion abzusichern. Frankreich erfüllte die polnischen Forderungen jedoch nur teilweise, vgl. Z. Rogoziński, Stanisław Wachowiak – działacz społeczny i gospodarczy drugiej Rzeczypospolitej, in: Kultura i Społeczeństwo 1, 1975, S. 151.

der Optantenfrage dem Völkerbund zu übergeben, verzichtete, weil man eine „Erweiterung der Kompetenzen dieser Institution" nicht wünschte.[65] Ab Juli 1923 befaßte sich der Völkerbund mit dieser Angelegenheit, doch waren die Betroffenen der Auffassung, daß das neue internationale Gremium seine Kompetenzen überschritt, so daß die Verhandlungen wieder auf die bilaterale, deutsch-polnische Ebene zurückkehrten.[66] Diese sollten gleichwohl unter der Schirmherrschaft des Völkerbundes stattfinden und von dem brasilianischen Botschafter Souza Dantas beaufsichtigt werden. Zwischen dem 2. und dem 7. November 1923 hielt sich Eric Colban, Direktor der Minderheitenabteilung des Generalsekretariats des Völkerbundes in Warschau auf. Er führte Gespräche mit Außenminister Roman Dmowski und Seyda, der nun dessen Stellvertreter war.[67] Im Dezember 1923 wurde beschlossen, die Verhandlungen nach Genf zu verlegen[68] und wegen der fehlenden Übereinkunft wurde am 15. April in Berlin von Polen und Deutschland ein Protokoll unterzeichnet, in dem die Weiterführung der Verhandlungen in der Optantenfrage und der Staatsbürgerschaft dem Vorsitzenden des Oberschlesischen Schiedsgerichthofes, Professor Georges Kaeckenbeeck aus Belgien übergeben wurde.

Bis März 1924 führten von Stockhammern mit Reichsunterstaatssekretär Theodor Lewald deutscherseits und W. Prądzyński,[69] der neue polni-

---

65 Krasuski, Stosunki polsko-niemieckie, S. 249. Krasuski fand die Aussagen und das Vorgehen von Seyda ungeschickt, da er die Fehler des Versailler Vertrages dem Mitglied der polnischen Delegation, Dmowski und seinem Nationalen Lager anlastete; ebd., S. 246f.; siehe Roman Dmowski, Polityka polska i odbudowanie państwa, Bd. 2, Warszawa 1989, S. 148–160.

66 Deutschland verwies die Entscheidung über die Frage der Staatsbürgerschaft an das Haager Tribunal, das am 15.9.1923 die polnische Interpretation für fehlerhaft erklärte; Krasuski, Stosunki polsko-niemieckie, S. 249 f.

67 Vgl. Gesandter in Warschau, Rauscher, an das Auswärtige Amt, Warschau 7.11.1923, in: ADAP, Serie A, Bd. 8, Göttingen 1990, S. 608 f.; Krasuski, Stosunki polsko-niemieckie, S. 252 f. Seyda war vom 28.5.1923 bis zum 27.10.1923 Außenminister. Am 27. Oktober 1923 wurde er bei der Umbildung der Regierung des Ministerpräsidenten Wincenty Witos durch Roman Dmowski ersetzt, der das Amt des Außenministers bis zum 15.12.1923 bekleidete. Siehe J. Faryś, Koncepcje polskiej polityki zagranicznej 1918–1939, Warszawa 1981, S. 105–119.

68 Prawda, Nr. 39, 16.2.1924, S. 2. Die Verhandlungen, geführt von Koźmiński und Lewald, begannen dort am 14. Februar 1924. Deutschland betonte, daß die Auffassungen des Haager Tribunals vom September 1924, welche die Kolonisten betrafen, für sie eine beratende Funktion hätten.

69 Vgl. Gesandter in Warschau, Rauscher, an den Staatssekretär des Auswärtigen Amts, Freiherr von Maltzan, (streng vertraulich), Warschau, 2.4.1924, in: ADAP, Serie A,

sche Hauptbevollmächtigte, mit Stanisław Koźmiński, dem Direktor der Politischen Abteilung des polnischen Außenministeriums, die Gespräche.[70] Die endgültigen Verhandlungen begannen schließlich am 30. April 1924 in Wien. Kaeckenbeeck, der am 10. Juli 1924 ein Schlichtungsurteil fällte, gelang es, die Unterzeichnung der deutsch-polnischen Konvention in der Frage der Staatsbürgerschaft und der Option im ehemaligen Kaiserpalast in Wien am 30. August 1924 herbeizuführen. Für Polen unterzeichnete Prądzyński, für Deutschland setzte Lewald seine Unterschrift unter das Dokument.[71] Nach Ansicht des polnischen Historikers J. Łossowski handelte es sich bei der Konvention um eine für Polen insgesamt befriedigende Kompromißlösung, und J. Krasuski bezeichnete sie als bedeutenden Erfolg, „der die Folgen des Artikel 91 des Versailler Vertrages hinsichtlich des Schicksals der Optanten rückgängig machte". Die polnische Regierung hielt die Konvention für vorteilhafter im Vergleich zu dem 1923 in Dresden

---

Bd. 9, Göttingen 1991, S. 637–641.

70 Über die Einzelheiten dieser Angelegenheit, wie auch der deutsch-polnischen Beziehungen in der Frage der Option und der Staatsangehörigkeit von November 1923 bis März 1924 siehe: Gesandter in Warschau, Rauscher, an das Auswärtige Amt (Telegramm), Warschau, 16.11.1923, in: ADAP, Serie A, Bd. 9, Göttingen 1991, S. 7; Oberregierungsrat Zechlin (z.Zt. Genf) an Ministerialdirektor Wallroth, Genf, 7.12.1923, in: ebd., S. 102ff.; Oberregierungsrat Zechlin (z.Zt. Paris) an Ministerialdirektor Wallroth, Paris, 15.12.1923, in: ebd., S. 156f.; Aufzeichnung ohne Unterschrift, Berlin, 17.1.1924, in: ebd., S. 263–267; Aufzeichnung des Ministerialdirektors von Schubert, Berlin 28.1.1924, in: ebd., S. 303ff.; Oberregierungsrat Zechlin (z.Zt. Genf) an Legationsrat Schönberg, Genf, 18.2.1924, in: ebd., S. 432f.; Ministerialdirektor Wallroth an das Konsulat in Genf (Telegramm), Berlin, 20.2.1924, in: ebd., S. 437f.; Aufzeichnung des deutschen Bevollmächtigten für die deutsch-polnischen Verhandlungen in Genf, Lewald, Genf, 23.2.1924, in: ebd., S. 443ff.; Legationssekretär Roth (z.Zt. Warschau) an Oberregierungsrat Zechlin, Warschau, 28.2.1924, in: ebd., S. 466f.; Staatssekretär des Auswärtigen Amts, Freiherr von Maltzan, an das Konsulat Genf (Telegramm), Berlin, 8.3.1924, in: ebd., S. 506; deutscher Bevollmächtigter für die deutsch-polnischen Verhandlungen in Warschau, Edler von Stockhammern, an das Auswärtige Amt (Telegramm), Warschau, 12.3.1924, in: ebd., S. 526f.; Aufzeichnung des Legationssekretärs Roth, Berlin, 13.3.1924, in: ebd., S. 533f.; Gesandter in Warschau, Rauscher, an das Auswärtige Amt [betr. Das Scheitern der Optantenverhandlungen in Warschau], Warschau, 13.3.1924, in: ebd., S. 536ff.

71 Vgl. League of Nations Treaty Series. Publication of Treaties and International Engagements registered with the Secretariat of the League of Nations 32, 1925, S. 332-353; STAM, Regierung Arnsberg, Sign. 11715, Bl. 1–20: Deutsch-polnisches Abkommen über Staatsangehörigkeits- und Optionsfragen vom 30. August 1924; Historia dyplomacji, Bd. 4, S. 268f.; Krasuski, Stosunki polsko-niemieckie, S. 253ff.

ausgearbeiteten Entwurf.[72] Bei Berücksichtigung der polnischen Staatsraison wäre dem zuzustimmen. Aus der Sicht der Optanten, vor allem der polnischen, war dies zumindest diskussionswürdig. Deutschland erreichte die bereits früher geforderte Anerkennung zweier ständiger Wohnorte, und damit die Möglichkeit, die polnische Staatsangehörigkeit auf dem gesamten Gebiet Polens (Artikel 3, 4, 5) zu erwerben, wie auch den Erwerb dieses Rechts auf Grund des Geburtsortes, Artikel 7 § 1, wobei das Schiedsgericht entschied, daß man vom 2. Januar 1908 bis zum 10. Januar 1920 ohne Unterbrechung seinen ständigen Wohnort in Polen gehabt haben sollte. Verwehrt wurde die polnische Staatsbürgerschaft auch den Nachkommen derjenigen deutschen Staatsangehörigen, deren Eltern beide ihren Wohnsitz nach dem 1. Januar 1908 in dieses Gebiet verlegt hatten, Artikel 7 § 2. Diejenigen wiederum, welche die polnische Staatsangehörigkeit erhielten, verloren gemäß Artikel 7 § 4 damit zugleich die deutsche.[73] Aus der Sicht der polnischen Rückwanderer war diejenige Entscheidung am wichtigsten, daß die Abgabe der Option nicht rückgängig zu machen war, Artikel 10 Punkt 1, sowie die Erklärung beider Seiten, vor dem 1. Dezember 1924 auf diplomatischem Wege die Verzeichnisse der Personen, welche die Option ausgeübt hatten, bekanntzugeben, und die daraus resultierenden Folgen, Artikel 11 § 1 u. 2.

Die Wiener Konvention sah drei Schritte für den Aussiedlungsprozeß vor. Wer die festgelegten Ausreisefristen nicht berücksichtigte, sollte gemäß der bekannt gegebenen Liste an die Grenze abgeschoben werden, Artikel 12 § 4.[74] Artikel 17 der Konvention führte die bis dahin unbekannte Rechtsfigur der „stillschweigenden Option" ein, die ein Novum in der internationalen Gesetzgebung war. Sie bezog sich auf Personen, die zwar das Optionsrecht hatten, das jeweilige Land jedoch verließen „unter Umständen, die auf die Absicht zur Emigration hindeuteten", was als Vollzug der Option angesehen werden sollte.[75] In der Praxis bedeutete dies, daß polnische Rückwanderer, die aus dem Ruhrgebiet „wild", das heißt ohne Ausübung der Option, zurückkehrten, nach kurzem Aufenthalt in Polen feststellten, daß es doch besser sei, wieder nach Deutschland zu gehen. Dort wurden sie wie Optanten behandelt, die innerhalb der festgelegten Fristen

72 Vgl. ebd.
73 League of Nations Treaty Series 32, 1925, S. 312; Strażnica Zachodnia, Nr. 7–12, Juli-Dezember 1924: Konwencja polsko-niemiecka o obywatelstwie i opcji, S. 1–14.
74 Ebd., S. 277. Diese Personen sollten vorher eine Mahnung erhalten.
75 Ebd., S. 278f.

auszuweisen waren. Konsul Leon Barciszewski äußerte die Ansicht, die Wiener Konvention habe die allgemeine Situation der polnischen Optanten in Deutschland außerordentlich erschwert, und diese „wie ein Blitz aus heiterem Himmel" getroffen. Er betrachtete die Vereinbarung zur Option unter dem Aspekt der polnischen Staatsräson und kommentierte:

> „Natürlich galt es für beide Staaten, und somit wurden der polnischen Regierung die deutschen Optanten in Polen bekannt. Artikel 11 der Wiener Konvention verbesserte somit die Lage des polnischen Staates, gleichzeitig aber wurde die Lage des einzelnen polnischen Rückwanderers in Deutschland erschwert. [...] Ein Gesetz ist jedoch ein Gesetz, und es entstand unter dem Diktat des Landes, dessen Interessen sich diejenige des Einzelnen unterordnen müssen."[76]

Der Ratifizierung der Konvention durch Polen am 31. Januar 1925[77] ging eine stürmische Debatte im Sejm am 28. Januar voraus, deren Urteil über die Verhandlungsführung der polnischen Diplomaten vernichtend ausfiel.[78] Auch die Wiener Konvention konnte so die Frage der Auswanderung und der Optanten nicht endgültig lösen. Die Erfahrungen der vergangenen Jahre ließen weitere Streitigkeiten im Zusammenhang mit den vorgesehenen Ausweisungen der Optanten erwarten.

---

76 Leon Barciszewski, Z życia emigracji polskiej w Niemczech i we Francji, in: Ćwierć wieku pracy dla Narodu i Robotnika, Zjednoczenie Zawodowe Polskie 1902–1927, Poznań 1927, S. 526f.; die Angelegenheit der Bekanntgabe der Optantenlisten betreffend schrieb er: „Und jetzt müssen viele Optanten, die in Polen kein Brot oder kein Dach über dem Kopf gefunden haben, und ganz still in Deutschland lebten, nun zwangsweise Deutschland verlassen. Dies war für sie eine Tragödie. Sie wurden aus dem Arbeits- und Lebensumfeld ihrem Element herausgerissen, und in Polen oft ohne eine Verdienstmöglichkeit gelassen, und so wurden diese Menschen zum Objekt ständiger Nörgelei."

77 Die Konvention unterzeichneten Präsident St. Wojciechowski, Premier Wł. Grabski und Außenminister A. Skrzyński. Sie räumte jedoch die Kontroversen um die Minderheitenfrage zwischen den beiden Staaten nicht aus. Siehe: Stanisław Sierpowski, Polsko-niemieckie spory na forum kongresów mniejszościowych (1925–1927), in: Polacy i Niemcy. Dziesięć wieków sąsiedztwa, hg. von A. Czubiński, Warszawa 1987, S. 323–343.

78 Vgl. Spr. sten. ze 176. pos. sejmu 28.1.1925, łam. CLXXVI/37.

6. Der Optantenkrieg

Der gewissenhafte und fast pedantische Umgang der polnischen Regierung und ihrer diplomatischen Vertretungen mit der Umsetzung der Wiener Konvention ergab sich freilich nicht aus dem Wunsch, innerhalb der polnischen Grenzen ein Heer arbeitsloser Landsleute zu haben. Vielmehr bot es die rechtliche Grundlage dafür, sich einer wesentlich größeren Zahl deutscher Optanten zu entledigen. Deutschland rechnete damit, daß die polnische Regierung das ihr zustehende Recht der Zwangsausweisung von Optanten, die sich widersetzten, nicht in Anspruch nehmen würde.[79] Offiziell vertrat Deutschland den Standpunkt, daß Polen dieses Recht zwar zustehe, es aber nicht verpflichtet sei, die Optanten auszuweisen.[80] Wie sich bald herausstellte, war diese Hoffnung trügerisch. Mit dem Ablauf des Ausreisetermins der ersten Optanten begannen polnische Behörden, Deutsche, die ihrer Ausreisepflicht nicht nachgekommen waren, an die Grenze abzuschieben. Die deutsche Regierung ergriff entsprechende Gegenmaßnahmen, doch waren deren Auswirkungen relativ gering. Außenminister Gustav Stresemann drohte zwar in einem Interview mit den *Breslauer Nachrichten*, daß „auf Grund dessen die deutsche Regierung leider 8.000 polnische Optanten ausweisen und ihre Wohnungen für die aus Polen zurückkehrenden Deutschen sicherstellen muß",[81] doch realistisch gesehen, und Stresemann dürfte dies gewußt haben, gab es in Deutschland nicht so viele Optanten, und eine solche Androhung betraf höchstens 10 bis 15% von ihnen. Diesmal war Deutschland nicht auf die Aufnahme einer so großen Anzahl Landsleute vorbereitet, so daß eine große internationale Propagandakampagne lanciert wurde, um Polen Zugeständnisse abzuringen. Am 13. August 1925 berichtete die *Vossische Zeitung* über den „Optantenkrieg".[82] Unter der gleichen Schlagzeile veröffentlichte auch

79 Vgl. PA AA, Botschaft Warschau, Sign. 16/6, Angabe zum Bericht vom 17.08.1925; Übersetzung aus der Zeitung Lietuva, 11.8.1925: Der deutsch-polnische Optantenstreit.

80 Berliner Lokal-Anzeiger, Nr. 372, 8.8.1925: Polizeilicher Abschub der Optanten; siehe: AAN, Ambasada RP- Berlin, Sign. 3537, Bl. 89-92: Notatka w sprawie ewakuacji optantów niemieckich z Polski, Berlin, 29.7.1925; vgl. auch: STAM, Reg. Arnsberg, Sign. 11715, Preußischer Minister des Innern an Herren Regierungspräsidenten und Polizeipräsidenten in Berlin, betr. Abwanderung der polnischen Optanten, Berlin, 15.8.1925.

81 Prawda, Nr. 117, 5.8.1925, S. 5.

82 Vossische Zeitung, Nr. 380, 13.8.1925.

das *Hamburger Fremdenblatt* einen längeren Artikel.[83] Dabei handelte es sich eher um ein propagandistisches Wortgefecht, das vor dem Hintergrund der laufenden Ausweisung der Deutschen geführt wurde. Deutsche Journalisten sahen die Verantwortung bei der deutschen Regierung, die nicht imstande war, die Aufnahme ihrer eigenen Staatsbürger sachgerecht durchzuführen.

Trotz deutscher Drohungen blieb die polnische Regierung bei dem Standpunkt, daß die unterzeichneten Übereinkünfte und Verträge vollständig zu erfüllen seien. Deutlich artikulierte dies Władysław Grabski. Seiner Meinung nach garantierte die in Wien unterzeichnete Konvention Sicherheit und Achtung des Rechts zwischen Polen und Deutschland. Gleichzeitig warnte er, daß ihre Verletzung die mit Mühe ausgearbeiteten Übereinkünfte zunichte machen könnte, und daß man sich in den Kontakten zwischen den beiden Staaten von einer Anwendung des Rechts entfernen könnte.[84] Einerseits versuchte man, mit Hilfe von Presseartikeln, die Meinung Europas und der Welt mit dem Exodus der deutschen Minderheit aus Polen zu bewegen, auf der anderen Seite entschied man, Druck auf Polen auszuüben, und sogar ökonomische Druckmittel wie die künstliche Abwertung der polnischen Währung einzusetzen. Im Zusammenhang damit war offiziell vom „Wirtschaftskrieg" die Rede,[85] der sich gleichsam neben anderen Auseinandersetzungen abspielte. Deutschland ließ jedoch durchblicken, daß in den Wirtschaftsbeziehungen, sofern Polen guten Willen hinsichtlich der Frage der Ausweisung der deutschen Optanten zeige, eine vorteilhafte Entwicklung möglich sei, an deren Ende sogar die Meistbegünstigungsklausel für Polen stehen könnte.

In den damaligen Pressedarstellungen erschien das Deutsche Reich als ein Staat, der die Optantenfrage friedlich regeln wollte. Tendenziöse und emotionale Schlagzeilen wie „Gegen die Optantenhetze!"[86], „Optanten-

---

83 Vgl. GStPK, Rep. 77, Tit. 856, Sign. 366, Bl. 65, Nr. 209, 30.7.1925.
84 Vgl. Frankfurter Oder-Zeitung, Nr. 215, 13.9.1925: Polens Trumpf in der Optantenfrage. Eine Warnung für Deutschland.
85 Łuczak, Od Bismarcka, S. 168–185. Hier findet sich eine Auflistung der Ereignisse im Zusammenhang mit dem deutsch-polnischen Wirtschaftskrieg in den Jahren 1925–1934. Siehe auch: G. v. Gersdorff, Die Entwicklung der polnischen Handelsvertragspolitik, Berlin 1935; B. Puchert, Der Wirtschaftskrieg des deutschen Imperialismus gegen Polen 1925–1934, Berlin 1963.
86 Die Rote Fahne, Nr. 150, 19.8.1925.

streit und Zollkrieg"[87], „Die Optantenfrage"[88] und „Eine neue Art polnischer Gerechtigkeit"[89] suggerierten den Lesern, eine ablehnende Haltung dem polnischen Staat gegenüber einzunehmen, dem ein Mangel an gutem Willen in bezug auf die deutschen Vorschläge angelastet wurde.[90] Die von der deutschen Presse inszenierte Kampagne war zweifellos systematisch geplant und wurde zielgerichtet durchgeführt.[91] Selbstverständlich blieb es nicht nur bei propagandistischem Druck. Polnische Optanten wurden restriktiv aus Deutschland ausgewiesen, darunter auch Schwerkranke, was für viele tragisch endete.[92] Die Ausweisungsaktion der polnischen Optanten in dieser Zeit fand mit Parolen statt, nach denen Deutschland von den Polen zu „säubern" sei. Rufe wie „Fort mit den Polen" wurden laut, und die Atmosphäre wurde zusätzlich vom „Verein für das Deutschtum im Ausland" angeheizt, in dem sich deutsche Optanten versammelten, die Polen hatten verlassen müssen. Man begann auch mit der „Jagd" auf, wie es hieß, „geheime polnische Optanten".[93] Allein vom 1. bis zum 13. August 1923 wurden unrechtmäßig, das heißt ohne Benachrichtigung über den Ausreisetermin, rund 130 Familien polnischer Optanten aus Deutschland ausgewiesen.[94] Im Gegenzug wurden 114 Polen aus Dortmund zur Aus-

---

87 Deutsche Tageszeitung, 18.8.1925.
88 Kölnische Zeitung, Nr. 608, 18.8.1925.
89 Tägliche Rundschau, Nr. 345, 11.8.1925.
90 Vgl. PA AA, Botschaft Warschau, Anlage zum Bericht vom 17.8.1925 (Übers. Lietuva, S. 2), Sign. 162/6, unpag. Hier findet sich die Übersetzung einer Ausgabe der Times vom August, die u.a. schrieb: „Polen täte gut daran, Deutschland gegenüber eine große Geste zu tun, um die Freundschaft dieses mächtigen Nachbarvolkes zu erhalten. Diese Rachemaßnahme gegen die Bürger eines benachbarten Volkes empfiehlt Polen jedoch sehr schlecht auf dem internationalen Forum."
91 Vgl. Prawda, Nr. 190, 21.8.1925: Lech znad Ruhry, Po wyjeździe optantów, S. 1f.
92 Vgl. PA AA, Abteilung IV Polen, Option Polen, Sign. 81615, Bl. 25, 28; Kurier Poznański, Nr. 197, 27.8.1925; Deutsche Allgemeine Zeitung, Nr. 371, 9.8.1925. Als Folge einer Zwangsabschiebung starb u.a. Michał Barczak. Siehe auch: Kölnische Zeitung, Nr. 226, 8.8.1925: Die Vergeltungsmaßnahmen gegen Polen.
93 AAN, Ambasada RP-Berlin, Sign. 3533, Bl. 230–232; Słowo Pomorskie, Nr. 179, 5.8.1921: Podżeganie przeciwko Polakom w Niemczech; Gesamtüberblick über die polnische Presse, Nr. 65, 19.8.1925; Landesarchiv Merseburg, Regierung Merseburg, Polizeiregistratur, Rep. C 48 Ie, Sign. 188, Bl. 81–89.
94 Vgl. STAM, Regierung Arnsberg, Sign. 11714; Prawda, Nr. 186, 15.8.1925, S. 1.

reise gezwungen,[95] für die es in Polen nur begrenzte Aufnahmemöglichkeiten gab.[96]

Die Polen, die in den Jahren von 1924 bis 1925 im Rheinland und in Westfalen blieben, waren in der Regel für die damaligen Verhältnisse recht gut situiert. Wer nach Polen ausreiste, brauchte Glück, um auch nur eine Unterkunft zu finden. Berüchtigt war damals das Lied „Das Leben in Polen ist eine Not, für Suchende gibt es kein Brot".[97] Die Deutschen beobachteten aufmerksam die Lage und die Stimmung der polnischen Optanten.

In der ersten Augusthälfte 1925 verbot der polnische Innenminister Władysław Raczkiewicz eher unerwartet die Ausweisung deutscher Optanten aus Polen, zweifellos ein Ergebnis des von Deutschland ausgeübten Drucks. Sogleich schlug die polnische Presse Alarm, die der polnischen Regierung vorwarf, sie sei „schwankend und träge" und die Gesellschaft zur Selbstverteidigung aufrief. Man schrieb unter anderem:

„Wir dürfen nicht zulassen, daß unsere polnischen Landsleute durch eine wahrhaftige Hölle in Deutschland gehen, während den hiesigen deutschen Optanten jeder nachgibt! Die einzige Parole unserer Gesellschaft sollte heute sein, Deutsche in den nächsten Stunden zurück ins ‚Vaterland' zu jagen, um Platz und Arbeitsplätze für die aus Deutschland ausgewiesenen polnischen Optanten zu schaffen, und das Ansehen der Großmacht Polens aufrechtzuerhalten. Genug dieser Schafstoleranz Polens. Zur Tat ruft uns der Verstand, die eigene Staatsraison und die Sorge um die Zukunft."[98]

---

95 Vgl. „Kreuzzeitung", Nr. 352, 11.8.1925: Polenausweisung aus Dortmund; Wie Polen für seine Optanten sorgt. Gegen eine plötzliche Ausweisung der Polen protestierten einige Unternehmen, wie auch die deutsche Industrie- und Handelskammer, da sich unter den Ausgewiesenen auch polnische Händler befanden, denen Kredite eingeräumt worden waren. Man befürchtete, daß ihre Ausreise den Verlust dieser Anleihen zu Folge hätte, Reg. Arnsberg, Brief der Industrie- und Handelskammer zu Dortmund an Regierungspräsidenten in Arnsberg, Dortmund, 3.8.1925; Brief der Deutschen Nähmaschinen-Vertriebs-Aktiengesellschaft in Essen an Regierungspräsidenten in Arnsberg, Essen, 8. 8.1925, STAM, ebd., Sign. 11715. Ebenfalls weiterer Schriftwechsel in dieser Sache.

96 Vgl. Deutsche Rundschau (Bromberg), Nr. 181, 8.8.1925: Die Beschlagnahme der Optanten-Wohnungen.

97 Dziennik Bydgoski, Nr. 174, 31.7.1925. Vgl. PA AA, Abteilung IV Polen, Option Polen, Pressemeldung, Betr.: Not der polnischen Optanten, Königsberg, 13.8.1925, Sign. 81615, Bl. 103a–b.

98 Prawda, Nr. 186, 15.8.1925, S. 1.

Diese Entscheidung ist im Zusammenhang mit der Konferenz in Locarno zu sehen.[99] Im September 1925 stand der polnische Außenminister Aleksander Skrzyński unter Druck sowohl von deutscher wie auch von britischer Seite. Stresemann erklärte dem britischem Außenminister Chamberlain, daß „für die Schaffung einer entsprechenden Atmosphäre in Deutschland, die Behebung der unermeßlich heiklen Frage des Rechtes Polens zur Ausweisung von deutschen Optanten notwendig ist." Daraufhin forderte Chamberlain von seinem polnischen Amtskollegen, daß Polen auf das Ausweisungsrecht der zweiten und dritten Gruppe der deutschen Optanten verzichten solle. Skrzyński sagte zu, diese Angelegenheit zu erledigen.[100] Am 23. Oktober 1925 verabschiedete der polnische Ministerrat den entsprechenden Beschluß.[101] Das offizielle Kommuniqué der Polnischen Telegraphen-Agentur über die Einstellung der Ausweisungen der deutschen Optanten erschien am 24. Oktober 1925. Den Beschluß der polnischen Regierung teilte Skrzyński dem deutschen Gesandten Rauscher in Warschau mit, und durch den Gesandten Polens in London auch Chamberlain.[102] Die britische und französische Regierung übermittelten Skrzyński ihre Anerkennung für diese Entscheidung,[103] worüber fast alle deutschen Zeitungen berichteten.[104] In Deutschland schrieb man

---

99 Vgl. Tagesbericht über die polnische Presse, Nr. 187, 10.10.1925: Grabski über die Optanten; siehe auch: Erich Eyck, Geschichte der Weimarer Republik, Bd. 2: Von der Konferenz von Locarno bis zu Hitlers Machtübernahme, Erlenbach-Zürich u.a. 1956, S. 11–71.

100 Vgl. AAN, MSZ, Sign. 4680, Bl. 13–15: Notatka Wydziału Zachodniego dla Ministra Spraw Zagranicznych w sprawie optantów, 7.12.1928.

101 Vgl. AAN, MSZ, Sign. 4680, Bl. 13f.

102 Vgl. Gesandter in Warschau, Rauscher, an das Auswärtige Amt. Pilny, Telegram, 23.10.1925, in: ADAP, Bd. 14, Göttingen 1995, S. 450; Rauscher schrieb u.a.: „Anläßlich des heutigen Besuchs beim Außenminister erklärte dieser, wir könnten das im Zeichen Locarnos oft geführte Optantengespräch in neuem Geist wieder aufnehmen. Anläßlich der veränderten Situation sei Polen bereit, dem oft geäußerten deutschen Wunsche zu entsprechen und auf sein Recht zu verzichten, am 1. November die Ausweisung zu verfügen."

103 Vgl. Krasuski, Stosunki polsko-niemieckie, S. 257f.; AAN, MSZ, Sign. 4680, Bl. 14. Chamberlain ließ im Telegramm vom 27.10.1925 an den Abgeordneten Max Müller den Dank der britischen an die polnische Regierung für die getroffene Entscheidung ausrichten.

104 Vgl. Berliner Tageblatt, Nr. 503, 23.10.1925: Die deutschen Optanten in Polen. Keine Ausweisungen mehr; Vossische Zeitung, Nr. 503, 23.10.1925: Einigung mit Polen über die Optanten; Tägliche Rundschau, Nr. 24, 24.10.1925: Polnischer Verzicht auf Optantenausweisungen; Völkischer Kurier, Nr. 293, 24.10.1925: Stresemanns Flehen

die befriedigende Lösung der Optantenfrage Stresemanns diplomatischem Geschick zu. Nicht ohne Grund schrieb der *Völkische Kurier* in dieser Angelegenheit: „Wer wagt es jetzt, Stresemann einen schlechten Staatsmann zu nennen?". Nationale Kreise in Polen wollten sich mit der eindeutigen Entscheidung der polnischen Regierung nicht abfinden. Am 28. Oktober 1925 protestierten beim Premierminister und Außenminister Abgeordnete und Senatoren aus dem Posener Raum und Pommerellen, die alle parlamentarischen Klubs repräsentierten, und auch Vertreter des polnischen „Związek Obrony Kresów Zachodnich" (ZOKZ; Westmarkenverein).[105] Die von der Regierung beschlossenen Lösungen stießen in Polen auf allgemeinen Widerstand.

Der Zustrom polnischer Optanten aus Deutschland endete jedoch nicht automatisch. Vor allem in Westfalen und im Rheinland wurden Polen weiterhin von ihren Arbeitsstellen entlassen, womit sie zur Rückwanderung gezwungen wurden. Es war jedoch schwierig, den Deutschen absichtsvolles Handeln nachzuweisen, da die wirtschaftliche Situation im Lande schwierig war und auch Arbeiter anderer Nationalitäten, einschließlich

---

erhört! Die deutschen Optanten in Polen dürfen bleiben; Berliner Börsen Courier, Nr. 499, 24.10.1925: Einlenken Polens in der Optantenfrage; Vorwärts, Nr. 503, 24.10.1925: Keine Optantenausweisung; Vossische Zeitung, Nr. 503, 24.10.1925: Polens Verzicht in der Optantenfrage; Berliner Tageblatt, Nr. 505, 24.10.1925: Das Ende der Optantenausweisungen; Schlesische Zeitung, Nr. 502, 24.10.1925: Die polnische Regierung zur Optantenfrage; Berliner Tageblatt, Nr. 506, 25.10.1925: Das Ende der Optantenausweisungen; Kölnische Zeitung, Nr. 795, 26.10.1925; Hamburger Nachrichten, Nr. 295, 24.10.1925: Eine polnische Geste.

105 „Kreuzzeitung", Nr. 501, 25.10.1925: Kein Grundsätzlicher Verzicht auf die Optantenausweisungen. Der Druck des Westmarkenvereins setzt ein; Vorwärts, Nr. 505, 25.10.1925: Die unterbleibende Optantenvertreibung; Vossische Zeitung, Nr. 506, 25.10.1925: Die deutschen Optanten in Polen; Deutsche Zeitung, Nr. 501, 25.10.1925: „Einstellung" der Optantenausweisungen; Deutsche Tageszeitung, Nr. 509, 28.10.1925: Kein Verzicht, nur ein Aufschub; Deutsche Tageszeitung, Nr. 511, 29.10.1925: Die Nebenregierung in Polen. Der Westmarkenverein gegen die Einstellung der Optantenausweisungen; Lokal Anzeiger, Nr. 513, 29.10.1925: Die Optantenvergewaltigung bleibt; „Kreuzzeitung", Nr. 508, 29.10.1925: Polnische Hetze gegen die deutschen Optanten; Tägliche Rundschau, Nr. 484, 30.10.1925: Polnische Hetze gegen die deutschen Optanten; Deutsche Tageszeitung, Nr. 512, 30.10.1925; Berliner Tageblatt, Nr. 514, 30.10.1925: Das Ende der Optantenausweisungen; „Kreuzzeitung", Nr. 510, 30.10.1925: Voreilig!; Berliner Tageblatt, Nr. 516, 31.10.1925: Polen und die deutschen Optanten; Prawda, Nr. 253, 1.11.1925: O wydalenie optantów, S. 2. Siehe auch: PA AA, Botschaft Warschau, Schreiben Mackeben, 6.11.1925, an das Deutsche Generalkonsulat Posen, betr. Einstellung der Optantenausweisungen (Abschrift), Sign. 162/2, Bd. 2.

Deutscher, entlassen wurden.[106] Wegen der schlechten Wirtschaftskonjunktur in Polen entschieden sich polnische Optanten, nach Deutschland beziehungsweise ins Ruhrgebiet zurückzukehren und hofften dabei auf die Erklärung beider Staaten, daß die Abschiebungen eingestellt würden und sich damit auch ihre Lage verbessere.[107]

Ein Einschnitt im Rückwanderungsprozeß war ohne Zweifel der 10. Juni 1926, als der für Rückwanderungsfragen zuständige Emigrationsrat der polnischen Gesandtschaft in Berlin Anweisung gab, die Rückwanderung aus Deutschland nach Polen einzustellen.[108] So wurde die Angelegenheit der Rückwanderung offiziell abgeschlossen. Es blieben lediglich sogenannte Spezialfälle und arbeitslose polnische Optanten in Deutschland, mit denen man sich noch beschäftigen mußte.

7. Abschließende Optionsregelungen 1926–1939

Trotz der Erklärungen Polens und Deutschlands über die gegenseitige Einstellung der Optantenabschiebungen kam es diesbezüglich nicht zu einer formellen Übereinkunft. Deutschland betrachtete die unternommenen Schritte als eine provisorische Lösung, die Situation der Optanten galt als „unsicher". Die einzige Absicherung war die in Polen fortdauernde Krise. Der andauernde Zollkrieg und das Fehlen eines klaren Handelsvertrages mit Deutschland stellten ein vorläufiges Gegengewicht zu manchen polnischen Kreisen dar, welche die wörtliche Durchsetzung der Bestimmungen des Versailler Vertrages und der Wiener Konvention anstrebten.[109] Trotz-

---

106 Vgl. Vorwärts, Nr. 557, 25.11.1925: Eine polnische Beschwerde. Wegen Entlassung polnischer Arbeiter.

107 Vgl. PA AA, Botschaft Warschau, Landrat des Kreises Dortmund, 20.2.1926, betr. Ausweisung polnischer Staatsangehöriger in Börnig und Sodingen (Abschrift), Sign. 162/2, Bd. 2.8

108 Vgl. AAN, Ambasada RP-Berlin, Sign. 139, Bl. 338: Pismo w sprawie przyjazdu optantów do kraju – podpisane przez T. Dalbora w zastępstwie Posła RP. Die Gesandtschaft teilte mit, daß das MPiOS in Warschau für das Jahr 1926 keine gesonderten Hilfskredite für weitere Transporte von Optanten vorgesehen habe. In den folgenden Monaten wurde an diese Anordnung lediglich erinnert. Geschäftsträger Potworowski wies in einem an alle Konsulate in Deutschland gerichteten Schreiben vom 20.8.1926 darauf hin: „Polnische Gesandtschaft empfiehlt den Konsulaten, im Geiste der Anweisungen des Auswärtigen Amtes, daß sie sofort die Ausreise von Arbeitslosen nach Polen einstellen." Ebd., Sign. 139, Bl. 379; Sign. 225a, Bl. 57.

109 Vgl. Deutsch-polnische Fragen, Undatierte Aufzeichnung ohne Unterschrift (überarbeitet von Wallroth Ende Februar 1926) – Streng vertraulich, in: ADAP, Serie B:

dem strebte Deutschland eine solche Übereinkunft an. Es forderte, daß Polen endgültig auf sein Recht zur Optantenausweisung verzichte und zugleich die Liquidation deutschen Eigentums einstelle.[110] Die Legalisierung dieses Tatbestandes durch die vertragliche Annullierung der Optionsakte war wegen der scharfen Kritik der oppositionellen „Narodowa Partia Robotnicza" (NPR; Nationale Arbeiterpartei) wie auch der Nationaldemokratie und anderer Abgeordneter unannehmbar. Die Änderung des völkerrechtlichen Vertrages bedurfte der Ratifizierung durch den Sejm, mit der aber nicht zu rechnen war.[111] Gleichwohl stellten die polnischen Vertreter der deutschen Seite gegenüber klar, daß sie die Angelegenheit als endgültig abgeschlossen betrachteten.[112] Lord d'Abernon stellte während des Gespräches mit dem deutschen Vertreter von Schubert Ende Februar 1926 fest, daß die Optantenfrage in Zukunft keine Bedeutung mehr haben werde.[113]

1925–1933, Bd. 2,1: Dezember 1925 bis Juni 1926, Göttingen 1967, S. 188–191. Laut Wallroths Einschätzung verließen bis dahin 175.000 deutsche Optanten Polen, geblieben sind dort nur noch 6.000 Personen. Andere Schätzungen setzten die Zahl der in Deutschland verbliebenen Polen bei rund 1.000 Personen an.

110 Vgl. Staatssekretär des Auswärtigen Amtes, von Schubert, an die Gesandtschaft in Warschau (Telegramm), Berlin, 28.7.1926, in: ADAP, Serie B, Bd. 2,1, S. 154f.

111 Vgl. AAN, MSZ, Notatka Wydziału Zachodniego dla Ministra Spraw Zagr., 7.12.1928, Sign. 4680, Bl. 13–15.

112 Dies beweist u.a. das Gespräch zwischen von Schubert und Skrzyński, das auf einem Schiff auf dem Weg aus London in den ersten Dezembertagen 1925 stattfand. In seinem ausführlichen Bericht hielt von Schubert u.a. fest: „Ich kam sodann auf die Optantenfrage zu sprechen und sagte dem Grafen [Skrzyński], daß wir die Schritte, die er nach Rückkehr von Locarno bezüglich der Rückgängigmachung der fälligen Ausweisung der Deutschen Optanten getan habe, sehr begrüßt hätten, bekanntlich seien sofort dieselben Maßnahmen bezüglich der polnischen Optanten in Deutschland getroffen worden. Meiner Ansicht nach sei es aber wohl am Platze, das Wiener Abkommen an die Tatsache des Verzichts auf die Optantenausweisungen zu adaptieren und den augenblicklich bestehenden de facto-Zustand zu legalisieren. Graf Skrzyński erwiderte, daß er hierzu nicht in der Lage sei. Er habe im polnischen Parlament wegen seiner Schritte die größten Schwierigkeiten gehabt und diese Schwierigkeiten nur durch die Erklärung überwinden können, daß die Optantenausweisungen nicht endgültig rückgängig gemacht, sondern nur verschoben seien. An diesem Standpunkt müsse er vorläufig festhalten. Die nächste fällige Optantenausweisung werde natürlich auch nicht erfolgen. Auf diese Weise werde ein Zustand geschaffen, den später keine polnische Regierung werde ändern können." Aufzeichnung des Staatssekretärs des Auswärtigen Amtes von Schubert, Berlin, 4.12.1925, in: ADAP, Serie B, Bd. 2,1, S. 5–8.

113 Vgl. Aufzeichnung des Staatssekretärs des Auswärtigen Amtes von Schubert – Strengstens vertraulich, Berlin, 27. 2.1926, in: ADAP, Serie B, Bd. 2,1, S. 192f.

Wie die folgenden Jahre zeigen sollten, hatte er recht. Der nächste polnische Außenminister, August Zaleski, der sein Amt bis November 1932 führte, befaßte sich gar nicht mit dieser Frage.[114] Die Frage der Auswanderung trat in den Hintergrund. Die Problematik verschwand aus der Presse, sie existierte jedoch weiterhin. Auf beiden Seiten der Grenze harrten viele Menschen, deren Staatsangehörigkeit ungeklärt war, einer ungewissen Zukunft. Die informelle Verständigung auf Regierungsebene bedeutete keine automatische Verlagerung auf alle Landes- und lokale Behörden. Es stellte sich heraus, daß noch im Januar 1926 deutsche Optanten in Großpolen und Pommerellen ermahnt wurden, Polen zu verlassen. Die deutsche Regierung bereitete ihrerseits Vergeltungsmaßnahmen vor.[115] Deutschland gab die Bemühungen nicht auf, die Folgen der Option aufzufangen. Dies geschah etwa durch den kulanten Umgang mit der sogenannten „versehentlichen Option", die gegebenenfalls als „ungültige Option" angesehen wurde.[116] Deutschland meldete strittige Fälle, für die in der Wiener Konvention keine Lösung vorgesehen war. So sollte gleichsam durch die „Hintertür" die Rücknahme der Option legalisiert werden. Der Abschluß dieser Bemühungen war die Unterzeichnung des „Deutsch-Polnischen Vertrages über die Schlichtung der Streitfragen bezüglich der Staatsbürgerschaft und der Option" am 21. Dezember 1926. Beide Regierungen verpflichteten sich, eine aus drei Abgesandten, einem Deutschen, einem Preußen und einem Polen bestehende gemeinsame Schiedskommission einzuberufen, die Streitfälle im Zusammenhang mit der Option und der Rückwanderung erörtern sollte.[117] Polen vertrat S.J. Bratkowski, Deutschland Legationsrat

114 Vgl. J. Pajewski, August Zaleski (15.5.1926–2.11.1932), in: Ministrowie spraw zagranicznych (1919–1939), hg. von J. Pajewski, Szczecin 1992, S. 151–166.

115 Vgl. STAM, Reg. Arnsberg, Preußischer Minister des Innern an Regierungspräsidenten und Polizeipräsidenten in Berlin, Betr. Polnische Optanten, Berlin, 26.1.1926, Sign. 11715.

116 In einem undatierten Brief „Den polnischen Optanten zur Beachtung" schrieben die deutschen Behörden u.a.: „Interessierte Personen, Geburtspolen, die irrtümlich für Polen optiert haben, jedoch vor dem 10. Juli 1924 ihren Wohnsitz nach Polen nicht zurückverlegt und sich vor diesem Tage um die Anerkennung der polnischen Staatsangehörigkeit nicht bemüht haben, können die irrtümliche Option für ungültig erklären, und die deutsche Staatsangehörigkeit erwerben, sofern sie bis zum 18. April einen entsprechenden Antrag bei der zuständigen Starostei oder beim nächsten polnischen Konsulat einreichen." (1926 oder 1927), PA AA, Botschaft Warschau, Sign. 162/2.

117 Vgl. Deutsch-polnisches Abkommen über die Schlichtung strittiger Staatsangehörigkeits- und Optionsfragen vom 21. Dezember 1926 nebst Notenwechsel (Abschrift),

von Schack und das preußische Innenministerium Theodor Meyer.[118] Die Kommission nahm am 18. Februar 1927 ihre Arbeit auf.

Andere Streitfragen hinsichtlich der Staatsbürgerschaft und der Liquidation wurden während der deutsch-polnischen Verhandlungen in Genf und Paris aufgenommen. Die übrigen Fragen wollte die deutsche Regierung in naher Zukunft dem Internationalen Gerichtshof vorlegen. Die polnischen Vertreter waren der Meinung, daß dieser Streit juristische Personen betreffe, also nicht mit der Minderheitenproblematik zusammenhänge und deswegen ausschließlich der Erörterung des gemischten deutsch-polnischen Schiedstribunals unterliegen müsse. Dies spiegelte sich in der abschließenden Akte der deutsch-polnischen Verhandlungen wider, die Sobolewski und Martius am 30. August 1929 in Genf unterzeichneten.[119] Ab dem 30. Januar 1930 kehrte man jedoch zu den Verhandlungen über die Regelung der Staatsbürgerschaft zurück. Die Schiedskommission wurde erneut einberufen; an ihre Spitze traten zwei polnische Ministerialräte, Stefan Bratkowski und Stanisław Bratkowski und von deutscher Seite der ordentliche Gesandtschaftsrat Adolf Siedler und erneut Ministerialrat Theodor Meyer.[120] 1930 bis 1932 gab es in Westfalen und im Rheinland keinen Fall, in dem die Option annulliert wurde. Konsul Barciszewski in Essen resümierte in einem geheimen Brief an die polnische Gesandtschaft in Berlin, daß „die Angelegenheit der Staatsbürgerschaft, welche aus der Frage der Option hervorging, sich in einem Stadium befindet, in dem keine spezifischen rechtlichen Schritte mehr notwendig sind."[121] Die Bearbeitung

---

in: ADAP, Serie B: 1925–1933, Bd. 2,2: Juni bis Dezember 1926, Göttingen 1967, S. 455–458.

118 Aus weiteren Berichten geht hervor, daß die deutsche Vertretung als eine Person angesehen worden ist.

119 Vgl AAN MSW, Brief von S.J. Bratkowski an das MSW, Berlin, 18.2.1928, Sign. 1420, Bl. 98–103. Vgl. Historia Dyplomacji Polski, Bd. 4, 1918–1939, hg. von P. Łossowskiego, Warszawa 1995, S. 43, hier wurde verzeichnet, daß Sobolewski seine diplomatische Karriere vorzeitig beendete und im Jahre 1928 in den Ruhestand trat; J. Krasuski, Stosunki polsko-niemieckie 1926–1932, Poznań 1964, S. 145–246; siehe: Czy wiesz kto to jest?, hg. von S. Łoza, Warszawa 1938, S. 680.

120 Vgl. STAM, Reg. Arnsberg, Reichsminister des Innern an den Herrn Regierungspräsidenten in Arnsberg, Berlin, 22.9.1938 (in Vertretung von Dr. Globke unterzeichnet), Sign. 11713.

121 „Die Frage der Annullierung der Option", schrieb er, „war in den Jahren 1925–1929 aktuell, als eine bestimmte Anzahl von Emigranten (Westfalen) aus Frankreich zurückkehrte, um sich in Deutschland niederzulassen. Diese Bewegung fiel fast komplett weg, wodurch sich auch die Nachprüfung der Gültigkeit der abgelegten Optionen erübrigt

aller Anträge auf Annullierung der Option dauerte noch lange an, und die Schiedskommission tagte bis zum Ausbruch des Zweiten Weltkrieges.

Aus dem Polnischen übersetzt von Antonina Dyjas

hat. Angesichts dieser Situation hat das Konsulat keine Vorbehalte bezüglich des Verzichts auf die Annullierung der Optionserklärung, um so mehr, daß aus dem Schreiben des Auswärtigen Amtes hervorgeht, daß die Annullierungen von der deutschen Seite für andere Zwecke mißbraucht werden." AAN, Ambasada RP - Berlin, Sign. 3538, Bl. 54: Brief vom 7.12.1932 w sprawie unieważnienia deklaracji opcyjnych.

Henryk Chałupczak

Das Bildungswesen der polnischen Minderheit in Rheinland-Westfalen in der Zwischenkriegszeit

1. Einführung

In der Zwischenkriegszeit lebten in Deutschland ein bis eineinhalb Millionen Polen mit deutscher Staatsangehörigkeit. Die überwiegende Mehrheit stellten die sogenannten Autochthonen, also alteingesessene Polen in den ethnisch polnischen Grenzgebieten zwischen dem Deutschen Reich und der Zweiten Polnischen Republik; sie wurden auch als polnische Minderheit in Deutschland bezeichnet und waren in geschlossenen Enklaven im Oppelner Schlesien, in Ostpreußen (Ermland, Masuren, Weichselgebiet) und in Kaschubien zu finden. Eine andere Gruppe bestand aus Polen, die zumeist aus wirtschaftlichen Gründen die ethnisch polnischen Gebiete verlassen und sich im Rheinland, in Westfalen, in Berlin sowie vereinzelt in anderen Regionen West- und Mitteldeutschlands niedergelassen hatten.[1]

Für Polen, die zwischen den Weltkriegen in Deutschland lebten, gab es verschiedene Möglichkeiten, muttersprachlichen Unterricht zu besuchen, sowohl in öffentlichen als auch in privaten Lehranstalten. Der öffentliche Unterricht wurde von der staatlichen Verwaltung organisiert, die entsprechende Räumlichkeiten, Lehrpersonal und -mittel bereitstellte. Die polnische Bevölkerung brauchte somit grundsätzlich keinen finanziellen Beitrag zu diesem Unterricht zu leisten. Beispiele dafür sind öffentliche Minderheitenschulen mit Polnisch als Unterrichtssprache, wie es sie zwischen 1923 und 1939 im Oppelner Abstimmungsgebiet gab. Außerdem wurde auch in einigen öffentlichen deutschen Schulen in den Grenzgebieten mit autochthoner polnischer Bevölkerung Unterricht in polnischer Sprache und in Religion erteilt.

---

1   L. Smołka, Liczba i rozmieszczenie Polaków w Niemczech w latach 1918–1939, in: Liczba i rozmieszczenie Polaków w świecie, hg. von W. Wrzesiński, Teil 1, Wrocław 1981, S. 131–156; W. Wrzesiński, Polski ruch narodowy w Niemczech w latach 1922–1939, Poznań 1970, S. 15f.

Der private Polnischunterricht wurde mit Mitteln der polnischen Nationalbewegung in Deutschland bestritten. Er erfolgte beispielsweise in privaten Grundschulen, die von 1929 bis 1939 in Kaschubien, im Ermland, in der Weichselniederung und im Oppelner Schlesien bestanden und durch deren Besuch die Schulpflicht erfüllt wurde. Ferner in Privatgymnasien, von denen das erste 1932 in Beuthen, das zweite 1937 in Marienwerder entstand, und in weiterbildenden Privatschulen, wie sie in den Jahren von 1930 bis 1935 in den Grenzgebieten und im Oppelner Schlesien zu finden waren. In allen diesen Schulformen war Polnisch die gängige Unterrichtssprache. Außerdem gab es während der gesamten Zwischenkriegszeit die als „szkółki" bezeichneten privaten Polnischkurse,[2] deren Zielgruppe aber nicht die Angehörigen der polnischen Minderheit im Sinne der oben eingeführten Einteilung war, sondern die polnischen Auswanderer. Schließlich gab es polnische Privatkindergärten (auch „ochronki" genannt), die in erster Linie in den ethnisch polnischen Gebieten in Anspruch genommen wurden, obschon einige wenige auch dort bestanden, wo polnische Auswanderer in größerer Zahl zu finden waren.[3]

Die Organisation, Aufsicht und Finanzierung dieser privaten Formen des Polnischunterrichts lagen bei dem 1922 gegründeten „Związek Polskich Towarzystw Szkolnych w Niemczech" (Verband der polnischen Schulvereine in Deutschland), der die Arbeit regionaler Schulvereine koordinierte und diese vertrat. In den meisten Fällen fiel der Aktionsradius eines solchen Schulvereins mit den Grenzen eines Regierungsbezirks zusammen; seine Wirkungsmöglichkeiten bestimmte im wesentlichen das Engagement des jeweiligen polnischen regionalen Zentrums und das in Deutschland geltende Recht.[4]

---

2 Der polnische Begriff „szkółki" läßt sich zwar grundsätzlich als „kleine Schulen" ins Deutsche übertragen, ergibt jedoch in dieser Form für den deutschen Leser kaum einen Sinn, so daß hier der polnische Ausdruck belassen wurde (Anm. der Übersetzerin).

3 H. Chałupczak, Szkolnictwo polskie w Niemczech 1919–1939, Lublin 1996.

4 Ebd.

2. Die Organisation der polnischen Bildungstätigkeit in Westfalen und im Rheinland

In der Zwischenkriegszeit fand organisierter Polnischunterricht in Westfalen und im Rheinland zum einen in Nachmittagskursen, zum anderen in Kinderheimen statt, die bisweilen einen besonderen Status genossen. In den ersten Jahren nach dem Ersten Weltkrieg lagen Organisation und Aufsicht über die Polnischkurse und andere polnische Bildungsaktivitäten in den Händen der Bildungs- und Schulkommission des Exekutivkomitees der Polen, das seinen Sitz in Bochum hatte. Später übernahm diese Aufgabe der dritte Bezirk des Bundes der Polen in Deutschland, der 1925 vier polnische Schulvereine für die Regierungsbezirke Arnsberg, Düsseldorf, Münster und Köln gründete. Gemeinsam bildeten diese das „Sekretariat polnischer Schulvereine für Westfalen und das Rheinland."[5]

Der 1927 gegründete „Polnische Schulverein für den Regierungsbezirk Düsseldorf" mit Sitz in Oberhausen verfügte mit 21 Filialen und 879 Mitgliedern über die am besten ausgebaute Struktur, aber auch der „Schulverein für den Regierungsbezirk Arnsberg" mit Sitz in Bochum hatte immerhin 18 Ortsgruppen, die 1926 bzw. 1927 gegründet wurden und 720 Mitglieder hatten. Der „Schulverein für den Regierungsbezirk Münster" mit Sitz in Recklinghausen hatte neun Ortsgruppen mit insgesamt 299 Mitgliedern, während ein solcher Verein für den Regierungsbezirk Köln, der dort auch Quartier bezogen hatte, nur über eine Ortsgruppe mit 62 Mitgliedern verfügte.[6] 1927 waren insgesamt 49 örtliche Schulvereine aktiv, von denen 18 bereits Polnischkurse abhielten, während die übrigen noch mit Vorarbeiten dazu beschäftigt waren. Zwei Jahre später war die Zahl der Ortsgruppen bereits auf 61 gestiegen; die Mitgliederzahl auf 2.752. Im folgenden Jahr erhöhte sich für die fünf Regierungsbezirksvereine[7] die Zahl der Ortsgruppen geringfügig auf 62; diese hatten im Jahr 1930 über 2.637 Mitglieder.

---

5 Archiwum Akt Nowych w Warszawie (Archiv der Neuen Akten in Warschau – im folgenden AAN), Ambasada Polska w Berlinie (AB), Sign. 1848, Bl. 110; APO, Naczelne Prezydium Prowincji Górnego Śląska, Sign. 66, Bl. 139–140: Polenbewegung in Deutschland. Stand am 1. Januar 1926.

6 Archiwum Państwowe w Poznaniu (Staatsarchiv in Posen – im folgenden APP), Polski Związek Zachodni (PZZ), Sign. 111, Bl. 2–8.

7 Am 1. Juli 1930 wurde eine Gesellschaft für den Regierungsbezirk Karlsruhe mit Sitz in Mannheim gegründet. Seitdem gehörten zu ihr die bisherigen Filialen des Sekretariats in Ludwigshafen, Mannheim-Waldhof und Mannheim-Sandhofen. In den ersten Vorstand wurden F. Schmaja als Vorsitzender, J. Gładecki als dessen Stellvertreter, Z.

Die folgenden Jahre waren durch einen langsamen, aber stetigen Anstieg der Ortsgruppen- und Mitgliederzahlen gekennzeichnet. 1931 gab es 62 Ortsgruppen mit 2.234 Mitgliedern, 1932 bereits 67 Ortsgruppen mit 2.993 Mitgliedern. Im Jahr der nationalsozialistischen Machtergreifung stieg die Ortsgruppenzahl auf 73 mit 2.855 Mitgliedern, weitere zwei Jahre später auf 74 Ortsgruppen mit 2.900 Mitgliedern. Bis 1937 stieg die Zahl der Ortsgruppen nicht weiter an, jedoch nahm die Mitgliederzahl auf fast 3.000 (2.956) zu.[8]

Nachdem die polnischen Schulvereine dem oben erwähnten „Sekretariat der polnischen Schulvereine für Westfalen und das Rheinland" unterstellt worden waren, konstituierte sich 1926 das „Patronat der polnischen Schulvereine für Westfalen und das Rheinland", das vor allem die Ziele verfolgte, finanzielle Mittel für Bildungszwecke zu sammeln, alle polnischen Schulvereine in die Bildungsarbeit einzubeziehen, den Unterricht der polnischen Sprache zu propagieren sowie die Regierungsbezirksvereine und das Sekretariat in ihrer Tätigkeit zu unterstützen. Als Gegenleistung wurde den Delegierten derjenigen Vereine und Organisationen, die dem Patronat beitraten, das Recht auf Finanzkontrolle der polnischen Bildungsaktion in Westfalen und im Rheinland zuerkannt.

Die Tätigkeit des Patronats, der einzigen polnischen Organisation dieser Art in Deutschland, wurde durch den sogenannten „Patronatsvertrag", der 1926 zwischen den örtlichen polnischen Organisationen in Westfalen und im Rheinland sowie dem „Bund der polnischen Schulvereine in Deutschland" geschlossen worden war, geregelt und im Jahre 1932 novelliert.[9]

Sobański als Sekretär und M. Spychalski als Schatzmeister gewählt. Vgl. AAN, AB, Sign. 1911, Bl. 147–148.

8 Chałupczak, Szkolnictwo, S. 38.

9 Ebd., S. 37. In der Verwaltung des Patronats hatten Marian Kwiatkowski, Władysław Biedka und Stefan Szczepaniak nacheinander den Vorsitz in den Jahren 1926–1932. Seit dem 15. Oktober 1932 bildeten den Vorstand des Patronats folgende Personen: J. Kałus – Vorsitzender, J. Lewandowski – stellvertretender Vorsitzender, M. Wesołowski – Schatzmeister, Kazimierz Pietrzak – Mitglied. Das Amt des Leiters des Sekretariats Polnischer Schulvereine im Rheinland und in Westfalen übte durchgehend Władysław Wardzyński aus. APP, PZZ, Sign. 111, Bl. 2–3.

3. Polnischunterricht im Rheinland und in Westfalen

In der Zwischenkriegszeit waren die unter der Bezeichnung „szkółki" firmierenden privaten Polnischkurse die wichtigste Möglichkeit für die in den Auswanderungsgebieten lebenden polnischen Kinder, die Sprache ihrer Eltern zu erlernen. Diese Kurse bestanden aus Lese- und Schreibstunden in polnischer Sprache, die manchmal um historische und musikalische Elemente erweitert wurden. In organisierter Form fanden die Stunden ein- bis zweimal wöchentlich nach dem Unterricht in der deutschen Schule statt; sie wurden von Hilfslehrern unter Aufsicht qualifizierter Lehrkräfte gegeben. Für die Unterrichtsorganisation waren in der Regel die polnischen Schulvereine, in Einzelfällen auch die jeweiligen Konsulate der Republik Polen zuständig.[10]

Das größte Angebot an Kursen dieser Art gab es in Westfalen und im Rheinland, in kleinerem Umfang fand der Polnischunterricht auch in Sachsen, Thüringen, in der Lausitz, in Berlin sowie in den polnischen Kolonien um Bremen, Hannover und Hamburg statt. In den ethnisch polnischen Gebieten gab es Polnischkurse nur im Oppelner Schlesien, wo sie nicht nur wie in den Zentren der polnischen Auswanderung für Kinder, sondern auch für Jugendliche organisiert wurden.[11]

Die ersten privaten Polnischkurse wurden bereits 1918 in Gelsenkirchen organisiert. Nachdem die deutschen Schulbehörden 1919 die Arbeitsverhältnisse der Lehrer und die Bedingungen zur Raumnutzung in den öffentlichen Schulen geregelt hatten, organisierte die Bildungs- und Schulkommission des Exekutivkomitees der Polen mit Sitz in Bochum rund 260 Privatkurse für über 20.000 Kinder.[12]

---

10 Nach der Definition des Verbandes der Auslandspolen wurde jeder Gruppenunterricht in Polnisch, Geschichte, Geographie und Landeskunde Polens, Religion oder in einem anderen Fach für Kinder und Jugendliche unter 18 Jahren, als Kurs angesehen, wenn die Lehrstunden nicht Bestandteil des Unterrichts in einer Schule mit Polnisch als Unterrichtssprache waren, in: AAN, AB, Sign. 1960, Bl. 36.

11 Chałupczak, Kursy języka polskiego – zasady organizacyjne i funkcjonowanie na terenie Niemiec w okresie międzywojennym, in: Rocznik Polonijny 3–4, 1982–1983, S. 65–89.

12 S. Szczepaniak, Dzieje Polonii Westfalsko–Nadreńskiej, Teil 2, in: Kwartalnik Opolski 1, 1960, S. 176. Siehe auch: AAN, AB, Sign. 2053, Bl. 179: Sprawozdanie z rocznego zebrania Komitetu Wykonawczego Polaków w Niemczech odbytego dnia 19 marca 1922 roku w sali p. Krafta w Bochum.

In der Zeit der Rückwanderung der Polen wurde das System des auf den Nachmittagskursen beruhenden Polnischunterrichts fast vollständig aufgelöst. Im März 1922 gab es nur noch 87 Kurse mit 7.927 Kindern, 1923 fand kein Polnischunterricht in dieser Form im Ruhrgebiet mehr statt. Neben der Auswanderung vieler polnischer Aktivisten nach Frankreich, die zu einem Mangel an Lehrern und Organisatoren im polnischen Bildungswesen führte, trug die Verlängerung der Arbeitszeit im Bergbau und in der Metallindustrie auf neun bis elf Stunden täglich zu diesem Zusammenbruch bei, denn nun mußten viele Hilfslehrer ihre Bildungsarbeit einstellen.[13]

Nachdem die Migrationprozesse der ersten Nachkriegsjahre abgeschlossen waren, suchte der dritte Bezirk des Bundes der Polen nach neuen Möglichkeiten, den Erwerb der Muttersprache zu sichern. Im Schuljahr 1923/1924 wurden in Essen, Oberhausen I und II sowie in Hamborn, Hamborn-Bruckhausen und Lintfort sechs Kurse organisiert, die bei schwankender Teilnehmerzahl im Schnitt von 20 bis 30 Kindern besucht wurden. Die örtliche polnische Bevölkerung unterstützte zwar diese Kurse, doch fehlte es oft an der Grundausstattung von den Tafeln über die Kreide bis hin zu Tischen und Bänken. Das polnische Konsulat in Köln stellte Lehrkräfte für die Kurse in Kalk, Mannheim, Köln, Moers und Mundenheim. Die damit verbundenen Kosten trug ein am Konsulat gebildeter Wohlfahrtsverein, der sich aus Spenden finanzierte. Im März 1924 erhielten in fünf der genannten Ortschaften rund 180 Kinder Polnischunterricht.

Diese Bildungsaktivitäten wurden 1925 erheblich intensiviert, als die vier Schulvereine für die Regierungsbezirke Arnsberg, Düsseldorf, Münster und Köln, später dann das Sekretariat der Polnischen Schulvereine für Westfalen und das Rheinland sowie das Polnische Schulpatronat gegründet wurden. Die Herausbildung dieser Strukturen, die sich ausschließlich mit Schul- und Bildungsaufgaben befaßten, ermöglichte die Koordinierung dieser Aufgaben und erleichterte es, die notwendigen finanziellen Mittel aufzubringen.

Im Mai 1925 gestatteten die deutschen Behörden die Einrichtung von fünf regulären Kursen für etwa 450 Kinder und stellten entsprechende Räumlichkeiten in öffentlichen Schulen zur Verfügung.[14] Das System der Nachmittagskurse entwickelte sich im Jahre 1928 besonders schnell.

---

13 AAN, AB, Sign. 1842, Bl. 457: Polacy w Nadrenii, ich liczba, rozsiedlenie jako też rozwój ich życia organizacyjnego i narodowego (Bericht des Konsulats der Republik Polen in Köln vom 18. Oktober 1924).

14 AAN, AB, Sign. 2019, Bl. 22–23.; Sign. 1842, Bl. 457.

Hatte es 1926/27 noch 14 Kurse für 828 Kinder gegeben, waren es am 1. November 1928 bereits 50 Kurse für 2.411 Schüler. Im Regierungsbezirk Arnsberg gab es 18 Kurse für 786 Kinder, in Düsseldorf 20 Kurse für 1.139 Kinder, in Münster neun Kurse für 420 Schüler und in Köln immerhin drei Kurse für 66 Kinder. Die Schülerzahlen entsprachen in ihrer Relation der Anzahl der in den Regierungsbezirksschulvereinen tätigen Eltern.[15]

Zu Beginn der 1930er Jahre wuchs die Zahl der Kurse und der am Polnischunterricht teilnehmenden Kinder auf Grund der regen Tätigkeit der Schulvereine. 1930 gab es 57 Kurse für 2.489 Kinder, 1931 blieb die Anzahl der Kurse konstant, doch wurden nun schon 3.682 Kinder unterrichtet. 1932 war bei leicht erhöhter Kurszahl (62) wieder ein Absinken der Schülerzahl zu verzeichnen, die nun bei 2.994 Kindern lag. In den folgenden Jahren veränderte sich die Zahl der Kurse kaum noch, doch die Schülerzahlen gingen deutlich zurück. Nach der vom Sekretariat selbst erstellten Statistik gab es am 1. April 1933 in Westfalen und im Rheinland insgesamt 68 Kurse für 3.139 Kinder, wovon 35 mit 1.695 Schülern auf Westfalen und 33 Kurse mit 1.444 Kindern auf das Rheinland entfielen. Zwei Jahre später besuchten dort noch 2.189 Kinder 66 Kurse, wobei 1.165 Schüler in 33 westfälischen Kursen und 1.024 Kinder in 33 Kursen im Rheinland polnisch lernten. 1937 waren 65 Bildungsstätten für 1.643 Kinder aktiv, und im Juli 1939 besuchten immerhin noch rund 1.500 Kinder 64 Kurse.[16]

In der zweiten Hälfte der 1930er Jahre gelang es trotz des polnischen Engagements nicht, den rückläufigen Trend der Schülerzahlen aufzuhalten. Dieser ergab sich vor allem aus der Politik des deutschen Staates und aus dem Streben der Regierung, alle Bildungseinflüsse nach nationalsozialistischem Muster gleichzuschalten. Wesentlich trugen dazu auch finanzielle Schwierigkeiten der polnischen Schulvereine bei, die den Polnischunterricht veranstalteten und im Bildungsbereich tätig waren.[17]

Die Effektivität der Kurse wurde durch verschiedene Faktoren bestimmt. Ein Problem war vor allem der Mangel selbst an gering qualifizierten Hilfslehrern. Außerdem war das Netz von Kindergärten nicht flächendeckend. Dazu kamen mangelndes Interesse der Eltern, ihre Kinder

---

15 APP, PZZ, Sign. 224, Bl. 20.
16 Ebd.; AAN, AB, Sign. 2053, Bl. 179; Sign. 1901, Bl. 20; Sign. 1928, Bl. 68.
17 H. Chałupczak, II Rzeczpospolita a mniejszość polska w Niemczech, Poznań 1992, S.106ff.

im polnischen Geiste zu erziehen sowie Unstimmigkeiten innerhalb der polnischen Bewegung insgesamt.

Die Polnischkurse konnten von jedem besucht werden, es gab keine Einschränkungen seitens der deutschen Behörden hinsichtlich der Nationalität der Teilnehmer. Der Besuch der Kurse war freiwillig und erforderte keine behördliche Zulassung. Allerdings durfte nur ein polnischer Schulverein als Veranstalter des Unterrichts agieren, der in das örtliche Vereinsregister eingetragen war. Für die privaten Kurse galten in den meisten Fällen die Vorschriften über den Fremdsprachenunterricht, so daß sie einer entsprechenden Genehmigung der zuständigen Behörden für die Betreuung der Kinder bedurften.

Die Kurse waren in Unter-, Mittel- und Oberstufe gegliedert, wobei das Sprachniveau der Schüler für die Einstufung ausschlaggebend war. In der Unterstufe, die eher Kindergartencharakter hatte, waren kaum oder keine Polnischkenntnisse vorhanden, so daß der Unterricht in Form einer Unterhaltung mit spielerischen Elementen erteilt wurde und das Ziel verfolgte, das Interesse der Kinder für alles Polnische zu wecken. Erst in der Mittelstufe wurde das Lesen und Schreiben in polnischer Sprache gelehrt, wobei die Unterrichtssprache Deutsch war. In der Oberstufe wurden den Schülern Geschichts- und Geographiekenntnisse über Polen vermittelt, und der Unterricht wurde fast nur noch auf Polnisch gehalten.

Dabei leiteten überwiegend Lehrer mit unzureichenden Qualifikationen diese Kurse; die Schulvereine stellten rund 30 Hilfs- und zwei Fachlehrer ein. Eine sehr große Rolle in der Bildungstätigkeit spielte der vollausgebildete Lehrer Władysław Kostencki, der 1927 als Leiter der pädagogischen Abteilung des Sekretariats eingestellt wurde. Es war unter anderem sein Verdienst, daß die Zahl der Polnischstunden in den einzelnen Orten deutlich stieg. Seit 1928 wurden die meisten Kurse mit vier oder sogar mehr Wochenstunden angeboten; der Durchschnitt lag bei 3,7 Stunden.[18] Unter Kostenckis Leitung wurden auch pädagogische Kurse für diejenigen veranstaltet, die im Bildungssektor tätig werden wollten.[19]

So waren die Privatkurse, die „szkółki", die wesentliche Form des Erwerbs der polnischen Sprache für polnische Kinder im Rheinland bezie-

18 APP, PZZ, Sign. 224, Bl. 20.
19 Kostenckis Aufgaben bestanden u.a. in der „Aufsicht über das Bildungsniveau in den Privatkursen, der Vorbereitung neuer Lehrkräfte sowie der Intervention bei der lokalen deutschen Verwaltung, z.B. wegen des Erwerbs der Schulräume oder der Genehmigung neuer Kurse", vgl. AAN, AB, Sign. 1901, Bl. 112.

hungsweise in Westfalen. Trotz mancher Unzulänglichkeiten wurden beachtliche Ergebnisse erzielt. Diese schlagen sich in interessanter Weise in einer Umfrage nieder, die 1932 K. Czerwiński, der Leiter der pädagogischen Abteilung des Sekretariats, durchführte. Die Umfrage sollte Ideale und Zukunftspläne polnischer Kinder in Erfahrung bringen, um den Bemühungen der Lehrer in den Privatkursen eine entsprechende Richtung zu geben. Czerwiński wertete Fragebögen von über 400 Kindern im Alter zwischen neun und 14 Jahren aus. Auf die Frage „Wo möchtest du leben?" antwortete mit über 90% eine überwältigende Mehrheit der Schüler, daß sie in Polen leben wollten. Von den Kindern, die lieber in Deutschland bleiben wollten, waren 16,3% neun Jahre alt, 12,9% waren zehn, 7,8% zwölf, 6,8% waren 13 Jahre alt. 7,2% der wenigen Bleibewilligen stammten aus der Gruppe der mit 14 Jahren ältesten Befragten. Daß der Polnischunterricht in den Kursen einen starken Einfluß auf den Wunsch der Kinder, in Polen leben zu wollen, nahm, zeigen die Leistungen der neugegründeten Kurse in Ahlen und Dahlhausen beispielhaft. Von den polnischen Schülern Ahlens wollten 19 von 37 Kindern in Polen leben, also 51%.[20]

Die Umfrageergebnisse wurden auch dazu genutzt, die Schwachstellen dieser Unterrichtsform zu ermitteln. Auf die Frage, wem sie ähnlich sein wollten, antworteten die Kinder mit der Nennung von Personen aus ihrer nächsten Umgebung wie Eltern und Lehrer (48%), eine ganze Reihe nannte die Namen diverser Heiliger (22%) oder verschiedener historischer Heldengestalten (13%). Nur wenige (7%) verfielen in diesen Jahren auf Filmschauspieler oder Sportler oder gar auf Musiker und Schriftsteller (2%). Damit sah nahezu die Hälfte der Befragten ihre Eltern, Verwandten oder Lehrer als Vorbilder. 13% der Befragten benannten historische polnische Persönlichkeiten. Czerwiński gelangte daher zu dem Schluß, daß im Unterricht historische Kenntnisse mehr Gewicht haben sollten, den Kindern aber auch zeitgenössische Gestalten des polnischen Sports, aber auch aus der Welt des Films, der Musik und des Theaters nahezubringen seien.[21] Offenbar ermöglichte die regelmäßige Teilnahme am Polnischunterricht nicht nur das Erlernen des Polnischen, sondern auch den Erwerb von Kenntnissen in der polnischen Geschichte und Kultur. Auch Sitten

---

20 Chałupczak, Kursy, S. 88.
21 Ebd. siehe auch: Biblioteka Narodowa w Warszawie (Nationalbibliothek in Warschau): I. Chodera, Ze wspomnień nauczycielki polskiej z Westfalii – Nadrenii, (maschinenschriftliches Manuskript o.O. o.J.).

und Gebräuche, einschließlich der heimatlichen Volkslieder, wurden den Schülern beigebracht. Dies bestätigt auch der Umstand, daß viele Teilnehmer der Privatkurse sich später entschlossen, ihre schulische Laufbahn in den polnischen Gymnasien Beuthens oder Marienwerders fortzusetzen.[22]

4. Private Kindergärten im Rheinland und in Westfalen

Die von polnischen Schulvereinen unter der Leitung des Sekretariats der polnischen Schulvereine angebotene Bildungstätigkeit für die polnische Minderheit in der hier behandelten Region konzentrierte sich zunächst auf die Privatkurse. Erst 1927, als die polnische Nationalbewegung in Deutschland ihre Prioritäten neu definierte und die Gesandtschaft der Republik Polen in Berlin entsprechende Richtlinien erließ, begannen auch Vorbereitungen zur Gründung einer Art Kindergärten bzw. -tagestätten, die im Polnischen als „ochronki" bezeichnet wurden.

Diese waren anfangs als private Einrichtungen konzipiert, in denen die Kinder nur ein- bis zweimal in der Woche betreut werden sollten; sie waren als Etappe und Grundstein auf dem Weg zu künftigen Vollzeitkindergärten gedacht.[23] Das Sekretariat veranstaltete in Absprache mit dem dritten Bezirk des Polenbundes und insbesondere mit den im Verband tätigen Abteilungen der Polinnen vier Fortbildungskurse für Frauen, die bei sich zu Hause solche vorläufigen „ochronki" organisieren wollten. An diesen Kursen nahmen 39 Frauen teil, darunter 23 aus Westfalen und 16 aus dem Rheinland. Unterrichtet wurden die Grundzüge der körperlichen Entwicklung der Kinder, die Leitung von Sprachübungen und Spielen mit Musik sowie die praktische Umsetzung des Unterrichtsplanes.[24]

Ein großer Erfolg war die Eröffnung eines polnischen Kindergartens am 30. Juni 1931 in Wanne-Eickel. Dessen Leiterin, Wanda Becker aus Oberhausen, hatte ein deutsches Seminar für Kindergärtnerinnen absolviert. Ihr zur Seite stellte man Wanda Brodawiak, die in Warschau einen Ausbildungskurs zur Kindergärtnerin gemacht hatte. Darüber hinaus wurde ein Elternrat gegründet, der gemeinsam mit dem Sekretariat die Aufsicht über den Kindergarten führte. Am Eröffnungstag wurden 40 Kinder angemel-

22 H. Chałupczak, Szkolnictwo, S. 195ff.
23 Die erhaltenen Dokumente geben keine Auskunft darüber, ob, wo und in welchem Ausmaß in diesem Jahr solche Versammlungen stattfanden.
24 Die Kurse fanden am 18. und 24. November 1927 in Hamborn sowie am 21. und 25. November desselben Jahres in Wanne-Eickel statt, vgl. AAN, AB, Sign. 1954, Bl. 19–20.

det; im November dieses Jahres besuchten 44 Kinder aus 35 polnischen Familien den Kindergarten.[25]

Die polnische Nationalbewegung mit dem Polenbund in Deutschland und dem Bund der polnischen Schulvereine in Deutschland an der Spitze betrachtete die Eröffnung dieses gut besuchten Kindergartens als Auftakt zu weiteren Aktivitäten im Bildungsbereich. Allerdings kam die weitere Entwicklung durch finanzielle Schwierigkeiten und die veränderte Haltung vieler Polen zur Frage der Förderung nationaler Traditionen nach der Machtergreifung der Nationalsozialisten zum Erliegen. Dieser einzige Kindergarten in der Region wurde nach nur dreijähriger Tätigkeit wieder geschlossen.[26] Mehr Erfolg hatten das Sekretariat und die im Ruhrgebiet tätigen polnischen Schulvereine bei der Organisation von Kindergruppen, von denen bereits 1931 vier in Duisburg, Barop, Wanne-Eickel und Sterkrade entstanden. Hier fand Unterricht im Umfang von zwei bis drei Stunden in der Woche in den Räumlichkeiten verschiedener Restaurants statt; das Lehrprogramm umfaßte neben Polnisch- und Musikunterricht auch Spielelemente, ebenso wie das Erlernen von Gedichten und des „Vaterunser" in polnischer Sprache. An den Gruppentreffen nahmen in der Regel bis zu 20 polnische Kinder teil. Die Schulvereine stellten die notwendigen Lehrmaterialien, Bücher und Spielzeug zur Verfügung. Der Konsul der Republik Polen in Essen gelangte freilich zu dem Schluß, daß diese Form bildend-erzieherischer Tätigkeit im Vergleich zu den Vollzeitkindergärten ausgesprochen bescheidene Ergebnisse hervorbrachte, konnten die Kinder doch hier das Polnische kaum bis zur Fehlerlosigkeit erlernen. Da jedoch auf polnischer Seite der Kleinkindererziehung große Bedeutung beigemessen wurde, betrieben das Sekretariat und die in ihm organisierten Gesellschaften mit Unterstützung des polnischen Konsulats in Essen ab 1932 verstärkt die Gründung von Kindergruppen in Privathäusern. Den Unterricht führten entsprechend geschulte Polinnen, die sich verpflichteten, einmal in der Woche Kleinkinder aus ihrer nächsten Umgebung zu betreuen.

---

25 AAN, AB, Sign. 1955, Bl. 112; AAN, Ministerstwo Spraw Zagranicznych (MSZ), Sign. 10747, Bl. 37.

26 Die Kosten der Eröffnung des Kindergartens in Wanne-Eickel beliefen sich auf 637,71 Mk; seine Unterhaltung kostete im Monat – einschließlich der Gehälter für die Kindergärtnerinnen – 325 Mk. Die von den Eltern bezahlten Gebühren reichten selbst für die Miete nicht aus, vgl. ebd.

Im Oktober und November 1932 gelang es in acht Ortschaften, derartige Gruppen zu organisieren, die von über 100 Kindern besucht wurden.[27]

Die Quellenlage erlaubt es nicht, dieses Netz von Kindergruppen vollständig zu dokumentieren. Anscheinend existierten zu keinem Zeitpunkt mehr als zehn solcher Gruppen; 1936 gab es je eine in Bottrop mit 28 Kindern, in Oberhausen mit 17, in Rotthausen mit 16, in Rheinhausen mit 13, in Marxloh mit 23 und in Ahlen mit zwölf Kindern. So wurden insgesamt 109 Kinder betreut; im Dezember 1936 sank die Zahl der privaten Kindergruppen auf vier.[28]

5. Zusammenfassung

Polnische Schulvereine, die Privatkurse und Kindergruppen in Westfalen und im Rheinland organisierten und betreuten, verfolgten vor allem das Ziel, die Verbundenheit zur Heimat der Eltern und zur polnischen Sprache bei den Kindern zu wecken. Die Schüler sollten das Polnische nach Möglichkeit in Wort und Schrift beherrschen, wobei sie an die polnische Literatur und Presse herangeführt werden sollten. Diese in Deutschland aufwachsenden Generationen junger Polen sollten mit polnischen Bräuchen, der nationalen Tradition und Volks- und Kirchenliedern vertraut gemacht und auf diesem Wege auf eine spätere aktive Mitwirkung im Leben der polnischen Minderheit in Deutschland vorbereitet werden.

Dabei erfaßten die geschilderten Formen des Polnischunterrichts im Rheinland und in Westfalen nur einen geringen Prozentsatz polnischer Kinder. Nach Schätzungen erlernte dort im Jahr 1924 nur 1% aller polnischen Kinder die Sprache ihrer Eltern, 1928 hingegen 15%, 1931, in der Blütezeit des polnischen Bildungswesens etwa 20% der Kinder, um 1935 wieder auf 12% bzw. 1939 auf 8% aller Kinder zu fallen. In der untersuchten Region gab es sowohl private Kurse als auch Kindergärten hauptsächlich dort, wo auch größere polnische Siedlungsenklaven zu finden waren und wo die Schulvereine und das polnische Konsulat in Essen entsprechend wirkten. Erfaßt wurde nur ein kleiner Teil katholischer Kinder von Eltern mit polnischer Staatsangehörigkeit; Nichtkatholiken wie die Masuren und Juden blieben von diesen Bildungsmöglichkeiten ausgeschlossen. Im Vergleich zu allen polnischen Siedlungsgebieten in Deutschland ist festzuhalten, daß der

27 APP, PZZ, Sign. 121, Bl. 3.
28 AAN, AB, Sign. 1873, Bl. 58.

Prozentsatz der am Polnischunterricht teilnehmenden polnischen Kinder in Westfalen und im Rheinland am größten war. Es ist auch hervorzuheben, daß ein erheblicher Teil des Polnischunterrichts in den Einwanderungsgebieten nur aus den Mitgliedsbeiträgen der polnischen Schulvereine finanziert werden konnte. In der behandelten Region betrug dieser Kostenanteil zu Beginn der 1930er Jahre etwa 20 bis 30% der Gesamtausgaben. In den Grenzregionen wurde das polnische private Schulwesen fast ausschließlich aus finanziellen Mitteln der Republik Polen gefördert, die von der polnischen Regierung, insbesondere vom Außenministerium, vom Ministerium für Religiöse Konfessionen und Volksaufklärung und von der Wojewodschaft Oberschlesien bereitgestellt wurden, aber auch von verschiedenen Organisationen wie dem Polnischen Westverband, dem Weltbund der Auslandspolen, dem Komitee für kulturelle Hilfe für das Oppelner Schlesien und der Adam-Mickiewicz-Gesellschaft für die kulturelle Betreuung der Auslandspolen sowie nicht zuletzt von der Stiftung für das polnische Schulwesen im Ausland und diversen Selbstverwaltungsorganisationen.[29]

Aus dem Polnischen übersetzt von Dominika Zaręba

29 Chałupczak, II Rzeczpospolita, S. 106ff; ders., Zasady i formy wspierania szkolnictwa i oświaty polskiej w Niemczech w latach międzywojennych, in: Przegląd Historyczno-Oświatowy 4, 1987, S. 419–466. Im Rheinland und in Westfalen galt die Regel, daß Eltern, die ihre Kinder zum Polnischunterricht schickten, Mitglieder der Gesellschaft sein mußten und entsprechende Beiträge zu zahlen hatten. Zu Beginn der 1930er Jahre hatten die hier tätigen Gesellschaften über 2.000 Mitglieder, die insgesamt etwa 10.000 Mk an Beiträgen zahlten. Bei den Beitragszahlern wurde differenziert nach männlichen Mitgliedern im Berufsleben, die monatlich 0,50 Mk entrichteten, weiblichen Mitgliedern mit 0,25 Mk im Monat sowie, während der Wirtschaftskrise, arbeitslosen männlichen Mitgliedern, die gleichfalls 0,25 Mk pro Monat zahlten. 1931–1932 hatten die Schulvereine 2.234 Mitglieder und nahmen aus den Beiträgen 11.406 Mk (22,6% der Gesamteinnahmen) ein; 1932–1933 hatten sie bereits 2.993 Mitglieder und sammelten rund 12.000 Mk (ca. 28% der Gesamteinnahmen). Der Finanzierung der Bildungstätigkeit in der Region sollte auch die Gründung des bereits erwähnten Schulpatronats dienen. Dessen Beiträge brachten jedoch nur geringe Summen ein. Die Gesamteinnahmen beliefen sich 1931–1932 auf 50.446,27 Mk, wovon nur 150 Mk aus Beiträgen stammten (Einzahlungen dreier Organisationen von jeweils 50 Mk). Im folgenden Jahr stammten aus dieser Einnahmequelle 235 Mk bei Gesamteinnahmen des Sekretariats von 42.068,11 Mk. Den größten Anteil an den Kosten trug der Verband polnischer Schulvereine in Deutschland, der die Zuschüsse je nach Zahl der Kurse und deren Frequenz verteilte. Sie wurden für Verwaltungskosten, Lehrer- und Kindergärtnerinnengehälter u.ä. ausgegeben. Ein durchschnittlicher Zuschuß zum Kurs betrug 1932 ca. 311 Mk, also etwa 10 Mk pro Kind. Die meisten Subventionen des Verbandes waren für die Verwaltung und für die Hilfslehrer bestimmt. Einen Teil des Gesamtfinanzbedarfs der Kurse trugen die Bezirksschulvereine selbst, die über 25% aller Beitragsgelder verfügten.

Britta Lenz

„Polen deutsche Fußballmeister"?
Polnischsprachige Einwanderer im
Ruhrgebietsfußball der Zwischenkriegszeit

1. Einleitung

Ein Bereich, in dem sich die Ruhrpolen tief in das Gedächtnis des Ruhrgebiets eingeprägt haben, ist der Sport. Das Beispiel des FC Schalke 04 als „Polacken- und Proletenverein" mit seinen unvergessenen Fußballidolen Ernst Kuzorra und Fritz Szepan ist den meisten Menschen im Ruhrgebiet bis heute ein Begriff.

Im folgenden wird der Sport als Lebensbereich der polnischen und polnischsprachigen Einwanderer im Ruhrgebiet betrachtet. Stellenwert und Bedeutung des Fußballsports für die Ruhrpolen sollen dabei im Mittelpunkt stehen. Der Untersuchungszeitraum fällt zusammen mit dem Aufstieg des Fußballs zu einem Volkssport nach dem Ersten Weltkrieg. Weite Teile der Arbeiterschaft im Ruhrgebiet wurden davon erfaßt. Auch die ruhrpolnischen Arbeitsemigranten gehörten dazu.

Im Mittelpunkt steht die Frage, inwieweit das „Fußballfieber" nach dem Ersten Weltkrieg auch die Ruhrpolen ergriff und welche Auswirkungen dies auf die bisherigen (Sport-)Organisationen der Ruhrpolen hatte. Dabei soll sowohl untersucht werden, welche Rolle die Ruhrpolen innerhalb des organisierten Ruhrgebietsfußballs spielten, als auch umgekehrt nach der Bedeutung des Fußballs für die Ruhrpolen gefragt werden.

Bisher liegen zu diesen Fragestellungen nur wenige Arbeiten vor. Insgesamt konzentrieren sich die vorliegenden Darstellungen zur sportlichen Betätigung der Ruhrpolen in erster Linie auf die nationalpolnische Sokół-Bewegung im Ruhrgebiet und ihre Organisationsentwicklung. Hierzu existieren insbesondere Veröffentlichungen von Diethelm Blecking und Bernhard Woltmann.[1] Den Schwerpunkt dieser Untersuchungen bildet dabei

---

1   Diethelm Blecking, Die Geschichte der nationalpolnischen Turnorganisation „Sokół"
     im Deutschen Reich 1884–1939, Dortmund 1987; ders., Ethnische Vergemeinschaftung im Sport – das Beispiel der Ruhrpolen, in: ders. (Hg.), Die slawische Sokolbewe-

jedoch der Zeitraum vor dem Ersten Weltkrieg, eine Zeit, die vornehmlich durch die Verbindung von Turnen und Nationalbewegung geprägt wurde. Die weitere Entwicklung wird dagegen kaum behandelt.

In der Sportgeschichte des Ruhrgebiets finden die Ruhrpolen meist nur am Rande Erwähnung. Ausnahmen stellen die Veröffentlichungen von Siegfried Gehrmann dar, der in einigen Aufsätzen die Rolle der Masuren im Ruhrgebietsfußball am Beispiel des FC Schalke 04 untersucht.[2] Darüber hinaus finden sich lediglich Verweise auf das spezifische Milieu, geprägt durch starke Zuwanderung aus dem Osten, in denen Fußballvereine im Ruhrgebiet ihren Aufstieg nahmen; dabei wird gelegentlich auf die Vereinsgeschichte des FC Schalke 04 verwiesen. Neuere Erscheinungen zur Geschichte des Ruhrgebietsfußballs räumen der Rolle der Zuwanderer größeren Stellenwert ein, so zum Beispiel die 2003 erschienene Arbeit „Im Land der tausend Derbys" oder auch neuere Veröffentlichungen zur Geschichte von Borussia Dortmund und dem FC Schalke 04.[3] Eine systematische Erforschung der Rolle der Ruhrpolen im Ruhrgebietsfußball steht bisher jedoch aus.

Dieser Beitrag erhebt nicht den Anspruch, die beschriebene Forschungslücke zu schließen, da ihm weder intensive Recherchen in Vereins- und Kommunalarchiven noch eine umfangreiche Auswertung der deutschen und polnischen Presse im Ruhrgebiet und insbesondere der Sportpresse

gung. Beiträge zur Geschichte von Sport und Nationalismus in Osteuropa, Dortmund 1991, S. 164–174; ders., Polen Türken Sozialisten. Sport und soziale Bewegung in Deutschland, Münster 2001; Bernhard Woltmann, Die polnische Sokolbewegung im Ausland, in: Blecking, Diethelm (Hg.), Die slawische Sokolbewegung. Beiträge zur Geschichte von Sport und Nationalismus in Osteuropa, Dortmund 1991, S. 136–144; ders., Die polnische Sportbewegung in Deutschland zur Zeit der Weimarer Republik, in: Stadion. Zeitschrift für Geschichte des Sports und der Körperkultur 7, 1981, S. 211–223.

2   Siegfried Gehrmann, Fußball im Ruhrgebiet. Zur Bedeutung einer populären Sportart für die gesellschaftliche Integration von Zuwanderern aus dem Osten 1900–1940, in: Westfälische Forschungen 47, 1997, S. 479–495; ders., Masuren im Ruhrgebiet. Polacken und Proleten und der Mythos des FC Schalke 04. Anmerkungen zu Problemen gesellschaftlicher Integration am Beispiel eines Sportvereins, in: W. Ludwig Tegelbeckers/Dietrich Milles (Hg.), Quo vadis, Fußball? Vom Spielprozeß zum Marktprodukt, Göttingen 2000, S. 85–101.

3   Hartmut Hering (Hg.), Im Land der tausend Derbys. Die Fußball-Geschichte des Ruhrgebiets, Göttingen 2003; Georg Röwekamp, Der Mythos lebt. Die Geschichte des FC Schalke 04, 3. akt. und erw. Aufl., Göttingen 1996; Dietrich Schulze-Marmeling, Die Geschichte von Borussia Dortmund, Göttingen 2002.

vorangegangen sind. Er stellt eher eine Bestandsaufnahme dar, welche die einschlägige Literatur zu den Ruhrpolen und ihrer Turn- und Sportorganisation sowie die entsprechende Literatur zur Sportgeschichte und insbesondere der Fußballgeschichte des Ruhrgebiets und seiner Vereine ausgewertet hat. Darüber hinaus wurde vereinzelt Material aus dem Hauptstaatsarchiv Düsseldorf hinzugezogen und eine Sichtung der Berichterstattung ausgewählter Jahrgänge der Zeitschrift *Kicker* vorgenommen. Auf dieser Basis sollen erste Thesen formuliert und weitere Desiderata der Forschung aufgeworfen werden.

2. Fußballsport im Ruhrgebiet nach dem Ersten Weltkrieg – Der Aufstieg zum Massensport

Der Fußballsport in Deutschland nahm seine Anfänge, wie in den meisten Ländern, als ein bürgerlicher Sport, der zunächst vor allem von Schülern höherer Schulen und Studenten gepflegt wurde. Englische Kaufleute, Unternehmer, Studenten und Schüler brachten das Fußballspiel nach Deutschland.[4] An deutschen Schulen wurde das Spiel zunächst als eine Freizeitbeschäftigung eingesetzt, die die Schüler vom Alkohol- und Tabakkonsum abhalten sollte. Auch ins Ruhrgebiet hielt der Fußball über die Schulen Einzug. 1883 führte eine Duisburger Oberschule das Fußballspiel im Rahmen ihrer Spielenachmittage ein.[5] Die ersten beständigen Fußballvereine gründeten Schüler im letzten Jahrzehnt des 19. Jahrhunderts. Beispiele im Ruhrgebiet sind hier der Wittener FC 92, der Dortmunder Sportclub 95 oder auch Spiel und Sport Schalke.[6] Schon bald kamen aber die Erwachsenen mit dem Spiel in Kontakt und auch innerhalb der bestehenden Turnvereine verbreitete sich das Fußballspiel. So entstanden Fußballabteilungen in Turnvereinen ebenso wie eigenständige Fußballvereine. Bereits 1898 wurde in Düsseldorf mit dem Rheinischen Spielverband ein Vorgänger des Westdeutschen Spielverbandes unter Beteiligung erster Vereine aus dem Ruhrgebiet gegründet.[7] 1900 folgte die Gründung des

---

4   Vgl. Christiane Eisenberg, Deutschland, in: dies. (Hg.), Fußball, soccer, calcio. Ein englischer Sport auf seinem Weg um die Welt, München 1997, S. 95f.

5   Vgl. Hering (Hg.), Im Land, S. 29.

6   Vgl. ebd., S. 29ff.

7   An der Gründung waren die Spielabteilung des Duisburger Turnvereins 1848 und der Dortmunder Fußballklub 1895 beteiligt. Vgl. Uwe Wick/Markus Fieseler, 100 Jahre Fußball im Westen. Zwischen Alm, Wedau und Tivoli. Das Buch zum Jubiläum des

Deutschen Fußball-Bundes.[8] Der Großteil der Fußballvereine war vor dem Ersten Weltkrieg jedoch nicht in einem Verband organisiert.[9] Bis zum Ersten Weltkrieg blieb das Fußballspiel in erster Linie den bürgerlichen Mittelschichten vorbehalten. In den Fußballvereinen traf man auf Gymnasiasten und Studenten, aber auch auf Unternehmer, Freiberufler, Kaufleute und vor allem Angestellte, die hier den Anschluß an die bürgerliche Gesellschaft suchten.[10] Arbeitern fehlte neben Zeit und Geld auch schlichtweg die Gelegenheit mit diesem modernen Sport in Berührung zu kommen.

Nach dem Ersten Weltkrieg änderte sich diese Situation grundlegend. „König Fußball", wie er bald genannt wurde, entwickelte sich zu einem Massensport. Allein der Mitgliederzuwachs des organisierten Fußballsports, der längst nicht alle Fußballaktiven erfaßte, sprach für sich. Hatte der Deutsche Fußballbund 1914 erst 190.000 Mitglieder, so stieg diese Zahl bis zum Beginn des Jahres 1920 auf 470.000 und etwa zehn Jahre später, 1931, waren bereits über eine Million Fußballspielende als Mitglieder im DFB verzeichnet.[11] Mit der Popularisierung begann sich auch die soziale Basis des Fußballs zu verändern. Neben Angehörigen der bürgerlichen Mittelschichten fanden sich immer mehr Arbeiter unter den Aktiven, und es wurden, gerade im Ruhrgebiet, Vereine gegründet, die maßgeblich von Arbeitern getragen wurden.[12]

In der Literatur werden vor allem vier Faktoren für die zunehmende Beteiligung von Arbeitern am Fußballsport ausgemacht. Eine bedeutende Rolle spielten dabei Militär und Krieg.[13] Bereits vor dem Ersten Weltkrieg

Westdeutschen Fußballverbandes, hg. vom Westdeutschen Fußballverband e.V. in Zusammenarbeit mit dem Willibald-Gebhardt-Institut e.V., Kassel 1998, S. 11.

8 Zur Geschichte des Deutschen Fußball-Bundes vgl. Deutscher Fußball-Bund (Hg.), 100 Jahre DFB. Die Geschichte des Deutschen Fußball-Bundes, Berlin 1999.

9 Vgl. Hering (Hg.), Im Land, S. 34.

10 Vgl. Christiane Eisenberg: Vom „Arbeiter"- zum „Angestelltenfußball"? Zur Sozialstruktur des deutschen Fußballsports 1890–1950, in: Sozial- und Zeitgeschichte des Sports 4, 1990, Heft 3, S. 21f.

11 Zahlenangaben nach Erik Eggers, Fußball in der Weimarer Republik, in: Stadion. Zeitschrift für Geschichte des Sports und der Körperkultur 25, 1999, S. 154.

12 Zum zunehmenden Anteil der Arbeiter an den aktiven Fußballspielern vgl. ebd., S. 156ff.; zur Verbreitung des Fußballsports unter der Ruhrgebietsarbeiterschaft und Vereinsgründungen durch Arbeiter vgl. Siegfried Gehrmann, Fußball-Vereine-Politik. Zur Sportgeschichte des Reviers 1900–1940, Essen 1988, S. 51ff.; Hering (Hg.), Im Land, S. 70ff.

13 Vgl. Eggers, Fußball in der Weimarer Republik, S. 159ff.

hatten zunächst die Marine und später auch das Heer den Fußballsport zum Bestandteil ihrer Ausbildung gemacht. Es wurden Kompanie- und Regimentsmannschaften gegründet und Meisterschaften ausgetragen. Im Ersten Weltkrieg wurde der Fußball dann gezielt zur Stärkung der Moral eingesetzt.[14] Auf die Entwicklung des Fußballsports wirkte der Krieg somit als ein Katalysator. Tausende Arbeiter kamen im Krieg erstmals mit dem Fußball in Kontakt und strömten nach dem Krieg in die Vereine oder setzen ihre Aktivität selbstorganisiert fort. Ein zweiter Faktor, der die Beteiligung der Arbeiter am Fußballsport förderte, war die Einführung des Achtstundentages 1919.[15] Auch wenn keine flächendeckende Umsetzung der Arbeitszeitverordnung erfolgte, verfügte doch ein beträchtlicher Teil der Arbeiter im Verlauf der 1920er Jahre über mehr Freizeit. Zusätzlich entstand ein weitverzweigtes Netz staatlicher Sportförderung, das den Vereinen materielle Unterstützung, zum Beispiel bei der Anschaffung von Gerät und Material, zukommen ließ. Der vermehrte Bau städtisch finanzierter Sportanlagen schuf neuen Raum für Vereine mit geringem Eigenkapital.[16] Nicht nur als Aktivensport, sondern auch als Zuschauersport und Bestandteil einer neuen Unterhaltungskultur nahm der Fußball nach dem Ersten Weltkrieg seinen Aufstieg. Hatten vor dem Krieg nur einige Ausnahmespiele fünfstellige Zuschauerzahlen erreichen können, so mehrten sich in den 1920er Jahren Spielberichte mit Zuschauerzahlen in dieser Größenordnung.[17] Deshalb entstanden in jenen Jahren im Ruhrgebiet einige Fußballstadien, die auf derartige Besucherzahlen ausgerichtet waren, beispielsweise das Stadion in Duisburg-Wedau, die Kampfbahn „Rote Erde" in Dortmund und die „Glückauf Kampfbahn" in Schalke.[18] Die Kommerzialisierung des Fußballsports setzte ein. Neben der Tagespresse, die nun regelmäßige Fußballberichterstattung in ihre Ausgaben aufnahm, entstanden eigene Sportzeitungen, von denen 1926 bereits rund 500 publiziert wurden.[19]

---

14 Zum Fußball im Krieg: Eisenberg, Deutschland, S. 103f.
15 Vgl. Gehrmann, Fußball-Vereine-Politik, S. 62f.; Wick/Fieseler, 100 Jahre Fußball, S. 53.
16 Vgl. Gehrmann, Fußball-Vereine-Politik, S. 63ff.
17 Berichte über fünfstellige Zuschauerzahlen finden sich bei Karl Mintenbeck, Es begann 1848. Der Ruhrgebietssport im Spiegel der Presse, Essen 1988, S. 109, 114, 117, 122, 124ff. Zum Zuschaueranstieg vgl. auch Wick/Fieseler, 100 Jahre Fußball, S. 52f.
18 Vgl. Wick/Fieseler, 100 Jahre Fußball, S. 60.
19 Vgl. Eggers, Fußball in der Weimarer Republik, S. 164.

Ab 1925/26 begann auch die Rundfunkübertragung von Fußballereignissen.[20] Beides trug dazu bei, die Popularisierung des Fußballsports zusätzlich voranzutreiben.

Die Verbreitung des Fußballsports in der Arbeiterschaft fand im Ruhrgebiet unter spezifischen Bedingungen statt, die sich aus der besonderen Beziehung von Arbeiten, Wohnen und Leben ergaben. Hierauf wird zu einem späteren Zeitpunkt noch genauer eingegangen werden.

3. Ruhrpolnische Sportaktivitäten in der Weimarer Republik

Für die Betrachtung der sportlichen Aktivitäten der Ruhrpolen nach dem Ersten Weltkrieg sind vor allem zwei Organisationsformen von Bedeutung. Zum einen handelt es sich dabei um die nationalpolnische Turn- und Sportorganisation „Sokół" innerhalb der polnischen Subkultur im Ruhrgebiet. Zum anderen gab es die Beteiligung von Ruhrpolen innerhalb des deutschen Fußballvereins- und Verbandswesens im Ruhrgebiet.

3.1 Die nationalpolnischen Sokółvereine im Ruhrgebiet

Innerhalb des ausdifferenzierten Vereinswesens der Ruhrpolen entstanden zwischen 1899 und 1902 auch nationalpolnische Turnvereine im Ruhrgebiet.[21] Diese sogenannten „Sokółvereine" orientierten sich am gleichnamigen tschechischen Vorbild und stellten eine Verbindung aus Turnen und Nationalbewegung dar. Neben dem Turnen bezweckten sie vor allem die Pflege nationaler Traditionen und Kultur. Sie unterhielten enge Beziehungen nach Posen als einem Zentrum der polnischen Nationalbewegung. Bis 1914 zählten die Sokółvereine im Ruhrgebiet rund 5.500 Mitglieder.[22] Nachdem ein Großteil der Mitglieder zum Kriegsdienst eingezogen worden war, kamen die Aktivitäten jedoch fast gänzlich zum Erliegen. Nach Kriegsende wurden die Sokółvereine im Ruhrgebiet wiederbelebt und konnten bereits 1920 den Mitgliederstand der Vorkriegszeit erreichen. Das Wiederaufleben war jedoch nur von kurzer Dauer, denn bereits ab 1921 verzeichneten die Sokółvereine kontinuierlich sinkende

---

20 Vgl. ebd., S. 164f.
21 Blecking, Die Geschichte, S. 86ff., ders., Ethnische Vergemeinschaftung, S. 167f.
22 Blecking, Ethnische Vergemeinschaftung, S. 170.

Mitgliederzahlen. Für diesen Rückgang lassen sich unterschiedliche Ursachen ausmachen. Zunächst waren hier die gleichen Faktoren wirksam, die auch die Auflösung der nationalen Subkultur der Polen im Ruhrgebiet nach dem Ersten Weltkrieg insgesamt begünstigten. Hierzu zählten die polnische Staatsgründung, die sich verschärfende Nationalitätenauseinandersetzung im Zusammenhang mit der Abstimmung in Oberschlesien, das Optionsverfahren und die Ruhrbesetzung.[23] Die Abwanderung zahlreicher Polen aus dem Ruhrgebiet in den neugegründeten polnischen Staat oder das westliche Ausland wirkte sich stark auf die Mitgliederentwicklung der nationalpolnischen Vereine und so auch der Sokółvereine aus.

Aber auch die Ausbreitung des modernen Sports und insbesondere des Fußballsports trug zur Auflösung der Sokółvereine bei. Spätestens seit 1920/21 begannen die Sokółvereine, die eigentlich Turnvereine waren, mit der Gründung von Fußballabteilungen. Schon bald wurde in etwa 50 Sokółvereinen in Rheinland-Westfalen Fußball gespielt.[24] Bei einer Erhebung der Gemeinden in Rheinland-Westfalen zu den Aktivitäten der Polenvereine im August/September 1920 wurde bereits mehrfach neben dem Turnen das Fußballspiel als Vereinszweck der Sokółvereine angegeben.[25] Beim Bundesfest des polnischen Sokółbundes am 28. August 1921 in Hamborn gehörte auch ein Fußballspiel zum Programm.[26] Es wurden sogar Gauspiele eingerichtet und eine eigene Meisterschaft unter den Sokółvereinen ausgetragen. Die erste Meisterschaftsentscheidung fiel am 18. Dezember 1921 in Recklinghausen zwischen Mannschaften aus Linden und Castrop.[27]

Mit der Einführung des Fußballspiels in den Sokółvereinen war vor allem eine Intention verbunden. Die polnische Jugend im Ruhrgebiet sollte über den Fußball wieder für diese Vereine und damit für eine Mitgliedschaft in einer polnischen Sportorganisation gewonnen werden.[28] Dies läßt

---

23 Oliver Steinert, Das polnische Vereinswesen im Ruhrgebiet 1871–1945, in: Instytut Historyczny Uniwersytetu Wrocławskiego (Hg.), Migracja i integracja jako doświadczenie europejskie na przykładzie niemieckich metropolii w XIX I XX w. Polacy w Zagłębiu Ruhry i Berlinie, Wrocław 1996, S. 113; vgl. auch den Beitrag von Susanne Peters-Schildgen in diesem Band.
24 Blecking, Die Geschichte, S. 195.
25 Hauptstaatsarchiv Düsseldorf, Reg. Düsseldorf, Nr.16021.
26 Vgl. ebd.
27 Vgl. Blecking, Die Geschichte, S. 195.
28 Vgl. ebd.

Rückschlüsse zu auf die Popularität, die der Fußball auch unter polnischen Jugendlichen im Ruhrgebiet bereits erreicht hatte. Fußballvereine waren offensichtlich im Werben um die Mitgliedschaft polnischer Jugendlicher zu wichtigen Konkurrenten für die Sokółvereine geworden. Hinzu kam, daß für die Jugendlichen, die der zweiten oder dritten polnischen Einwanderergeneration angehörten, das polnische Vereinswesen nicht mehr selbstverständlich den Bezugsrahmen bildete. Sie waren im Ruhrgebiet aufgewachsen, sprachen deutsch, zu ihren Freunden in den Zechensiedlungen gehörten auch Deutsche und ihre nationale Bindung an Polen, soweit überhaupt vorhanden, war eher gering. Vor diesem Hintergrund ist die Mitgliedschaft vieler polnischstämmiger Einwanderer in deutschen Vereinen nach dem Ersten Weltkrieg zu erklären.[29]

Die Einführung des Fußballspiels in den Sokółvereinen, die dieser Entwicklung entgegensteuern sollte, war durchaus umstritten. Es wurden Befürchtungen laut, der Fußball könnte eine desintegrierende Wirkung entfalten.[30] Besonders sollte eine Verselbständigung der Fußballabteilungen verhindert werden, da diese den Auflösungsprozeß der Sokółvereine nur zusätzlich verstärkt hätte.

Die Sokółfußballer blieben im Ruhrgebietsfußball aber zahlenmäßig unbedeutend. Hatten die Sokółvereine 1924 noch 1.227 Mitglieder, darunter nur 460 Aktive in 45 Vereinen, die längst nicht alle mit dem Fußball beschäftigt waren, so zählte der Westdeutsche Spielverband Anfang 1925 bereits 250.000 Mitglieder in 1.700 Vereinen.[31]

Im Januar 1927 zogen die Sokółvereine auf einer Delegiertenversammlung in Altenessen die Konsequenz aus dem gravierenden Mitgliederschwund und beschlossen eine Umwandlung in den „Verband der Turn- und Sportvereine in Westfalen und im Rheinland". Eine der angeführten Begründungen für diesen Schritt stand unmittelbar mit dem Fußball in Verbindung. So waren die Sokółvereine, die für viele Deutsche im Verdacht standen, verdeckt militärische Übungen durchzuführen, von deutschen Fußballvereinen mit einem Wettkampfboykott belegt. Dieser Boykott sollte durch die Umwandlung des Verban-

---

29 Zur Mitgliedschaft von Polen in deutschen Sportvereinen im Ruhrgebiet vgl. Woltmann, Die polnische Sportbewegung, S. 318.

30 Vgl. Blecking, Die Geschichte, S. 195f.

31 Angabe der Mitgliederzahlen der Sokółvereine nach Blecking, Die Geschichte, S. 196 und des Westdeutschen Spielverbandes nach Wick/Fieseler, 100 Jahre Fußball, S. 52.

des und die Abkehr von der Sokółtradition aufgehoben werden.[32] Hier zeigen sich deutlich die Auswirkungen der Einführung des Fußballs in den Sokółvereinen. Der Wettkampfgedanke, der dem Fußballspiel als modernem Sport zugrunde liegt, stand im Widerspruch zu der Abgeschlossenheit der nationalpolnischen Sokółvereine. Die Einführung des Fußballs in den Sokółvereinen ließ unter den Aktiven den Wunsch nach sportlicher Auseinandersetzung auch mit Vereinen außerhalb der Sokółorganisation aufkommen. Damit trug der Fußball nicht unwesentlich zur Auflösung der Sokółvereine als nationalpolnische Sportorganisationen im Ruhrgebiet bei.

Bereits im Mai 1927, also wenige Monate nach der Umwandlung der Sokółvereine, wurde über erste Wettkampfergebnisse zwischen polnischen Turn- und Sportvereinen und deutschen Mannschaften berichtet. Auch in anderen Bereichen brachte die Umwandlung Vorteile, so beispielsweise bei der Vergabe öffentlicher Sportstätten durch die Gemeinden. Der neue Verband unterstellte sich dem 1922 gegründeten „Bund der Polen in Deutschland", ein Schritt, der die Neuausrichtung der ehemaligen Sokółvereine nachhaltig verdeutlichte.

3.2 Polnischsprachige Einwanderer in den Fußballvereinen der Arbeiterschaft im Ruhrgebiet

Polnischsprachige Einwanderer der zweiten und dritten Generation betrieben den Fußballsport nicht allein in nationalpolnischen Vereinen. Schon anhand der Mitgliederzahlen der Sokółvereine läßt sich vermuten, daß andere Zusammenhänge für die fußballerischen Aktivitäten der Ruhrpolen von weitaus größerer Bedeutung waren. Hierzu liegen jedoch keine konkreten Zahlen vor, so daß diese Annahme vor allem auf dem spezifischen Umfeld, in dem sich Fußball in der Arbeiterschaft des Ruhrgebietes verbreitete, basiert. Nachbarschaft, Kirche, Betrieb und Kneipe wurden zum Nährboden für die Gründung von Fußballvereinen.[33]

---

32 Vgl. Blecking, Die Geschichte, S. 197; Woltmann, Die polnische Sokolbewegung, S. 142.

33 Zu den Entstehungszusammenhängen von Fußballvereinen aus der Arbeiterschaft im Ruhrgebiet vgl. Hering (Hg.), Im Land, S. 70ff.

So trugen zum Beispiel die Wohnverhältnisse der Bergleute in den Zechensiedlungen zur Verbreitung des Fußballs in der Arbeiterschaft des Ruhrgebietes entscheidend bei.[34] Für die zahlreichen Kinder in den Zechensiedlungen stellte das Fußballspiel, das sie sich bei den bürgerlichen Vereinen der Umgebung abschauten, eine ideale Freizeitbeschäftigung dar. Als Spielplatz dienten die Freiflächen und Hinterhöfe der Zechensiedlungen, wer keinen Ball besaß, konnte zu Dosen, Wollknäueln oder selbstgemachten Stoffbällen greifen, und alle Kinder hatten die Möglichkeit am Spiel teilzunehmen. Für die Zusammensetzung einer solchen Kindermannschaft war dabei die Nachbarschaft ausschlaggebender als die ethnische Zugehörigkeit. So ist davon auszugehen, daß deutsche, polnische und masurische Kinder, ebenso wie Kinder anderer ethnischer Herkunft in den Zechensiedlungen gemeinsam dem Ball, oder was auch immer dazu erklärt worden war, nachjagten.[35] Auch ältere Geschwister und sogar Erwachsene wurden vom Fußballfieber befallen. Straßenmannschaften in den Zechensiedlungen waren nicht selten Keimzellen von Vereinsgründungen. Beispiele für diesen Weg von der Straßenmannschaft zum Fußballverein sind der FC Schalke 04 und die Sportfreunde Katernberg.[36] Die ethnische Zusammensetzung der Nachbarschaft hatte dabei auch Einfluß auf die Struktur der Mitgliedschaft, wie sich am Fall des FC Schalke 04 beobachten läßt. Der Gelsenkirchener Stadtteil Schalke wies einen besonders hohen Anteil masurischer Einwanderer auf und diese masurischen Einwanderer ließen sich auch unter den Leistungsträgern des FC Schalke 04 finden.

Aber auch in anderen sozialen Zusammenhängen setzte sich das Fußballspiel durch. Gerade im kirchlichen Umfeld, vor allem aus den katholischen Jünglingsvereinen, entstanden Fußballvereine, die durch Arbeiter geprägt wurden.[37] Zwei Beispiele solcher Gründungen im Ruhrgebiet sind die Vereine Hamborn 07 und Borussia Dortmund 09.[38] Borussia Dortmund entstand aus der Fußballmannschaft eines Jünglingsvereins

---

34 Dargestellt am Beispiel der Fußballvereine der Arbeiterschaft in Bottrop bei R. Lindner/H.Th. Breuer, „Sind doch nicht alles Beckenbauers". Zur Sozialgeschichte des Fußballs im Ruhrgebiet, 2. Aufl., Frankfurt/M. 1979, S. 124ff.

35 Vgl. Holger Wilke, Der Alltag in der Kolonie, in: Instytut Historyczny Uniwersytetu Wrocławskiego (Hg.), Migracja i integracja, S. 141.

36 Vgl. Hering (Hg.), Im Land, S. 71ff.

37 Vgl. ebd., S. 71ff.

38 Vgl. ebd., S. 72.

der Dreifaltigkeitsgemeinde, die eng mit dem Hoesch-Werk und der Hoeschstadt verbunden war. Dietrich Schulze-Marmeling betont in seiner „Geschichte von Borussia Dortmund", daß 1901 ein Drittel der Mitglieder dieser Dreifaltigkeitsgemeinde Polen gewesen seien.[39] Die Dreifaltigkeitskirche sei sogar in erster Linie für die aus Posen kommenden Immigranten errichtet worden und mit Hilfe der Kirche seien Theater-, Musik- und Sportvereine entstanden. Der 1901 gegründete Jünglingsverein der Gemeinde widmete sich bald auch dem Fußballspiel. Nachdem die Kirche die jungen Männer ab 1906 am Fußballspiel hinderte und ihnen den Besuch ihrer Stammwirtschaft „Zum Wildschütz" untersagen wollte, kam es 1909 zum Bruch mit der Kirche und zur Gründung des Vereins. Ob diese Gründung unter Beteiligung polnischer Mitglieder stattfand, ist jedoch unklar.[40]

Aus diesen Beispielen zur Entstehung fußballerischer Aktivitäten in den Bereichen Nachbarschaft und Kirche wird deutlich, wie sehr dieser Sport in die Lebensbereiche der Ruhrpolen eingedrungen war. Es gibt deutliche Hinweise darauf, daß Ruhrpolen in die Entstehung und den Aufstieg des Fußballvereinswesens involviert waren. Vor diesem Hintergrund scheint es kaum verwunderlich, daß sich nach dem Ersten Weltkrieg vermehrt polnisch klingende Namen in den Spielberichten der Ruhrgebietsmannschaften finden lassen.[41]

Wie eingangs erwähnt, ist die Beteiligung polnischsprachiger Zuwanderer und ihrer Nachkommen im Ruhrgebietsfußball bisher kaum dokumentiert. Die einzige Ausnahme bildet die Vereinsgeschichte des FC Schalke 04, auf die aus diesem Grund kurz eingegangen werden soll.[42]

1904 wurde der spätere FC Schalke 04 unter dem Namen Westfalia Schalke von einer Gruppe Jugendlicher gegründet, die in der Umgebung der Hauergasse des Gelsenkirchener Stadtteils Schalke wohnten. Explizites Ziel der Vereinsgründung war die Aufnahme in den Westdeutschen Spielverband und damit die Beteiligung am Wettbewerbsbetrieb. Deshalb traten sie 1912 dem Schalker Turnverein von 1877 bei, der bereits Mit-

---

39 Vgl. Schulze-Marmeling, Die Geschichte von Borussia Dortmund, S. 60.
40 Leider verfolgt Schulze-Marmeling die von ihm geäußerte These, daß auch Borussia Dortmund in gewisser Hinsicht als „Polackenverein" bezeichnet werden könnte, nach der Beschreibung des polnischen Anteiles der Gemeinde, in der der Verein entstand, nicht weiter.
41 Vgl. Hering (Hg.), Im Land, S. 74.
42 Zur Vereinsgeschichte von Schalke 04 vgl. Röwekamp, Der Mythos lebt.

glied im WSV war. Der Kriegsbeginn setzte der Spielabteilung des Schalker Turnvereins ein Ende und so wurde es noch 1914 notwendig, eine Neugründung vorzunehmen, die wiederum unter dem Namen Westfalia Schalke erfolgte. Nach dem Krieg fusionierte Westfalia Schalke erneut mit dem Schalker Turnverein, bevor 1924 der Beschluß der Deutschen Turnerschaft zur reinlichen Trennung von Turnen und Sport dem fortan unter dem Namen Fußball-Club Schalke 04 laufenden Verein die Unabhängigkeit brachte. Der Verein befand sich seit 1919 kontinuierlich im Aufwind: 1927 gewann er erstmals die Ruhrbezirksmeisterschaft, 1929 wurde Schalke WSV Meister, 1934 Westfalenmeister und im gleichen Jahr erstmals Deutscher Meister.[43]

Das Image des „Polacken- und Proletenvereins" erhielt der Verein vor allem ab den 1920er Jahren, als viele seiner Leistungsträger polnisch klingende Namen wie Sobotka, Gorziza, Jaczek oder Badorek trugen. Entgegen der weitverbreiteten Annahme handelte es sich jedoch bei den meisten Spielern nicht um Polen, sondern um Kinder evangelischer Einwanderer aus Masuren. Zwischen 1920 und 1940 lassen sich mehr als 30 Spieler masurischer Herkunft, davon drei noch in Masuren geboren, in der ersten Mannschaft von Schalke 04 ausmachen.[44] Für die meisten Außenstehenden war der Unterschied zwischen Polen und Masuren ohne Bedeutung, wurden sie doch beide der Gruppe der Ruhrpolen zugeordnet und von weiten Teilen der deutschen Bevölkerung abschätzig als „Polacken" bezeichnet.[45] Einige der Spieler unternahmen offensichtlich den Versuch, sich dieser Diffamierung durch Namensänderung zu entziehen. Auffällig viele Spieler der ersten Mannschaft von Schalke 04 mit polnischen Namen ließen diese Nachnamen durch einen deutschen Namen ersetzen. So wurde aus Adam Zurawski Adam Zurner, aus Ernst Regelski Ernst Reckmann, aus Czerwinski wurde Rothardt.[46]

Unter den Spielern masurischer Abstammung befanden sich auch zwei Ausnahmetalente, die in der zweiten Hälfte der 1920er Jahre und vor allem ab den 1930er Jahren zu den herausragenden Fußballidolen des Ruhrgebiets aufstiegen und zu den besten deutschen Spielern ihrer Zeit gezählt

---

43 Vgl. Hering (Hg.), Im Land, S. 153.
44 Vgl. Gehrmann, Masuren im Ruhrgebiet, S. 93.
45 Vgl. Christoph Kleßmann, Polnische Bergarbeiter im Ruhrgebiet 1870–1945. Soziale Integration und nationale Subkultur einer Minderheit in der deutschen Industriegesellschaft, Göttingen 1978, S. 20.
46 Vgl. Röwekamp, Der Mythos lebt, S. 61 und 80.

wurden: Ernst Kuzorra und Fritz Szepan. Die Eltern beider Spieler waren in Masuren geboren worden (Szepans Eltern im Kreis Neidenburg, Kuzorras Eltern im Kreis Osterode) und um 1890 ins Ruhrgebiet eingewandert.[47] Über Kuzorras Mutter wird berichtet, daß sie kein Wort deutsch sprach und auch sein Vater soll die deutsche Sprache nur bruchstückhaft beherrscht haben.[48] Szepan und Kuzorra waren als Schlüsselfiguren des „Schalker Kreisels" Mitglieder einer Spielformation, die anderen Fußballmannschaften ihrer Zeit weit überlegen war.[49] Von der zeitgenössischen Sportpresse zu Helden stilisiert, wurden sie für viele Kinder und Jugendliche im Ruhrgebiet zu Vorbildern. Dabei verkörperten sie gleich in doppelter Hinsicht die Hoffnungen und Träume, die für viele Jugendliche im Ruhrgebiet mit dem Fußball in enger Verbindung standen. Zunächst stammten beide selbst aus der Arbeiterschaft. Kuzorra war gelernter Bergmann, Szepan Installationsschlosser. Auf dem Fußballplatz hatten sie gemeinsam mit der Schalker Mannschaft den bürgerlichen Vereinen Paroli geboten. Sie standen symbolisch für die Arbeiter, die nun für ihre harte Arbeit den verdienten Lohn erhielten.[50] Für viele Arbeiter wurden die Fußballstars aus dem eigenen Milieu zu Identifikationsfiguren und Vorbildern, zeigten sie doch gleichzeitig einen Ausweg aus dem eigenen Elend auf. Der Fußball wurde zur Alternative gegenüber der harten Arbeit unter Tage.[51] Wer gut spielte, konnte sich mit dem Fußball neue Lebenswege eröffnen. In besonderem Maße wurden Kuzorra und Szepan Vorbilder für Zuwanderer aus dem Osten und ihre Nachkommen, die unter der doppelten Diskriminierung als Angehörige der Arbeiterschaft und „Ausländer" beziehungsweise „Polacken" litten.[52] Fußball hielt für sie eine besondere Möglichkeit bereit: Den Kampf zu gleichen Bedingungen. Auf dem Fußballfeld erhielten sie eine faire Siegchance unabhängig von Herkunft und ethnischer Zugehörigkeit. Der Erfolg ihrer „Landsmänner" wie Kuzorra oder Szepan, die es zu hohem Ansehen gebracht hatten, erfüllte viele mit Stolz.

47 Vgl. Siegfried Gehrmann, Fritz Szepan und Ernst Kuzorra – zwei Fußballidole des Ruhrgebiets, in: Sozial- und Zeitgeschichte des Sports 2, 1988, Heft 3, S. 62.
48 Inwiefern es sich hierbei lediglich um eine Legende handelt, ist schwer zu beurteilen. Vgl. Gehrmann, Masuren im Ruhrgebiet, S. 95.
49 Vgl. Hering (Hg.), Im Land, S. 155.
50 Vgl. Lindner/Breuer, Beckenbauers, S. 52.
51 Vgl. Hering (Hg.), Im Land, S. 118f.
52 Vgl. Gehrmann, Masuren im Ruhrgebiet, S. 99.

4. Die Entwicklung unter nationalsozialistischer Herrschaft

Mit der nationalsozialistischen Machtergreifung veränderten sich die Rahmenbedingungen für sportliche Aktivitäten in Deutschland grundlegend. Die Ruhrpolen waren hiervon in besonderem Maße betroffen.

4.1 Das Ende der nationalpolnischen Turn- und Sportvereine im Ruhrgebiet

Mit der Umwandlung der Sokółvereine in den „Verband der Turn- und Sportvereine in Westfalen und im Rheinland" 1927 konnte die Diskriminierung bei der Vergabe von Turn- und Sportstätten und der Ausübung der Vereinstätigkeit nicht gänzlich abgestellt werden.[53] Unter nationalsozialistischer Herrschaft nahmen diese Probleme ab 1933 zu und nachdem die polnischen Turn- und Sportvereine vor allem auf kommunaler Ebene bei ihrer Arbeit massiv behindert worden waren, erfolgten auch erste Vereinsauflösungen. Nach einem Bericht der Staatspolizei kamen die Aktivitäten der polnischen Turn- und Sportvereine bereits 1934 fast zum Erliegen.[54] Nach dem 1934 zwischen Polen und Deutschland abgeschlossenen Freundschafts- und Nichtangriffsvertrag verbesserte sich die Situation geringfügig, und es wurden Versuche unternommen, die Organisation wiederzubeleben. Die Politik der NS-Regierung gegenüber den polnischen Turn- und Sportvereinen erschien in diesen Jahren widersprüchlich. Kurz nach dem deutschen Überfall auf Polen bedeutete das Verbot aller Organisationen der polnischen Minderheit in Deutschland auch das Ende der nationalpolnischen Sportorganisation im Ruhrgebiet.

4.2 Der „Polacken- und Proletenklub" Schalke 04 als Vorzeigeverein der Nationalsozialisten

Eine ganz andere Entwicklung als die polnischen Turn- und Sportvereine im Ruhrgebiet nahm der sogenannte „Polacken- und Proletenverein" Schalke 04 unter der nationalsozialistischen Herrschaft. Der FC Schalke 04 entwickelte sich in der NS-Zeit zum erfolgreichsten deutschen Fußballverein. Beginnend mit dem ersten Einzug in das Finale der Deutschen

---

53 Vgl. Blecking, Polen-Türken-Sozialisten, S. 53.
54 Vgl. Blecking, Ethnische Vergemeinschaftung, S. 172.

Meisterschaft 1933, gewann die Schalker Mannschaft 1934 erstmals die Deutsche Meisterschaft, gefolgt von weiteren Meistertiteln in den Jahren 1935, 1937, 1939, 1940 und 1942.[55] 1937 gelang den Schalkern neben dem Meisterschaftstitel auch der Pokalgewinn. 1939 gewannen sie die Deutsche Meisterschaft durch einen legendären 9:0 Sieg gegen Admira Wien.

Die Erfolge des Vereins verliefen gewissermaßen parallel zur nationalsozialistischen Machterweiterung. Dies mag ein Grund dafür gewesen sein, daß Schalke 04 von den Nationalsozialisten als Vorzeigeverein instrumentalisiert wurde.[56] Der Aufstieg des Arbeitervereins Schalke 04 sollte symbolisch für den Aufstieg der Arbeiter in der Volksgemeinschaft stehen. Gleichzeitig wollten die Nationalsozialisten auch an der Erfolgsgeschichte des Vereins Anteil nehmen. Sie nutzen die Vereinserfolge strategisch zur Selbstinszenierung. Nationalsozialistische Parteifunktionäre zeigten sich gerne mit der siegreichen Schalker Mannschaft und zogen bei diesen Gelegenheiten in ihren Reden Vergleiche zwischen der nationalsozialistischen Bewegung und der Mannschaft von Schalke 04. Nach dem Sieg bei der ersten „großdeutschen" Meisterschaft im Jahre 1939 bezeichnete zum Beispiel der SA-Oberführer Jackstien aus Anlaß des Empfanges der Meistermannschaft am Schalker Markt „die Haltung der Schalker als echt nationalsozialistisch in ihrer Einsatzfreude, in dem unerschütterlichen Kampfgeist und in der Hingabe an die Sache."[57]

Einen Makel wies der Verein jedoch auf, denn das Image des „Polakkenvereins" haftete ihm weiterhin an. 1934 kam es nach dem ersten Meisterschaftstitel zu folgendem Vorfall. Der Polen-Korrespondent des Fußballmagazins *Kicker*, Dr. Georg Niffka, berichtete in der Ausgabe vom 10. Juli 1934 unter dem Titel: „Die Deutsche Meisterschaft in den Händen der Polen"

---

55 Vgl. Gehrmann, Fußball im Ruhrgebiet, S. 494.

56 Vgl. Röwekamp, Der Mythos lebt, S. 120ff.

57 Zitiert nach Stefan Goch, FC Schalke 04 – Instrumentalisierung des Zuschauersports, in: Heinz-Jürgen Priamus/Stefan Goch, Macht der Propaganda oder Propaganda der Macht? Inszenierung nationalsozialistischer Politik im „Dritten Reich" am Beispiel der Stadt Gelsenkirchen, Essen 1992, S. 81–92. Auch Siegfried Gehrmann macht am Beispiel des Meisterschaftsempfanges in Schalke im Jahr 1934 deutlich, auf welche Art und Weise die Nationalsozialisten versuchten, die Erfolge von Schalke 04 zu Propagandazwecken zu benutzen. Vgl. Gehrmann, Fritz Szepan und Ernst Kuzorra, S. 67ff.

„„Die Deutsche Fußballmeisterschaft in den Händen der Polen', ‚Polen Deutsche Fußballmeister', ‚Schalke 04, die Mannschaft unserer polnischen Landsleute' usw. Unter diesen oder ähnlichen Schlagzeilen berichtet die gesamte polnische Presse mit ihren führenden Sportzeitschriften dem ‚Przeglond Sportowy' über das Ergebnis des Finalspiels der Deutschen Fußballmeisterschaft. Ja, der ‚Przeglond Sportowy', das größte polnische Sportblatt läßt sich von seinem Berliner Korrespondenten Gliner berichten, daß die Schalke-Mannschaft in den bisherigen Jahren wegen ihrer polnischen Nationalität vom Deutschen Fußballbund auf alle mögliche Weise benachteiligt wurde, nun allen Machinationen zum Trotz Deutscher Fußballmeister geworden ist. Es wird weiter berichtet, daß die Spieler Kuzorra, Szepan, Badorek, Jarcyk, Zajons, Tibulski, Valentin, Kalwitzki, Urban, ja sogar Mellage und Czerwonski (??) Polen seien, Söhne von polnischen Emigranten."[58]

Der Autor forderte eine öffentliche Stellungnahme des Vereins zu diesen Behauptungen und diese folgte auch unmittelbar. In der Ausgabe vom 7. August 1934 veröffentlichte der *Kicker* unter der Überschrift „Schluß mit polnischen Gerüchten" einen offenen Brief der Vereinsführung von Schalke 04.[59] Darin protestierte die Vereinsführung gegen die Darstellungen der polnischen Presse und um den Gerüchten um die polnische Herkunft ihrer Spieler ein Ende zu setzen, veröffentlichte sie die Geburtsdaten und Geburtsorte ihrer Spieler und deren Eltern. In dem Brief hieß es:

„Aus diesen Darlegungen ist einwandfrei zu ersehen, daß die Eltern unserer Spieler sämtlich im heutigen oder früheren Deutschland geboren und keine polnischen Emigranten sind. Ihre Söhne sind alle im westfälischen Industriebezirk geboren, wodurch die Behauptungen, sie seien Emigranten widerlegt sind. […] Nach unseren Wahrnehmungen denkt in Deutschland niemand daran, unsere Mannschaft als Polen zu bezeichnen, das beweisen auch die nach tausenden zählenden Glückwünsche aus allen Teilen und allen Kreisen Deutschlands […]."[60]

Die Liste der Geburtsdaten und Geburtsorte zeigte tatsächlich, daß alle 13 aufgelisteten Spieler im Ruhrgebiet oder in Westfalen zur Welt gekommen waren. Die Geburtsorte ihrer Eltern dagegen zeichneten ein anderes

58 Kicker, 10. Juli 1934.
59 Kicker, 7. August 1934.
60 Ebd.

Bild. Zehn der 13 Spieler waren sehr wohl Kinder von Arbeitsemigranten, mehrheitlich aus Masuren, die jedoch zur Gruppe der Ruhrpolen gezählt wurden. In das Bild des nationalsozialistischen Vorzeigevereins paßten die fußballspielenden „Polacken" allerdings nicht. Für den FC Schalke 04 war der Vorfall mit dem veröffentlichten Brief erledigt, der Beweis für die arische Abstammung der Spieler war erbracht worden und dem weiteren Erfolg der bewiesenermaßen deutschen Mannschaft stand nichts im Wege.

Und nicht nur die Mannschaft, auch die Spieler masurischer Abstammung feierten unter nationalsozialistischer Herrschaft ihre größten Erfolge und profitierten von der Gunst des Regimes. Besonders Fritz Szepan wurde als Kapitän der deutschen Fußballnationalmannschaft zum deutschen Vorzeigeathleten und auch geschäftlich ein Nutznießer des Systems. Szepan übernahm 1938 das Kaufhaus eines zuvor durch die Nationalsozialisten enteigneten Juden in Gelsenkirchen.[61]

Die Rolle des FC Schalke 04 in der nationalsozialistischen Zeit wird pünktlich zum Vereinsjubiläum in diesem Jahr im Auftrag des Vereins einer genaueren Untersuchung unterzogen.[62] Die bisherige historische Aufarbeitung der Vereinsgeschichte durch den Verein selbst fällt weniger ausführlich aus. In seinen Veröffentlichungen zum 70-jährigen, 75-jährigen und 90-jährigen Vereinsbestehen lassen sich beispielsweise keine Hinweise auf die besondere Prägung durch Einwanderer aus dem Osten entdecken.[63] Es fehlt jedes Wort zum Image des Vereins als „Polackenverein" und zum auffälligen masurischen Spieleranteil. Es bleibt zu hoffen, daß der Verein auch in dieser Hinsicht noch zu seiner Geschichte finden wird.

---

61 Vgl. Röwekamp, Der Mythos lebt, S. 124.

62 Vgl. http://www.schalke04.de/34_news/news.php?newsaction=detail&newsId=709, Zugriff 24.12.04.

63 Vgl. Fußball-Club Gelsenkirchen Schalke 04 (Hg.), 70 Jahre FC Gelsenkirchen Schalke 04. 1904–1974, Kornwestheim 1974; ders. (Hg.), FC Schalke 04. 75 Jahre Fußball-Geschichte, Gelsenkirchen 1978; ders. (Hg.), FC Schalke 04. 90 Jahre. 1904–1994, Gelsenkirchen 1994.

5. Polnischsprachige Einwanderer im Ruhrgebietsfußball als Forschungsdesiderat

Vieles spricht dafür, daß der Fußball die Ruhrpolen nach dem Ersten Weltkrieg ebenso ergriff wie die übrige Arbeiterschaft des Ruhrgebietes. Es lassen sich sogar Anhaltspunkte für die Vermutung finden, daß der Fußball für viele Ruhrpolen, vor allem der zweiten und dritten Generation, eine ganz besondere Bedeutung gehabt haben könnte.

Bisher läßt sich fast nur am Beispiel des FC Schalke 04 die Beteiligung von Zuwanderern aus dem Osten im Ruhrgebietsfußball detaillierter aufzeigen. Eine systematische Untersuchung der polnischsprachigen Einwanderer im Ruhrgebietsfußball liegt jedoch nicht vor. Wünschenswert wäre eine umfassendere Erforschung der sozialen Basis der Fußballvereine des Ruhrgebiets in ihrer Entstehungsphase und der weiteren Entwicklung, nicht nur hinsichtlich der Stellung der Mitglieder im Erwerbsprozeß oder ihrer ideologischen Orientierung, sondern auch in bezug auf ihre ethnische Herkunft. Interessant wäre die Ermittlung des quantitativen Anteils der Ruhrpolen in der Mitgliedschaft der Vereine des Ruhrgebietsfußballs im entsprechenden Zeitraum. Dabei sollte das Augenmerk nicht nur auf die Vereine innerhalb der bürgerlichen Verbandsstrukturen gelegt werden, sondern auch der Arbeiter Turn- und Sportbund und die Vereine der Deutschen Jugendkraft berücksichtigt werden. Es wäre in diesem Zusammenhang ebenfalls aufschlußreich, den Anteil der Ruhrpolen an der Mitgliedschaft der Fußballvereine des Ruhrgebiets in Beziehung zu setzen zu ihrem Anteil an den Leistungsträgern der Vereine. Denn es stellt sich die Frage, inwieweit der Fußballsport von den Ruhrpolen vielleicht tatsächlich als eine besondere Aufstiegschance oder zumindest als Integrations- beziehungsweise Assimilationsoption verstanden wurde und auf diese Weise für sie eine besondere Motivation für außerordentliche sportliche Leistungen bestand.[64] Durch diese Untersuchungen ließen sich Aufschlüsse über die

---

64 Diethelm Blecking spricht in diesem Zusammenhang z.B. vom Sport als einer „assimilativen Handlungsopportunität". Er beschreibt die Spielerkarrieren polnischstämmiger Bergleute bei Schalke 04 als „Muster einer erfolgreichen assimilativen Handlung". Vgl. Blecking, Die Geschichte, S. 198. Bei Hartmut Hering finden sich Bemerkungen zu der besonderen Leistungsbereitschaft und dem gesellschaftlichen Anpassungswillen gerade der Masuren. Hering äußert in diesem Zusammenhang die Vermutung eines Zusammenhanges zwischen dieser Leistungsbereitschaft und der Erfolgsgeschichte des FC Schalke 04. Vgl. Hering (Hg.), Im Land, S. 158.

Bedeutung, die der Fußball gerade für die Nachfolgegenerationen polnischer und polnischsprachiger Einwanderer im Ruhrgebiet hatte, gewinnen. Nicht nur die Erforschung der Geschichte der Polen im Ruhrgebiet könnte so um einen interessanten Aspekt bereichert werden, sondern auch für die Untersuchung des Fußballs als soziales Phänomen insgesamt würde auf diesem Wege ein erkenntnisreicher Beitrag geleistet werden.

Hans-Christoph Seidel

Polnische Zwangsarbeiter im Ruhrbergbau von 1940 bis 1945[1]

Einleitung

Die von ausländischen Zivilarbeitern, Kriegsgefangenen, Häftlingen und Juden während des Zweiten Weltkrieges in der deutschen Kriegswirtschaft geleistete Zwangsarbeit ist mittlerweile – wenigstens in der deutschen Geschichtsschreibung, zunehmend aber auch in den nationalen Historiographien der Herkunftsländer von Zwangsarbeitern – zweifellos eines der am meisten und intensivsten behandelten Themen zur Geschichte (der Verbrechen) des Zweiten Weltkrieges.[2] Bei der Dimension und Komplexität des Themas bleiben dennoch Forschungsdesiderata. Dazu gehört auch der Einsatz polnischer Arbeiter im Ruhrbergbau, und zwar nicht nur weil die dazu verfügbaren empirischen Informationen noch nirgendwo kompakt zusammengetragen und dargestellt worden sind.[3] Der Einsatz polnischer Arbeitskräfte im Ruhrbergbau während des Zweiten Weltkrieges stellt darüber hinaus vor dem Hintergrund der älteren polnischen Arbeitsmigration aus den preußischen Ostprovinzen in das Ruhrgebiet im letzten

---

1 Die Arbeit an diesem Artikel wurde durch von der Ruhrkohlen Aktiengesellschaft (RAG), Essen, und von der Stiftung Bibliothek des Ruhrgebiets, Bochum, zur Verfügung gestellte Mittel unterstützt. Im Folgenden ist der ursprüngliche Vortragsstil des Beitrages zum Teil beibehalten worden.

2 Zum aktuellen Forschungsstand in Deutschland vgl. Mark Spoerer, Zwangsarbeit unter dem Hakenkreuz. Ausländische Zivilarbeiter, Kriegsgefangene und Häftlinge im Deutschen Reich und im besetzten Europa 1939–1945, Stuttgart u.a. 2001; Ulrich Herbert, Fremdarbeiter. Politik und Praxis des „Ausländer-Einsatzes" in der Kriegswirtschaft des Dritten Reiches, 2. Aufl., Bonn 1999, S. 416–433.

3 Zahlreiche Hinweise finden sich aber bei Herbert, Fremdarbeiter. Zum Einsatz von polnischen Arbeitskräften in der deutschen Kriegswirtschaft liegen inzwischen einige lokal und regional eingegrenzte Spezialstudien vor: Annette Schäfer, Zwangsarbeiter und NS-Rassenpolitik. Russische und polnische Arbeitskräfte in Württemberg 1939–1945, Stuttgart 2000; Karl Liedke, Gesichter der Zwangsarbeit. Polen in Braunschweig, 2. Aufl., Braunschweig 1998; Valentina Maria Stefanski, Zwangsarbeit in Leverkusen. Polnische Jugendliche im I.G. Farbenwerk, Osnabrück 2000; Anton Grossmann, Polen und Sowjetrussen als Arbeiter in Bayern 1939–1945, in: Archiv für Sozialgeschichte 24, 1984, S. 355–397.

Drittel des langen 19. Jahrhunderts und der nachfolgenden Assimilation eines großen Teils dieser Arbeitsmigranten in die Gesellschaft dieser Industrieregion einen historisch in besonderer Weise zu verortenden Aspekt des Ausländereinsatzes in der nationalsozialistischen Kriegswirtschaft dar. Der vorliegende Beitrag bemüht sich, dazu im Kontext der Thematik dieses Konferenzbandes wenigstens einige Anknüpfungspunkte zu liefern.

Dies erfolgt in vier Schritten. In einem ersten Abschnitt wird der Arbeitseinsatz von Polen im Ruhrbergbau während des Zweiten Weltkrieges nach verschiedenen Gruppen differenziert und in seinen Gesamtdimensionen abgeschätzt. Der zweite Abschnitt beschäftigt sich mit den näheren Umständen der Rekrutierungsaktionen für den Ruhrbergbau im besetzten Polen. Der dritte Abschnitt zeichnet einen aus der besonderen Migrationsgeschichte des Ruhrgebietes erklärbaren regionalen Konflikt über den Einsatz der polnischen Arbeiter im Zusammenhang der nationalsozialistischen Volkstumspolitik im Sommer und Herbst 1940 nach. Im letzten Abschnitt werden schließlich einige grundlegende Faktoren der Arbeits- und Lebensbedingungen der polnischen Arbeitskräfte im Ruhrbergbau skizziert.

1. Der polnische Arbeitseinsatz im Ruhrbergbau: Chronologie, Statusgruppen und Gesamtumfang

Schon die Vielfalt der zeitgenössischen offiziösen oder halboffiziösen Bezeichnungen und Sprachregelungen für im Ruhrbergbau während des Zweiten Weltkrieges eingesetzte polnische Arbeitskräfte verdeutlicht die Notwendigkeit einer differenzierten Betrachtung. In den Quellen ist von „Ruhrpolen", „P-Polen", „Nationalpolen", „Volkspolen", „Ostpolen", „Westpolen", „Ostoberschlesiern" und „Galiziern", um nur die wichtigsten Bezeichnungen zu nennen, die Rede, und mit jeder dieser Bezeichnungen war eine manchmal nur um Nuancen, manchmal aber auch eine grundlegend unterschiedliche rechtliche und soziale Stellung bei der Arbeit im Deutschen Reich verbunden. Nicht alle dieser Gruppen fielen unter Himmlers sogenannte „Polenerlasse" vom März 1940, also unter das diskriminierende Sonderrecht für Polen im Deutschen Reich, und mußten zur Kennzeichnung ein „P" sichtbar auf der Kleidung tragen. Als solche sogenannten „P-Polen" wurden vor allem Arbeitskräfte polnischer Abstammung, die auch im besetzten Polen, und hier vor allem aus den schon vor 1920 nicht zum Deutschen Reich gehörenden Gebieten, zum Reichseinsatz rekrutiert worden waren, klassifiziert. Daneben arbeiteten im Ruhrbergbau während des Zweiten Weltkrieges aber auch Arbeitskräfte polnischer Nationalität, die bereits vor Kriegsausbruch im Ruhrgebiet oder anderen Teilen des Reiches gelebt und gearbeitet hatten, polnische Arbeiter, die vor Kriegsbeginn in anderen europäischen Staaten ansässig gewesen waren, und Arbeitskräfte, die zwar im besetzten Polen rekrutiert worden, aber nicht polnischer Nationalität waren.[4] Diese Gruppen werden im Folgenden kurz im Einzelnen benannt, ihre jeweilige zahlenmäßige Stärke wird abgeschätzt und ihre formale Einordnung in die nationalsozialistische Rechts- und Volkstumsordnung festgestellt. Zugleich wird damit die Chronologie des Einsatzes polnischer Arbeitskräfte im Ruhrbergbau erkennbar.

Zunächst sind die sogenannten „Ruhrpolen", also die zweite oder dritte Generation der vor dem Ersten Weltkrieg aus den preußischen Ostprovinzen ins Ruhrrevier geströmten Bergarbeiter, deren Subkultur sich in den 1920er Jahren infolge massenhafter Abwanderung und steigendem Assimilationsdruck zunehmend aufgelöst hatte, zu nennen. Nach polnischen Schätzungen lebten jedoch 1929 noch ungefähr 150.000 „Ruhrpolen" im Ruhrgebiet.[5] Nimmt man allerdings allein die Staatsangehörigkeit als Kriterium, war die Bedeutung der Polen im Ruhrbergbau bei Kriegsbeginn nunmehr verschwindend gering. Die letzte verfügbare Ausländerstatistik des Oberbergamtes Dortmund aus der Vorkriegszeit zählte im Oktober 1937 lediglich 546 polnische Staatsangehörige, die auf den Zechen des Ruhrbergbaus beschäftigt waren. Die Polen machten nach den Tschechoslowaken, den Jugoslawen, den Österreichern und den Holländern nur noch die fünftgrößte nationale Gruppe unter den ohnehin nicht sehr

---

4 Vgl. dazu allgemein auch: Begriff „Pole", in: Ruhr und Rhein Wirtschaftszeitung 21, 1940, S. 677.

5 Die Angabe nach Christoph Kleßmann, Zur rechtlichen und sozialen Lage der Polen im Ruhrgebiet im Dritten Reich, in: Archiv für Sozialgeschichte 17, 1977, S. 175–194. Zur zunehmenden Auflösung der polnischen Subkultur seit den 1920er Jahren vgl. auch ders., Integration und Subkultur nationaler Minderheiten: das Beispiel der „Ruhrpolen" 1870–1939, in: Klaus Bade (Hg.), Auswanderer, Wanderarbeiter, Gastarbeiter. Bevölkerung, Arbeitsmarkt und Wanderung in Deutschland seit der Mitte des 19. Jahrhunderts, Bd. 2, 2. Aufl., Ostfildern 1985, S. 486–505. Zur Massenwanderung aus den preußischen Ostprovinzen in den Westen seit den 1890er Jahren zusammenfassend: Ulrich Herbert, Geschichte der Ausländerbeschäftigung in Deutschland 1880 bis 1980. Saisonarbeiter, Zwangsarbeiter, Gastarbeiter, Bonn 1986, S. 71ff. Auf weitere Nachweise der umfangreichen Forschungsliteratur über die „Ruhrpolen" wird hier angesichts der Thematik des vorliegenden Sammelbandes verzichtet.

zahlreichen Ausländern auf den Schachtanlagen aus.[6] Auch der mit der Rüstungskonjunktur besonders seit 1938 verschärft einsetzende Arbeitskräftemangel im Ruhrbergbau führte zunächst nicht zu einer Beschäftigung weiterer polnischer Arbeitskräfte. In die seit 1937 bilateral-zwischenstaatlich organisierte polnische Arbeitsmigration war der Bergbau nicht einbezogen.[7] Erst kurz vor Kriegsbeginn vermeldete das Dortmunder Oberbergamt die Anlegung einiger „polnischer Flüchtlinge" – vermutlich handelte es sich um deutschstämmige oder „deutschfreundliche" Bergleute aus dem polnischen Oberschlesien – auf den Schachtanlagen.[8] Diese polnischen Staatsangehörigen beziehungsweise – nach der Auflösung des polnischen Staates durch die Nationalsozialisten – ehemals polnischen Staatsangehörigen, die ihren Wohnsitz vor dem 1. Oktober 1939 auf dem Gebiet des Deutschen Reiches hatten, wurden nach anfänglichen Unsicherheiten nicht dem ansonsten für polnische Arbeitskräfte geltenden diskriminierenden Sonderrecht unterworfen, jedenfalls nicht sofern bei ihnen ein Verfahren zur Feststellung der deutschen Staatsangehörigkeit eingeleitet worden war.[9]

Bereits eine Woche nach Kriegsbeginn unterbreiteten Vertreter des von Göring erst im August zum Leistungsbeauftragten für den Bergbau ernannten Paul Walter, zu dessen Hauptaufgaben es gehörte, den erheblichen Arbeitskräftemangel im Kohlenbergbau zu beseitigen, dem Ruhrbergbau den Vorschlag, polnische Kriegsgefangene auf den Zechen anzulegen. Der Ruhrbergbau, insbesondere der Leiter der Bezirksgruppe Ruhr

---

6 Zusammensetzung der Belegschaft des Ruhrbergbaus nach Nationalitäten am 27. Oktober 1937, Bergbau Archiv Bochum (BBA), 13/2025.

7 Horst Kahrs, Die Verstaatlichung der polnischen Arbeitsmigration nach Deutschland in der Zwischenkriegszeit, in: Beiträge zur nationalsozialistischen Gesundheits- und Sozialpolitik 11, 1995, S. 130–194; Wacław Długoborski/Czesław Madajczyk, Ausbeutungssysteme in den besetzten Gebieten Polens und der UdSSR, in: Friedrich Forstmeier/Hans-Erich Volkmann (Hg.), Kriegswirtschaft und Rüstung 1939–1945, Düsseldorf 1977, S. 375–416, hier S. 400.

8 Landesarchiv Nordrhein-Westfalen Staatsarchiv Münster (STAMS), Bergämter 7287, Oberbergamt Dortmund, Oberbergrat Sommer, Wirtschaftlicher Lagebericht an das Reichswirtschaftsministerium für das Jahr 1939.

9 Erlass zur Durchführung des § 15 Abs. 3 […] der Anordnung über die arbeitsrechtliche Behandlung der polnischen Beschäftigten vom 5. Oktober 1941 […], in: Amtliche Mitteilungen des Treuhänders der Arbeit für das Wirtschaftsgebiet Westfalen-Niederrhein 9, 1942, S. 67; Anordnung über die arbeitsrechtliche Behandlung der polnischen Beschäftigten vom 5.10.1941. Abgrenzung des Personenkreises, in: Sozialpolitische Informationen der Reichsvereinigung Kohle 3, 1942, BBA, 13/1790.

und Generaldirektor der Harpener Bergbau AG, Ernst Buskühl, baten Walter aber dringend, von diesem Vorhaben Abstand zu nehmen, da man hoffe, statt dessen Bergleute aus den geräumten Gruben des Saarbergbaus anlegen zu können. Auf Grund der Erfahrungen aus dem Ersten Weltkrieg hege man erheblichen Zweifel an der Arbeitswilligkeit der polnischen Kriegsgefangenen, und außerdem sei die notwendige einwandfreie staatliche Aufsicht über Kriegsgefangene im Bergbau nicht durchführbar.[10] Als der Reichsarbeitsminister mit Runderlaß vom 26. September 1939 die bis dahin ausschließlich auf die Landwirtschaft beschränkte Genehmigung zum Arbeitseinsatz polnischer Kriegsgefangener dennoch unter anderem auch auf den Bergbau ausdehnte,[11] reagierte der Essener Gauleiter und Reichsverteidigungskommissar des Wehrkreises VI, zu dem auch das Ruhrgebiet gehörte, Josef Terboven, im Einvernehmen mit dem Ruhrbergbau umgehend mit einem Schreiben an den Präsidenten der Landesarbeitsämter Rheinland und Westfalen. Er sei sich mit den Wirtschaftsführern des Ruhrgebietes einig, daß eine irgendwie geartete Verwendung polnischer Kriegsgefangener unter keinen Umständen in Frage komme, weil man „unseren Industriearbeitern nicht zumuten kann, mit kriegsgefangenen Polacken gewissermaßen gleichwertig zusammenzuarbeiten". Terboven forderte die Präsidenten auf, den Arbeitsämtern Anweisung zu geben, eine Vermittlung von polnischen Kriegsgefangenen unter keinen Umständen durchzuführen.[12] Tatsächlich blieb der Einsatz der immerhin ungefähr 30.000 polnischen Kriegsgefangenen, die sich im November 1939 auf dem Gebiet des Wehrkreises VI befanden, weitgehend auf die Landwirtschaft

10 BBA, 15/269: Schreiben des Geschäftsführers der Bezirksgruppe Ruhr, Martin Sogemeier an Paul Walter vom 8.9.1939; BBA, 15/269: Schreiben von Bergassessor Hölling, Wirtschaftsgruppe Bergbau an Oberbergrat Lüsebrink, Reichswirtschaftsministerium vom 26.9.1939; BBA, 15/269: Rundschreiben der Bezirksgruppe Ruhr an ihre Mitgliedsgesellschaften, vom 29.9.1939.
11 Dazu: Jochen August, Die Entwicklung des Arbeitsmarktes in Deutschland in den 30er Jahren und der Masseneinsatz ausländischer Arbeitskräfte während des Zweiten Weltkriegs, in: Archiv für Sozialgeschichte 24, 1984, S. 305–353, hier S. 331f.
12 STAMS, Oberpräsidium 5187: Reichsverteidigungskommissar Terboven an die Präsidenten der Landesarbeitsämter Rheinland und Westfalen vom 27.9.1939; BBA, 15/269: Rundschreiben der Bezirksgruppe Ruhr an ihre Mitgliedsgesellschaften vom 29.9.1939.

beschränkt.[13] Auf den Zechen des Ruhrgebietes kamen sie überhaupt nicht zum Einsatz.

Auch der Einsatz ziviler Arbeitskräfte aus den besetzten polnischen Bergbaugebieten wurde dem Ruhrbergbau bereits Ende September 1939 von der rasch dort eingerichteten deutschen Arbeitsverwaltung offeriert, doch auch in diesem Fall reagierte die Bezirksgruppe Ruhr ablehnend.[14] So blieb es zunächst bei der Rekrutierung von 500 bis 600 Zivilarbeitern aus dem Arbeitsamtsbezirk Lodz im Januar 1940, die ausschließlich für die Zechen der Klöckner Bergbau AG vorgesehen waren.[15] Erst im März 1940, als der inzwischen auch zum Reichskohlenkommissar ernannte Paul Walter über die Bezirksgruppe Ruhr feststellen ließ, wie viele nationalpolnische Arbeitskräfte die einzelnen Bergwerksgesellschaften zur Erfüllung der ihnen auferlegten Förderprogramme beschäftigen und unterbringen könnten, ging man gegen weiterhin bestehende Bedenken bei den Bergbauunternehmen daran, die besetzten polnischen Gebiete in größerem Ausmaß als Arbeitskräftereservoir für den Ruhrbergbau zu nutzen.[16] Diese Umfrage ergab schließlich einen – je nach Sichtweise – Arbeitskräftebedarf von beziehungsweise eine Aufnahmekapazität der Zechen für etwa 10.000 polnische Arbeitskräfte.[17] Die kurze Zeit später von der Ruhr nach Ostoberschlesien aufbrechende Kommission aus Bergbausachverständigen, Vertretern der Knappschaft, des westfälischen Landesarbeitsamtes sowie der regionalen Bergbaufachorganisation der Deutschen Arbeitsfront hatte sogar die Aufgabe, 10.000 bis 15.000 Arbeitskräfte aus dem

---

13 Sibylle Höschele, Polnische Kriegsgefangene im Stammlager (Stalag) VI A in Hemer, in: Der Märker 44, 1995, S. 110–123. Insgesamt waren im April 1940 lediglich 2.555 polnische Kriegsgefangene im Bergbau des Deutschen Reiches eingesetzt. Vgl. August, Entwicklung des Arbeitsmarktes, S. 331f. Allgemein zur Konzentration der polnischen Zwangsarbeit in der Landwirtschaft vgl. auch: Die Ergebnisse der Erhebung über die ausländischen Arbeiter und Angestellten vom 31. Januar 1941, in: Der Arbeitseinsatz im Deutschen Reich, Nr. 6, 20.3.1941, S. 9–17.

14 BBA, 13/1802: Wochenbericht der Bezirksgruppe Ruhr für die Woche vom 25.9. bis 2.10.1939; BBA, 25/116: Niederschrift der Beiratssitzung der Bezirksgruppe Ruhr vom 22.1.1940.

15 BBA, 73/288: Tätigkeitsbericht des Betriebsarztes des Klöckner-Bergbaus Dr. Buse für den Januar 1940; BBA, 25/116: Niederschrift über die Sitzung des Beirates der Bezirksgruppe Ruhr am 22.1.1940.

16 BBA, 20/409: Schreiben der Bergbauhauptverwaltung von Krupp an die Bezirksgruppe Ruhr vom 5.3.1940.

17 BBA, 25/116: Eine Aufstellung des gemeldeten Bedarfs der einzelnen Bergwerksgesellschaften.

besetzten Polen zu rekrutieren. Diese Sonderaktion, die weiter unten noch genauer geschildert wird, erstreckte sich auf die vom Deutschen Reich im neuen Regierungsbezirk Kattowitz annektierten ehemals preußischen und österreichischen ostoberschlesischen Gebiete, auf den als „Oststreifen" deklarierten ehemals russischen Teil des oberschlesischen Reviers und auf die zum Warthegau gehörende Gegend um Lodz. Insgesamt konnten aus dieser Aktion allerdings nur gut 5.200 Arbeitskräfte auf die Ruhrzechen gebracht werden.[18] Die sozial- und arbeitsrechtliche Stellung dieser Arbeitskräfte richtete sich wesentlich nach ihrer Herkunftsregion. Aus den ehemals preußischen und österreichischen Teilen Ostoberschlesiens stammende Arbeiter wurden, sofern sie sich nicht offen zum polnischen „Volkstum" bekannten oder bekannt hatten, in aller Regel als Volksdeutsche oder Ostoberschlesier anerkannt und blieben formal von den für Polen geltenden Diskriminierungen verschont. Dagegen wurden die in „Russisch-Ostoberschlesien" und die um Lodz ansässigen Arbeitskräfte gewöhnlich als „P-Polen" klassifiziert und bekamen die volle Härte des entsprechenden Sonderrechtes zu spüren. In zahlreichen Einzelfällen schuf die für die Ausgestaltung der Arbeits- und Lebensbedingungen folgenreiche Klassifizierung als „volksdeutsch" oder „volkspolnisch" aber noch auf den Ruhrzechen erhebliche Konflikte.[19]

Im Sommer 1940 verlagerten sich die Rekrutierungen von Arbeitskräften für die deutsche Kriegswirtschaft auf die besetzten Westgebiete, für den Ruhrbergbau auf die nordfranzösischen und belgischen Steinkohlenreviere. Bis zum Frühjahr 1941 wurden mehr als 18.000 zumeist arbeitslose Bergleute von dort auf den Ruhrzechen angelegt, darunter 2.500 bis 3.000 Arbeitskräfte polnischer Nationalität, oft aus Familien, die erst in den 1920er Jahren von der Ruhr weiter nach Westen gezogen waren.[20] Besonders die ersten Arbeitertransporte für den Ruhrbergbau aus

---

18 BBA, 25/116: Bericht über die Vermittlung von oberschlesischen Arbeitskräften für den Ruhrbergbau in der Zeit vom 27. März bis 9. Mai 1940, 25.5.1940.

19 STAMS, Bergämter 8049: Stimmungsbericht der Zechen Graf Bismarck und Königsgrube, Deutsche Erdöl AG für den Juni 1940.

20 BBA, 20/410: Arbeitskräfte aus Belgien und Nordfrankreich im Ruhrbezirk, Stand 5.10.1940; Archives Nationales Paris (ANP), AJ 40/106–2: Schreiben der Gruppe Arbeitseinsatz beim Militärbefehlshaber für Nordfrankreich und Belgien in Brüssel vom 26.8.1941; Westfälisches Wirtschaftsarchiv Dortmund (WWA), F 26/85, Bl. 119–120: Schreiben Gustav Dechamps, Generaldirektor der Concordia Bergbau AG, an den Aufsichtsratsvorsitzenden des Schering-Konzerns, Berckemeyer vom 29.7.1940.

dem Westen setzten sich zu einem großen Teil aus Polen zusammen, weil die dortige Besatzungsverwaltung zunächst einheimische Arbeiter von der Anwerbung nach Deutschland gesperrt hatte, aber wohl auch weil manche polnischen Arbeiter eine Rückkehr ins Ruhrgebiet dem Verbleib in den besetzten französischen und belgischen Kohlerevieren vorzogen. Nach einer Entscheidung Görings wurden diese sogenannten „Westpolen" nicht dem für Polen geltenden Sonderrecht unterstellt, sondern formal wie westliche Arbeiter, das heißt den deutschen Arbeitskräften im wesentlichen gleichgestellt, behandelt.[21] Dies war im übrigen ein Privileg, das nur für die im Ruhr- und Aachener Bergbau eingesetzten „Westpolen" galt. In anderen Wirtschaftszweigen tätige „Westpolen" behandelte man dagegen als „P-Polen".[22]

Im Frühjahr 1941 ordnete der zum Vorsitzenden der erst wenige Wochen zuvor als Organisation der privaten Kohlenwirtschaft unter staatlichem Dach gegründeten Reichsvereinigung Kohle ernannte Generaldirektor der Reichswerke Hermann Göring, Paul Pleiger, der nun statt des abgelösten Leistungsbeauftragten und Reichskohlenkommissars Walter die Erhöhung der Kohlenförderung forcieren sollte, die kurzfristige Umsetzung von 15.000 oberschlesischen Bergleuten in das Ruhrgebiet für die Dauer von drei Monaten unter Anwendung von Dienstverpflichtungen an.[23] Den Hintergrund dieser Aktion bildeten die Vorbereitungen für den Überfall auf die Sowjetunion, in deren Folge keine ausreichenden Transportkapazitäten zur Abfuhr der oberschlesischen Kohle zur Verfügung standen, der oberschlesische Bergbau also seine Förderung drosseln mußte. Die dreimonatige Dienstverpflichtung betraf schließlich knapp 13.000 Bergleute der oberschlesischen Gruben, darunter rund 11.000 Polen und etwa 2.000 „Volksdeutsche".[24] Nach Ablauf der drei Monate kehrten diese Arbeitskräfte auf ihre Heimatgruben zurück. Nachdem es zuvor auch anderslautende Weisungen gegeben hatte, wurden auch die „volkspolnischen" Bergleute aus dieser Aktion an der Ruhr nicht als „P-Polen", also nach der

21 BBA, 13/3026: Schnellbrief Görings an Rudolf Heß vom 4.9.1940.
22 Anordnung über die arbeitsrechtliche Behandlung der polnischen Beschäftigten vom 5.10.1941, in: Amtliche Mitteilungen des Reichstreuhänders der Arbeit für das Wirtschaftsgebiet Westfalen-Niederrhein 8, 1941, S. 222ff.
23 Bundesarchiv (BArch) Berlin, R 10 VIII/52, Bl. 1: Anordnung Paul Pleiger, Berlin 29.3.1941.
24 BBA, 15/253: Pyrkosch, Schlußbericht betr. die Überführung von 15.000 oberschlesischen Bergleuten nach Westfalen, 22.5.1941.

entsprechenden Polizeiverordnung, behandelt. Lediglich ein Aufenthalts-zwang am Arbeitsort wurde für sie festgeschrieben. Dies folgte rein prag-matischen Erwägungen, denn bei der von vornherein begrenzten Einsatz-zeit schien der mit der Prüfung der Volkstumszugehörigkeit verbundene Aufwand als zu groß.[25]

Nach dem Überfall auf die Sowjetunion zögerte die politische Führung aus rassenideologischen Gründen und wegen kaum rational nachvollzieh-barer Ängste vor einer „Bolschewisierung" der deutschen Kriegsgesellschaft zunächst damit, das Reichsgebiet für den Arbeitseinsatz von Arbeits-kräften aus den besetzten sowjetischen Gebieten freizugeben. Dagegen galten die erst nach Kriegsbeginn aus der polnischen Kriegsbeute an die Sowjetunion gefallenen Gebiete als weniger bolschewistisch infiziert. So begann bereits Ende Oktober 1941 eine „Sonderaktion" in der Gegend um Lemberg (Lwów), die nach der Besetzung durch deutsche Truppen seit dem 1.8.1941 als Distrikt Galizien dem Generalgouvernement zugeordnet worden war, bei der insgesamt etwa 11.000 Arbeitskräfte für den Ruhr-bergbau ausgehoben wurden. Nach ihrer Volkstumszugehörigkeit galten diese Arbeiter zu 90% als Ukrainer, die aber zumeist vermutlich polnische Staatsangehörige gewesen waren, und zu 10% als Polen.[26] Während für die Arbeiter polnischer Abstammung das entsprechende Sonderrecht galt, sollten die Ukrainer zunächst wie westliche Ausländer behandelt werden. Nach einigen Wochen wurde das polnische Sonderrecht, abgesehen von der Kennzeichnung durch das „P", aber auch auf die Ukrainer ausgewei-tet.[27] Erst Ende 1942 hob man diese Regelung für die aus dem Generalgou-vernement stammenden Ukrainer wieder auf.[28]

25 STAMS, Bergämter 5884: Schreiben des Reichsarbeitsministeriums an den Präsiden-ten des Landesarbeitsamtes Westfalen vom 15.5.1941; BArch Berlin, R 10 VIII/52: Erlass des Reichswirtschaftsministeriums an das Oberbergamt Dortmund über die vorübergehende Beschäftigung von Oberschlesiern im Ruhrbergbau vom 8.7.1941.

26 Sozialpolitische Informationen der Reichsvereinigung Kohle 5, 1942, in: BBA, 13/1791; BBA, 13/1044: Niederschrift der Beiratssitzung der Bezirksgruppe Ruhr vom 24.11.1941.

27 BBA, 13/3035: Rundschreiben der Bezirksgruppe Ruhr an ihre Mitgliedsgesellschaf-ten vom 5.1.1942; Einsatzbedingungen der aus den neu besetzten Ostgebieten und aus dem Generalgouvernement stammenden Arbeitskräfte, in: Sozialpolitische Infor-mationen der Reichsvereinigung Kohle 3, 1942, in: BBA, 13/1790.

28 Erlaß des Generalbevollmächtigten für den Arbeitseinsatz über die arbeitsrechtliche Behandlung von Arbeitskräften aus dem Reichskommissariat Ostland und aus dem Generalgouvernement vom 28.12.1942, abgedruckt in: Amtliche Mitteilungen des Reichstreuhänders der Arbeit für das Wirtschaftsgebiet Westfalen-Niederrhein 10,

Seit Ende 1942 wurde der Bedarf des Ruhrbergbaus an zivilen ausländischen Arbeitskräften nicht mehr hauptsächlich durch Neuanwerbungen in den besetzten Gebieten oder in befreundeten Staaten gedeckt, sondern vielmehr durch Verlegungen von Zwangsarbeitern aus anderen Wirtschaftsbereichen. Von Ende November 1942 bis zum Frühjahr 1943 wurden im Verlauf einer solchen, durch den Generalbevollmächtigten für den Arbeitseinsatz, den thüringischen Gauleiter Fritz Sauckel, organisierten Umsetzungsaktion rund 10.000 polnische Arbeiter – und in diesem Fall auch vereinzelt Arbeiterinnen –, die zuvor bereits in der Landwirtschaft Ostpreußens, Thüringens und Hessen-Nassaus Zwangsarbeit geleistet hatten, auf den Zechenanlagen der Ruhr angelegt.[29] Sie waren sämtlich als „P-Polen" klassifiziert.

Anfang 1943 bemühte sich Paul Pleiger als Vorsitzender der Reichsvereinigung Kohle darum, dem Kohlenbergbau eine weitere polnische Arbeitskräftereserve zu erschließen. Als Ersatz für die im Rahmen der SE III-Aktion vorgesehene Einziehung von 30.000 Bergleuten aus dem Kohlenbergbau zur Wehrmacht verlangte Pleiger vom Generalbeauftragten für den Arbeitseinsatz die Bereitstellung von 30.000 bis 60.000 „jungen und frischen" Kräften aus dem polnischen Baudienst.[30] Dieser Vorstoß Pleigers blieb allerdings erfolglos. Stattdessen führte die Sauckel-Behörde im April 1943 nochmals eine „Sonderrekrutierungsaktion" im Generalgouvernement durch, aus der insgesamt 50.000 Arbeitskräfte für den deutschen Kohlenbergbau und davon alleine 17.000 für den Ruhrbergbau gewonnen werden sollten. Bis Ende April waren jedoch lediglich etwa 10.000 Arbeitskräfte, wiederum aus der Gegend um Lemberg, rekrutiert worden, von denen knapp 2.500 als „P-Polen" schließlich in den Ruhrbergbau deportiert wurden.[31] Dies blieb bis zum Kriegsende die letzte – jedenfalls nachweisbare – Arbeitseinsatzaktion, die in größerer Zahl polnische Arbeitskräfte in den Ruhrbergbau brachte. Zweifellos wurden auch nach dem Frühjahr

1943, S. 55f.; Hans Küppers/Rudolf Bannier, Einsatzbedingungen der Ostarbeiter sowie der sowjetischen Kriegsgefangenen, 2. Aufl., Berlin 1943, S. 19.

29 Vgl. die entsprechenden Lageberichte der Bezirksgruppe Ruhr, BArch Berlin, R 7/470.

30 BArch Berlin, R 10 VIII/53, Bl. 38–39: Schreiben Paul Pleigers an den Sonderbeauftragten des Führers für die SE-Aktionen, General der Infanterie von Unruh vom 2.2.1943; ebd., Bl. 47 v, r: Entwurf eines Schreibens von Pleiger an Sauckel vom 12.2.1943.

31 Sozialpolitische Informationen der Reichsvereinigung Kohle 5 und 6, 1943, in: BBA, 13/1790.

1943 noch durch Einzelzuweisungen der Arbeitsämter oder durch Verlegungen aus anderen Wirtschaftssektoren polnische Arbeitskräfte neu auf den Zechenanlagen angelegt, doch geschah dies nicht in einem solchen Ausmaß, daß es sich in den Quellen identifizierbar niederschlug.

Nach dieser vorhergehenden Aufstellung arbeiteten während des Zweiten Weltkrieges auf den Schachtanlagen im Ruhrgebiet insgesamt rund 45.000 Menschen, die entweder bei Kriegsbeginn polnische Staatsangehörige gewesen oder aus Gebieten rekrutiert worden waren, die bis zur Besetzung durch das Deutsche Reich beziehungsweise die Sowjetunion zum Staatsgebiet der Zweiten Polnischen Republik gehört hatten. Von diesen etwa 45.000 Arbeitskräften fielen allerdings nur rund 30.000 formal in vollem Umfang unter das für Polen geltende scharf diskriminierende nationalsozialistische Sonderrecht, waren also in nationalsozialistischem Sinne „Polen". Von diesen 30.000 Arbeitskräften wiederum war ein gutes Drittel nicht polnischer, sondern ukrainischer Nationalität.

Bei einem Gesamtumfang des Ausländereinsatzes im Ruhrbergbau während des Zweiten Weltkrieges von ungefähr 350.000 Menschen,[32] machten die Polen, rechnet man einmal nur die als „P-Polen" behandelten Arbeitskräfte, weniger als 10% des gesamten Ausländereinsatzes auf den Zechen aus. Dagegen kamen über 20% der fast acht Millionen im Herbst 1944 insgesamt sich zum Arbeitseinsatz im Deutschen Reich befindlichen ausländischen Zivilarbeiter und Kriegsgefangenen aus dem besetzten Polen.[33] Der Einsatz von polnischen Zwangsarbeitern hatte also im Ruhrbergbau, jedenfalls an rein quantitativen Maßstäben gemessen, eine geringere Bedeutung als allgemein in der deutschen Kriegswirtschaft. Tatsächlich treten polnische Zwangsarbeiter seit Anfang 1942, als der Ausländereinsatz im Ruhrbergbau zunehmend von sowjetischen Zwangsarbeitern dominiert wurde, als identifizierbare kollektive Gruppe in den Quellen deutlich zurück. In den ersten Kriegsjahren jedoch prägten sie, wie im

32 Dazu Hans-Christoph Seidel, „Ein buntes Völkergemisch hat eine Wanderung durch unsere Gruben gemacht". Ausländereinsatz und Zwangsarbeit im Ruhrbergbau 1939–1945, in: Klaus Tenfelde/Hans-Christoph Seidel (Hg.), Kohle für die Kriegswirtschaft. Arbeitseinsatz und Zwangsarbeit im Kohlenbergbau des Deutschen Reiches (1915–1918 und 1939–1945) und der besetzten Gebiete (1940–1944), (erscheint 2004).

33 Im Herbst 1944 zählte die deutsche Arbeitseinsatzstatistik insgesamt 1,7 Millionen Polen. Vgl. zu dieser Angabe Ulrich Herbert, Einleitung des Herausgebers, in: ders. (Hg.), Europa und der „Reichseinsatz". Ausländische Zivilarbeiter, Kriegsgefangene und KZ-Häftlinge in Deutschland 1938–1945, Essen 1991, S. 7–25, hier S. 7.

Folgenden noch zu zeigen sein wird, den Ausländereinsatz auf den Ruhrzechen wesentlich.

2. Die Rekrutierungsaktionen für den Ruhrbergbau im besetzten Polen

Noch im September 1939 nahm die deutsche Arbeitsverwaltung im besetzten Polen die Arbeit auf, wobei zunächst eine Massenarbeitslosigkeit mit den entsprechenden negativen Auswirkungen auf die Besatzungsverwaltungen verhindert werden sollte. So übermittelte das Landesarbeitsamt in Breslau der Bezirksgruppe Ruhr bereits am 23. September das Angebot, arbeitslose ostoberschlesische Bergleute polnischer Nationalität in das Ruhrgebiet zu schicken.[34] Die Bezirksgruppe lehnte dieses Angebot jedoch ab, nicht zuletzt weil der Kriegsausbruch mit Unsicherheiten über die künftig von den Ruhrzechen verlangten Förderleistungen und damit auch über die Zahl der dazu notwendigen Arbeitskräfte verbunden war.[35] In dieser ablehnenden Haltung wußte sich der Ruhrbergbau, wie auch im Falle der polnischen Kriegsgefangenen, wiederum einig mit Gauleiter und Reichsverteidigungskommissar Terboven, der sich noch Ende Oktober gegenüber der rheinischen und westfälischen Arbeitsverwaltung nachdrücklich gegen den Einsatz polnischer Bergarbeiter im rheinisch-westfälischen Bergbaurevier aussprach, da man das „ruhrpolnische" Element im Ruhrbergbau nicht wieder verstärken sollte.[36] Doch bereits im November war der Einsatz polnischer Arbeitskräfte im Ruhrbergbau wieder Gegenstand einer Besprechung im Reichsarbeitsministerium, auf der Staatssekretär Lüsebrink Terbovens ablehnende Haltung in Frage stellte, zumal dieser bei der Beschäftigung von Polen in der westfälischen Landwirtschaft bereits nachgegeben hatte.[37]

Im November stieg die Zahl der vor allem zur Arbeit in der Landwirtschaft des „Altreiches" rekrutierten polnischen Arbeitskräfte deutlich an.

---

34 BBA, 25/116: Niederschrift über die Sitzung des Beirates der Bezirksgruppe Ruhr am 22.1.1940.

35 BBA, 13/1802: Wochenbericht der Bezirksgruppe Ruhr für den Zeitraum vom 25.9. bis 2.10.1939.

36 BArch Berlin, R 41/174, Bl. 98: Schreiben des Präsidenten des Landesarbeitsamtes Westfalen an das Reichsarbeitsministerium vom 2.11.1939.

37 BBA, 13/1058: Niederschrift einer Besprechung im Reichsarbeitsministerium am 13.11.1939.

Die meisten Bergwerksgesellschaften im Ruhrgebiet zeigten aber weiterhin wenig Interesse. Eine Ausnahme bildeten die vier zum Klöckner-Konzern zählenden Zechen, die zum Jahresende über die Bezirksgruppe Ruhr offensichtlich noch mit Bezug auf das Angebot des Breslauer Landesarbeitsamtes vom September einen Antrag auf Anwerbung von 500 ostoberschlesischen Bergarbeitern polnischer Nationalität stellten. Das oberschlesische Landesarbeitsamt lehnte die Anwerbung selbst arbeitsloser ostoberschlesischer Bergleute nun allerdings wegen des abzusehenden künftigen großen Arbeitskräftebedarfes im eigenen regionalen Steinkohlenbergbau ab. Freigegeben zur Anwerbung von 500 Arbeitern für die Klöckner-Zechen wurde dagegen der im neuen Warthegau gelegene Arbeitsamtsbezirk Lodz, und Anfang Januar 1940 brachen ein Fahrsteiger und ein Betriebsarzt des Klöckner-Bergbaus nach Lodz auf.[38]

Diese erste Rekrutierungsaktion für den Ruhrbergbau im besetzten Polen verlief aus Sicht der Beteiligten offensichtlich durchaus erfolgreich. Nach dem Bericht des beteiligten Betriebsarztes unterzog man insgesamt 1.470 auf das Arbeitsamt Lodz und seine Nebenstellen einbestellte Arbeitslose einer Tauglichkeitsuntersuchung, von denen man 600 für den Bergbau geeignete, in der Regel 20- bis 30-jährige Männer aussuchte. „Eine günstigere Auswahl Jugendlicher", vermerkte der Betriebsarzt befriedigt, „wird wohl kaum je wieder zur Verfügung stehen."[39] Dies erwies sich als eine zutreffende Vermutung, denn schon die nächste größere Rekrutierungsaktion drei Monate später verlief aus Sicht der Werbungskommissionen aus dem Ruhrgebiet erheblich problematischer.

Die Initiative, den größer werdenden Arbeitskräftemangel im Ruhrbergbau, der im Frühjahr 1940 auf 18.000 bis 20.000 Mann beziffert wurde,[40] in stärkerem Maße aus den besetzten Ostgebieten zu decken, ging von Reichskohlenkommissar Walter aus. Er ließ über die Bezirksgruppe Ruhr Anfang März feststellen, wie viele polnische Bergarbeiter die einzelnen Bergwerksgesellschaften und Zechen beschäftigen und unterbringen könnten, um die ihnen auferlegten Förderprogramme zu erfüllen. Einzelne Unternehmen, insbesondere der Krupp-Bergbau, lehnten den Einsatz pol-

---

38 BBA, 25/116: Niederschrift über die Sitzung des Beirats der Bezirksgruppe Ruhr am 22.1.1940.

39 BBA, 73/288: Tätigkeitsbericht des Betriebsarztes Dr. Buse, Klöckner-Werke, für Januar 1940.

40 BBA, 13/1802: Lagebericht der Bezirksgruppe Ruhr für den Zeitraum vom 4.3. bis 4.4.1940.

nischer Arbeiter weiter ab, doch die meisten Zechengesellschaften meldeten nun einen Bedarf für polnische Zivilarbeiter an, der insgesamt etwa
10.000 Mann betrug.[41] In einer Besprechung mit Paul Körner, dem Vertreter Görings als Beauftragtem für den Vierjahresplan, handelte Reichsverteidigungskommissar Terboven im Einvernehmen mit den Ruhrzechen
zunächst aus, daß sich die Rekrutierungsaktion auf die bis 1918 zum Deutschen Reich gehörenden ostoberschlesischen Gebiete des Regierungsbezir-
kes Kattowitz und damit im wesentlichen auf die Anwerbung von „volksdeutschen" Bergarbeitern beschränken sollte.[42]

Ende März reiste eine Werbungskommission aus Vertretern der Bezirksgruppe Ruhr, einigen Betriebsführern und Fahrsteigern der Bergbaukon-
zerne Harpener Bergbau AG, Gutehoffnungshütte, Thyssen Walsum,
Hibernia, Gelsenkirchener Bergwerks AG sowie der Klöckner-Werke und
aus Vertretern der Ruhrknappschaft und des westfälischen Landesarbeitsamtes nach Oberschlesien, um 10.000 bis 15.000 Arbeitskräfte für den
Ruhrbergbau zu rekrutieren.[43] Doch eine vorbereitende Besprechung in
Gleiwitz mit Vertretern der schlesischen Arbeitsverwaltung, der dortigen
Regierung sowie des oberschlesischen Bergbaus verlief ernüchternd. Zwar
zählte die Arbeitsamtsstatistik im Regierungsbezirk Kattowitz noch 14.500
arbeitslose Bergleute, von denen nach Angabe des Präsidenten des schlesischen Landesarbeitsamtes, Ordemann, immerhin 9.500 ausgleichsfähig
waren, das heißt für eine Verlegung in das Ruhrgebiet in Frage kamen.
Doch weigerte sich die oberschlesische Seite, Werbungen im „Alt-Kattowitzer" Bezirk, also dem alten preußischen Ostoberschlesien zuzulassen,
sondern wollte vielmehr die Aktion auf den „Neu-Kattowitzer" Bezirk, das

41 BBA, 20/409: Schreiben der Bergbauhauptverwaltung der Firma Krupp an die
    Bezirksgruppe Ruhr vom 5.3.1940; eine Liste mit den Einzelanforderungen der ein-
    zelnen Bergwerksgesellschaften für polnische Arbeiter in: BBA, 25/116; WWA, F
    26/393, Bl. 102–105: Niederschrift der Vertrauensratssitzung bei der Concordia
    Bergbau AG am 7.3.1940.
42 BBA, 13/1049: Niederschrift der Sitzung des Kleinen Ausschusses der Bezirksgruppe
    Ruhr am 19.3.1940. Allgemein zur Wirtschafts- und Arbeitseinsatzpolitik im besetz-
    ten Ostoberschlesien: Ryszard Kaczmarek, Die deutsche wirtschaftliche Penetration
    in Polen (Oberschlesien), in: Richard Overy u.a. (Hg.), Die „Neuordnung" Europas.
    NS-Wirtschaftspolitik in den besetzten Gebieten, Berlin 1997, S. 257–272; Wacław
    Długoborski, Die deutsche Besatzungspolitik und die Veränderungen der sozialen
    Struktur Polens 1939–1945, in: ders. (Hg.), Zweiter Weltkrieg und sozialer Wandel.
    Achsenmächte und besetzte Länder, Göttingen 1981, S. 303–363.
43 BBA, 25/116: Aktennotiz von Fahrsteiger Weller, Klöckner-Werke, über die Arbeiter-
    vermittlung aus Oberschlesien für den Ruhrbergbau vom 13.5.1940.

zum „Oststreifen" deklarierte alte russische Ostoberschlesien, beschränken. Erstens, so argumentierte man, würden im „Alt-Kattowitzer" Bezirk die noch arbeitslosen Bergleute nun selbst zur Steigerung der Kohlenförderung benötigt, und zweitens sei es schon aus volkstumspolitischen Rücksichten undenkbar, die „volksdeutschen" Bergarbeiter aus dem preußischen Ostoberschlesien in das Ruhrgebiet abzugeben, um dann für die dortigen Gruben auf die polnische Bergbaubevölkerung des „Oststreifens" zurückgreifen zu müssen. Danach wollte die oberschlesische Seite zunächst nur 3.500 arbeitslose und ausgleichsfähige Bergarbeiter und beliebig ungelernte Arbeitskräfte aus dem „Oststreifen" zur Anwerbung für den Ruhrbergbau freigeben, von denen allerdings, so die Auskunft eines Medizinalrates der schlesischen Arbeitsverwaltung, viele in Folge vor allem von Geschlechtskrankheiten und völliger Unterernährung nicht mehr bergbautauglich seien.[44]

Zwar nahm die Ruhrkommission vorerst ihre Arbeit im „Oststreifen" auf, doch der aufgetretene Konflikt über die weiteren Anwerbebezirke mußte Göring zur Entscheidung vorgelegt werden. Dieser entschied zwar, nicht zuletzt auf Drängen Terbovens, daß auch der „Alt-Kattowitzer" Bezirk in die Werbungsaktion einbezogen werden müsse, doch erfolgte die Bekanntgabe dieser Entscheidung erst Mitte April, und eine folgende Verordnung aus dem Reichsarbeitsministerium, nach der die oberschlesischen Zechen bei Einstellungen von arbeitslosen Bergleuten der Ruhrkommission den Vortritt lassen mußten, erfolgte aus Sicht der Ruhrvertreter ebenfalls zu spät. Sie beklagten, daß die oberschlesischen Zechen die unklare Situation zwischenzeitlich genutzt hätten, um sich die besten noch verfügbaren Arbeitskräfte aus dem „Alt-Kattowitzer" Bezirk zu sichern, und außerdem andere Werbekommissionen, beispielsweise der Reichswerke Hermann Göring, ebenfalls rascheren Zugriff auf die Arbeitslosen gehabt hätten.[45]

Die Sonderrekrutierungsaktion für den Ruhrbergbau verlief nach dem im annektierten Ostoberschlesien zu diesem Zeitpunkt üblichen praktischen Verfahren. Die in Frage kommenden registrierten Arbeitslosen wurden durch namentliche Aufforderung auf die örtlichen Arbeitsämter bestellt, um dort von den rheinisch-westfälischen Kommissionen auf ihre

---

44 BBA, 13/1049: Niederschrift über die Sitzung des Kleinen Ausschusses der Bezirksgruppe Ruhr am 8.4.1940.
45 BBA, 25/116: Bericht über die Vermittlung von oberschlesischen Arbeitskräften für den Ruhrbergbau in der Zeit vom 27. März bis 9. Mai 1940.

Bergbautauglichkeit untersucht zu werden. Bei einer Weigerung der tauglich Gemusterten, ins Ruhrgebiet zu gehen, drohte der Entzug der Unterstützungsleistungen. Allerdings berichteten die Mitglieder der Ruhrkommission, daß sich zahlreiche der aufgeforderten Arbeitslosen gar nicht zu den Musterungsterminen auf den Arbeitsämtern einfanden. Darüber hinaus erschien auch eine größere Anzahl „Angeworbener" nicht zur Abfahrt der Züge ins Ruhrgebiet wenige Tage später.[46] Dies deutet darauf hin, daß der Spielraum, sich der Anwerbung für den Ruhrbergbau zu entziehen, relativ groß blieb. Dies galt zumindest für diejenigen Arbeitslosen, die noch während der Rekrutierungsaktion Arbeit im heimischen Bergbau und in anderen Gewerbezweigen fanden oder die sich von anderen, in Ostoberschlesien tätigen Werbungskommissionen in „attraktivere" Beschäftigungen im „Altreich" vermitteln ließen.

Die Aufgabe der Ruhrkommission war es, gelernte Bergarbeiter, darunter möglichst viele Kohlenhauer, im Alter zwischen 20 und 45 Jahren, die gesund und kräftig sein sollten, anzuwerben. Die ersten Erfahrungen bei den Musterungen zeigten aber rasch, daß unter diesen Voraussetzungen die geplante Zahl von Arbeitskräften kaum zu erzielen war. Daher ging die Ruhrkommission bereits nach kurzer Zeit dazu über, auch ungelernte Arbeitskräfte in größerer Zahl anzuwerben.[47] Die von den Arbeitsämtern einbestellten Bergarbeiter waren dagegen zumeist seit vielen Jahren arbeitslos oder, wie die Ruhrkommission argwöhnte, „deutschfeindlich" eingestellt, weil sie erst nach der Übernahme der Gruben durch deutsche Verwaltungen entlassen worden waren.[48] Zahlreiche der vorgestellten Arbeitslosen wurden von der Ruhrkommission zurückgewiesen, weil zu alt oder nicht in der körperlichen Verfassung waren, um im Untertagebergbau zu arbeiten.

Die Bereitschaft, sich zur Arbeit im Ruhrbergbau anwerben zu lassen, fanden die Mitglieder der Werbungskommission im alten „russischen Oststreifen" deutlich ausgeprägter als in den altpreußischen Teilen Ostoberschlesiens. Die dort ansässigen „Volksdeutschen" hegten offensichtlich die Sorge, bei einem Arbeitseinsatz im Ruhrgebiet schließlich doch als „Nationalpolen" klassifiziert zu werden und zogen daher das Dasein als „Volks-

46 Ebd.
47 BBA, 25/116: Aktennotiz von Fahrsteiger Weller, Klöckner-Werke, über die Arbeitervermittlung aus Oberschlesien für den Ruhrbergbau vom 13.5.1940.
48 BBA, 13/1049: Niederschrift über die Sitzung des Kleinen Ausschusses der Bezirksgruppe Ruhr vom 8.4.1940.

deutsche" in Ostoberschlesien einem eventuellen Dasein als „P-Pole" im Ruhrgebiet vor.[49] Dagegen wurde im „Oststreifen" allgemein eine positivere Aufnahme der Rekrutierungsbemühungen konstatiert. Für die Mitglieder der Ruhrkommission erklärte sich dies aus dem „Tiefststand polnischer Lebensverhältnisse" in „Russisch-Polen", in dem 60% der Bevölkerung bisher ein menschenunwürdiges Leben geführt hätten. „Nach all dem Erlebten [die miserablen Lebensverhältnisse, H.-Ch. S.] wunderten wir uns auch nicht darüber", berichtete ein Betriebsführer der Zeche Hugo der Harpener Bergbau AG über seine Erfahrungen im „Oststreifen", „daß viele Polen nach jeder Untersuchung oft 2–3 Stunden auf uns gewartet haben, um uns dann zu fragen: ‚Wann fahren wir endlich ab nach Westfalen, hier 10 Jahre kein Chleba, kein Robota [kein Brot – keine Arbeit]. Und als dann im Laufe einer Woche von Sosnowitz täglich ein Polenzug über Kattowitz nach dem Westen rollte, bemerkte man wohl Mütter, Frauen und erwachsene Kinder, die weinten. Den Männern jedoch, ob jung oder alt, sah man die Freude und Erwartung deutlich an, jetzt bald ein besseres und geregelteres Leben zu führen."[50] Dies war eine Wahrnehmung, die sicherlich einerseits durch eine anti-polnische und rassistische Grundeinstellung verzerrt war und andererseits zugleich eine Legitimation für die weiter unten noch zu schildernden allgemeinen Umstände des Arbeitseinsatzes polnischer Arbeitskräfte im Ruhrbergbau lieferte. Darüber hinaus beruhte diese Wahrnehmung aber vermutlich auch darauf, daß manchem polnischen Bergarbeiter im „Oststreifen" angesichts seiner vorherigen Lebensverhältnisse und der Brutalität der deutschen Besatzungspolitik dort eine Zukunft im Ruhrgebiet wenigstens anfänglich vielversprechender erschien.[51]

Das Gesamtergebnis der Rekrutierungsaktion war dennoch ernüchternd. Von den der Kommission in gut vier Wochen vorgestellten 9.601 Arbeitskräften wurden nur 3.734, darunter lediglich ungefähr 1.600 Berg-

---

49 BBA, 13/1802: Lagebericht der Bezirksgruppe für den Zeitraum vom 5.4. bis 18.4.1940.

50 Arnold Fischdick, Anwerbung polnischer Bergarbeiter – Ein Einblick in den Tiefststand polnischer Lebensverhältnisse, in: Harpen (Werkszeitschrift der Harpener Bergbau AG), 16.8.1941 und 13.9.1941, in: BBA, 45/17.

51 Allgemein zur arbeitsrechtlichen Behandlung von Polen in den annektierten Ostgebieten: Diemut Majer, „Fremdvölkische" im Dritten Reich. Ein Beitrag zur nationalsozialistischen Rechtssetzung und Rechtspraxis in Verwaltung und Justiz unter besonderer Berücksichtigung der eingegliederten Ostgebiete und des Generalgouvernements, Boppard 1993, S. 408f.

arbeiter, für tauglich befunden, von denen schließlich nur rund 3.000 tatsächlich ins Ruhrgebiet abreisten.[52] Über die Gründe für diesen Mißerfolg gab es unterschiedliche Auffassungen. Die Vertreter des Ruhrbergbaus und der Knappschaft sahen diese in den geschilderten Umständen der Rekrutierungsaktion und in der zu geringen Zahl der Bergbautauglichen unter den ihnen zur Musterung vorgestellten Arbeitskräften. Die Arbeitsverwaltung und das Amt des Leistungsbeauftragten für den Bergbau, die vor allem an Gestellungszahlen interessiert waren, warfen dem Bergbau und der Knappschaft dagegen vor, zu strenge Maßstäbe an die Bergbautauglichkeit der Gemusterten gestellt zu haben.[53] Tatsächlich ließ der Präsident der Reichsknappschaft, Jakob, den Leistungsbeauftragten für den Bergbau im Zusammenhang der Rekrutierungsaktion in Ostoberschlesien wissen: „Als verantwortlicher Leiter der Reichsknappschaft kann ich es nicht verantworten, daß den Bezirksknappschaften im wesentlichen Umfange Versicherte zugeführt werden, bei denen von vornherein feststeht, daß sie auf Grund ihrer körperlichen Konstitution den besonderen Anforderungen der schweren Bergmannsarbeit nicht gewachsen sind und daher die Krankenversicherung übermäßig belastet wird."[54]

Um überhaupt noch auf die notwendigen Zahlen zu kommen, dehnte die Reichsarbeitsverwaltung die Rekrutierungsaktion auf ungelernte Kräfte aus der Gegend um Lodz im Warthegau aus. Diese Werbungen wurden nun allein von den Fachvermittlern der Arbeitsämter unter Ausschaltung der Sachverständigen der Bergbauunternehmen und der Knappschaft durchgeführt, und an der Ruhr entstand dabei der Eindruck, „daß dem Ruhrbergbau nunmehr der Rest an anstehenden Leuten auf den Hals geschickt werden soll".[55] Aber trotz dieser erneuten Ausweitung brachte die gesamte Rekrutierungsaktion lediglich etwa 5.200 Arbeitskräfte – und damit nur gut die Hälfte des ursprünglichen Ziels – in den Ruhrbergbau.

Der Ablauf dieser Rekrutierungsaktion verdeutlicht zunächst die auftretenden Interessenkonflikte zwischen dem Arbeitskräfte aufnehmenden

52 BBA, 25/116: Bericht über die Vermittlung von oberschlesischen Arbeitskräften für den Ruhrbergbau in der Zeit vom 27. März bis 9. Mai 1940.

53 BBA, 25/116: Schreiben des Fahrsteigers Wellmann, Gelsenkirchener Bergbau AG, an die Bezirksgruppe Ruhr, vom 14.5.1940.

54 BBA, 25/116: Schreiben des Präsidenten der Reichsknappschaft, Reinhard Jakob, an den Beauftragten für Leistungssteigerung im Bergbau, Paul Walter vom 17.5.1940.

55 BBA, 25/116: Schreiben des Fahrsteigers Wellmann, Gelsenkirchener Bergbau AG, an die Bezirksgruppe Ruhr vom 14.5.1940.

und dem Arbeitskräfte abgebenden Revier sowie zwischen Bergbauunternehmen und Knappschaft einerseits, die nur an der Rekrutierung leistungsstarker Arbeitskräfte interessiert waren, und den Zentralstellen der Arbeitsverwaltung und des Leistungsbeauftragten für den Bergbau andererseits, die vor allem auf die rein zahlenmäßige Erfüllung der vereinbarten Kontingente ihr Augenmerk legten. Darüber hinaus zeigte es sich, daß sich diese Rekrutierungsaktion noch in einer Grauzone zwischen traditionellen Formen von gelenkter Arbeitsmigration und Zwangsrekrutierungen durch die Besatzungsmacht abspielte. Dies galt für die anderen beiden Rekrutierungsaktionen für den Ruhrbergbau im besetzten Polen, im Herbst und Winter 1941 sowie im Frühjahr 1943 im Distrikt Galizien des Generalgouvernements, nicht mehr. Zwar ist über den konkreten Ablauf dieser beiden Rekrutierungsaktionen nichts bekannt, aber in Kenntnis der zu diesen Zeitpunkten im Generalgouvernement üblichen Rekrutierungsmethoden, wird man von Zwangsaushebungen auch unter Einsatz terroristischer Mittel ausgehen können.[56]

3. Eine zweite „Polonisierung" des Ruhrgebiets?
„Poleneinsatz" und „Volkstumspolitik" im Sommer 1940

Die oben geschilderte Rekrutierungsaktion für den Ruhrbergbau im Frühjahr 1940 in Ostoberschlesien hat bereits die grundsätzlichen „volkstumspolitischen" Konfliktlinien des Ausländer- und insbesondere des Poleneinsatzes im Ruhrbergbau aufgezeigt. Die regionalen NSDAP-Stellen, insbesondere Gauleiter und Reichsverteidigungskommissar Terboven, befürchteten durchaus im Einvernehmen mit dem Ruhrbergbau ein Wiederaufleben des „polnischen Elements" im Ruhrgebiet, wenn die alteingesessene „ruhrpolnische" Bevölkerung durch neue Arbeitsmigranten aus den besetzten Ostgebieten Verstärkung erhielte. Gerade erst nach Kriegsbeginn hatte man sich bemüht, dieses polnische Element durch die gewaltsame Zerschlagung aller polnischen Vereine und der Verhaftung ihrer Vor-

---

56 Allgemein dazu: Długoborski/Madajczyk, Ausbeutungssysteme; Czesław Łuczak, Polnische Arbeiter im nationalsozialistischen Deutschland während des Zweiten Weltkrieges. Entwicklung und Aufgaben der polnischen Forschung, in: Herbert (Hg.), Europa und der „Reichseinsatz", S. 90–105; Hans-Jürgen Bömelburg/Bogdan Musial, Die deutsche Besatzungspolitik in Polen 1939–1945, in: Wlodimierz Borodziej/Klaus Ziemer (Hg.), Deutsch-polnische Beziehungen. 1939–1945–1949. Eine Einführung, Osnabrück 2000, S. 43–111.

sitzenden endgültig zu beseitigen. Aus dieser Perspektive kamen höchstens „Volksdeutsche" zur Verstärkung der Belegschaften des Ruhrbergbaus in Frage, die aber weder der oberschlesische Bergbau, der „volksdeutsche" Vorarbeiter in seinen polnischen Belegschaften benötigte, noch die politischen Stellen in Oberschlesien, die um ihre „Germanisierungspolitik" fürchteten, ziehen lassen wollten.

Dieser bereits im Frühjahr 1940 aufscheinende Konflikt verschärfte sich in einer Reihe von Sitzungen zum Ausländereinsatz im Ruhrbergbau, die im Sommer und Herbst 1940 beim Gauleiter Westfalen-Nord Dr. Alfred Meyer, der als Nachfolger des zwischenzeitlich als Reichskommissar nach Norwegen berufenen Terboven zum Reichsverteidigungskommissar im Wehrkreis VI avanciert war, stattfanden. Den Hintergrund dieser Besprechungen bildeten die geplanten Anwerbungen arbeitsloser Bergarbeiter aus den besetzten nordfranzösischen und belgischen Revieren für die Ruhr. Auch hier stand zu erwarten, daß die dortigen Besatzungsbehörden vor allem die Anwerbung der zahlreichen dort ansässigen polnischen Bergarbeiter forcieren würden. Dazu, so die Befürchtung im rheinisch-westfälischen Industriegebiet, würden dies vor allem Polen aus Familien sein, die ihre „Deutschfeindlichkeit" in den 1920er Jahren durch die Abwanderung von der Ruhr in die belgischen und nordfranzösischen Reviere unter Beweis gestellt hatten. Der eigentliche Auslöser des zeitweise hitzigen Konfliktes war jedoch eine Äußerung von Reichskohlenkommissar Walter auf der ersten Besprechung zum Ausländereinsatz im Ruhrbergbau im Juni 1940. Auch nach dem Krieg werde es schwierig sein, so Walter bei dieser Gelegenheit, dem Kohlenbergbau die erforderlichen Arbeitskräfte zuzuführen. Die Parole werde dann lauten: die Deutschen in die Landwirtschaft und die Polen sowie die sonstigen Hilfsvölker in den Bergbau.[57] Diese Zukunftsvision eines dauerhaften „Helotenbergbaus" oder einer zweiten „Invasion aus dem Osten in das Ruhrgebiet" stieß auf die einmütige Empörung der Vertreter der regionalen politischen Stellen, des Fachamtes Bergbau der Deutschen Arbeitsfront und des Ruhrbergbaus auf dieser Sitzung. Selbst der Kriegseinsatz von ausländischen Arbeitern schien ihnen vor diesem Hintergrund in Frage zu stehen, wenn dieser das Einfallstor für einen dauerhaften Ausländerbergbau darstellen sollte.

---

57 BBA, 13/1760: Niederschrift einer Besprechung bei Reichskommissar Meyer über den Ausländereinsatz im Ruhrbergbau am 19.6.1940.

Die „volkstumspolitischen" Folgen eines solchen Helotenbergbaus von osteuropäischen Hilfsvölkern an der Ruhr malte besonders der Leiter des Fachamtes Bergbau der Deutschen Arbeitsfront, Ernst Stein, in drastischen Farben an die Wand. Er verfaßte auf die Äußerung Walters hin eine Denkschrift über die „Polen im Ruhrgebiet", die er auf der folgenden Sitzung bei Reichsverteidigungskommissar Meyer ausführlich vortrug. Stein stützte sich dabei offensichtlich auf eine Denkschrift über den „Typus ‚Polack' im Ruhrgebiet", die der Sozialwissenschaftler und Leiter der 1935 gegründeten Gelsenkirchener „Forschungsstelle für das Volkstum im Ruhrgebiet", Wilhelm Brepohl, bereits zwei Jahre zuvor für das Arbeitswissenschaftliche Institut der Deutschen Arbeitsfront verfaßt hatte.[58] Als „Polacken" hatte Brepohl in dieser Denkschrift einen im Ruhrgebiet verbreiteten Menschenschlag bezeichnet, der sich durch charakterliche Mängel, geistige Unzulänglichkeiten, Erbminderwertigkeit und eine niedrige Berufsleistung bestimme und der ursprünglich zum größten Teil aus dem slavischen oder slavisch-deutschen Grenzraum stamme. Damit war für Brepohl „Polack" zwar kein eigentlich rassischer, ausschließlich auf Polen zu beschränkender, aber ein von der Rasse her zu charakterisierender, eng mit der polnischen Zuwanderung in das Ruhrgebiet verknüpfter Begriff. Im Blut des Ruhrvolkes lebe weit mehr „Polen- und Polackentum" fort, als es sich nach Staatspapieren ausrechnen lasse. „Diese Umstände", so Brepohl bereits 1938, „zeigen einmal mehr, wie wichtig eine verantwortungsbewußte Arbeiterpolitik ist, und daß man bei dem Suchen nach neuen Arbeitskräften sich auch der volkspolitischen und volksbiologischen Wirkungen bewußt sein muß."[59]
An diese geistige Haltung der Denkschrift Brepohls knüpfte Stein nun in der Auseinandersetzung um den Ausländereinsatz im Ruhrbergbau im Sommer 1940 an, in dem er ausführte, daß der Bergmannsstand durch die polnische Einwanderung in das Ruhrgebiet mehr und mehr an Prestige verloren habe, so daß inzwischen kaum noch ein Volksschulabgänger Bergmann werden wolle. Daher müsse „jetzt und in Zukunft […] vermie-

---

58 Zu Brepohl allgemein: Stefan Goch, Wege und Abwege der Sozialwissenschaft: Wilhelm Brepohls industrielle Volkskunde, in: Mitteilungsblatt des Instituts für soziale Bewegungen 26, 2001, S. 139–176.
59 Wilhelm Brepohl, Der Typus „Polack" im Ruhrgebiet. Herkunft und Bedeutung der Minderwertigen, Gelsenkirchen 1938/39 (Denkschrift für das AWI), in: Sozialstrategien der Deutschen Arbeitsfront, hg. von der Hamburger Stiftung für Sozialgeschichte des 20. Jahrhunderts, Teil B, München u.a. 1987, S. 316–396, Zitat S. 392.

den werden", schloß Stein, „daß der Bergbau als die Grundlage unseres wirtschaftlichen Lebens mit ausländischen, besonders mit polnischen Arbeitskräften belegt wird. Jede weitere völkische Zersetzung schwächt die Leistungsfähigkeit und damit die Widerstands- und Lebenskraft unseres Volkes. Unser Volk wird aber nur dann ewig sein, wenn es auch die Voraussetzungen für die Reinhaltung seines Blutes schafft."[60]

Die Vertreter des Ruhrbergbaus auf diesen Sitzungen, Emil Stein von der Hibernia und Walter Tengelmann von den Essener Steinkohlenbergwerken, unterstützten die Ausführungen Ernst Steins ausdrücklich. Zum einen waren solche rassistischen Denkweisen auch bei führenden Vertretern des Ruhrbergbaus durchaus verbreitet. Wilhelm Nebelung beispielsweise, technischer Direktor des Steinkohlenbergbaus bei der Oberhausener Gutehoffnungshütte, beschwor allerbedenklichste weltanschauliche, sittliche und rassische Gefahren, „die der deutschen Bevölkerung des Ruhrgebiets aus einer Massierung ausländischer Arbeitskräfte erwachsen würden. Der Untergang der antiken Kulturvölker durch rassische Vermischung mit ihren Sklavenvölkern sollte uns bei solchen Überlegungen stets als warnendes Beispiel vor Augen stehen."[61] Allerdings hatten die Vertreter des Ruhrbergbaus auch pragmatischere Gründe für ihre Skepsis hinsichtlich des Ausländer- und insbesondere Poleneinsatzes. Sie fürchteten, daß ein massiver Ausländereinsatz das ohnehin geringe Prestige der Bergmannsarbeit weiter beschädigen und damit die ohnehin großen Probleme der Bergwerksgesellschaften, ausreichenden Nachwuchs zu gewinnen und die Abwanderung von Bergarbeitern in andere Industriezweige zu beenden, noch erheblich steigern werde. Das Ergebnis sei dann auf Dauer tatsächlich ein reiner Ausländerbergbau, der schon wegen der durch straffe Betriebsorganisation und Mechanisierung gestiegenen Qualifikationsanforderungen an den Bergmann nicht wirtschaftlich zu betreiben sei. Außerdem fürchteten die Vertreter des Ruhrbergbaus eine weiter zunehmende leistungsmindernde Fluktuation der bergmännischen Belegschaften durch die Ausländerbeschäftigung. „Ein Betreiben des Bergbaus mit Ausländern", erklärte Emil Stein für den Ruhrbergbau in Reaktion auf Walters Vision eines

---

60 Ernst Stein, Polen im Ruhrgebiet (Denkschrift), Juli 1940, in: STAMS, Oberpräsidium 5067, Bl. 170–177; ebd., Bl. 167: Vermerk von Reichsverteidigungskommissar Dr. Meyer zu einer Besprechung über den Ausländereinsatz im Ruhrbergbau am 6.8.1940 in Münster.

61 Wilhelm Nebelung, Vorschläge zur Behebung der Nachwuchsnot im deutschen Bergbau (Denkschrift Dezember 1940), in: BBA, 13/1505.

Helotenbergbaus, „könne auf Dauer nicht in Frage kommen, da der Bergbau eine bodenständige Industrie sei, in der ausländische Arbeiter ohne Familien auf die Dauer nicht zu halten seien."[62]

Diese Konfliktlinie offenbarte sich zu diesem Zeitpunkt offensichtlich als so tiefgreifend, daß eine Entscheidung Görings zur Ausländerbeschäftigung auf den Zechen eingeholt werden mußte. Auch dieser hielt den Ausländereinsatz im Bergbau grundsätzlich für unerwünscht. Er ließe sich aber für die Kriegsdauer als so weit als möglich zu beschränkender Notbehelf nicht vermeiden. Nach Kriegsende aber sollte die Bergmannsarbeit vor Kohle wieder ausschließlich deutschen Bergarbeitern vorbehalten bleiben.[63]

Dies blieb die letzte prinzipiellere Auseinandersetzung über den Einsatz von polnischen oder anderen ausländischen Arbeitskräften im Ruhrbergbau während des Krieges. „Volkstumspolitische" Bedenken wegen des Ausländereinsatzes wurden in der Folgezeit nur noch selten explizit geäußert. Dies lag zum einen an der geschaffenen Faktizität des Ausländereinsatzes, der immer alltäglicher wurde. Zum anderen aber traten auch die im Frühjahr und Sommer 1940 im Zusammenhang mit dem „Poleneinsatz" geäußerten Befürchtungen über eine zweite „Polonisierung" des Ruhrgebietes nicht ein. Zwar setzte in der Folgezeit ein massenhafter Zustrom ausländischer Arbeitskräfte ein, aber diese kamen zumeist von noch weiter östlich. Und auch die innere „Polonisierung", die von Brepohl und Ernst Stein befürchtete „Wiederaufwallung des polnischen Blutes im Ruhrvolk", blieb aus. „Ruhrpolen", „Ostpolen" und „Westpolen" verbanden sich nicht zu einem explosiven „volkstumspolitischen" Amalgam. Jedenfalls stellte Hans Spethmann, ein zeitgenössischer Historiograph des Ruhrbergbaus, noch Ende 1941 vor dem Hintergrund der Beschäftigung polnischer Zwangsarbeiter in einem Artikel fest, daß das Polentum im Ruhrgebiet

---

62 BBA, 13/1760: Niederschrift der Besprechung bei Reichsverteidigungskommissar Meyer am 19.6.1940; auch STAMS, Oberpräsidium 5255, Bl. 17: Führungsstab Wirtschaft des Oberpräsidiums Westfalen, Lagebericht Nr. 16, vom 9.5.1940.

63 STAMS, Oberpräsidium 5067, Bl. 256–257: Schreiben des Leiters der Geschäftsgruppe Arbeitseinsatz in der Vierjahresplanbehörde, Werner Mansfeld, an Reichsverteidigungskommissar Dr. Meyer über den Einsatz von polnischen Arbeitern im Ruhrbergbau.

durch Abwanderung und Eindeutschung zu einem Nichts zusammengeschmolzen sei.[64]

4. Diskriminierung und Repression: Die Bedingungen des Arbeitseinsatzes von Polen im Ruhrbergbau

Der Einsatz polnischer Arbeitskräfte im Ruhrbergbau seit dem Frühjahr 1940 war also zunächst äußerst umstritten, und auch die Bergbauunternehmen standen dieser Frage zunächst eher ablehnend gegenüber. Eine Konsequenz aus dieser Konfliktkonstellation war, daß manche Unternehmen und Zechen versuchten, wenigstens einen Teil der ihnen zugewiesenen polnischen Arbeitskräfte möglichst rasch wieder abzugeben. Die Zechenleitungen klagten vielfach über die Nicht-Eignung der polnischen Arbeiter insbesondere für die Untertagearbeit und deren daraus folgenden schlechten Arbeitsleistungen. Von der Concordia Bergbaugesellschaft beispielsweise wurden von 40 im Mai 1940 zugewiesenen polnischen Arbeitern 34 nach einer ärztlichen Untersuchung als für den Untertagebetrieb ungeeignet sofort ausgeschieden.[65] Einige Zechen und Unternehmen betrieben gegenüber den polnischen Arbeitskräften eine regelrechte Abschiebepolitik. So gab der staatliche Bergbaukonzern Hibernia innerhalb von wenigen Wochen vier Fünftel der zugewiesenen Polen als unbrauchbar wieder ab.[66] Walter Tengelmann, Vorstandsmitglied der Essener Steinkohlenbergwerke, plädierte auf Grund der in den ersten Monaten gemachten Erfahrungen sogar dafür, möglichst alle sogenannten „Ostpolen" rasch wieder abzuschieben.[67] Als allerdings gegen Ende des Jahres von den zentralen Stellen der Kohlenwirtschaft und der Arbeitseinsatzverwaltung tatsächlich der Abzug großer Teile der in Ostoberschlesien rekrutierten Arbeitskräfte aus dem Ruhrbergbau erwogen wurde, um sie zur Fördersteigerung im dortigen Bergbau einzusetzen, erhoben die meisten Zechen Einspruch.[68] Dies

64 Hans Spethmann, Kommen und Gehen der Polen im Ruhrgebiet, in: Ruhr und Rhein Wirtschaftszeitung 22, 1941, S. 235–238.
65 WWA, F 26/85, Bl. 78–79: Schreiben von Gustav Dechamps an Berckemeyer vom 3.6.1940.
66 BBA, 32/512: Emil Stein, Vorläufiger Bericht für das Geschäftsjahr 1940 der Hibernia für die Aufsichtsratssitzung am 3. Februar 1941.
67 BBA, 13/1760: Aktennotiz von Reichsverteidigungskommissar Meyer zur einer Besprechung am 6.8.1940.
68 STAMS, Oberpräsidium 5067, Bl. 256–257: Schreiben von Werner Mansfeld an Reichsverteidigungskommissar Dr. Meyer, vom 25.10.1940.

hatte einerseits damit zu tun, daß keine Ersatzarbeitskräfte für die polnischen Arbeiter zur Verfügung standen.[69] Andererseits hatte aber gerade die Abschiebung der wenig leistungskräftigen Arbeiter durch die Zechenleitungen dafür gesorgt, daß inzwischen nur noch relativ leistungsstarke und nunmehr eingearbeitete Polen auf den Zechen arbeiteten, auf die man nicht mehr gerne verzichten wollte. Insgesamt aber hatten nach einem knappen halben Jahr „Poleneinsatz" von den im April und Mai angelegten rund 5.300 polnischen Arbeitskräften bereits 1.960 die Ruhr wieder verlassen. 1.006 von diesen waren willkürlich abgekehrt, aber immerhin 954 waren auch aus Krankheitsgründen, wegen schlechter Arbeitsleistungen oder aus anderen Gründen von den Zechen abgeschoben worden.[70]

Der Einsatz der polnischen Arbeiter im Ruhrbergbau war von scharfen arbeits- und sozialrechtlichen Diskriminierungen geprägt.[71] Der im Reichsarbeitsministerium für diese Fragen zuständige Beamte stellte grundsätzlich fest, daß sich das Beschäftigungsverhältnis, in dem polnischen Arbeiter standen, in ihrer Pflicht zur Arbeitsleistung einerseits und in der Pflicht des Arbeitgebers zur Entgeltung dieser Leistung andererseits erschöpfe.[72] Anders als bei den anderen ausländischen Zivilarbeitern in den ersten Kriegsjahren, die mit befristeten Arbeitsverträgen beschäftigt waren, war die Dauer dieses derart gestalteten Beschäftigungsverhältnisses von vornherein ausschließlich in die Disposition der Unternehmer und der damit befaßten staatlichen Verwaltungen gestellt. Seit Juli 1940 brauchte mit polnischen Arbeitern kein individueller Arbeitsvertrag mehr geschlossen zu werden, und kurze Zeit später wurden die zunächst wenigstens for-

---

69 Ebd., Bl. 261–263: Schreiben des Leiters des Fachamtes Bergbau der Deutschen Arbeitsfront, Ernst Stein, an Reichsverteidigungskommissar Dr. Meyer vom 25.11.1940.

70 BBA, 13/2225: Belegschaftswechsel und Förderung im Ruhrbergbau im September 1940. Die Zahl der Abschiebungen von Polen aus Gesundheitsgründen lag damit im Ruhrbergbau erheblich über dem sonstigen Schnitt. Nach einer zeitgenössischen Erhebung wurden 1940 durchschnittlich 4,1% der polnischen Männer im „Reichseinsatz" aus Gesundheitsgründen wieder in das besetzte Polen abgeschoben. Vgl. diese Angabe bei Matthias Hamann, Der Mord an polnischen und sowjetischen Zwangsarbeitern in deutschen Anstalten, in: Beiträge zur nationalsozialistischen Gesundheits- und Sozialpolitik 1, 1985, S. 121–187, hier S. 123.

71 Die folgenden Ausführungen beschränken sich ausschließlich auf die für die sog. „P-Polen" geltenden Bedingungen.

72 Hans Küppers, Arbeitsrecht und Volkstum, in: Soziale Praxis 51, 1942, S. 259–265.

mal befristeten Beschäftigungsverhältnisse endgültig einseitig entfristet.[73] Aus zahlreichen sozial-, arbeitsschutz- und arbeitsrechtlichen Normsetzungen wurden polnische Arbeitskräfte explizit ausgeklammert, weil, wie es in einem entsprechenden Erlaß formuliert wurde, es „mit dem gesunden Volksempfinden nicht vereinbar [sei], würden sie ebenfalls an dem sozialen Fortschritt des neuen Deutschlands unbeschränkt teilnehmen".[74] So galt beispielsweise für polnische Jugendliche nicht das Jugendschutzgesetz, sondern die Arbeitszeitverordnung. Außerdem durften die Zechenleitungen den polnischen Arbeitern auch keine freiwilligen betrieblichen Sozialleistungen wie Betriebssterbekassen, Geburtsbeihilfen, Urlaubsgelder etc. gewähren.[75]

Polnische Arbeiter waren gewöhnlich in der niedrigsten Tarifstufe eingestuft. Sie wurden unabhängig von ihren persönlichen Verhältnissen in der ungünstigsten Steuerklasse veranschlagt und hatten vom Lohn sämtliche üblichen Sozialabgaben zu leisten, obwohl sie auf die entsprechenden Sozialleistungen keinen Anspruch hatten.[76] Außerdem wurden nach einer Anordnung des Reichstreuhänders der Arbeit für das Wirtschaftsgebiet Westfalen und Niederrhein vom April 1940 vom verbleibenden Nettolohn der polnischen Arbeiter im Ruhrbergbau 10% einbehalten und auf ein Sonderkonto eingezahlt.[77] Diese vorläufige Regelung wurde kurze Zeit später durch die Erhebung einer sogenannten Sozialausgleichsabgabe von 15%

---

73 Rafael R. Leissa/Joachim Schröder, Zwangsarbeit in Düsseldorf. Struktur, Organisation und Alltag im Arbeitseinsatz von Ausländern im nationalsozialistischen Düsseldorf, in: Clemens von Looz-Corswarem (Hg.), Zwangsarbeit in Düsseldorf. „Ausländereinsatz" während des Zweiten Weltkrieges in einer rheinischen Großstadt, Essen 2002, S. 25–362, hier S. 206; Dieter G. Maier, Arbeitsverwaltung und NS-Zwangsarbeit, in: Ulrike Winkler (Hg.), Stiften gehen. NS-Zwangsarbeit und Entschädigungsdebatte, Berlin 2000, S. 67–84.

74 BBA, 54/4: Erlaß des Reichswirtschaftsministeriums an die Oberbergämter vom 20.12.1941; Majer, „Fremdvölkische", S. 256ff.

75 BBA, 13/2103: Vorschläge für den Arbeitseinsatz von ausländischen Arbeitskräften im Ruhrbergbau (April 1940).

76 BBA, 13/2103: Schreiben der Steinkohlengewerkschaft der Reichswerke Hermann Göring an die Reichsknappschaft vom 20.5.1940. Offiziell begründet wurde die Diskriminierung von polnischen Arbeitskräften bei der Entlohnung mit dem niedrigeren Lebensstandard und dem niedrigeren kulturellen Niveau der Polen. Vgl. Annegret Hansch-Singh, Rassismus und Fremdarbeitereinsatz im Zweiten Weltkrieg, Diss. masch., Berlin 1991, S. 95f.

77 STAMS, Bergämter 8112: Schreiben des Oberbergamtes Dortmund an die Bergrevierbeamten vom 27.4.1940.

auf den Bruttolohn zugunsten der Reichsfinanzverwaltung, also praktisch eine Sondersteuer, ersetzt.[78] Anspruch auf Mehrarbeitszuschläge, Prämienzahlungen etc. hatten die Polen wenigstens zunächst nicht. Außerdem behielten die Zechen einen höheren Tagessatz für die Lagerunterbringung und -verpflegung ein, als sie dies bei den anderen lagerverpflegten ausländischen Zivilarbeitern taten.[79] Ausbezahlt erhielten die polnischen Arbeiter nur ein tägliches Taschengeld von einer Reichsmark. Der übrig gebliebene Lohnanteil wurde prinzipiell den im besetzten Polen zurückgebliebenen Angehörigen überwiesen.[80] Allerdings blieb insbesondere bei den mit gering bezahlten Schichtlohnarbeiten beschäftigten Polen nach allen genannten Abzügen oft nicht genug Restlohn, um ihre zurückgebliebenen Familien zu unterstützen, selbst wenn man ihnen das ohnehin geringe Taschengeld noch kürzte. Deshalb intervenierte die Bezirksgruppe Ruhr bereits im Spätsommer 1940, allerdings vergeblich, bei den zuständigen staatlichen Zentralstellen, um eine Revision der Sozialausgleichsabgabe zu erreichen und so zu Lasten der Abführungen an den Staat den Barlohn der polnischen Arbeiter zu erhöhen.[81] In der Folgezeit wurden zwar auch für polnische Arbeitskräfte stärkere Lohnanreize gesetzt, um Motivationen für bessere Arbeitsleistungen zu schaffen. Allerdings galt weiterhin, was der Betriebsführer einer Schachtanlage der Bochumer Zeche Constantin noch im Januar 1944 feststellte: „Es wird streng darauf geachtet, daß die

---

78 Vierundzwanzigste allgemeine Verordnung über die Aufhebung der Fünfzehnten und Achtzehnten allgemeinen Verordnung über die Entlohnung von Arbeitern und Angestellten polnischer Volkstumszugehörigkeit, in: Amtliche Mitteilungen des Reichstreuhänders der Arbeit für das Wirtschaftsgebiet Westfalen-Niederrhein 7, 1940, S. 186.

79 BBA, 13/1049: Schreiben von Bergwerksdirektor Wilhelm Nebelung, Gutehoffnungshütte, an die Bezirksgruppe Ruhr vom 6.5.1940. Die Verpflegungssätze für polnische Arbeiter in den Zechenlagern betrugen zwischen 2,00 und 2,20 RM. Diejenigen für die „Westarbeiter", obwohl diese gegenüber den Polen sowohl hinsichtlich Unterkunft als auch Verpflegung privilegiert waren, lediglich 1,80 RM. Italiener zahlten noch weniger. BBA, 13/1049: Niederschrift der Sitzung des Kleinen Ausschusses der Bezirksgruppe Ruhr vom 3.9.1940.

80 BBA, 40/492: Rundschreiben des Leiters der Reichsknappschaft an die Grubenverwaltungen und Unternehmer vom 29.5.1940.

81 BBA, 13/1049: Rundschreiben der Bezirksgruppe Ruhr an alle Mitgliedsgesellschaften mit volkspolnischen Arbeitern vom 18.7.1940; BBA, 25/116: Niederschrift über die Sitzung des Kleinen Ausschusses der Bezirksgruppe Ruhr am 3.9.1940.

Ausländer [er meinte polnische und sowjetische Zivilarbeiter, H.-Ch. S.] die Löhne der Deutschen wesentlich unterschreiten."[82]

Diskriminiert wurden die polnischen Arbeiter auch bei der im Untertagebergbau besonders wichtigen und sensiblen Ernährungsfrage. Selbst wenn sie unter Tage eingesetzt wurden, erhielten die Polen, obwohl sie oft bereits in einem schlechten Ernährungszustand auf den Zechen eintrafen, nicht die den deutschen Untertagearbeitern grundsätzlich zustehenden Schwerstarbeiterrationen, sondern bestenfalls die Lebensmittelkarten für Schwerarbeiter. Lediglich die ausgeteilte Brotration entsprach derjenigen von Schwerstarbeitern.[83] Insbesondere die regionalen Stellen der Deutschen Arbeitsfront, aber auch Gauleiter und Reichsverteidigungskommissar Meyer hielten eine Gleichstellung der Polen mit den deutschen Bergarbeitern hinsichtlich der Ernährung für untragbar, weil dies von den deutschen Bergleuten nicht verstanden und böses Blut machen würde.[84] Einige Zechenleitungen beklagten sich jedoch bald über die zu geringen Ernährungssätze für die polnischen Arbeiter. „Da die Polen sehr ausgehungert sind, reicht die Verpflegung, insbesondere die Zuteilung von Brot, nicht aus. Auf Königsborn haben wiederholt polnische Arbeiter gegen Ende der Schicht schlapp gemacht", berichtete beispielsweise eine Zechenleitung.[85] Wirklich dramatische Schilderungen über die Ernährungssituation, wie sie für die seit 1942 im Ruhrbergbau eingesetzten sowjetischen Zwangsarbeiter in großer Zahl vorliegen, existieren für die polnischen Zwangsarbeiter auf den Zechen allerdings nicht. Im Sommer 1941 wurde zudem die zuvor zwingende Anweisung des Reichsernährungsministers an die Provinzial ernährungsämter, den polnischen Industriearbeitern keine Schwerstarbeiterzulagen zu gewähren, in eine Kann-Vorschrift umgewandelt.[86] Ob dies

---

82 BBA, 20/2879: Schreiben der Betriebsführung des Schachtes 6/7 der Zeche Constantin an die Direktion der Zeche vom 5.1.1944.

83 STAMS, Oberpräsidium 5067, Bl. 261–263: Schreiben von Reichsernährungsminister Backe an den Stellvertreter des Führers vom 1.11.1940.

84 BBA, 13/1760: Schreiben von Reichsverteidigungskommissar Dr. Meyer an den Leistungsbeauftragten für den Bergbau Paul Walter vom 15.6.1940; STAMS, Bergämter 7560: Schreiben des Oberbergamtes Dortmund an die Bergrevierbeamten vom 16.8.1941.

85 BBA, 25/116: Zeche Victor-Ickern, Erfahrungen mit dem Einsatz polnischer Arbeiter (April 1940). Vgl. außerdem STAMS, Bergämter 5851: Schreiben der Essener Steinkohlenbergwerke an den Bergrevierbeamten Lünen vom 1.6.1940.

86 STAMS, Bergämter 7560: Schreiben des Oberbergamtes Dortmund an die Bergrevierbeamten vom 16.8.1941.

praktische Konsequenzen für die Ernährung der polnischen Bergarbeiter hatte, ist allerdings in den Quellen nicht nachvollziehbar. Auch bei der Zuteilung von Gebrauchsgütern wurden die polnischen Arbeiter nicht in gleichem Maße wie die deutschen Bergleute bedacht. Dies galt beispielsweise bei der Anweisung, ihnen keine neuwertige Arbeitskleidung zur Verfügung zu stellen und ihnen ebenso – und dies war im Kohlenbergbau keine Marginalie – keine Kernseife zuzuteilen.[87]

Deutlich benachteiligt waren die polnischen Bergarbeiter außerdem hinsichtlich ihrer medizinischen Versorgung. Zwar waren sie sämtlich knappschaftsversichert und zahlten dementsprechend auch den vollen Beitrag zur Knappschaft, aber an deren Leistungen partizipierten sie kaum. Leichtere Erkrankungen und Verletzungen wurden bei wöchentlichen Sprechstunden von Knappschaftsärzten in den „Polenlagern" versorgt, aber bei schwereren Erkrankungen konnte von einer angemessenen medizinischen Versorgung kaum die Rede sein. Die Knappschaftskrankenhäuser weigerten sich vielfach ausländische, insbesondere polnische Versicherte aufzunehmen.[88] Wenn nach zwei bis drei Wochen eine Wiederherstellung der Arbeitsfähigkeit nicht absehbar war, wurden die erkrankten Arbeiter, ohne daß die weitere medizinische Behandlung gesichert war, wenigstens in den ersten Kriegsjahren gewöhnlich wieder in ihre Heimatorte abgeschoben.

Im Vorhergehenden wurden vor allem gewissermaßen offiziell legitimierte Diskriminierungen geschildert. Daneben waren aber auch mehr oder weniger informelle Benachteiligungen der polnischen Belegschaftsmitglieder des Ruhrbergbaus an der Tagesordnung. Dies drückte sich vor allem darin aus, daß die polnischen Zwangsarbeiter, jedenfalls bis die sowjetrussischen Arbeitskräfte seit Anfang 1942 diese Stelle einnahmen, auf die unterste Stufe der betrieblichen Hierarchie rutschten. Sie wurden vornehmlich bei den schlecht bezahlten Schichtlohnarbeiten über und unter Tage eingesetzt.[89] Vermutlich zogen die Zechen- und Betriebsleitungen sie auch bevorzugt zu gesundheitlich in besonderem Maße belastenden und zu besonders schmutzigen Arbeiten heran, beispielsweise in den Aschekanälen der Kokereien, in den Ziegeleien oder unter Tage an heißen

---

87 BBA, 13/1049: Niederschrift über die Sitzung des Kleinen Ausschusses der Bezirksgruppe Ruhr am 8.4.1940; BBA, 13/2103 Rundschreiben der Bezirksgruppe Ruhr an die Mitgliedsgesellschaften mit volkspolnischen Arbeitskräften vom 25.4.1940.
88 Beispiele dafür in: STAMS, Regierung Arnsberg 13196.
89 BBA, 40/492: Aufstellung über den betrieblichen Einsatz der Arbeitskräfte aus dem Regierungsbezirk Kattowitz bzw. aus Litzmannstadt im Ruhrbergbau, 5.10.1940.

Betriebspunkten.[90] Wenn schon Polen aus kriegswirtschaftlichen Gründen als Hilfsarbeiter beschäftigt werden mußten, sollten damit wenigstens Aufstiegsmöglichkeiten für deutsche Bergarbeiter verbunden werden.[91]

Über solche Diskriminierungen hinaus war der Einsatz polnischer Arbeitskräfte von Anfang an in hohem Maße durch einen ausgesprochen repressiven Charakter geprägt. In der offiziellen Sprachregelung galten die im Osten rekrutierten polnischen Arbeitskräfte zwar als freiwillige Arbeiter, doch wenigstens anfangs verriet auch der Sprachgebrauch der regionalen Stellen den tatsächlichen Charakter des polnischen Arbeitseinsatzes, wenn von „Zivilgefangenen" oder auch dann und wann von „Kriegsgefangenen" auch bei Zivilarbeitern die Rede war.[92] Schon in einer internen Vorbesprechung von Vertretern des Ruhrbergbaus zum erwarteten Einsatz polnischer Arbeitskräfte Mitte März 1940 forderte Walter Tengelmann, daß den Zechen dann schärfste Disziplinarmittel gegen die Polen zur Verfügung gestellt werden müßten. Selbstverständlich, beruhigte daraufhin der Geschäftsführer der Bezirksgruppe Ruhr die Runde, würden die Polen kaserniert, sorgfältig ausgesucht und den Zechen nur in kleinen Gruppen zugeführt.[93]

Zu diesem Zeitpunkt war der Rahmen für die „polizeiliche Behandlung" der polnischen Arbeitskräfte durch die sogenannte „Polenerlasse" Himmlers vom 8. März, die den „Auftakt zu einem immer geschlossener werdenden, nach Nationalitäten differenzierten Sonderrecht für ausländische Arbeiter und die Grundlage eines umfassenden Systems der Beaufsichtigung und Repression der polnischen Arbeiter wurden", bereits abgesteckt.[94] Dennoch ergriffen mit dem Poleneinsatz im Ruhrbergbau befaßte regionale Stellen noch darüber hinausgehende Initiativen. Eine Polizeiverordnung der Regierung Düsseldorf legte weitgehende Ausgangssperren für die Insassen der Polenlager fest.[95] Der Fachamtsleiter Bergbau

---

90 BBA, 10/555: Schreiben von Reichsverteidigungskommissar Dr. Meyer an die Bezirksgruppe Ruhr vom 11.7.1940.

91 BBA, 13/1760: Schreiben von Reichskohlenkommissar Paul Walter an Reichsverteidigungskommissar Dr. Meyer vom 29.5.1940.

92 STAMS, NSDAP Kreis- und Ortsgruppen 15,1: Bericht der NSDAP-Kreisleitung Herne-Castrop-Rauxel vom 3.6.1940.

93 BBA, 13/1049: Niederschrift über die Sitzung des Kleinen Ausschusses der Bezirksgruppe Ruhr am 19.3.1940.

94 Dazu ausführlich Herbert, Fremdarbeiter, S. 85–95, Zitat S. 88.

95 BBA, 10/555: Polizeiverordnung über die Behandlung der im Reich eingesetzten Zivilarbeiter und Zivilarbeiterinnen polnischen Volkstums vom 30.3.1940.

der Deutschen Arbeitsfront, Ernst Stein, richtete schon mit Beginn der Rekrutierungsaktionen im besetzten Polen Vorschläge für die Behandlung der polnischen Arbeitskräfte an den Leiter der Bezirksgruppe Ruhr, Ernst Buskühl. Stein schlug darin unter anderem vor, bei Vergehen einzelner gegen die Lagerordnung das ganze Lager zu bestrafen.[96] Auch die Einrichtung eigener Polizeiwachen in den Polenlagern, ein geschlossener An- und Abmarsch zwischen Lager und Arbeitsstätte unter Polizeibewachung und eine allgemeine Postkontrolle durch die Gestapo wurden erwogen.[97]

Die Impulse zu einer Verschärfung der Repressionen und Restriktionen gegen Polen im Frühjahr und Frühsommer 1940 gingen dabei oft von unteren oder mittleren regionalen Instanzen aus.[98] So beschwerte sich beispielsweise der Ortsgruppenleiter der NSDAP Castrop-Rauxel-Ost darüber, daß es nach seiner Kenntnis vorgesehen sei, die auf der Zeche Schwerin eingesetzten Polen demnächst besser zu behandeln, sie sogar frei herumlaufen zu lassen, und er bat seinen Kreisleiter, dies unbedingt zu verhindern.[99] Eine prominente Rolle dabei spielte insbesondere das Fachamt Bergbau der DAF, das, wie schon verschiedentlich angedeutet, zu den vehementesten Gegnern eines „Poleneinsatzes" im Ruhrbergbau gehörte. Ein westfälischer Funktionär des Fachamtes, Hubert Siebert, erinnerte in einem Artikel zum „Poleneinsatz" im Bergbau an den sog. „Blutsonntag von Bromberg" und folgerte: „Das ganze polnische Volk ist Schuld an dieser Blutorgie. Niemals dürfen und werden wir das vergessen. [...] Es gibt kein Zusammenleben mit solchen Menschen. Für uns gibt es nur eine Haltung: Abstand, deutlicher, klarer Abstand."[100] Auch Fachamtsleiter Stein

---

96 BBA, 25/116: Schreiben von Ernst Stein an Ernst Buskühl vom 5.4.1940.

97 BBA, 13/1760: Schreiben von Reichskohlenkommissar Paul Walter an Reichsverteidigungskommissar Dr. Meyer vom 29.5.1940.

98 Dies war keinesfalls nur im Ruhrgebiet, sondern auch in anderen Regionen der Fall. Vgl. Annette Schäfer, Zwangsarbeiter und NS-Rassenpolitik. Russische und polnische Arbeitskräfte in Württemberg 1939–1945, Stuttgart 2000, S. 34; oder für Bayern: Hansch-Singh, Rassismus und Fremdarbeitereinsatz, S. 98, 106, 108.

99 STAMS, NSDAP Kreis- und Ortsgruppen 15,1: Schreiben des Ortsgruppenleiters Castrop-Rauxel-Ost an den Kreisleiter Herne-Castrop-Rauxel vom 24.5.1940; vgl. auch ebd.: Bericht des Kreisleiters der NSDAP Herne-Castrop-Rauxel vom 3.6.1940.

100 Hubert Siebert: Eindeutige und damit deutsche Haltung! Ein Wort zum Poleneinsatz im deutschen Bergbau, in: Deutscher Bergbau 7, 1940, S. 3.

hielt eine Tracht Prügel pro Woche für das beste Mittel, die Polen zur Arbeit anzuhalten.[101]

Solche Einstellungen waren durchaus auch bei führenden Männern des Ruhrbergbaus zu finden. Werner Dubucs, Vorstand der Klöckner-Werke, schlug die Bewaffnung der Wachmannschaften in Polenlagern vor, nachdem es auf einer Zeche seines Konzerns Ärger mit den Polen gegeben hatte, und Walter Tengelmann, Essener Steinkohlenbergwerke, konnte keinerlei Verständnis für ein „freies Herumlaufen" der Polen aufbringen und forderte ebenfalls schärfere Bewachungsmaßnahmen.[102] Allerdings mußten die Zechenleitungen offensichtlich häufiger dem Überspringen dieser repressiven Stimmung gegen die „ruhrpolnischen" Stammarbeiter, die des öfteren von NSDAP-Amtsträgern auf den Zechen anzufachen versucht wurde, Einhalt gebieten.[103]

Diesem repressiven Aktionismus gegen polnische Arbeitskräfte wurden seit dem Sommer 1940 vermutlich die allerschärfsten Spitzen genommen. Die verbindlichen Richtlinien für den Poleneinsatz im Ruhrbergbau, die Gauleiter und Reichsverteidigungskommissar Meyer in Verbindung mit dem Leistungsbeauftragten für den Kohlenbergbau schließlich im Juli 1940 zur Kenntnis gab, regelten Unterbringung und Behandlung nach den Polenerlassen Himmlers, betonten aber ausdrücklich, daß eine darüber hinausgehende Verschärfung nicht notwendig sei. Die bisher über die Polenerlasse hinausgreifenden Ausgangsbeschränkungen seien aufzuheben und ein polizeilich bewachter geschlossener An- und Abmarsch zur und von der Arbeit sei ebenso wenig nötig wie eigene Polizeiwachen in den Lagern.[104] Diese eher pragmatisch orientierten Richtlinien waren schon wegen der ungenügenden Ressourcen, eine Praxis ständiger Überwachung dauerhaft aufrecht zu erhalten, notwendig.

---

101 BBA, 13/1760: Niederschrift über die Sitzung zum Ausländereinsatz im Ruhrbergbau bei Reichsverteidigungskommissar Dr. Meyer am 6.8.1940.

102 BBA, 13/1049: Niederschrift der Sitzung des Kleinen Ausschusses der Bezirksgruppe, vom 8.4.1940; BBA, 13/1760: Niederschrift der Sitzung bei Reichsverteidigungskommissar Meyer am 6.8.1940.

103 Vgl. dazu z.B. einen einschlägigen Schriftwechsel bei der Zeche Concordia in Oberhausen in: WWA, F 26/391, Bl. 218ff.

104 BBA, 10/555: Schreiben von Reichsverteidigungskommissar Dr. Meyer an die Bezirksgruppe Ruhr, vom 11.7.1940; STAMS, Oberpräsidium 5177, Bl. 100–111: Entwurf eines Rundschreibens von Reichsverteidigungskommissar Dr. Meyer, vom 17.9.1940.

Dies änderte aber grundsätzlich nichts an dem repressiven Charakter des Poleneinsatzes. Die Zechenleitungen kooperierten eng mit den regionalen Gestapo-Stellen, um dem mangelnden „Arbeitswillen" polnischer Arbeiter beizukommen. Nicht zuletzt die Klagen der Zechen über Disziplinarprobleme mit den polnischen Zwangsarbeitern im Sommer 1940 nahmen die Gestapo-Stellen, unter breiter Zustimmung im Ruhrbergbau, zum Anlaß, auch für das Ruhrgebiet staatspolizeiliche Arbeitserziehungslager einzurichten.[105] Und die Zechenleitungen nutzten diese Einrichtungen in großem Umfang als Disziplinierungsinstrumente, indem sie ihre „arbeitsunwilligen" Zwangsarbeiter den jeweiligen örtlichen Gestapo-Stellen meldeten. Typisch ist etwa die folgende Mitteilung der zum Hibernia-Konzern zählenden Zeche Waltrop an die Gestapo über einen polnischen Arbeiter:

> *„In seinem Verhalten ist keine Besserung eingetreten und die Leistungen sind minderwertig. Die Arbeitsvorgänge lassen ihn uninteressiert, so daß er in der Fortbildung nicht den geringsten Fortschritt aufzuweisen hat. Auch im Lager ist von einer wesentlichen Besserung des Mannes nichts zu merken. Außerdem hat er bei einer kleinen in der Grube zugezogenen Verletzung eine Selbstschädigung versucht, um auf diese Weise seine Arbeitsunfähigkeit zu verlängern. Wir bitten, entsprechende Maßnahmen zu treffen und um Mitteilung über das Veranlaßte."[106]*

Die entsprechende Maßnahme war in diesem, wie in zahlreichen anderen Fällen eine in der Regel sechswöchige Einweisung in ein Arbeitserziehungslager. Solche Einweisungen nutzten Zechenleitungen und Gestapo gern auch zur Abschreckung. Im September 1943 beispielsweise ließ die Gestapo auf der Zeche Minister Achenbach des Stumm-Konzerns sämtliche dienstfreien ausländischen Zivilarbeiter antreten, um sie wegen ihrer „Bummelschichten" eindringlich zu verwarnen. Die größten „Bummelanten", so der Bericht der Zeche, insgesamt 43 „P-Polen" und „Galizier" wurden dabei aufgerufen und zur Arbeitserziehungshaft abgeführt. Dies habe,

---

105 Dazu: Gabriele Lotfi, KZ der Gestapo. Arbeitserziehungslager im Dritten Reich, Stuttgart u.a. 2000, S. 83ff. Vgl. dazu auch, BBA, 13/1760: Niederschrift der Sitzung bei Reichsverteidigungskommissar Dr. Meyer über den Ausländereinsatz im Ruhrbergbau am 6.8.1940.

106 BBA, 72/229: Schreiben der Zeche Waltrop an die Gestapo, vom 5.10.1943.

so wird befriedigt vermerkt, auf die übrigen Ausländer Eindruck gemacht, und die Bummelschichten hätten nachgelassen.[107]

In den Arbeitserziehungslagern entwickelten sich rasch KZ-ähnliche Verhältnisse. Die Gesundheit und das Leben der Insassen waren dort ernsthaft bedroht.[108] Dies mußte auch den Zechenleitungen angesichts des Zustandes mancher der aus den Arbeitserziehungslagern Zurückkehrenden klar sein. Nur zwei Beispiele von polnischen Zwangsarbeitern der Zeche Waltrop sollen dies verdeutlichen. Über einen aus einem Arbeitserziehungslager zurückkehrenden Arbeiter wurde berichtet: „Die Arbeit konnte er wegen seines Körperzustandes nicht aufnehmen, weshalb er sich bis zum 22. vorigen Monats im Lager befand und von diesem Tag ab dem Krankenhause in Waltrop zur stationären Behandlung zugewiesen wurde."[109] Ein anderer Pole aus Lodz, der seit Ende 1942 auf der Zeche gearbeitet hatte, starb Anfang 1944 an Unterernährung im Waltroper Krankenhaus, nachdem er erst wenige Tage zuvor von einer sechswöchigen Haft aus dem Arbeitserziehungslager Essen/Mülheim in das Zechenlager zurückgekehrt war.[110]

---

107 BBA, 16/590 Niederschrift über die Sitzung des Arbeitskreises für Leistungssteigerung der Zeche Minister Achenbach am 27.9.1943.
108 Dazu ausführlich Lotfi, KZ der Gestapo.
109 BBA, 72/230: Schreiben der Zeche Waltrop an das Arbeitsamt Recklinghausen vom 11.5.1944.
110 BBA, 72/230: Interne Vorlage bei der Zechenleitung vom 3.1.1944.

Johannes Hoffmann

Die Masuren und Posener Polen als Erwerbsmigranten im kollektiven Gedächtnis des Ruhrgebiets heute

Seit Beginn der 1990er Jahre sind mehrere geschichtswissenschaftliche Beiträge in Sammelbänden, Stadtgeschichten oder regionalgeschichtlichen westfälischen Zeitschriften erschienen, die das Ruhrpolentum untersuchen. Auch Geschichtsdidaktiker griffen dieses Thema mehrfach auf, da sie darin eine Chance sahen, den sich vollziehenden Wandel des Ruhrgebiets sowie die seit der historisch bedeutsamen Wende der Jahre 1989/91 drängende und die Tagespolitik fast täglich neu bestimmende Frage der Zuwanderungspolitik historisch zu dimensionieren und möglicherweise sogar als Lehrbeispiel für eine gelungene Integration auszugeben.

Bis in die Weimarer Zeit überwogen einerseits wenige autobiographische Zeugnisse und Erinnerungsliteratur aus der Feder von Beteiligten sowie andererseits im weitesten Sinne Heimatliteratur von Romanen bis hin zu gereimten Machwerken und üblen Witz- und Anekdotensammlungen von deutschen Autoren. Sieht man einmal von den Arbeiten Brepohls[1] ab, die in der unmittelbaren Nachkriegszeit noch vor allem das Wahrnehmungsmuster hinsichtlich des „Ruhrvolks" von vor 1945 transportierten, so setzte sich erst ab den 1970er Jahren mit den geschichtswissenschaftlich fundierten Arbeiten von Kleßmann, Blecking, Stefanski und Oenning[2] eine neue, aus den Quellen erarbeitete Sichtweise der Geschichte des Ruhrpolentums durch.

1   Wilhelm Brepohl, Der Aufbau des Ruhrvolkes im Zuge der Ost-West-Wanderung. Beiträge zur Sozialgeschichte des 19. und 20. Jahrhunderts, Recklinghausen 1948.
2   Christoph Kleßmann, Polnische Bergarbeiter im Ruhrgebiet 1870–1945. Soziale Integration und nationale Subkultur einer Minderheit in der deutschen Industriegesellschaft, Göttingen 1978; Valentina Maria Stefanski, Zum Prozeß der Emanzipation und Integration von Außenseitern. Polnische Arbeitsmigranten im Ruhrgebiet, Dortmund 1991; Diethelm Blecking (Hg.), Die slawische Sokolbewegung. Beiträge zur Geschichte von Sport und Nationalismus in Osteuropa, Dortmund 1991; ders., Die Geschichte der nationalpolnischen Turnorganisation „Sokol" im Deutschen Reich 1884–1939, Dortmund 1987; Ralf K. Oenning, „Du da mitti polnischen Farben …". Sozialisationserfahrungen von Polen im Ruhrgebiet 1918–1939, Münster/ New York 1991.

Im Jahre 1979 erschien in Dortmund die in polnischer Sprache verfaßte Arbeit der Warschauer Historikerin Krystyna Murzynowska mit dem Titel „Die polnischen Erwerbsauswanderer im Ruhrgebiet während der Jahre 1880–1914" in deutscher Übersetzung.[3] Bewußt sollte den vorliegenden deutschen Argumentationsmustern eine sicherlich ungewohnte polnische Sicht gegenübergestellt werden: Audiatur et altera pars.

Ab 1982 rückte die Geschichte des Ruhrgebiets als „Meltingpot" gleich zweifach in den Blick deutscher Fernsehzuschauer. In diesem Jahr startete das ZDF mit der zwölfteiligen Reihe „Die Pawlaks[4] – Eine Geschichte aus dem Ruhrgebiet", die das Schicksal einer masurischen Zuwandererfamilie in der neuen Heimat Ruhrgebiet zeigt. Anliegen des Films war es, die junge Geschichte der Industrielandschaft an der Ruhr als „Geschichte von unten" aus der Sicht eines zugewanderten und zuvor in Ostpreußen als Tagelöhner Ausgebeuteten aufzuarbeiten. Solch eine Sichtweise eines Arbeiters aus dem Osten wäre um die Jahrhundertwende völlig undenkbar gewesen.

Im Jahre 1983 präsentierte dann das ARD-Fernsehen die neunteilige Filmreihe „Rote Erde", der später vier weitere Episoden folgten.[5] Die Ausstrahlung geriet mit durchschnittlich elf Millionen Zuschauern zum Medienereignis. Auf den jungen masurischen Zuwanderer Bruno Kruska konzentrierte sich die Regie. Der ehemalige Landarbeiter wird im Jahre 1887 auf der (fiktiven) Zeche „Siegfried" angelegt und gerät schon nach kurzer Zeit in zunehmende soziale Konflikte. Mit wachsender Größe der Zechen und mit wachsender Anwerbung berufsfremder und auch fremdsprachiger, insbesondere polnischsprachiger Arbeitskräfte verlieren die Grubenbelegschaften ihre frühere Homogenität. Sie suchen zwischen der alten, traditionellen ständischen Ausrichtung und der Klassenkampfperspektive nach einem neuen Selbstverständnis.

Zahlreiche Filme mit dem Hauptakteur „Schimanski", dessen Nachname auf seine Herkunft hindeutet, der in Duisburg unentwegt Verbrecher jagt, waren in den letzten beiden Jahrzehnten im Fernsehen beliebte Feierabendunterhaltung.

---

3   Krystyna Murzynowska, Die polnischen Erwerbsauswanderer im Ruhrgebiet während der Jahre 1880–1914, Dortmund 1979.
4   Otto Jägersberg, Die Pawlaks. Eine Geschichte aus dem Ruhrgebiet. In der Regie von Wolfgang Staudte. Fernsehfilm in zwölf Teilen, Mainz 1982.
5   Peter Stripp, Rote Erde: Der Roman zur TV-Serie, München 1983.

Über das Thema, wie Menschen im Ruhrgebiet mit ihrem polnischen Namen umgehen, ließe sich eine eigene Abhandlung schreiben.[6] Erst kürzlich erhielt ich von einem etwa 60-jährigen Handwerker, als ich ihn fragte, ob er sich jemals Gedanken über die Bedeutung seines Namens Nowaczyk gemacht habe, die Antwort: „Herr Hoffmann, fragen Sie mich was Leichteres!" Ähnlich erging es mir bei meinem Getränkehändler mit dem Namen Wolny.

Anhand der Telefonbücher der Ruhrgebietsstädte von Oberhausen im Westen bis nach Hamm in Westfalen im Osten läßt sich feststellen, daß mehr als 600.000 Menschen im Ruhrgebiet polnische Familiennamen haben, die zum größten Teil auf zum Beispiel -ski, -cki, -rek oder -czyk mit zahllosen Varianten enden. Es handelt sich um Menschen, die in irgendeiner genealogischen Beziehung zu Polen stehen. Am Umfang von Namensänderungen wird deutlich, daß vor allem in Gegenden, in denen nur wenige Polen und Masuren wohnten, das Motiv der Anpassung durch Namensänderung stark war, während in Orten mit hohen polnischen und masurischen Bevölkerungsanteilen die slavische Herkunft weniger anstößig erschien, so daß hier auch weniger Anträge auf Namensänderungen gestellt wurden. Bekanntlich haben sich die evangelischen Masuren als Ur-Preußen empfunden und besonders häufig Anträge auf Namensänderungen gestellt. Erstaunlich ist, wie groß die Unkenntnis über den polnischen Familienzweig in der Regel ist.[7] Wenn man Ruhrgebietler mit einem polnischen Nachnamen darauf anspricht, bekommt man immer wieder Antworten wie: „Ja, der Name vielleicht, doch mit Polen haben wir nichts zu tun". Aber auch in Posen oder Warschau dürfte man in Anbetracht der zahlreichen Einträge deutscher Familiennamen in den dortigen Telefonbüchern eine ähnliche Antwort erhalten. Letztlich zeugt dieser Sachverhalt davon, in welch vielfältiger Weise beide Völker genealogisch miteinander verwandt sind.

6   Vgl. Susanne Peters-Schildgen, „Schmelztiegel" Ruhrgebiet. Die Geschichte der Zuwanderung am Beispiel Herne bis 1945, Essen 1997, Kapitel V/5 Namensänderungen, S. 218–225. Werner Burghardt, Namensänderungen slawischer Familiennamen im Ruhrgebiet, in: Werner Burghardt (Hg.), 750 Jahre Recklinghausen, Recklinghausen 1986, S. 149–162. Heinz H. Menge, Namensänderungen slawischer Familiennamen im Ruhrgebiet, in: Niederdeutsches Wort 40, 2000, S. 119–132.
7   Nele Krampen, Minderheiten im kollektiven Gedächtnis. Vom Vergessen und Erinnern der historischen polnischen Minderheit in Deutschland, in: Christoph Pallaske (Hg.), Die Migration von Polen nach Deutschland. Zu Geschichte und Gegenwart eines europäischen Migrationssystems, Baden-Baden 2001, S. 83f.

Der Schriftsteller Hans Dieter Baroth berichtet in seinem Roman „Streuselkuchen in Ickern":

> *„Wenn es hoch kam, wußte man noch etwas über die Urgroßeltern, aber das war schon die Ausnahme, nicht die Regel. Fast alle Bekannten meines Jahrgangs kannten nur die Großeltern, die in der Regel noch selbst aus den polnischen Gebieten Preußens oder aus Böhmen ins Revier gekommen waren."*[8]

Im Jahre 1961 erschien das Buch des Autors Anton Kalt – einem Mitglied der KPD – mit dem Titel „Hasenkuckuck", der Name eines Bergmanns in Dortmund-Aplerbeck. Im Vorwort wird der dokumentarische Wert des Buches gepriesen. Es sei eine Fundgrube für jeden, „der sich ernsthaft für die Sozialgeschichte, die Lebensverhältnisse und Lebensgefühle der ,kleinen Leute' interessiert". Es sei eine Quelle für eine „Geschichte von unten im besten Sinne". Dieses Buch wurde im Jahre 1986 neu aufgelegt und gehört bis heute, insbesondere in Dortmunder Buchhandlungen, zum Standard-Angebot der sogenannten Ruhrgebiets-Literatur. Von daher prägt es auch bis heute noch als eigentlich anachronistisches literarisches „Negativ-Fossil" das Bild der Zuwanderer aus dem Osten bezogen auf die Zeit von etwa 1900 bis 1930. In der in diesem Buch befindlichen, drei Seiten umfassenden Geschichte mit dem Titel „Aus Insterburg" beklagt sich der Steiger Bassmann, daß es unmöglich sei, eine gute Kohlenförderung zu erzielen,

> *„denn solch eine kunterbunte Gesellschaft hatte er noch nicht im Revier gehabt. Die neue Sendung, die da aus Ostpreußen angekommen war, das war denn doch zum Bebaumölen [zum Totlachen, J.H.]. Mit solchen Fahrtenteckeln, Rabattenscheißern, Balkenremmeln, verdori [verdammt, J.H.] und zugenäht, sollte dem Deiwel seine Großmutter Kohlen fördern. [...] Nun war an diesem Morgen auch Kasimir Wrobel, dem es in seiner ostpreußischen Heimat nicht mehr gefallen hatte, der es leid war, auf den großen Gütern für billiges Geld herumzuscharwerken, zum ersten Mal in die Grube gefahren, um – so hatte er seiner Braut in Insterburg beim Abschied gelobt – in zwei Jahren als steinreicher Mann das Ruhrgebiet wieder zu verlassen.*

---

8   Hans Dieter Baroth, Streuselkuchen in Ickern. Roman, Köln 1980, S. 11.

Kasimir war ein Hüne von Kerl. Ein Kopf wie ein Krauteimer oder wie eine Legehenne, doch ein kleines Gehirn darin. [...]

Steiger Baßmann, der ärgerlich angeschnauft kam, schnauzte ihn sofort wutentbrannt an: Wie er hieße? – Wie alt er sei? – Was er für eine Markennummer habe? – und – ‚et es te gries tem Schniggen' [Es ist zu grau zum Schneien, J.H.] – solle er sich gefälligst nach Ort acht begeben, um Steine zu kippen, damit sprang er auf den Korb, kloppte ‚Auf', um wie der Erzengel Gabriel in die Höhe zu entschweben.

Kasimir wollte nachspringen, doch Baßmann stieß ihn vor den Bauch: ‚Nix fahren – klettern – klettern – hirst du all watt krümmeres fretten wie ne Britzel?'

Nun stand Kasimir da wie der Ochse am Berge oder die Kuh vor dem neuen Scheunentor. Was wußte er vom Klettern? – Was wußte er von Ort acht? – Was wußte er von Steine kippen? – Was wußte er davon, daß Fahren in Aufbrüchen und Gesenken verboten war? [...]

Nun, Steigerken war böse – –, nun, Steigerken hatte gesagt klettern – –, nun, da muß sich äben klettern.

Er lugte in das dunkle Loch hinauf, mit schiefgehaltenem Kopf wie ein Hahn ins Hühnerloch, die fettigen Spurlatten warfen den Lampenschein glänzend zurück. Er überlegte hin, er überlegte her, klemmte sich den Lampenhaken zwischen die Zähne und begann, ächzend und stöhnend von einem Jochholz zum anderen in den Schacht hinaufzuklettern. [...]

Er [der Steiger] kaute auch gerade heftig auf seinen Krusten herum, als Kasimir mit hochrotem Kopf, ganz in Schweiß gebadet, aus dem Stapel geklettert kam.

Bei Baßmann streubte sich der Spitzbart, sein Lederhelm fiel ihm von der Glatze, er schlug die Hände übers Butterbrot zusammen.

‚Heiliger Sebastian, stehe mir bei'. – ‚Mann, wo kommen Sie denn her?' Doch Kasimir sagte mit röchelnder Brust: ‚Aus Insterburg – –', und ließ erleichtert einen Wind fahren, daß sich der Staub in der Strecke aufnahm."[9]

Lächerlicher kann man wohl einen gerade im Ruhrgebiet Angekommenen nicht machen, als dies in diesem Text geschehen ist. Die ganze Bandbreite an Klischees und Schimpfwörtern kommt zur Anwendung. Der Text zeigt weiterhin, daß die Einheimischen – in diesem Fall der Steiger – keine Rücksicht darauf nahmen, ob der neue Arbeiter aus dem Osten die platt-

---

9 Anton Kalt, Hasenkuckuck. Schelmengeschichten vom Haarstrang, Dortmund 1986, S. 126–128.

deutsche Sprache verstand oder nicht. Der Vorname Kasimir dürfte übrigens für die im Norden Ostpreußens gelegene Stadt Insterburg untypisch gewesen sein.

Mit depravierenden Wörtern, wie Polacke, Radikalinski, Kaczmarek oder Panschüppenschewski[10], wird der aus dem Osten Zugewanderte belegt. Der Herr, der Pan, der die Pronomina „er" und „sie" im Deutschen noch nicht anzuwenden weiß, wird geringschätzig Pan Schüppenschewski genannt: Herr Pannschüppe, der die große Pann- (pfannengroße) Schüppe täglich untertage schwingt und wenig mit einem „Herrn" gemeinsam hat. Nicht sonderlich einfallsreich wagte kürzlich im Fernsehen der Ruhrgebiets-Kabarettist Herbert Knebel die Familiennamen-Konstruktion Stasikowski, um den so Benannten in Zusammenhang mit der ehemaligen DDR-Staatssicherheit zu bringen.

Als besonders negatives Beispiel sind die sieben sogenannten Humoristika-Hefte (insgesamt 96 Seiten) von Carl Regelmann (1867–1951) aus Bochum, erschienen zwischen 1906 und 1913, zu nennen.[11] Eine Schmähgeschichte beziehungsweise ein Schmähgedicht reiht sich ans andere. Die Auflagen der Hefte sind enorm hoch. Die erste Nummer der Humoristika bringt es zum Beispiel in siebter Auflage auf 28.000 Exemplare![12]

Es sei erlaubt, kontrastiv zur heutigen weitaus objektiveren und von Empathie bestimmten Einschätzung der Westfalczycy (der Ruhrgebietspolen) im Ruhrgebiet, einen kurzen Humoristika-Gedichtausschnitt zu zitieren:

„Michel an Minka.
Mein Minka tut sich schreiben,
Daß will nicht länger bleiben;
Auf einmal denkt er draan,
Daß hat sich noch ein Maan.

---

10 Hilde Neuhaus, Tach zusammen! ...so spricht das Ruhrgebiet. Compact Miniwörterbuch, München 1992, S. 173: Stichwort „Panschüppenschewski": „Ausdruck, der sich über die im Ruhrgebiet üblichen polnischklingenden Hausnamen lustig macht und den man benutzt, wenn ein Name entweder unaussprechlich erscheint oder man ihn nicht genau weiß. Ich weiß nicht mehr, wie der nu hieß, Pislowski oder Panschüppenschewski!"

11 Carl Regelmann, Humoristika, Nr. 2, 1907, 5. Aufl: 18.000 Exemplare!

12 Heinz H. Menge, Einflüsse aus dem Polnischen im Ruhrgebiet. Exemplarische Behandlung eines Kapitels aus der Volkslinguistik, in: Arend Mihm (Hg.), Sprache an Rhein und Ruhr, Stuttgart 1985, S. 235f., 238.

Da fällt dem Minka ein,
Daß könnt er bei mir sein.
Zu was bleibst noch in Posen?
In Westfall blühn auch Rosen!
In Westfall da krickst Plaaten [Geld?],
Mehr wie in andern Staaten!
Na brauchst nicht mehr zu weinen,
Ich will mir dir vereinen." [13]

Naiv, ungelenk und mit wenig Gehirn malt Michel sich seine Zukunft aus. Seine Sprache wird geringschätzig imitiert: Er betont alle deutschen Wörter auf der vorletzten Silbe wie im Polnischen, benutzt und verwechselt wahllos Pronomina und reflexive Verben, die im Polnischen ungleich häufiger vorkommen.

Mehr dem passiven Wortschatz zuzurechnen sind heute nur noch wenige im Ruhrgebiet gebräuchliche Wörter aus dem Polnischen, so zum Beispiel Matka, Motteck (der Hammer) oder Penunzen (Geld). Das dem Polnischen häufig zugeordnete und im Ruhrgebiet häufig gebrauchte Wort malochen beziehungsweise der Malocher (der schwere Arbeit verrichtende Arbeiter) stammt bekanntlich aus dem Jiddischen, dürfte aber über die polnischen Erwerbsmigranten ins Ruhrgebiet gelangt sein.

Im Jahre 1972 formulierten der deutsche Historiker Gotthold Rhode und dessen Posener Kollege Jerzy Krasuski im Rahmen der ersten deutsch-polnischen Schulbuch-Konferenz die Empfehlung Nr. 12 über die Industrialisierung,[14] in der angeregt wird, es solle der Zustrom polnischer Bevölkerung ins Ruhrgebiet und der starke Bevölkerungsanteil einiger Städte des Ruhrgebiets zusammen mit dem Aufbau der Textilindustrie in Łódz in Verbindung mit dem deutschen Anteil als Gegenstück behandelt werden. Der Posener Historiker Zbigniew Kulak mußte bei einer Analyse von vierzehn deutschen Geschichtsschulbüchern im Jahre 1983 feststellen,[15] daß der erste Teil der Empfehlung, die Polen im Ruhrgebiet, lediglich in zwei

---

13 Regelmann, Humoristika, Nr. 2, S. 6.
14 Empfehlungen für die Schulbücher der Geschichte und Geographie in der Bundesrepublik Deutschland und in der Volksrepublik Polen, erweiterte Neuauflage, Braunschweig 1995, S. 22f.
15 Zbigniew Kulak, Industrialisierung, sozialer Wandel und Arbeiterbewegung in Deutschland und Polen bis 1914 in den Schulbüchern der Bundesrepublik Deutschland, in: Industrialisierung, sozialer Wandel und Arbeiterbewegung in Deutschland und Polen bis 1914, Braunschweig 1983, S. 26.

deutschen Schulbüchern kurz behandelt wurde, der deutsche Anteil an der Aufbauarbeit in und um Łódz jedoch überhaupt nicht. Rhode stellte fest: „Der Sinn der Empfehlung, die doch gerade zum Vergleich und zu gegenseitiger Anerkennung von gemeinsamen Leistungen auffordern sollte, ist damit überhaupt nicht erfüllt worden."[16]

Im Hinblick auf die Geschichtsschulbücher gilt diese Feststellung auch heute noch weitgehend. Doch im Zuge der wachsenden Bedeutung des Themas „Wanderungen in der Geschichte" sind inzwischen vorbildliche, umfangreiche Texte und Unterrichtsmaterialien zu unserer Thematik zu registrieren, so zum Beispiel in dem Geschichtsschulbuch „Zeitreise" unter der Überschrift „Als das Ruhrgebiet Polen brauchte."[17]

Bedauerlich ist, daß das im Jahre 2001 erschienene Handbuch für Geschichtslehrer mit dem Titel „Deutsche und Polen – Geschichte einer Nachbarschaft. Deutschland und Polen im zwanzigsten Jahrhundert" nur zwölf Zeilen unserer Thematik widmet:

> *„Die polnische Arbeitsmigration ins Ruhrgebiet kann als historisches Fallbeispiel betrachtet werden, wie Einheimische und Fremde ihr Zusammenleben gestalteten und sich aneinander gewöhnten, wie neue Identitäten entstanden und zur kulturellen Vielfalt dieser Region beitrugen. Die Selbstverständlichkeit, mit der dort heute ‚polnische' Prägungen und Spuren als Teil des ‚Eigenen' angesehen werden [Quod esset demonstrandum! J.H.], steht in bemerkenswertem Gegensatz zu den Ressentiments, die an aktuellen ‚Frontlinien' von autochthoner Bevölkerung und Einwanderung virulent sind."[18]*

Es erhebt sich die Frage, wo denn diese angeblich vorhandenen Frontlinien auftreten. Weiterhin heißt es dann doch einschränkend: „Dabei ist auch die ‚deutsch-polnische Geschichte' im Ruhrgebiet nicht unwesentlich geprägt von Schikanen, Diskriminierung und Ausgrenzung" – mit

---

16 Gotthold Rhode, Deutsche und Polen von der Reichsgründung bis zum Warschauer Vertrag, in: Oskar Anweiler (Hg.), Osteuropa und die Deutschen, Vorträge zum 75. Jubiläum der Deutschen Gesellschaft für Osteuropakunde, Berlin 1990, S. 145.

17 Zeitreise, Nordrhein-Westfalen, Bd. 2, Stuttgart 2000, S. 18f. und Lehrerband, S. 14. Wir machen Geschichte, Lehrerband 3, Kapitel 9: Entstehung und Wandel einer Industrieregion: das Ruhrgebiet, Frankfurt/M. 2000, S. 74, im Schülerband von 1997 mit Bildern, S. 177.

18 Ursula A.J. Becher/Włodzimierz Borodziej/Robert Maier (Hg.), Deutschland und Polen im zwanzigsten Jahrhundert, Analysen – Quellen – didaktische Hinweise, Hannover 2001, S. 66.

der Folge, daß nach dem Ersten Weltkrieg etwa 150.000 Ruhrpolen nach Frankreich abgewandert sind und rund 150.000 von ihnen in den neu gegründeten Staat Polen remigrierten. Folglich kann der Assimilationsprozeß nicht gerade vorbildlich verlaufen sein.

Leider wird von insgesamt 198 Quellentexten, Karten und sonstigen Materialien des genannten Handbuchs auf immerhin 250 Seiten dem Geschichtslehrer nicht ein einziger Text zu unserem Thema an die Hand gegeben. Hingewiesen wird nur auf eine Unterrichtseinheit „Polen im Ruhrgebiet" unter der Federführung des Geschichtsdidaktikers H.-J. Pandel.[19]

Seit den 1970er Jahren sind mehrere geschichtsdidaktisch ausgerichtete Zeitschriften für die Hand des Lehrers auf dem Markt, die wiederholt auch das Migrationsparadigma „Polen im Ruhrgebiet" thematisiert haben. In diesem Zusammenhang ist vor allem das Themenheft „Die ‚Ruhrpolen' im Deutschen Kaiserreich", verfaßt von Dieter Tiemann, in der von ihm seit Jahren herausgegebenen Zeitschrift „Geschichte betrifft uns" im Umfang von 29 Seiten und zwei Folien zu erwähnen.[20] Nimmt man noch die Unterrichtsreihe von Elmar Wagener[21] mit dem Titel „‚Pollacken' in Preußens ‚Wildem Westen'" in der Zeitschrift „Praxis Geschichte", im Umfang von fünf Seiten und einer Folie sowie eine didaktisch gut ausgewählte, zwölf Dias umfassende Reihe[22] des Landschaftsverbandes Westfalen-Lippe mit

19 H.-J. Pandel, Unterrichtseinheit „Polen im Ruhrgebiet", in: Wolfgang Emer/Uwe Horst (Hg.), Praxis eines demokratischen Geschichtsunterrichts. Perspektiven – Lernorte – Methoden, AMBOS 40, Bielefeld 1995, S. 119–136.

20 Themenheft der Zeitschrift Geschichte betrifft uns 5, 1993, S. 1–28: Migration im 19. Jahrhundert II. Die Ruhrpolen im Deutschen Kaiserreich; Harm Mögenburg, „Aus der Polackei herbeigeschleppt …", Schüler arbeiten über die Frage der Ruhrpolen, in: Geschichte lernen 12, 1989, S. 22–29.

21 Elmar Wagener, „Pollacken" in Preußens „Wildem Westen". Die Zuwanderung ins Ruhrgebiet, Unterrichtseinheit Sek. I, in: Praxis Geschichte 5, 2000, S. 26–30; Johannes Hoffmann, Menschen aus dem Osten im Ruhrgebiet (1869–1990). Spuren und Stereotypen, in: Robert Dreger/Kurt Lamschik (Hg.), Woher kommst Du – wohin gehst Du? Migrationsbewegungen im Ruhrgebiet, Münster 1995, S. 39–51; Johannes Hoffmann, Menschen aus dem Osten im Ruhrgebiet (1869–1990) – Spuren und Stereotypen, in: Edzard Obendiek (Hg.), Literatur und Journalistik im historischen Wandel. Aufsätze aus den Universitäten Rostow/Don und Dortmund, Dortmund 1995, S. 77–90. Johannes Hoffmann, Pan Schüppenschewski im Ruhrgebiet, in: Dialog. Deutsch-polnisches Magazin 1, 1996, S. 97–99.

22 Andreas Heilborn, „Westfalczycy". Die Ostzuwanderer im Ruhrgebiet, Münster 1987.

einem 43 Seiten umfassenden Begleitheft, zusammengestellt von Andreas Heilborn, hinzu, so läßt sich mit Fug und Recht feststellen, daß das Thema „Polen im Ruhrgebiet" heute unschwer vom Geschichtslehrer differenziert, kontrastiv und interkulturell als gewichtiger Abschnitt deutsch-polnischer Beziehungsgeschichte aufgegriffen werden kann. Geeignete Unterrichtsmaterialien stehen heute im Unterschied noch zu den 1980er Jahren ausreichend zur Verfügung.

Auf ein Kuriosum sei hingewiesen: In all den genannten Unterrichtsreihen, so auch innerhalb der erwähnten Diareihe, im Zusammenhang mit westfälischen Stadt-, Stadtteil- oder Zechen-Monographien[23] findet man bis in die unmittelbare Gegenwart allenthalben stereotyp Ausschnitte oder vereinzelt den vollen Wortlaut des „Aufrufs der Zeche Victor bei Rauxel an die Masuren zur Anwerbung von Bergarbeitern aus dem Jahre 1908" abgedruckt. Er soll wegen seines hohen Bekanntheitsgrades hier in Auszügen zitiert werden. Dieser Aufruf prangt seit einigen Jahren in einer Kurzfassung auf einer Tafel in der Vorhalle zum Deutschen Bergbau-Museum in Bochum. Einige zentrale Textpassagen lauten:

„Masuren!
In rein ländlicher Gegend, umgeben von Feldern, Wiesen und Wäldern, den Vorbedingungen guter Luft, liegt, ganz wie ein masurisches Dorf, abseits vom großen Getriebe des westfälischen Industriegebietes, eine reizende, ganz neu erbaute Kolonie der Zeche Victor bei Rauxel.
Diese Kolonie besteht vorläufig aus über 40 Häusern [...]. Zu jeder Wohnung gehören etwa 3 oder 4 Zimmer. [...] Zu jeder Wohnung gehört ein sehr guter, hoher und trockener Keller, sodaß sich die eingelagerten Früchte, Kartoffeln usw. dort sehr gut erhalten werden.
Ferner gehört dazu ein geräumiger Stall, wo sich jeder sein Schwein, seine Ziege oder seine Hühner halten kann. So braucht der Arbeiter nicht jedes Pfund Fleisch oder sein Liter Milch zu kaufen.
Endlich gehört zu jeder Wohnung auch ein Garten [...]. So kann sich jeder sein Gemüse, sein Kumpst [Kraut, Kohl] und seine Kartoffeln, die er für

---

23 Vgl. dazu Tilo Cramm (Bearb.), Bergbau ist nicht eines Mannes Sache: Das Bergwerk Victor-Ickern in Castrop-Rauxel, 2. überarb. und erw. Aufl., Essen 2001, S. 116f.; Claudia Schmidt, „Dieses einst so verlockende Ruhrland ..." – Migranten und Migrantenkultur der Polen und Masuren in Gelsenkirchen vor dem Ersten Weltkrieg, in: Stefan Goch/Lutz Heidemann (Hg.), 100 Jahre Bismarck. Beiträge zur Geschichte und Gegenwart eines Gelsenkirchener Stadtteils, Essen 2001, S. 58; Andreas Kossert, Masuren. Ostpreußens vergessener Süden, Berlin 2001, S. 216f.

den Sommer braucht, selbst ziehen. [...] Außerdem vergütet die Zeche für jeden Kostgänger monatlich 1 Mark [...].

Die ganze Kolonie ist von schönen breiten Straßen durchzogen, Wasserleitungen und Kanalisation sind vorhanden. Abends werden die Straßen elektrisch erleuchtet [...].

In der Kolonie wird sich in nächster Zeit auch ein Konsum befinden, wo allerlei Kaufmannswaren, wie Salz, Kaffee, Heringe usw. zu einem sehr billigen Preise von der Zeche geliefert werden, auch wird dort ein Fleischkonsum eingerichtet werden. Für größere Einkäufe liegen Castrop, Herne und Dortmund ganz in der Nähe. [...]

Für die Kinder sind dort zwei Schulen erbaut worden [...].

Man sieht also, daß jeder Arbeiter gut auskommen kann. Wer sparsam ist, kann noch Geld auf die Sparkasse bringen. Es haben sich in Westfalen viele Ostpreußen mehrere Tausend Mark gespart. Das Geld ist dann wieder in die Heimat gekommen, und so hat die Heimat auch etwas davon gehabt. [...]

Masuren! Es kommt der Zeche hauptsächlich darauf an, brave, ordentliche Familien in diese ganz neue Kolonie hinein zu bekommen. Ja, wenn es möglich ist, soll diese Kolonie nur mit masurischen Familien besetzt werden. So bleiben die Masuren ganz unter sich und haben mit Polen, Oesterreichern usw. nichts zu tun. Jeder kann denken, daß er in seiner masurischen Heimat wäre. [...]

Auch weiß sie [die Zechenverwaltung, J.H.], daß sehr viele Familien später freiwillig nachziehen werden, wenn erst die Briefe der Zugezogenen angekommen sind. [...]

Die Zeche will keinen aus der Heimat weglocken, auch keinen seinem jetzigen Arbeitsverhältnisse entreißen; sie will nur solchen ordentlichen Menschen, die in der Heimat keine Arbeit oder nur ganz geringen Verdienst haben, helfen, mehr zu verdienen und noch etwas zu ersparen, damit sie im Alter nicht zu hungern brauchen. [...]"[24]

Bewußt werden Emotionen und Sehnsüchte angesprochen sowie die vermeintlichen Unterschiede zwischen den Polen und Masuren herausgestellt. Im Schnitt werden die Versprechen der Zechenleitung von den Autoren, die diesen Aufruf zitieren, kritisch bis völlig ablehnend als „Vorgaukeleien" abgetan, da mit keinem Wort die Schwere der Untertagearbeit sowie die Gefahren des Berufs als Bergmann erwähnt werden. Dennoch läßt sich zweifellos feststellen, daß die Einkünfte, die Wohn- und Schulverhältnisse

---

24 Der Anschnitt 5–6, 1980, S. 283–284.

insbesondere auch für die Familienmitglieder ungleich besser als in der masurischen Heimat waren. Sind doch die überaus zahlreichen Kolonie-Wohnungen im Ruhrgebiet, so zum Beispiel in der Kolonie Teutoburgia in Herne, und nicht nur dort bis heute hochbegehrt.

Nachhaltig sei darauf hingewiesen, daß die bedeutende Rolle der Masuren und Polen für den Ruhrgebietsfußball, insbesondere für die Vereine F.C. Schalke 04 und Borussia Dortmund, fest im kollektiven Ruhrgebiets-Gedächtnis verankert ist.[25] Zur Legende geworden sind insbesondere die beiden von masurischen Eltern abstammenden Spieler Fritz Szepan und Ernst Kuzorra, der seit 1985 Ehrenbürger von Gelsenkirchen ist und nach dem in Gelsenkirchen ein Platz benannt ist.[26]

Soweit es die Erforschung der polnischen Familiennamen im Ruhrgebiet angeht, so befindet sich bei der Forschungsstelle Ostmitteleuropa an der Universität Dortmund in Zusammenarbeit mit dem Onomastischen Institut der Universität Krakau ein zweibändiges „Lexikon der Familiennamen polnischer Herkunft im Ruhrgebiet" in Arbeit.[27] Ein Aufruf in den Ruhrgebiets-Zeitungen, die Erfahrungen zu schildern, die Menschen mit ihrem polnischen Namen gemacht haben, hat eine große Zahl von Personen veranlaßt, über ihre Erfahrungen telefonisch oder auch in teilweise längeren Essays zu reflektieren.

Längst wäre es an der Zeit, die Geschichte der Zuwanderer aus dem Osten zu musealisieren. Josef Herten, Historiker aus Essen, dessen Großvater Tscheche mit dem ursprünglichen Namen Herdlitzka und dessen Großmutter eine gebürtige Polin waren, hat mit Unterstützung zahlreicher Sponsoren eine Ausstellung zusammengestellt, die die Erwerbszuwanderung aus dem Osten von 1875 bis in die Gegenwart zum Thema hat.[28] Die Ausstellung trägt den Titel „Kaczmarek und andere". Sie wurde

---

25 Vgl. dazu und zum Folgenden den Beitrag von Britta Lenz in diesem Band; Siegfried Gehrmann, Fußball im Ruhrgebiet. Zur Bedeutung einer populären Sportart für die gesellschaftliche Integration von Zuwanderern aus dem Osten 1900–1940, in: Westfälische Forschungen 47, 1997, S. 479–495.

26 Ruhr-Nachrichten, 31.1.2002: Straße für Kuzorra, Streit beigelegt; Ruhr-Nachrichten, 29.1.2002: Auch Schalke will Szepan nicht mehr. Rückzieher bei der Benennung eines Weges.

27 Gesucht: Menschen im Ruhrgebiet, die einen slawischen Namen haben, in: Unizet, Universität Dortmund 10, 2001, S. 4.

28 Flyer zur Ausstellung, vgl. Josef Herten, Kaczmarek und andere. Polnische und polnischsprachige Zuwanderer im Ruhrgebiet 1875 bis heute, Ausstellung vom 21.11.2000 bis 18.03.2001, 6 Seiten.

inzwischen unter anderem auch in den heute polnischen Herkunftsstädten der Ruhrpolen und Masuren, in Allenstein, Beuthen und Posen, gezeigt. Hoffentlich gelingt es Josef Herten, mit Unterstützung des Landes Nordrhein-Westfalen, die von ihm konzipierte Ausstellung, in der ein Teil der Geschichte des Ruhrgebiets beispielhaft dargestellt ist, endgültig zu installieren. Es ist schade, daß die Geschichte der Zuwanderung aus dem Osten bis heute in keinem Museum des Ruhrgebiets – abgesehen von einer Mini-Abteilung im Bergbau-Museum in Bochum und einer ebenfalls nur kleinen Abteilung im Oberschlesischen Landesmuseum in Ratingen-Hösel – nachvollziehbar ist. Das kollektive Gedächtnis[29] der Menschen im Ruhrgebiet bekäme, wenn es gelänge, auf diese Weise eine verdiente und historisch fundierte „Gedächtnisstütze". Kumpel Anton, sein Nachbar Cervinski und dessen Tochter Dr. Antonia Cervinski-Querenburg würden sich mit Sicherheit freuen[30].

Großen Erfolg hatte die Dortmunder Volksbühne in den 1990er Jahren mit der „Ruhrpott-Komödie" Schippanowsky, die im Dortmunder Stadtanzeiger vom 26.3.1997 folgendermaßen angekündigt wurde: „Schippanowsky kommt! Nach dem Wahnsinns-Erfolg im vergangenen Jahr gibt die Volksbühne Dortmund-Barop/-Hombruch zwei weitere Vorstellungen der Ruhrpott-Komödie ‚Familie Schippanowsky'. Der Publikums-Renner über die täglichen Krisen einer ‚ganz normalen Familie' ist am 18. und 19. April 1997 zu sehen."

Wie selbstverständlich wird für die Durchschnittsfamilie des Ruhrgebiets ein verballhornender, in Polen nicht vorkommender Name mit der im Polnischen häufigen Familiennamen-Endung -owski/-owsky gewählt. Assoziiert werden soll wohl mit diesem erfundenen Familiennamen der mit der Schippe/Schüppe umgehende Malocher einer „Proletarierfamilie", wie sich die Familienmitglieder in dem Stück selbst expressis verbis definieren. Hinweise auf die Herkunft der Familie kommen in dem gesamten Stück nicht vor. So selbstverständlich ist also der an polnische Zuwanderer erinnernde Name. Selbstverständlich darf auch das bekannteste Ethno-Stereotyp für Polen nicht fehlen, wenn es in dem Stück heißt: „Polnische Wirtschaft ist das! Um halb eins noch im Nachtpölter." Weiterhin ist vom „alten Schymala" und dem „Salon Lewandowski" die Rede. Zwischen-

29 Maurice Halbwachs, Das kollektive Gedächtnis, Stuttgart 1967.
30 Rainer Bonhorst/Antonia Cervinski-Querenburg, „Daaf ich ma am Rotkohl?" Ruhrdeutsch mit der bekannten Sprachforscherin, Essen 1992, S. 20.

durch hört man den im Ruhrgebiet üblichen, Erstaunen ausdrücken-
den Ausruf „Mein lieber Kokoschinski!" Und folgerichtig verabschieden
sich am Ende des Stücks alle Mitspielenden im Chor: „Tschüssikowski,
Schippanowsky!"

Bibliographie

Akten zur deutschen auswärtigen Politik (ADAP), Serie A: 1918–1925, Bde. 2, 4, 6, 7, 8, 9, 14 Göttingen 1984–1995

Akten zur deutschen auswärtigen Politik (ADAP), Serie B: 1925–1933, Bde. 2,1 und 2,2, Göttingen 1967.

Alldeutscher Verband, Gau „Ruhr und Lippe" (Hg.), Die Polen im Rheinisch-westfälischen Steinkohlen-Bezirke. Mit einem statistischen Anhange, einer Sammlung polnischer Lieder und zwei Karten, München 1901

Altkemper, Johannes, Deutschtum und Polentum in politisch-konfessioneller Bedeutung, Leipzig 1910

August, Jochen, Die Entwicklung des Arbeitsmarktes in Deutschland in den 30er Jahren und der Masseneinsatz ausländischer Arbeitskräfte während des Zweiten Weltkriegs, in: Archiv für Sozialgeschichte 24, 1984, S. 305–353

Bade, K. J. (Hg.), Auswanderer-Wanderarbeiter-Gastarbeiter. Bevölkerung, Arbeitsmarkt und Wanderung in Deutschland seit der Mitte des 19. Jahrhunderts, 2 Bde., Ostfildern 1984

Badeni, Jan, Emigracja ludu polskiego do Niemiec, in: Przegląd Powszechny 6, 1889, S. 309–343

Bakalarz, Józef., Misjonarz migrantów w prawodawstwie powszechnym Kościoła, Poznań 1992

Barciszewski, Leon, Z życia emigracji polskiej w Niemczech i we Francji, in: Ćwierć wieku pracy dla Narodu i Robotnika, Zjednoczenie Zawodowe Polskie 1902–1927, Poznań 1927

Baroth, Hans Dieter, Streuselkuchen in Ickern, Köln 1980

Becher, Ursula A. J./Borodziej, W./Maier, R. (Hg.), Deutschland und Polen im zwanzigsten Jahrhundert, Analysen – Quellen – didaktische Hinweise, Hannover 2001

Belzyt, Leszek, Sprachliche Minderheiten im preußischen Staat 1815–1914. Die preußische Sprachenstatistik in Bearbeitung und Kommentar, Marburg 1998

Berkan, Władysław, życiorys własny, Poznań 1924

Bernhardt, Ludwig, Die Polenfrage. Das polnische Gemeinwesen im preußischen Staat, 2. bearb. Aufl., Leipzig 1910

Biniszkiewicz, J., Proletariat zaboru pruskiego a PPS, in: Księga pamiątkowa PPS. W trzydziestą rocznicę, Warszawa 1923, S. 159–163

Blecking, Diethelm, Ethnische Vergemeinschaftung im Sport – das Beispiel der Ruhrpolen, in: ders. (Hg.), Die slawische Sokolbewegung. Beiträge zur Geschichte von Sport und Nationalismus in Osteuropa, Dortmund 1991, S. 164–174

- Ders., Die Geschichte der nationalpolnischen Turnorganisation „Sokół" im Deutschen Reich 1884–1939, Dortmund 1987
- Ders., Polen Türken Sozialisten. Sport und soziale Bewegung in Deutschland, Münster 2001
- Ders., Polish Community before the First World War and Present-Day Turkish Community Formation – Some Thoughts on a Diachronistic Comparison, in: J. Belchem/K. Tenfelde (Hg.), Irish and Polish Migration in Comparative Perspective, Essen 2003, S. 183–200
- Ders., Die polnische Sportbewegung in Deutschland zur Zeit der Weimarer Republik, in: Stadion. Zeitschrift für Geschichte des Sports und der Körperkultur 7, 1981, S. 211–223
Bömelburg, Hans-Jürgen/Musial, Bogdan, Die deutsche Besatzungspolitik in Polen 1939–1945, in: W. Borodziej/K. Ziemer (Hg.), Deutsch-polnische Beziehungen 1939–1945–1949. Eine Einführung, Osnabrück 2000, S. 43–111
Bonhorst, Rainer/Cervinski-Querenburg, Antonia, „Daaf ich ma am Rotkohl?" Ruhrdeutsch mit der bekannten Sprachforscherin, Essen 1992
Borsdorf, Ulrich, Geschichte der deutschen Gewerkschaften von den Anfängen bis 1945, Köln 1987
Borzyszkowski, Józef, Szotowski Józef (1842–1911), in: S. Gierszewski (Hg.), Słownik biograficzny Pomorza nadwiślańskiego, Bd. 4, Gdańsk 1997
Brandt, Hans Jürgen, Schalke 91. Eine katholische Arbeitergemeinde im Ruhrgebiet mit Tradition, Paderborn 1991
- Ders. (Hg.), Die Polen und die Kirche im Ruhrgebiet 1871–1919. Ausgewählte Dokumente zur pastoral und kirchlichen Integration sprachlicher Minderheiten im Deutschen Kaiserreich, Münster 1987
- Ders., Das Kloster der Redemptoristen in Bochum und die Polenseelsorge im westfälischen Industriegebiet 1883–1918, in: Spicilegium Historicum Congregationis SSmi Redemptoris 23, 1975, S. 131–203
Bredt, Joh. Victor, Die Polenfrage im Ruhrkohlengebiet. Eine wirtschaftspolitische Studie, Leipzig 1909
Brejski, Jan, Pamiętnik 50-lecia „Wiarusa Polskiego", in: Jubileuszowy Kalendarz Wychodźczy „Wiarusa Polskiego" 1890–1940 na rok 1940, Lille 1940
Brepohl, Wilhelm, Der Aufbau des Ruhrvolkes im Zuge der Ost-West-Wanderung. Beiträge zur Sozialgeschichte des 19. und 20. Jahrhunderts, Recklinghausen 1948
- Ders., Der Typus „Polack" im Ruhrgebiet. Herkunft und Bedeutung der Minderwertigen, Gelsenkirchen 1938/39 (Denkschrift für das AWI), in: Hamburger Stiftung für Sozialgeschichte des 20. Jahrhunderts (Hg.), Sozialstrategien der Deutschen Arbeitsfront, Teil B, München u.a. 1987, S. 316–396

Brinkmann, Ernst, Die evangelische Kirche im Dortmunder Raum in der Zeit von 1815 bis 1945, Kapitel II, 3: Die Betreuung und Integration der Masuren, in: H. G. Kirchhoff (Hg.), Geschichte Dortmunds im 19. und 20. Jahrhundert, Bd. 2, Dortmund 1979, S. 60–69

Brożek, Andrzej, Głos w dyskusji, in: C. Bobińska (Hg.), Mechanizmy polskich migracji zarobkowych, Warszawa 1976, S. 91–102

– Ders., Ostflucht na Śląsku, Katowice 1966

Brüggemeier, Franz-Josef, Leben vor Ort. Ruhrbergleute und Ruhrbergbau 1889–1919, München 1983

Burghardt, Werner, Namensänderungen slawischer Familiennamen im Ruhrgebiet, in: W. Burghardt (Hg.), 750 Jahre Recklinghausen, Recklinghausen 1986, S. 149–162

Chałupczak, Henryk, II Rzeczpospolita a mniejszość polska w Niemczech, Poznań 1992

Ders., Kursy języka polskiego – zasady organizacyjne i funkcjonowanie na terenie Niemiec w okresie międzywojennym, in: Rocznik Polonijny 3–4, 1982–1983, S. 65–89

– Ders., Szkolnictwo polskie w Niemczech 1919 – 1939, Lublin 1996

– Ders., Zasady i formy wspierania szkolnictwa i oświaty polskiej w Niemczech w latach międzywojennych, in: Przegląd Historyczno-Oświatowy 4, 1987, S. 419–466

Chełmikowski, Marian, Związki zawodowe robotników polskich w królestwie pruskim (1889–1918), Poznań 1925

Chlebowczyk, Józef, Stanowisko SPD w kwestii narodowościowej, in: A. Czubiński (Hg.), Rozwój organizacyjny i ewolucja programowa Socjaldemokratycznej Partii Niemiec, Poznań 1976, S. 53–80

Chojnacki, W., Bibliografia czasopism i kalendarzy wydawanych w języku polskim w Westfalii i Nadrenii w latach 1890–1918, in: Przegląd Polonijny 3, 1977, S. 191–200

– Ders., Księgarstwo polskie w Westfalii i Nadrenii, in: Studia Polonijne 4, 1981, S. 201–209

– Ders., Wydawnictwa w języku polskim dla Mazurów w Westfalii i Nadrenii w latach 1889–1914, in: Komunikaty Mazursko-Warmińskie 128, 1975, S. 177–208

Cieślak, Tadeusz, Pismo polskich robotników w Westfalii Wiarus Polski, in: Rocznik Historii Czasopiśmiennictwa Polskiego 11, 1972, S. 223–236

Cramm, Tilo (Bearb.), Bergbau ist nicht eines Mannes Sache: Das Bergwerk Victor-Ickern in Castrop-Rauxel, 2. überarb. und erw. Aufl., Essen 2001

Danilczuk, Boleslaw, Działalność SPD i PPS zp w Poznańskiem w latach 1891–1914, Toruń 1962

Daszyński, Ignacy, Pamiętniki, Bd. 1, Warszawa 1957

Demel, Czesław, Utworzenie Narodowego Stronnictwa Robotników w Wielkopolsce, in: Z pola walki 4, 1972, S. 157–176

Deutscher Fußball-Bund (Hg.), 100 Jahre DFB. Die Geschichte des Deutschen Fußball-Bundes, Berlin 1999

Długoborski, Wacław, Die deutsche Besatzungspolitik und die Veränderungen der sozialen Struktur Polens 1939–1945, in: ders. (Hg.), Zweiter Weltkrieg und sozialer Wandel. Achsenmächte und besetzte Länder, Göttingen 1981, S. 303–363

– Ders./Madajczyk, Czeslaw, Ausbeutungssysteme in den besetzten Gebieten Polens und der UdSSR, in: F. Forstmeier/H.-E. Volkmann (Hg.), Kriegswirtschaft und Rüstung 1939–1945, Düsseldorf 1977, S. 375–416

Dmowski, Roman, Polityka polska i odbudowanie państwa, Bd. 2, Warszawa 1989

Drygas, Stanislaw, Czas zaprzeszły. Wspomnienia 1890–1944, Warszawa 1970

Dülffer, Jost, Deutschland als Kaiserreich (1871–1918), in: M. Vogt (Hg.), Deutsche Geschichte. Von den Anfängen bis zur Gegenwart, 2. erw. Aufl., Frankfurt/M. 2003, S. 469–567

Eggers, Erik, Fußball in der Weimarer Republik, in: Stadion. Zeitschrift für Geschichte des Sports und der Körperkultur 25, 1999, S. 154–158

Eisenberg, Christiane, Deutschland, in: dies. (Hg.), Fußball, soccer, calcio. Ein englischer Sport auf seinem Weg um die Welt, München 1997, S. 94–129.

– Dies., Vom „Arbeiter"- zum „Angestelltenfußball"? Zur Sozialstruktur des deutschen Fußballsports 1890–1950, in: Sozial- und Zeitgeschichte des Sports 4, 1990, Heft 3, S. 20–46.

Elias, Norbert/Scotson, John L., Etablierte und Außenseiter, Frankfurt/M. 1993

Empfehlungen für die Schulbücher der Geschichte und Geographie in der Bundesrepublik Deutschland und in der Volksrepublik Polen, erw. Neuaufl., Braunschweig 1995

Entstehung und Wandel einer Industrieregion: das Ruhrgebiet, in: Wir machen Geschichte, Lehrerband 3, Frankfurt/M. 2000, Schülerband, Frankfurt/M. 1997

Eyck, Erich, Geschichte der Weimarer Republik,, Bd. 2: Von der Konferenz von Locarno bis zu Hitlers Machtübernahme, Erlenbach-Zürich u.a. 1956

Faryś, Janusz, Koncepcje polskiej polityki zagranicznej 1918–1939, Warszawa 1981

– Ders., Konstanty Skirmut, in: J. Pajewski (Hg.), Ministrowie spraw zagranicznych (1919–1939), Szczecin 1992, S. 81–90

Festschrift: 1891–1991. 100 Jahre Ostpreußisch-Evangelischer Arbeiter-Unterstützungsverein Gelsenkirchen-Erle, Gelsenkirchen 1991

Filipiak, Tadeusz, Dzieje związków zawodowych w Wielkopolsce do roku 1919, Poznań 1965

Franke, Eberhard, Das Ruhrgebiet und Ostpreußen, Essen 1936

– Ders., Die polnische Volksgruppe im Ruhrgebiet 1870–1940, Essen 1940

– Ders., Die polnische Volksgruppe im Ruhrgebiet 1870–1914, in: Jahrbuch des Arbeitswissenschaftlichen Instituts der DAF, Bd. 2, Berlin 1940/41, S. 319–404

Freilich, Józef, Polskie wychodźstwo zarobkowe w obwodzie przemysłowym westfalsko-nadreńskim, Kraków 1911

Frings, Heinrich, Spätschicht im polnischen Querschlag, in: Ruhrgebiet: Landschaft, Kultur, Wirtschaft 5, 1961, S. 14–17

Füßmann, Klaus, „Führe uns nicht unter Bismarcks Versuchungen". Die politische Kultur der aufsteigenden Industriestadt Herne im deutschen Kaiserreich (1871–1914), Magisterarbeit, Bochum 1984

Fußball-Club Gelsenkirchen Schalke 04 (Hg.), 70 Jahre FC Gelsenkirchen Schalke 04. 1904–1974, Kornwestheim 1974

– Ders. (Hg.), FC Schalke 04. 75 Jahre Fußball-Geschichte, Gelsenkirchen 1978

– Ders. (Hg.), FC Schalke 04. 90 Jahre. 1904–1994, Gelsenkirchen 1994

Gatz, E. (Hg.), Die Bischöfe der Deutschsprachigen Länder 1785/1803 bis 1945. Ein biographisches Lexikon, Berlin 1983

Gehrmann, Siegfried, Fritz Szepan und Ernst Kuzorra – zwei Fußballidole des Ruhrgebiets, in: Sozial- und Zeitgeschichte des Sports 2, 1988, Heft 3, S. 57–71

– Ders., Fußball im Ruhrgebiet. Zur Bedeutung einer populären Sportart für die gesellschaftliche Integration von Zuwanderern aus dem Osten 1900–1940, in: Westfälische Forschungen 47, 1997, S. 479–495

– Ders., Fußball-Vereine-Politik. Zur Sportgeschichte des Reviers 1900–1940, Essen 1988

– Ders., Masuren im Ruhrgebiet. Polacken und Proleten und der Mythos des FC Schalke 04. Anmerkungen zu Problemen gesellschaftlicher Integration am Beispiel eines Sportvereins, in: W. L. Tegelbeckers/D. Milles (Hg.), Quo vadis, Fußball? Vom Spielprozeß zum Marktprodukt, Göttingen 2000, S. 85–101

Gersdorff, Gero Wolfgang, Die Entwicklung der polnischen Handelsvertragspolitik, Berlin 1935

Geschichte einer polnischen Kolonie in der Fremde. Jubiläumsschrift des St. Barbara-Vereins in Bottrop, Oberhausen 1911

Głowacki, Arnd, Międzynarodowy ruch socjalistyczny wobec odbudowy Polski (1894–1918), Szczecin 1974

Goch, Stefan, FC Schalke 04 – Instrumentalisierung des Zuschauersports, in: Heinz-Jürgen Priamus/Stefan Goch, Macht der Propaganda oder Propaganda der Macht? Inszenierung nationalsozialistischer Politik im „Dritten Reich" am Beispiel der Stadt Gelsenkirchen, Essen 1992, S. 81–92

– Ders., Wege und Abwege der Sozialwissenschaft: Wilhelm Brepohls industrielle Volkskunde, in: Mitteilungsblatt des Instituts für soziale Bewegungen 26, 2001, S. 139–176

Gonionski, S. A./Gromyki. A. A. u.a. (Hg.), Historia dyplomacji, Bd. 4: 1939–1945, Warszawa 1982

Grass, Günter, Mein Jahrhundert, Göttingen 1999

Grieger, Manfred/Schmidt, Claudia, „Der Verein hat seit seinem Bestehen überhaupt noch kein Fest oder sonst was gefeiert". Zur Migrantenkultur der Polen in Bochum vor dem Ersten Weltkrieg, in: P. Friedemann/G. Seebold (Hg.), Struktureller Wandel und kulturelles Leben. Politische Kultur in Bochum 1860–1990, Essen 1992. S. 189–214

Grossmann, Anton, Polen und Sowjetrussen als Arbeiter in Bayern 1939–1945, in: Archiv für Sozialgeschichte 24, 1984, S. 355–397

Halbwachs, Maurice, Das kollektive Gedächtnis, Stuttgart 1967

Hamann, Matthias, Der Mord an polnischen und sowjetischen Zwangsarbeitern in deutschen Anstalten, in: Beiträge zur nationalsozialistischen Gesundheits- und Sozialpolitik 1, 1985, S. 121–187

Handbuch der sozialdemokratischen Parteitage von 1910 bis 1913, München 1913

Handbuch des Bistums Essen, Bd. 1: Geschichte, 2. Aufl., Essen 1974

Hansch-Singh, Annegret, Rassismus und Fremdarbeitereinsatz im Zweiten Weltkrieg, Diss. masch. Berlin 1991

Hartmann, Gottfried, Polen in Berlin, in: S. Jersch-Wenzel/B. John (Hg.), Von Zuwanderern zu Einheimischen. Hugenotten, Juden, Böhmen und Polen in Berlin, Berlin 1990

Hauser, Przemysław, Mniejszość niemiecka w województwie pomorskim w latach 1920–1931, Wrocław 1981

Hawranek, Franciszek, Polska i niemiecka socjaldemokracja na Górnym Śląsku w latach 1890–1914, Opole 1977

Heilborn, Andreas, „Westfalczycy". Die Ostzuwanderer im Ruhrgebiet, Münster 1987

Hensel, Paul, Die evangelischen Masuren in ihrer kirchlichen und nationalen Eigenart, Königsberg 1908

Herbert, Ulrich, Geschichte der Ausländerbeschäftigung in Deutschland 1880 bis 1980. Saisonarbeiter, Zwangsarbeiter, Gastarbeiter, Berlin/Bonn 1986

– Ders., Einleitung des Herausgebers, in: ders. (Hg.), Europa und der „Reichseinsatz". Ausländische Zivilarbeiter, Kriegsgefangene und KZ-Häftlinge in Deutschland 1938–1945, Essen 1991, S. 7–25

– Ders., Fremdarbeiter. Politik und Praxis des „Ausländer-Einsatzes" in der Kriegswirtschaft des Dritten Reiches, 2. Aufl., Bonn 1999

Hering, H. (Hg.), Im Land der tausend Derbys. Die Fußball-Geschichte des Ruhrgebiets, Göttingen 2003

Hinz, Edward, Praktyka muzyczna w katedrze diecezji chełmińskiej w Pelplinie w latach 1824–1918, in: Studia Pelplińskie 10, 1979, S. 293–302

Historia Z.Z.P., in: Zjednoczenie Zawodowe Polskie 1902–1927. Ćwierć wieku pracy dla narodu i robotnika, Poznań 1927, S. 34–266

Höschele, S./Obendiek, E. (Hg.), Literatur und Journalistik im historischen Wandel. Aufsätze aus den Universitäten Rostow/Don und Dortmund, Dortmund 1995, S. 77–90

– Dies., Polnische Kriegsgefangene im Stammlager (Stalag) VI A in Hemer, in: Der Märker 44, 1995, S. 110–123

Hoffmann, Johannes, Menschen aus dem Osten im Ruhrgebiet (1869–1990). Spuren und Stereotypen, in: R. Dreger/K. Lamschik (Hg.), Woher kommst Du – wohin gehst Du? Migrationsbewegungen im Ruhrgebiet, Münster 1995, S. 39–51, sowie in: E. Obendiek (Hg.), Literatur und Journalistik im historischen Wandel. Aufsätze aus den Universitäten Rostow/Don und Dortmund, Dortmund 1995, S. 77–90

– Ders., Pan Schüppenschewski im Ruhrgebiet, in: Dialog. Deutsch-polnisches Magazin 1, 1996, S. 97–99

Hulanicki, Sławomir, Likwidacja własności obywateli niemieckich, in: Strażnica Zachodnia 5–6, 1922, S. 53–80

Humberg, N., Die Franziskaner und die seelsorgliche Betreuung an fremdsprachigen nationalen Minderheiten in den Provinzen Rheinland und Westfalen (1893–1914), in: Das Münster am Hellweg. Mitteilungsblatt des Vereins für die Erhaltung des Essener Münsters 41, 1988, S. 108–175

Jägersberg, Otto, Die Pawlaks. Eine Geschichte aus dem Ruhrgebiet. In der Regie von Wolfgang Staudte. Fernsehfilm in zwölf Teilen, Mainz 1982

Janowska, Halina, Polska emigracja zarobkowa we Francji 1919–1939, Warszawa 1964

– Dies., Emigracja zarobkowa z Polski 1918–1939, Warszawa 1981

Jasiński, Grzegorz, Wśród swoich czy obcych? Wychodźstwo Mazurów do Zachodnich Niemiec w XIX wieku, in: Masovia 4, 1991, S. 51–61

– Ders., Mazurzy w drugiej połowie XIX wieku. Kształtowanie się świadomości narodowej, Olsztyn 1994

– Ders., Wizytacja radcy królewieckiego konsystorza Hermanna Pelki w Westfalii i Nadrenii w 1898 roku. Część 1, in: Zapiski Historyczne 67, 2002, S. 163–175

Kaczmarek, Johannes, Die polnischen Arbeiter im Rheinisch-Westfälischen Industriegebiet, Köln 1922

Kaczmarek, Ryszard, Józef Biniszkiewicz (1875–1940). Biografia polityczna, Katowice 1994

– Ders., Die deutsche wirtschaftliche Penetration in Polen (Oberschlesien), in: R. Overy u.a. (Hg.), Die „Neuordnung" Europas. NS-Wirtschaftspolitik in den besetzten Gebieten, Berlin 1997, S. 257–272

Kahrs, Horst, Die Verstaatlichung der polnischen Arbeitsmigration nach Deutschland in der Zwischenkriegszeit, in: Beiträge zur nationalsozialistischen Gesundheits- und Sozialpolitik 11, 1995, S. 130–194

Kalt, Anton, Hasenkuckuck. Schelmengeschichten vom Haarstrang, Dortmund 1986

Karwowski, Stanisław, Historia W. Księstwa Poznańskiego, Bd. 2, Poznań 1918

Kirche und Religion im Revier, Essen 1968

Klein, Ralf, Arbeitersport und Arbeiterkultur in Herne und Wanne-Eickel auf dem Hintergrund der gesamtstädtischen Entwicklung, Staatsexamensarbeit, Bochum 1988

Kleßmann, Christoph, Einwanderungsprobleme im Auswanderungsland: das Beispiel der „Ruhrpolen", in: K.J. Bade (Hg.), Deutsche im Ausland – Fremde in Deutschland. Migration in Geschichte und Gegenwart, 2., unveränd. Aufl., München 1992, S. 303–310

– Ders., Long-Distance Migration, Integration and Segregation of an Ethnic Minority in Industrial Germany: The Case of the „Ruhr Poles", in: K. J. Bade (Hg.), Population, Labour, and Migration in 19th and 20th Century Germany, Leamington/Spa u.a. 1987, S. 101–114

– Ders., Zur rechtlichen und sozialen Lage der Polen im Ruhrgebiet im Dritten Reich, in: Archiv für Sozialgeschichte 17, 1977, S. 175–194

– Ders., Polnische Bergarbeiter im Ruhrgebiet 1870–1945. Soziale Integration und nationale Subkultur einer Minderheit in der deutschen Industriegesellschaft, Göttingen 1978

– Ders., Der Wiarus Polski – Zentralorgan und Organisationszentrum der Polen im Ruhrgebiet 1891–1923, in: Beiträge zur Geschichte Dortmunds und der Grafschaft Mark 109, 1974, S. 384–394

– Ders., Integration und Subkultur nationaler Minderheiten: das Beispiel der „Ruhrpolen" 1870–1939, in: K. J. Bade (Hg.), Auswanderer, Wanderarbeiter, Gastarbeiter. Bevölkerung, Arbeitsmarkt und Wanderung in Deutschland seit der Mitte des 19. Jahrhunderts, Bd. 2, 2. Aufl., Ostfildern 1985, S. 486–505

Koch, Max J., Die Bergarbeiterbewegung im Ruhrgebiet zur Zeit Wilhelms II. 1889–1914, Düsseldorf 1954

Konopatzki, Siegfried, Die innerdeutsche Westwanderung der ostpreußischen Bevölkerung und die Erforschung ihrer Ursachen, Pegau/Leipzig 1936

Kotłowski, Tadeusz, Zjednoczenie Zawodowe Polskie. Zasięg wpływów i działalność społeczno polityczna w latach 1918–1939, Poznań 1977

Kossert, Andreas, Masuren. Ostpreußens vergessener Süden, Berlin 2001

– Ders., Preußen, Deutsche oder Polen? Die Masuren im Spannungsfeld des ethnischen Nationalismus 1870–1956, Wiesbaden 2001

Kowal, Stefan, Zewnętrzne uwarunkowania stabilizacji waluty w Polsce w latach 1924–1927, in: Od Grabskiego do Balcerowicza. Systemy pieniężne w gospodarce polskiej, Poznań 1997, S. 99–109

Kozłowski, Jerzy, Rozwój organizacji społeczno-narodowych wychodźstwa polskiego w Niemczech w latach 1870–1914, Wrocław 1987

– Ders., Wychodźstwo polskie w Niemczech i jego udział w powstaniu Wielkopolskim 1918–1919, in: Przegląd Zachodni 5–6, 1988, S. 201–218

Krampen, Nele, Minderheiten im kollektiven Gedächtnis. Vom Vergessen und Erinnern der historischen polnischen Minderheit in Deutschland, in: Ch. Pallaske (Hg.), Die Migration von Polen nach Deutschland. Zu Geschichte und Gegenwart eines europäischen Migrationssystems, Baden-Baden 2001, S. 77–94

Krasuski, Jerzy, Stosunki polsko-niemieckie 1919–1925, Poznań 1962

Kulak, Zbigniew, Industrialisierung, sozialer Wandel und Arbeiterbewegung in Deutschland und Polen bis 1914 in den Schulbüchern der Bundesrepublik Deutschland, in: Industrialisierung, sozialer Wandel und Arbeiterbewegung in Deutschland und Polen bis 1914, Braunschweig 1983, S. 21–28

Kulczycki, John J., The Foreign Worker and the German Labor Movement. Xenophobia and Solidarity in the Coal Fields of the Ruhr 1871–1914, Oxford/Providence 1994

– Ders., The Herne „Polish Revolt" of 1899: Social and National Consciousness among Polish Coal Miners in the Ruhr, in: Canadian Slavonic Papers 31, 1989, S. 146–169

– Ders., The Polish Coal Miners' Union and the German Labor Movement in the Ruhr, 1902–1934. National and Social Solidarity, Oxford/New York 1997

Kulęgowski, Mieczysław, Gromadkarze, in: Znad Pisy 2, 1995, S. 10–15

Kumor, Bolesław, Marwitz Jan Nepomucen (1785–1886), biskup chełmiński, in: Polski słownik biograficzny, Bd. 20, Warszawa 1975, S. 99–101

Kunz, Josef L., Die Völkerrechtliche Option, Breslau 1925

Küppers, Hans/Bannier, Rudolf, Einsatzbedingungen der Ostarbeiter sowie der sowjetischen Kriegsgefangenen, 2. Aufl., Berlin 1943

Küppers, Hans, Arbeitsrecht und Volkstum, in: Soziale Praxis 51, 1942, S. 259–265

Lawaty, Andreas, Das Ende Preußens in polnischer Sicht. Zur Kontinuität negativer Wirkungen der preußischen Geschichte auf die deutsch-polnischen Beziehungen, Berlin/New York 1986

Lazinka, J., Stulecie Polonii westfalskiej. Wychodźstwo polskie w Westfalii i Nadrenii 1890–1923, in: Polak w Niemczech 47, 1969, S. 20–26

Lazinka, J., Wierni tradycji: Bogu i Narodowi, in: Polak w Niemczech 50, 1972, S. 12–13

Leinau, Hans, Bergarbeiterersatz und Ruhrkohlenproduktion im Weltkriege, Essen 1920

Leissa, Rafael R./Schröder, Joachim, Zwangsarbeit in Düsseldorf. Struktur, Organisation und Alltag im Arbeitseinsatz von Ausländern im nationalsozialistischen Düsseldorf, in: C. von Looz-Corswarem (Hg.), Zwangsarbeit in Düsseldorf. „Ausländereinsatz" während des Zweiten Weltkrieges in einer rheinischen Großstadt, Essen 2002, S. 25–362

Leksykon Polactwa w Niemczech, Warszawa/Wrocław 1973

Liedke, Karl, Gesichter der Zwangsarbeit. Polen in Braunschweig, 2. Aufl., Braunschweig 1998

Lindner, Rolf/Breuer, Heinrich Th., „Sind doch nicht alles Beckenbauers". Zur Sozialgeschichte des Fußballs im Ruhrgebiet, 2. Aufl., Frankfurt/M. 1979

Liszka, Josef, Polen in Deutschland 1871–1939. Ein Beitrag zur Geschichte der Seelsorge an Polen, Priesterjahrheft, Paderborn 1975

Łossowski, P. (Hg.), Historia Dyplomacji Polskiej 1918–1939, Bd. 4, Warszawa 1995

Łoza, Stanisław, Czy wiesz kto to jest?, Warszawa 1938

Łuczak, Czesław, Od Bismarcka do Hitlera. Polsko-niemieckie stosunki gospodarcze, Poznań 1988

– Ders., Polnische Arbeiter im nationalsozialistischen Deutschland während des Zweiten Weltkrieges. Entwicklung und Aufgaben der polnischen Forschung, in: U. Herbert (Hg.), Europa und der „Reichseinsatz". Ausländische Zivilarbeiter, Kriegsgefangene und KZ-Häftlinge in Deutschland 1938 - 1945, Essen 1991, S. 90-105

Majchrowski, Jacek (Hg.), Kto był kim w Drugiej Rzeczypospolitej, Warszawa 1994

Majer, Diemut, „Fremdvölkische" im Dritten Reich. Ein Beitrag zur nationalsozialistischen Rechtsetzung und Rechtspraxis in Verwaltung und Justiz unter besonderer Berücksichtigung der eingegliederten Ostgebiete und des Generalgouvernements, Boppard 1993

Maier, Dieter G., Arbeitsverwaltung und NS-Zwangsarbeit, in: U. Winkler (Hg.), Stiften gehen. NS-Zwangsarbeit und Entschädigungsdebatte, Berlin 2000, S. 67–84

Mańkowski, F., Historia Zjednoczenia Zawodowego Polskiego, in: S. Wachowiak (Hg.), Ćwierć wieku pracy dla Narodu i Robotnika, Zjednoczenie Zawodowe Polskie 1902–1927, Poznań 1927, S. 52–56

Matelski, Dariusz, Niemcy w Polsce w XX wieku, Poznań 1999

Matwiejczyk, Witold, Katolickie towarzystwa robotników polskich w Zagłębiu Ruhry, Bd. 1: Rozwój organizacyjny a świadomość narodowa 1871–1894, Lublin 1999

McCook, B., Divided Hearts: The Struggle Between National Identity and Confessional Loyalty Among Polish Catholics in the Ruhr, 1904–1914, in: The Polish Review 4, 2002, S. 67–95

Menge, Heinz H., Einflüsse aus dem Polnischen im Ruhrgebiet. Exemplarische Behandlung eines Kapitels aus der Volkslinguistik, in: A. Mihm (Hg.), Sprache an Rhein und Ruhr, Stuttgart 1985, S. 149–162

– Ders., Namensänderungen slawischer Familiennamen im Ruhrgebiet, in: Niederdeutsches Wort 40, 2000, S. 119–132

Migration im 19. Jahrhundert II. Die Ruhrpolen im Deutschen Kaiserreich, Themenheft der Zeitschrift: Geschichte betrifft uns 5, 1993, S. 1–28

Mögenburg, Harm, „Aus der Polackei herbeigeschleppt …", Schüler arbeiten über die Frage der Ruhrpolen, in: Geschichte lernen 12, 1989, S. 22–29

Molenda, Jan, Miejsce kobiet wśród polskiego wychodźstwa w reńsko-westfalskim okręgu przemysłowym na początku XX wieku, in: Przegląd Historyczny 1, 1997, S. 127–133

– Ders., Robotnicy z Królestwa Polskiego zatrudnieni w niemieckim przemyśle Zagłębia Ruhry w latach I wojny swiatowej, in: Polska – Niemcy – Europa. Księga Jubileuszowa z okazji siedemdziesiątej rocznicy urodzin Profesora Jerzego Holzera, Warszawa 2000, S. 399–409

– Ders., The Role of Women in the Polish Migration to the Rhein-Westphalia Industrial Region at the Beginning of the Twentieth Century, in: The Polish Review 3, 1997, S. 329–333

– Ders., Das Zusammenleben von Deutschen und Polen im Rheinisch-Westfälischen Industriegebiet zu Beginn des 20. Jahrhunderts, in: R. Maier/G. Stöber (Hg.), Zwischen Abgrenzung und Assimilation – Deutsche, Polen und Juden. Schauplätze ihres Zusammenlebens von der Zeit der Aufklärung bis zum Beginn des Zweiten Weltkrieges, Hannover 1996, S. 199–212

Mommsen, Hans, Kultura robotnicza i warunki życia robotników przemysłowych w Niemczech w przededniu I wojny światowej, in: A. Czubiński (Hg.), Industrializacja, przemiany społeczne i ruch robotniczy w Polsce i w Niemczech do 1914 r. XVI Konferencja Wspólnej Komisji Podręcznikowej PRL – RFN Historyków 24 – 30 V 1983 r., Warszawa/Poznań 1987, S. 133–151

Motas, M./Motasowa, J./Grochulska, B., Zagadnienia wywozu siły roboczej z Królestwa Polskiego do Niemiec w okresie pierwszej wojny światowej, in: Teki Archiwalne 4, 1955, S. 7–97

Mross, Henryk, Słownik biograficzny kapłanów diecezji chełmińskiej wyświęconych w latach 1821–1920, Pelplin 1995

Mückeley, Oskar, Die Masuren im rheinisch-westfäl. Industriebezirk im Hinblick auf die ihnen gegenwärtig drohenden Gefahren und die Bekämpfung derselben, Gelsenkirchen 1910

- Ders., Die ostpreußischen Sekten, Gemeinschaften und kirchlichen Versammlungen im rhein.-westf. Industrie-Bezirk, Gelsenkirchen 1913

- Ders., Die Ost- und Westpreußen-Bewegung im rheinisch-westfälischen Industrie-Bezirk, Gelsenkirchen 1926

Murphy, Richard C., Guestworkers in the German Reich. A Polish Community in Wilhelmian Germany, Colorado 1983.

Murzynowska, Krystyna, Die polnischen Erwerbsauswanderer im Ruhrgebiet während der Jahre 1880–1914, Dortmund 1979

- Dies., Polska emigracja zarobkowa w Niemczech, in: S. Kalabiński (Hg.), Polska klasa robotnicza. Zarys dziejów, Bd. 3, Teil 3, Warszawa 1974, S. 607–706

- Dies., Polskie wychodźstwo zarobkowe w Zagłębiu Ruhry w latach 1880–1914, Wrocław/Warszawa/Kraków 1972 (deutsche Ausgabe: Die polnischen Erwerbsauswanderer im Ruhrgebiet während der Jahre 1880–1914, aus dem Polnischen übers. von Clara Bedürftig, Dortmund 1979)

Nadolny, Anastazy, Polskie duszpasterstwo w Zagłębiu Ruhry 1871–1894, in: Studia Pelplińskie 12, 1981, S. 239–252

- Ders., Towarzystwo Pomocy Naukowej im. Św. Jozafata w Westfalii 1890–1918, in: Studia Polonijne 6, 1985, S. 277–285

Neuhaus, Hilde, Tach zusammen! ... so spricht das Ruhrgebiet. Compact Miniwörterbuch, München 1992

Nichtweiss, Johannes, Die ausländischen Saisonarbeiter in der Landwirtschaft der östlichen und mittleren Gebiete des Deutschen Reiches, Berlin 1959

Nouveau Recueil Général de Traités et autres actes relatifs aux rapports de droit international. Continuation du grand recueil de G. Fr. Martens, 3ème série, Bd. 11, 13, 15, 16 Leipzig 1922–1926

Oenning, Ralf Karl, „Du da mitti polnischen Farben ...". Sozialisationserfahrungen von Polen im Ruhrgebiet 1918 bis 1939, Münster/New York 1991

Oracki, Tadeusz, Słownik biograficzny Warmii, Mazur i Powiśla XIX i XX wieku, Warszawa 1963

Otello, Ryszard, Ruch gromadkarski w Prusach Wschodnich w latach 1848–1914, in: Komunikaty Mazursko-Warmińskie 133, 1976, S. 307–328

Ders., Problemy narodowościowe w kościele ewangelickim na Mazurach w latach 1918–1945, Warszawa 1978

O wydalenie Niemców optantów – rezolucja Towarzystwa Prawniczo-Ekonomicznego w Poznaniu i ZOKZ do Rządu, Sejmu i Senatu, in: Strażnica Zachodnia 6, 1923

Pajewski, Janusz, August Zaleski (15.5.1926–2.11.1932), in: J. Pajewski (Hg.), Ministrowie spraw zagranicznych (1919–1939), Szczecin 1992, S. 151–166

Pajewski, Janusz, Odbudowa państwa polskiego 1914–1918, Warszawa 1978

Palseur, René, Bochum. Geographische Betrachtung einer Großstadt im Ruhrgebiet, Würzburg 1938

Pamiętnik II wieca katolickiego dla ludności polskiej pod panowaniem pruskim odbytego w

Poznaniu w dn. 3, 4, 5 i 6 czerwca 1894 roku, Poznań 1894

Pandel, Hans-Jürgen, Unterrichtseinheit „Polen im Ruhrgebiet", in: W. Emer/U. Horst (Hg.), Praxis eines demokratischen Geschichtsunterrichts. Perspektiven – Lernorte – Methoden, AMBOS 40, Bielefeld 1995, S. 119–136

Peters-Schildgen, Susanne, Polish Pits and Community Formation in the Northern Ruhr Area until 1939, in: J. Belchem/K. Tenfelde (Hg.), Irish and Polish Migration in Comparative Perspective, Essen 2003, S. 157–168

– Dies., „Schmelztiegel" Ruhrgebiet. Die Geschichte der Zuwanderung am Beispiel Herne bis 1945, Essen 1997

Pohl, Ernst, Die Lohn- und Wirtschaftsverhältnisse der Landarbeiter in Masuren in den letzten Jahrzehnten, Magdeburg 1908

Piotrowski, Mirosław, Reemigracja Polaków z Niemiec 1918–1939, Lublin 2000

Piwarski, Kazimierz, Polacy śląscy w walce o społeczne i narodowe wyzwolenie 1848–1914, Warszawa 1955

Popiołek, Kazimierz, Z niedoli i walk śląskiego proletariatu, Warszawa 1955

Polski słownik biograficzny, Bd. 2, Kraków 1936

Przybyszewski, Stanislaw, Moi współcześni, Warszawa 1959

Puchert, Berthold, Der Wirtschaftskrieg des deutschen Imperialismus gegen Polen 1925–1934, Berlin 1963.

Puhl, B., OFM, Die polnischen Vereine im rheinisch-westfälischen Industriegebiet und die katholischen Seelsorger, Sonderdruck des Caritasverbandes für das Katholische Deutschland, Freiburg/Br. 1918

Rauschning, Hermann, Die Entdeutschung Westpreußens und Poznańs. Zehn Jahre polnischer Politik, Berlin 1930

Rhode, Gotthold, Deutsche und Polen von der Reichsgründung bis zum Warschauer Vertrag, in: O. Anweiler (Hg.), Osteuropa und die Deutschen. Vorträge zum 75. Jubiläum der Deutschen Gesellschaft für Osteuropakunde, Berlin 1990, S. 132–171

Ribbat, Christoph, Religiöse Erregung. Protestantische Schwärmer im Kaiserreich, Frankfurt/M./New York 1996

Ritter, Gerhard A./Tenfelde, Klaus, Arbeiter im Deutschen Kaiserreich 1871 bis 1914, Bonn 1992

Röwekamp, Georg, Der Mythos lebt. Die Geschichte des FC Schalke 04, 3. akt. und erw. Aufl., Göttingen 1996

Rogoziński, Zenon, Stanisław Wachowiak działacz społeczny i gospodarczy drugiej Rzeczypospolitej, in: Kultura i Społeczeństwo 1, 1975, S. 143–148

Rohe, Karl, Die polnische Zuwanderung in das Ruhrgebiet und ihre Auswirkungen auf das Parteiengefüge, in: Bistum Essen/Dezernat für gesellschaftliche und weltkirchliche Aufgaben (Hg.), Zuwanderer – Mitbürger – Verfolgte. Beiträge zur Geschichte der Ruhrpolen im 19. Jahrhundert und in der Weimarer Republik und der Zigeuner in der NS-Zeit, Essen 1996, S. 25–39

Rosiński, Stefan, Emigracja polska na zachodzie Prus w świetle cyfr, in: Ekonomista 10, 1910

Ruzas, Helmut, Ich will der Gnade des Herrn gedenken, Bielefeld 1989

Schäfer, Annette, Zwangsarbeiter und NS-Rassenpolitik. Russische und polnische Arbeitskräfte in Württemberg 1939–1945, Stuttgart 2000

Schätzel, Walter, Der Wechsel der Staatsangehörigkeit infolge der deutschen Gebietsabtretungen, Berlin 1921

– Ders., Der Wechsel der Staatsangehörigkeit infolge der deutschen Gebietsabtretungen. Nachtrag, Berlin 1922

Schmidt, Claudia, „Dieses einst so verlockende Ruhrland ..."- Migranten und Migrantenkultur der Polen und Masuren in Gelsenkirchen vor dem Ersten Weltkrieg, in: St. Goch/L. Heidemann (Hg.), 100 Jahre Bismarck. Beiträge zur Geschichte und Gegenwart eines Gelsenkirchener Stadtteils, Essen 2001, S. 55–65

Scholten, Bernhard, 100 Jahre Redemptoristenkloster Bochum, Bochum 1968

Schulze-Marmeling, Dietrich, Die Geschichte von Borussia Dortmund, Göttingen 2002

Sierpowski, Stanisław Polsko-niemieckie spory na forum kongresów mniejszościowych (1925–1927), in: A. Czubiński (Hg.), Polacy i Niemcy. Dziesięć wieków sąsiedztwa, Warszawa 1987, S. 323–343

Seidel, Hans-Christoph, „Ein buntes Völkergemisch hat eine Wanderung durch unsere Gruben gemacht". Ausländereinsatz und Zwangsarbeit im Ruhrbergbau 1939–1945, in: ders./K. Tenfelde (Hg.), Kohle für die Kriegswirtschaft. Arbeitseinsatz und Zwangsarbeit im Kohlenbergbau des Deutschen Reiches (1915–1918 und 1939–1945) und der besetzten Gebiete (1940–1944), (erscheint 2004)

Słownik polskich teologów katolickich 1918–1981, Bd. 6: 1918–1981, Warszawa 1983

Słownik biograficzny Pomorza Nadwiślańskiego, Bd. 1, Gdańsk 1992

Słownik biograficzny katolicyzmu społecznego w Polsce, Lublin 1994

Smołka, Leonard, Liczba i rozmieszczenie Polaków w Niemczech w latach 1918 – 1939, in: W. Wrzesiński (Hg.), Liczba i rozmieszczenie Polaków w świecie, Teil 1, Wrocław 1981, S. 131–156

Sokolnicki, Michał, Statystyka ludności polskiej pod rządami pruskimi, in: Ekonomista 4, 1904, S. 10–28

Spethmann, Hans, Kommen und Gehen der Polen im Ruhrgebiet, in: Ruhr und Rhein Wirtschaftszeitung 22, 1941, S. 235–238

Spoerer, Mark, Zwangsarbeit unter dem Hakenkreuz. Ausländische Zivilarbeiter, Kriegsgefangene und Häftlinge im Deutschen Reich und im besetzten Europa 1939–1945, Stuttgart u.a. 2001

Sprawozdanie Zjednoczenia Zawodowego Polskiego za lata 1914–1920, Poznań 1921

Stażewski, Marek, Problem pozostania urzedników niemieckich w Wielkopolsce i na Pomorzu w latach 1919–1920, in: Studia Historica Slavo-Germanica 21, 1996, S. 57–79

Stefanski, Valentina Maria, Zum Prozeß der Emanzipation und Integration von Außenseitern: Polnische Arbeitsmigranten im Ruhrgebiet, Dortmund 1984, 2. Aufl., Dortmund 1991

– Dies., Zwangsarbeit in Leverkusen. Polnische Jugendliche im I.G. Farbenwerk, Osnabrück 2000

Steinert, Oliver, „Berlin – Polnischer Bahnhof!" Die Berliner Polen. Eine Untersuchung zum Verhältnis von nationaler Selbstbehauptung und sozialem Integrationsbedürfnis einer fremdsprachigen Minderheit in der Hauptstadt des Deutschen Kaiserreichs (1871–1918), Hamburg 2003

– Ders., Das polnische Vereinswesen im Ruhrgebiet 1871–1945, in: Instytut Historyczny Uniwersytetu Wrocławskiego (Hg.), Migracja i integracja jako doświadczenie europejskie na przykładzie niemieckich metropolii w XIX I XX w. Polacy w Zagłębiu Ruhry i Berlinie, Wrocław 1996, S. 104–117

Stopniak, Franciszek, Kantecki Antoni (1847–1893), in: H. Wyczawski/OFM (Hg.), Słownik polskich teologów katolickich, Bd. 2, Warszawa 1984

Stripp, Peter, Rote Erde, München 1983

Strobel, Georg W., Skutki rewolucji 1905 r. w Niemczech, in: A. Czubiński/Z. Kulak (Hg.), Industrializacja, przemiany społeczne i ruch robotniczy w Polsce i w Niemczech do 1914 r., Poznań 1987, S. 157–182

Szczawiński, Z., Likwidacja majątków niemieckich w Polsce, Warszawa 1923

Szczepaniak, Stanisław, Dzieje Polonii Westfalsko–Nadreńskiej, Teil 2, in: Kwartalnik Opolski 1, 1960, S. 171–189

Szerer, B., O właściwą ocenę stanowiska SPD wobec kwestii polskiej (na marginesie książki H.U. Wehlera), in: Z pola walki 1, 1964, S. 75–88

Tarnowski, Jan, Nasze przedstawicielstwo polityczne w Paryżu i w Petersburgu 1905–1919, Warszawa 1923

Tenfelde, Klaus, „Die Krawalle von Herne" im Jahre 1899, in: Internationale Wissenschaftliche Korrespondenz zur Geschichte der Arbeiterbewegung 15, 1979, S. 71–104

– Ders., Sozialgeschichte der Arbeiterschaft an der Ruhr im 19. Jahrhundert, Bonn 1977

– Ders., Vereinskultur im Ruhrgebiet. Aspekte klassenspezifischer Sozialisation, in: Duisburger Forschungen 33, 1985, S. 22–33

Trąbalski, F., R. Motyka, Pół wieku socjalizmu polskiego na Śląsku, Warszawa 1947

Trzeciakowski, Lech, Polityka polskich klas posiadających w Wielkopolsce w erze Capriviego 1890–1894, Poznań 1960

Wachowiak, A., Przedwojenna emigracja polska z Westfalii i Nadrenii jako czynnik unarodowienia, in: Niepodległość 7, 1933, S. 199–213

Wachowiak, Stanisław, Die Polen in Rheinland-Westfalen, Borna/Leipzig 1916 (zugl. Diss. München; polnische Ausgabe: Polacy w Nadrenii i Westfalii, Poznań 1917)

Wagener, Elmar, „Pollacken" in Preußens „Wildem Westen". Die Zuwanderung ins Ruhrgebiet, Unterrichtseinheit Sek. I, in: Praxis Geschichte 5, 2000, S. 26–30

Wajda, Kazimierz, Migracje ludności wiejskiej Pomorza Wschodniego w latach 1850–1914, Wrocław 1968

– Ders., Wymiana siły roboczej między ziemiami polskimi a Niemcami w drugiej połowie XIX i na początku XX wieku, in: C. Bobińska (Hg.), Mechanizmy polskich migracji zarobkowych, Warszawa 1976, S. 559–563

Wasilewski, Leon, Z roboty zagranicznej PPS, in: Księga pamiątkowa PPS. W trzydziestą rocznicę, Warszawa 1923, S. 164–183

Wehler, Hans-Ulrich, Moderne deutsche Sozialgeschichte, Köln 1966

– Ders., Die Polen im Ruhrgebiet bis 1918, in: ders., Krisenherde im Kaiserreich 1871–1918, Göttingen 1979; auch in: Vierteljahreshefte für Sozial- und Wirtschaftsgeschichte 48, 1961, S. 437–455

Wick, Uwe/ Fieseler, Markus, 100 Jahre Fußball im Westen. Zwischen Alm, Wedau und Tivoli. Das Buch zum Jubiläum des Westdeutschen Fußballverbandes, hrsg. von Westdeutschen Fußballverband e.V. in Zusammenarbeit mit dem Willibald-Gebhardt-Institut e.V., Kassel 1998

Wiechert, Ernst, Die Jerominkinder, Frankfurt/Berlin 1994

Wilke, Holger, Der Alltag in der Kolonie, in: Instytut Historyczny Uniwersytetu Wrocławskiego (Hg.), Migracja i integracja jako doświadczenie europejskie na przykładzie niemieckich metropolii w XIX i XX w. Polacy w Zagłębiu Ruhry i Berlinie, Wrocław 1996, S. 128–142

Winkler, Heinrich August, Die Entwicklung der Arbeiterklasse und Arbeiterbewegung im Deutschland der Zwischenkriegszeit, Bd. 1: Von der Revolution zur Stabilisierung – 1918 bis 1924, Berlin/Bonn 1984

– Ders., Die Entwicklung der Arbeiterklasse und Arbeiterbewegung im Deutschland der Zwischenkriegszeit, Bd. 2: Der Schein der Normalität – 1924 bis 1930, Berlin/Bonn 1985

– Ders., Die Entwicklung der Arbeiterklasse und Arbeiterbewegung im Deutschland der Zwischenkriegszeit, Bd. 3: Der Weg in die Katastrophe –1930 bis 1933, Berlin/Bonn 1987

Wojciechowski, Marian, Emigracja ludności niemieckiej z województwa pomorskiego w okresie międzywojennym (1920–1939), in: J. Borzyszkowski (Hg.), Migracje polityczne i ekonomiczne w krajach nadbałtyckich w XIX i XX w., Toruń u.a. 1995

Woltmann, Bernhard, Die polnische Sokolbewegung im Ausland, in: D. Blekking (Hg.), Die slawische Sokolbewegung. Beiträge zur Geschichte von Sport und Nationalismus in Osteuropa, Dortmund 1991, S. 136–144

Wrzesiński, Wojciech, Polski ruch narodowy w Niemczech w latach 1922–1939, Poznań 1970

Zeitreise Nordrhein-Westfalen, Arbeitsbuch und Lehrerband, Bd. 2, Stuttgart 2000

Zieliński, Wiesław, Polska Partia Socjalistyczna zaboru pruskiego 1890/1893–1914, Katowice 1982

Zieliński, Zbigniew, Z dziejów „walki o duszę" polskich robotników sezonowych w Niemczech w dobie Kulturkampfu, in: Rola Wielkopolski w dziejach narodu polskiego, Poznań 1979, S. 229–239

Zunkel, Friedrich, Die ausländischen Arbeiter in der deutschen Kriegswirtschaftspolitik des Ersten Weltkrieges, in: G. A. Ritter (Hg.), Entstehung und Wandel der modernen Gesellschaft. Festschrift für Hans Rosenberg zum 65. Geburtstag, Berlin 1970, S. 280–311

Autoren und Herausgeber

Dr. Henryk Chałupczak ist Professor am Instiut für für Politikwissenschaft der Maria Curie-Skłodowska Universität Lublin. Zuletzt erschienen *II Rzeczpospolita a mniejszość polska w Niemczech, Poznań 1992; Szkolnictwo polskie w Niemczech 1919–1939,* Lublin 1996*; Mniejszości narodowe w Polsce 1919–1995, Lublin 2002.*

Dr. Dittmar Dahlmann ist Professor für Osteuropäische Geschichte an der Rheinischen Friedrich-Wilhelms-Universität in Bonn. Zuletzt erschienen *Kinder und Jugendliche in Krieg und Revolution. Vom Dreißigjährigen Krieg bis zu den Kindersoldaten Afrikas, Hg., Paderborn u.a. 2000* und (gem. mit Wilfried Potthoff als Hg.) *Deutschland und Rußland. Aspekte kultureller und wissenschaftlicher Beziehungen im 19. und frühen 20. Jahrhundert, Wiesbaden 2004.*

Johannes Hoffmann, AOR, ist wissenschaftlicher Leiter der Forschungsstelle Ostmitteleuropa an der Universität Dortmund. Zuletzt erschienen *Stereotypen, Vorurteile, Völkerbilder – in Ost und West – in Wissenschaft und Unterricht, Bd. 2, Wiesbaden 2004, Bd. 3, Wiesbaden 2005*

Dr. Ryszard Kaczmarek ist Professor für Geschichte Schlesiens an der Schlesischen Universität in Kattowitz. Zuletzt erschienen *Alzacja/Lotaryngia a Górny Śląsk. Dwa regiony pogranicza 1648–2001, Hg., Katowice 2001* und *Konsulaty na pograniczu polsko-niemieckim i polsko-czechosłowackim w latach 1918–1939, Hg., Katowice 2004.*

Dr. Zbigniew Karpus ist Professor für Internationale Beziehungen am Historischen Institut der Mikołaj-Kopernik-Universität in Toruń (Thorn). Zuletzt erschienen *Russian and Ukrainian Prisoners of War and Internees kept in Poland in 1918–1924, Thoruń 2002.*

Dr. Andreas Kossert ist wissenschaftlicher Mitarbeiter am Deutschen Historischen Institut in Warschau. Zuletzt erschienen *Masuren. Ostpreußens vergessener Süden, Berlin 2001 und Preußen, Deutsche oder Polen? Die Masuren im Spannungsfeld des deutsch-polnischen Konflikts 1870–1956, Wiesbaden 2001.*

Dr. Albert S. Kotowski ist Professor für Osteuropäische Geschichte an der Rheinischen Friedrich-Wilhelms-Universität Bonn. Zuletzt erschienen *Hitlers Bewegung im Urteil der polnischen Nationaldemokratie, Wiesbaden 2000 und Polska polityka narodowościowa wobec mniejszości niemieckiej w latach 1919–1939, Toruń 2003.*

Dr. Jerzy Kozłowski ist Professor an der Hochschule für Verwaltungs- und Bankwesen in Poznań und em. Professor des Historischen Instituts der Polnischen Akademie der Wissenschaften in Poznań. Zuletzt erschienen *Wielkopolska pod pruskim zaborem w latach 1815–1918, Poznań 2004 und Strzelno pod rządami pruskimi w latach 1815–1918, Strzelno 2004.*

Britta Lenz, M.A., studierte Osteuropäische Geschichte, Politikwissenschaften und Soziologie an der Rheinischen Friedrich-Wilhelms-Universität in Bonn.

Dr. Witold Matwiejczyk ist wissenschaftlicher Mitarbeiter am Lehrstuhl für Geschichte des 19. Jahrhunderts an der Katholischen Universität Lublin. Zuletzt erschienen *Katolickie towarzystwa robotników polskich w Zagłębiu Ruhry. T. 1: Rozwój organizacyjny a świadomość narodowa 1871–1894, Lublin 1999 und Historia duszpasterstwa wojskowego na ziemiach polskich, Hg., Lublin 2004.*

Dr. Jerzy Molenda ist emeritierter Professor des Historischen Instituts der Polnischen Akademie der Wissenschaften in Warschau. Zuletzt erschien *Chłopi Naród Niepodległość. Kształtowanie się postaw narodowych i obywatelskich chłopów w Galicji i w Królestwie Polskim w przededniu odrodzenia Polski, Warszawa 1999.*

Dr. Anastazy Nadolny ist Professor für neuere Kirchengeschichte an der Theologischen Fakultät der Mikołaj-Kopernik-Universität Toruń (Thorn) und am Priesterseminar in Pelplin. Zuletzt erschienen *Księga jubileuszowa 350 lat Wyższego Seminarium Duchownego w Pelplinie (1651–2001), Hg., Pelplin 2001 und Polskie duszpasterstwo w Austrii po drugiej wojnie światowej 1945–2001, Toruń 2004.*

Dr. Susanne Peters-Schildgen ist wissenschaftliche Mitarbeiterin am Oberschlesischen Landesmuseum in Ratingen. Veröffentlichungen zur Migration im Ruhrgebiet: *„Schmelztiegel" Ruhrgebiet. Die Geschichte der Zuwanderung am Beispiel Herne bis 1945, Essen 1997.*

Dr. Mirosław Piotrowski ist Professor für Neueste Geschichte an der Katholischen Universität in Lublin. Zuletzt erschien *Syndrom PRL-u. Zbiór artykułów, Warszawa 2004.*

Dr. Hans-Christoph Seidel ist wissenschaftlicher Mitarbeiter am Institut für soziale Bewegungen der Ruhr-Universität Bochum. Zuletzt erschienen *Eine neue „Kultur des Gebärens". Die Medikalisierung von Geburt im 18. und 19. Jahrhundert in Deutschland, Stuttgart 1998* und (gem. mit Klaus Tenfelde als Hg.) *Zwangsarbeit im Bergwerk. Der Arbeitseinsatz im Kohlenbergbau des Deutschen Reiches und der besetzten Gebiete im Ersten und Zweiten Weltkrieg, 2 Bde., Essen 2005.*